内蒙古自治区长城资源调查报告
阿拉善卷

内蒙古自治区文化厅（文物局）
内蒙古自治区文物考古研究所 编著

文物出版社

图书在版编目（CIP）数据

内蒙古自治区长城资源调查报告. 阿拉善卷／内蒙古
自治区文化厅（文物局），内蒙古自治区文物考古研究
所编著. —北京：文物出版社，2016.12
　ISBN 978 - 7 - 5010 - 4838 - 0

　Ⅰ. ①内…　Ⅱ. ①内…②内…　Ⅲ. ①长城 – 调查报
告 – 内蒙古②长城 – 调查报告 – 阿拉善盟　Ⅳ. ①K928.77

　中国版本图书馆 CIP 数据核字（2016）第 282623 号

内蒙古自治区长城资源调查报告·阿拉善卷

编　　著　内蒙古自治区文化厅（文物局）
　　　　　内蒙古自治区文物考古研究所

责任编辑　冯冬梅
责任印制　梁秋卉

出版发行：文物出版社
社　　址：北京市东直门内北小街 2 号楼
网　　址：http：//www.wenwu.com
邮　　箱：web@ wenwu.com
经　　销：新华书店
印　　刷：北京荣宝燕泰印务有限公司
开　　本：889 × 1194　1/16
印　　张：32.75　拉页：1
版　　次：2016 年 12 月第 1 版
印　　次：2016 年 12 月第 1 次印刷
书　　号：ISBN 978 - 7 - 5010 - 4838 - 0
定　　价：450.00 元

《内蒙古自治区长城资源调查报告·阿拉善卷》
编纂委员会

主　　任：佟国清

副 主 任：安泳锝　塔　拉　王大方

委　　员：陈永志　曹建恩　陈雅光　张文平　樊建强
　　　　　曹佩瑶　景学义

主　　编：张文平

副 主 编：胡春柏　巴戈那　张震洲

撰　　稿：傅兴业　范荣南　邱军旭　杜庆军　范永龙

绘　　图：马登云　胡春柏　丹达尔　七十四　宝力德

摄　　影：塔　拉　张文平　巴戈那　张有里　傅兴业
　　　　　范荣南　杨　峰　刘　鹏

序 [一]

　　长城是中华民族悠久历史与文化的代表性建筑，是历史留给我们独一无二的文化遗产。1987 年，长城以悠久的历史、磅礴的气势、绵延万里的雄姿以及独特的历史、科学和艺术价值，以明长城山海关、八达岭、嘉峪关等重要段落为代表，被联合国教科文组织列入世界文化遗产名录。

　　中国长城的主体是北方长城，即历代中原王朝为抵御北方游牧民族修建的长城。中国北方长城的分布，有其独特的规律，即东西大体分布于北纬 40°～44°线范围之间，形成了学术界惯称的"北方长城地带"或"北方长城文化带"。内蒙古地区属于北方干旱草原与干旱农业的交界地带，历来是草原游牧民族与中原农耕王朝互相争夺的战略要地，也是民族融合和经济文化交流的前沿地带，从而成为中国北方长城分布的重点省区。

　　党和政府历来高度重视长城保护和研究工作。20 世纪 80 年代，邓小平同志亲自倡导的"爱我中华，修我长城"活动，极大地推动了长城保护工作。2003 年 4 月，国家发展和改革委员会、公安部、财政部、国土资源部、建设部、文化部、环保总局、旅游局、文物局九委部局联合发布了《关于进一步加强长城保护管理工作的通知》。2006 年，国务院颁布了《长城保护条例》，这也是目前世界上唯一一部对已建的文物颁发的国家级法律文件，使长城保护工作走上了有法可依的轨道。

　　2006 年，国家文物局根据国务院《关于加强文化遗产保护的通知》精神，制定了《长城保护工程（2005～2014 年）总体工作方案》，明确了长城保护工程的总任务和总目标。2007 年 4 月，国家文物局在全国涉及长城遗迹的十五个省（自治区、直辖市），正式启动开展长城资源调查工作，力争完成摸清长城家底，建立长城记录档案、地理信息数据等工作，为下一步实施长城保护工程打下坚实的基础。

　　根据《全国长城资源调查工作总体方案》的工作要求，内蒙古自治区文化厅、文物局制定了《内蒙古自治区长城资源调查总体实施方案》。首先，自治区文化厅、文物局与自治区测绘事业局成立了自治区长城资源调查领导小组及项目办公室，由主要领导亲自挂帅，直接领导组织内蒙古长城资源调查工作。然后，在自治区文物考古研究所设立了自治区长城资源调查项目组，负责长城资源调查项目的具体实施。继国家文物局举办了长城资源调查培训之后，自治区文化厅、文物局又举办了自治区级的培训。自治区培训结束后，举行了"内蒙古自治区长城资源调查启动仪式"，自治区党委、政府对本次长城资源调查工作极为重视，出席启动仪式的自治区领导亲自为调查队员授旗，给予调查工作以极大鼓舞。自治区文化厅、文物局为各长城调查队购置了专门的车辆，各种专业的现代化调查设备一应俱全。万事俱备，调查队员整装出发了。

调查队员主要由自治区文物考古研究所、自治区航空遥感测绘院和各盟市、旗县文物考古部门的专业人员组成；内蒙古大学、内蒙古师范大学等大专院校历史、考古专业的一些本科生、硕士研究生，也参与了调查工作。田野调查工作集中于 2007～2010 年间进行，2007～2008 年调查了全区的明长城，2009～2010 年调查了全区的秦汉及其他时代长城。4 年间，自治区长城资源调查项目组先后共组建了 43 支调查队，参加人员共近 150 人。

在 4 年的田野调查中，调查队员们翻山越岭，风餐露宿，凭着坚韧不拔的奋斗精神，踏遍了全区 12 盟市的 76 个旗（县、区），对长城及其附属建筑等文化遗存进行了规范科学、认真严谨的测量，记录采集了大量翔实的信息数据资料，整理形成 13000 余份田野调查登记表。调查队运用现代科学测量技术手段和地理信息系统，结合传统的文物考古调查方式，圆满完成了全区历代长城的调查任务，取得了丰硕的成果。

通过调查，全面准确地掌握了内蒙古自治区境内历代长城的规模、分布、构成、走向及其时代、自然与人文环境、保护与管理等基础资料，获取了长城沿线及两侧各 1000 米范围内的基础地理信息数据和专题要素数据。通过调查，获得了包括文字、照片、录像以及测绘等大量第一手资料，全面掌握了全区历代长城的保存状况，首次完成全区历代长城长度的精确量测，新发现了一批长城遗迹，取得了多项研究成果。同时，此次调查也培养了一批研究长城、保护长城的业务人才，他们必将成为今后长城保护管理方面的中坚。此次长城资源调查的基础信息资料，必将为今后内蒙古长城保护、研究、管理、利用等工作奠定坚实的科学基础。

在调查期间，自治区文化厅、文物局和自治区文物考古研究所领导多次亲临调查第一线，现场指导、安排部署长城资源调查工作，慰问看望一线队员；多次组织召开业务培训班、工作讨论会，确保了内蒙古长城资源调查工作高水平、高质量完成。2009 年 4 月，内蒙古明长城资源调查工作顺利通过了国家文物局长城资源调查项目专家组的全面检查验收。2011 年 5 月，内蒙古秦汉及其他时代长城资源调查工作顺利通过了国家文物局长城资源调查项目专家组的全面检查验收。

全国长城资源调查成果统计，中国历代长城墙体总长度为 21196.18 千米，分布于北京、天津、河北、山西、内蒙古、辽宁、吉林、黑龙江、山东、河南、陕西、宁夏、甘肃、青海、新疆 15 个省（自治区、直辖市），包括各类长城遗存 43721 处，包含了东周、秦、汉、西晋、北魏、东魏、西魏、北齐、北周、隋、唐、北宋、西夏、金、明十多个时代。其中，内蒙古历代长城墙体长度为 7570 千米，约占全国长城墙体总长度的 35%；内蒙古长城的时代，包括了战国燕、战国赵、战国秦和秦代、汉代、北魏、北宋、西夏、金代、明代等多个历史时期。综此，内蒙古是全国拥有长城时代最多、长度最长的省区。

长城资源调查田野工作结束之后，2011～2015年期间，自治区长城资源调查项目组开展了调查资料的整理与调查报告的编写工作。共计划完成编写调查报告8部，分别为《内蒙古自治区长城资源调查报告·明长城卷》、《内蒙古自治区长城资源调查报告·北魏长城卷》、《内蒙古自治区长城资源调查报告·东南部战国秦汉长城卷》、《内蒙古自治区长城资源调查报告·阿拉善卷》、《内蒙古自治区长城资源调查报告·鄂尔多斯—乌海卷》、《内蒙古自治区长城资源调查报告·战国赵北长城卷》、《内蒙古自治区长城资源调查报告·中南部秦汉长城卷》、《内蒙古自治区长城资源调查报告·金界壕卷》。目前已出版3部，本次出版的《内蒙古自治区长城资源调查报告·阿拉善卷》是第4部。8部长城调查报告，涵盖了内蒙古境内的所有长城资源。下一步，还将在长城调查报告的基础上，进一步开展深入的研究工作。

长期以来，内蒙古自治区党委、政府非常重视长城保护工作，取得了显著的成效。目前已有鄂尔多斯市战国秦长城、阴山秦汉长城、居延塞汉长城、金界壕、清水河县明长城等长城段落被国务院公布为全国重点文物保护单位，除此而外的其他长城段落均于2014年公布为第五批内蒙古自治区文物保护单位。各级政府在长城保护工作中投入了大量人力、物力和财力，建立了长城"四有"档案，实施一批长城抢救保护项目。在长城资源调查基础上，内蒙古自治区加大长城保护力度，在呼和浩特市、包头市、巴彦淖尔市、鄂尔多斯市、乌兰察布市、兴安盟、呼伦贝尔市、阿拉善盟对战国秦汉、金代、明代等不同时期长城开展了重点段落保护维修工程。《内蒙古自治区长城保护总体规划》已经国家文物局批复同意，目前正在全力开展编制工作，计划于2016年底前完成，规划将对全区长城的保护、管理和展示利用工作具有重要的指导意义。

同时我们也清醒地认识到，长城的保护是一项涉及社会经济发展、城市建设、群众生产生活等多个方面的综合工程，任务紧迫繁重、复杂艰巨。目前长城依然面临各种人为和自然因素破坏的威胁，个别地方和部门急功近利，片面追求局部经济效益，忽视长城保护，法治观念淡漠，不履行审批程序违规建设，造成长城破坏的事件屡有发生。

当前我国经济建设高速发展，长城保护迎来了难得的历史机遇，同时也面临着前所未有的挑战。各级政府要严格执行《中华人民共和国文物保护法》和《长城保护条例》，提高长城保护意识，坚决遏制、惩治任何破坏长城的违法行为；加快长城保护规划编制工作，科学合理地划定长城保护范围，避免建设性破坏；建立健全长城保护管理体系，进一步明确保护标志，建立管理机构、群保网络和管理设施，完善长城档案资料。同时以长城资源调查为契机，加大考古调查力度，推动开展长城历史文化价值、整体防御体系、保护技术方法、机构管理模式等全面综合研究；建立长城数据库和地理信息系统；保护项目要全面规划，分步实施，抢险加固优先，重点段落维修展示。

30年前，邓小平倡导的"爱我中华，修我长城"掀开了长城保护的新篇章，如今保护长城就是保护历史，就是守护文明，就是传承文化，这已成全社会的共识。保护长城对于保证我国文化安全，构建和谐社会，建设中华民族共有精神家园，尤其是在我国经济社会高速发展的今天具有非常重要的现实意义。

长城保护工作，责任重大，使命光荣。下一步，内蒙古自治区文化厅、文物局要深入学习贯彻落实习近平总书记、李克强总理关于长城保护工作的重要指示批示精神和刘延东副总理在鄂尔多斯的重要讲话精神，落实自治区党委、政府关于加强文物保护工作的指示，进一步提高对长城保护工作的认识，本着对历史负责、对人民负责的态度，扎扎实实做好自治区的长城保护工作，不断探索保护管理利用新途径，切实加大工作力度，全面推进长城保护工作，力争使内蒙古的长城保护工作走在全国前列。

是为序，并向参与长城资源调查的所有人员和长城保护工作者致以崇高的敬意！

内蒙古自治区党委宣传部副部长
内蒙古自治区文化厅党组书记、厅长　佟国清
2016 年 9 月

序 [二]

在我的考古生涯之中，阿拉善一直是一个魂牵梦绕的地方。

1983～1984年，我随内蒙古自治区文物考古研究所（以下简称考古所）的老前辈李逸友先生，参加了额济纳旗黑城遗址的考古发掘工作。在茫茫戈壁、漫漫风沙之中，住在临时搭建的帐篷里，靠骆驼运送粮食和水。通过发掘工作，我们搞清楚了元代亦集乃路城邑与西夏黑水镇燕军司城邑之间的关系，搞清楚了元代亦集乃路的城市布局，出土的大量文书为研究西夏、元代的社会生活提供了直观的文字资料。虽然发掘工作十分艰辛，但丰硕的成果又令考古队员们异常兴奋。通过此次发掘工作，我开始真正步入了考古的殿堂，一生从未后悔。

2006年以来，国家文物局先后开展了第三次全国文物普查（简称"三普"）、长城资源调查两大文化遗产调查项目。当时，我担任考古所所长，自治区文化厅、文物局把这两大项目的业务工作交由我所来完成。我考虑选一个业务做得好的年轻人，将这两个有点儿类似的项目一起承担下来。张文平1996年从山东大学考古专业毕业、分配到考古所工作之后，长期随我在东部区做田野考古，参加过中美联合区域性考古调查工作，田野调查与发掘经验均较为丰富。后来，他又到内蒙古大学蒙古学学院，先后攻读北方民族史方向的硕士、博士研究生，具备了一定的史料基础。做"三普"与长城资源调查，我觉得，张文平较为适合，于是最终选择了他。

当时，自治区文化厅、文物局在考古所成立了"三普"项目办、长城资源调查项目组，我负总责，做总体的筹划安排工作，张文平负责具体的业务工作。刚上手，这么大的两个项目，对于张文平来说具有一定的难度，但是他通过不断努力，越来越进入状态，很多工作都完成得很好。2006年，内蒙古自治区的"三普"试点工作，得到了国家文物局领导、中国文物研究所专家的肯定。2012年"三普"结束之时，内蒙古自治区共调查不可移动文物点21099处，很多新发现填补了北方地区考古学文化发展序列的空白，很多新遗产种类丰富了我区文化遗产的内涵，提升了我区文化遗产的品位。

长城资源调查的成果也是极为引人瞩目的。以前，以李逸友先生为代表的老一代考古学家，为内蒙古的长城调查与研究工作积累了丰富的资料。长城资源调查工作在此基础上，将内蒙古的长城分布体系进一步完善，而且与各个时代中原王朝的边疆军事管理制度结合起来，进一步上升到探究我国古代中原农耕民族与草原游牧民族的交流与互动。张文平陆续发表的很多研究成果，都是具有开创性的，为学术界肯定与赞赏。如重新认定分布于乌兰察布市灰腾梁之上的长墙，不是以前认为的所谓"北魏御苑"，而是西汉定襄郡东部都尉管辖的一段长城；考证汉代石门障不在《清史稿》记载的包头市昆独仑沟，而在昆独仑沟以东的五当沟；新考订西汉眩雷塞候官驻地，为位于今阿拉善左旗敖伦布拉格镇的乌兰布拉格障城；等等。

在"三普"与长城资源调查过程中，我将自己调查研究的重点放在了阿拉善盟，曾几次进入巴丹吉林沙漠腹地，在以前认为的"沙漠无人区"中新发现了许多遗址。2006年，与国家博物馆航空遥感考古中心、中测新图低空数码有限公司等单位组成联合考古队，对居延遗址群中的一些重要遗址（包括 A8 障、A1 障、K822 障、K710 城、K749 城、F84 障、绿城、黑城以及部分汉代烽燧），进行了航空数码遥感拍摄。2007 年，又与中国文化遗产研究院、北京大学城市与环境学院等单位组成联合考古队，对居延遗址群进行了详细的考察和测绘。这些成果，在这部调查报告中均有所反映，下一步还准备出版专门的航空摄影考古与考古调查报告。

将阿拉善盟的长城资源调查成果单独出版，也是与阿拉善盟独特的地理环境、丰富的长城资源有关的。阿拉善盟深居亚洲大陆腹地，为内陆高原，周围群山环抱，境内南部自东向西有贺兰山、龙首山、合黎山、马鬃山连绵环绕，北部是广阔的戈壁和洪果尔山，其间是广阔的沙漠，中部有东北—西南走向的雅布赖山，将其分隔开来。雅布赖山以西是巴丹吉林沙漠，雅布赖山以东自北向南分布有亚玛雷克沙漠、乌兰布和沙漠和腾格里沙漠。黄河沿阿拉善盟东南侧流过，是全盟唯一的外流河。额济纳河发源于祁连山北麓，是境内唯一的季节性内陆河流。此外，在广袤的沙漠中分布有大小湖盆 500 多个。气候为典型的北温带大陆性干旱、极干旱荒漠草原气候，干旱少雨，风大沙多，日照充足，四季分明，冬寒夏热，昼夜温差大。

在独特的地理环境下，历史上人类的活动轨迹也是较为独特的。在"三普"中，阿拉善盟共调查登录不可移动文物点 1250 处，数量在全区 12 个盟市中居于前列，以长城和岩画最具特色。长城资源调查成果统计，阿拉善盟有汉代、西夏、明代长城墙体共 180余千米、壕堑 50 余千米、天田 560 余千米、烽燧 500 余座、城障（关堡）50 余座、敌台30 余座，约占全盟不可移动文物总量的二分之一强。

居延汉简、黑城出土文书，已使阿拉善盟名扬天下。阿拉善盟长城资源调查成果的出版，将为阿拉善盟长城的研究工作奠定一个良好的基础，从而使阿拉善盟的文物考古工作不断向前推进。

在"三普"与长城资源调查中，我是其中的一份子；在近年开展的第一次全国可移动文物普查中，我也是其中的一份子。这些都是基础性的文物保护工作，需要一大批文物考古工作者的默默奉献。这三大文物调查项目，起码奠定了 21 世纪上半叶内蒙古自治区文物保护的基石，我为自己能够参与这三大项目而感到自豪，同时也籍此向参与这三项工作的广大同仁表示深深的敬意。

    是为序。

内蒙古自治区文物考古研究所原所长

内蒙古博物院原院长、研究员

2016 年 9 月

目　录

插图目录

插表目录

地图目录

彩图目录

第一章
概　述

阿拉善盟长城资源调查是在全国开展长城资源调查的大背景之下进行的，它是内蒙古自治区长城资源调查的一个组成部分。田野调查工作集中于2007～2010年4年内完成，于阿拉善左旗、阿拉善右旗、额济纳旗境内共调查发现有汉代、西夏和明代三个不同时期的长城遗存。

一　阿拉善盟自然地理与地貌特征概况

阿拉善盟地处内蒙古自治区最西端，西起东经97°10′，东至东经106°52′，南起北纬37°21′，北至北纬42°47′，区域面积27.02万平方千米。东与巴彦淖尔市、鄂尔多斯市、乌海市相邻，东南隔贺兰山与宁夏回族自治区中卫市、吴忠市、银川市、石嘴山市相望，西、南大部分与甘肃省酒泉市、张掖市、金昌市、武威市、白银市相连，北与蒙古国交界，国界线长达734千米。

在全国自然地理分区上，阿拉善盟大部分属于西北区—阿拉善、河西亚区—阿拉善高原小区，南邻河西走廊小区，东邻内蒙西部亚区，是指河西走廊以北、中蒙边境线以南、弱水以东、贺兰山以西的广大地区[1]。

阿拉善高原小区地势大体由南向北倾斜，海拔1000～1400米。南部自东向西有贺兰山、龙首山、合黎山、马鬃山连绵环绕，北部是广阔的戈壁和洪果尔山，其间是广阔的沙漠，中部有呈东北—西南走向的雅布赖山，将其分隔开来。雅布赖山以西是巴丹吉林沙漠，以东自北向南分布有亚玛雷克沙漠、乌兰布和沙漠和腾格里沙漠。

黄河流经阿拉善盟最东端，是境内唯一的外流河。额济纳河发源于祁连山北麓，是境内唯一的季节性内陆河流，境内流程200多千米，主要有东、西两条分支，东为额木讷高勒，向北注入苏泊淖尔（东居延海）；西为木仁高勒，向北注入嘎顺淖尔（西居延海）。此外，在广袤的沙漠中分布有大小湖盆500多个。

阿拉善盟深居亚洲大陆腹地，为内陆高原，远离海洋，周围群山环抱，暖湿气流不易到达，因而形成了典型的北温带大陆性干旱、极干旱荒漠草原气候，特点是干旱少雨、风大沙多、日照充足、四季分明、冬寒夏热、昼夜温差大。降雨量从东南部的200多毫米向西北部递减至40毫米以下，而蒸发量则由东南部的2400毫米向西北部递增到4200毫米，蒸发量数倍于降水量是造成这里气候干旱的直

---

〔1〕　任美锷主编：《中国自然地理纲要》（修订第三版），第365页，商务印书馆，2009年。

接原因。境内多西北风，年均风日约 70 天，年均气温 6℃～8.5℃，年日照 2600～3500 小时。

阿拉善盟下辖 3 个旗，自东向西分别为阿拉善左旗、阿拉善右旗、额济纳旗。汉长城、西夏长城在 3 个旗境内均有分布，而明长城主要分布于阿拉善左旗境内，额济纳旗调查明代烽火台 2 座，另有 4 座汉代烽燧为明代加筑沿用（地图一～四）。

二　阿拉善盟汉长城修筑的历史背景与沿革

通过本次调查，可以确认，阿拉善左旗境内共分布有 4 道汉代列燧，由北向南依次为哈鲁乃山北麓—亚玛雷克列燧、哈鲁乃山南麓—亚玛雷克列燧、贺兰山西麓列燧、腾格里沙漠南缘—黄河北岸列燧；阿拉善右旗境内共分布有 3 道汉代列燧，由北向南依次为笋布日乌拉山列燧、雅布赖山列燧、龙首山列燧。

哈鲁乃山南麓—亚玛雷克列燧、哈鲁乃山北麓—亚玛雷克列燧均为西汉西河郡、北地郡的西部防线，大约哈鲁乃山南麓、北麓列燧归属西河郡，亚玛雷克列燧归属北地郡。据《史记·匈奴列传》记载，大约在汉武帝元封三年（前 108 年）前后，"又北益广田，至眩雷为塞，而匈奴终不敢以为言。"《汉书·地理志》"西河郡"条下，在西河郡属县增山县之下有如是记载："增山，有道西出眩雷塞，北部都尉治。"经考证，眩雷塞候官治所为位于阿拉善左旗敖伦布拉格镇巴彦哈日嘎查西北约 11.1 千米处的乌兰布拉格障城[1]，该障城是哈鲁乃山南麓—亚玛雷克列燧的组成部分。那么，以乌兰布拉格障城为中心的哈鲁乃山南麓—亚玛雷克列燧的北边部分，应该是眩雷塞的管辖范围。西汉时期，汉王朝数次从西河郡出兵匈奴，走的就是眩雷塞。眩雷塞以南的哈鲁乃山南麓—亚玛雷克列燧以及哈鲁乃山北麓—亚玛雷克列燧，也应形成于元封三年之后。到东汉时期，西河郡内迁至战国秦长城之内，北地郡防线退缩至贺兰山，哈鲁乃山南麓—亚玛雷克列燧、哈鲁乃山北麓—亚玛雷克列燧，也随之失去了其边界防御的作用。

从哈鲁乃山南麓—亚玛雷克列燧向南，依次为贺兰山西麓列燧、腾格里沙漠南缘—黄河北岸列燧，前者为西汉时期从北地郡出贺兰山的驿道沿线烽燧，后者则修筑于东汉时期。1986 年，在第二次全国文物普查中，于阿拉善左旗腾格里额里斯苏木通湖山一处较为平齐的沙质岩壁上发现一处石刻，是为通湖山"汉武威郡本"石刻[2]，现已揭取至阿拉善盟博物馆保存。现存石刻字迹斑驳脱落，难以完全辨识，其中部分内容如下："匈奴遭王莽之乱北地郡抔塞□更于郡□□山沙之外吉□置蓬火先□民无警□远耳目□□永初□处造作"。这段文字大体描述了东汉安帝永初年间（107～113 年）在此地设置烽火一事。至于设置烽火的一些具体内容，由于几处关键文字的缺失，已无法确定。但大体可以推测，其表述的内容大意是，西汉北地郡的塞防在新莽时期遭受破坏，东汉永初年间于这一地区设置了烽火，西汉时期这一地区为北地郡辖区，而到东汉则已属于武威郡。该石刻西北距腾格里沙漠南缘—黄河北岸列燧中的西勃图烽燧址不足百米，从而可以推断，腾格里沙漠南缘—黄河北岸列燧修建于东汉永初年间，为武威郡的北部防线。

分布于阿拉善右旗的雅布赖山列燧，属于阳山一线边郡长城防线向西南方向的延伸。雅布赖山列燧上接哈鲁乃山北麓—亚玛雷克列燧，为汉代武威郡西北边防线，龙首山列燧为汉代张掖郡的北部防

---

〔1〕张文平：《西汉眩雷塞小考》，《北方民族考古》第 2 辑，科学出版社，2015 年。

〔2〕国家文物局主编：《中国文物地图集·内蒙古自治区分册》（下），第 633 页，西安地图出版社，2003 年；孙危：《内蒙古阿拉善汉边塞碑铭调查记》，《北方文物》2006 年第 3 期。

线，二者的修筑年代在西汉太初三年（前 102 年）以后，并均一直沿用至东汉时期。分布于阿拉善右旗北境的笋布日乌拉山列燧，为西汉出北地郡、通往居延的驿道沿线烽燧。

分布于额济纳旗境内的汉长城，《史记》、《汉书》均记载其与五原塞外列城共同始筑于汉武帝太初三年（前 102 年）。另据《史记·大宛列传》记载，这一年，"益发戍甲卒十八万，酒泉、张掖北，置居延、休屠以卫酒泉。"汉朝派发于居延地区的戍卒有近 10 万人之众，在修筑长城的同时，设置了居延都尉府进行边塞管理。同时，在武威郡设立了休屠都尉（治熊水障），雅布赖山列燧即隶属于休屠都尉管辖。龙首山列燧应隶属于张掖郡日勒都尉（治泽索谷）管辖。

20 世纪 70 年代，甘肃居延考古队曾在肩水金关地表扰灰中拾得一枚元朔元年（前 128 年）的残简，对肩水金关的试掘收获了一枚武帝元狩四年（前 119 年）简。这两例汉简，尤其是元狩四年简的发现，说明在汉武帝太初二年以前，居延地区已经建立起一些亭障等防御和信息传递的设施。有学者结合甲渠候官出土简文认为，到西汉昭帝、宣帝之时，居延地区曾大量建筑障塞[1]。据《汉书·匈奴传》记载："是时（汉昭帝元凤二年，前 79 年）汉边郡烽火候望精明，匈奴为边寇者少利，希复犯塞。"综此可知，自汉武帝时开始经营居延边塞，后又经昭帝、宣帝两朝的不断增修完善，终于形成为一个规模庞大的居延边塞防御系统，能够有效地起到烽火候望、防御进犯之敌的功用，与阿拉善右旗的列燧一起拱卫着河西四郡以及河西走廊的安全。

关于汉代居延边塞的衰落与废弃，可以从出土简文的角度加以分析。20 世纪 30 年代中瑞西北科学考察团、20 世纪 70 年代甘肃居延考古队以及 20 世纪末至 21 世纪初内蒙古自治区文物考古研究所等，通过调查、发掘等手段均发现了大批汉简。中瑞西北科学考察团通过调查及试掘在 30 个地点收获的 1 万余枚汉简（主要出自 A8、A32、A33、A35），以汉武帝征和三年（前 90 年）为最早，最晚可到东汉光武帝建武年间（25～56 年）。甘肃居延考古队通过发掘甲渠候官、甲渠候官第四燧、肩水金关 3 处遗址，出土的约 2 万枚汉简（称"居延新简"），以汉武帝元狩四年（前 119 年）为最早，东汉时期以光武帝建武年间为多，零星可见东汉章帝、和帝时期的记录。内蒙古自治区文物考古研究所通过发掘甲渠塞第七燧、第九燧、第十一燧、第十二燧、第十四燧、第十六燧、第十七燧、第十八燧（以上均属甲渠塞）、T116 烽燧 9 个烽燧，所获 500 余枚汉简（称"额济纳汉简"）有明确纪年的，以西汉宣帝神爵三年（前 59 年）为最早，以东汉光武帝建武四年（28 年）为最晚。三次所获简文出土地点从最北端的 A8，到最南端的 A35，乃至最东端的 T116，但最晚年代多在东汉建武年间，不可能是出于巧合。这或许可以说明，居延边塞的衰落发生在东汉光武帝建武年间以后。

王莽时期，北地边郡及其亭障遭到匈奴的破坏。到东汉光武帝时，重振边郡，但随着南匈奴、乌桓、鲜卑等北方民族的不断南徙，东汉将北部边防交予这些民族来守卫，而这些民族又与东汉时战时和，迫使东汉的烽燧候望系统一再南移。如《后汉书·光武纪下》记载，建武二十二年（46 年），"乌桓击破匈奴，匈奴北徙，幕南地空，诏罢诸边郡亭候吏卒。"东汉时期，居延地区的防御也同样被弱化，但并未放弃，行政建制改为张掖居延属国。汉明帝永平十六年（73 年），驸马都尉耿秉出居延伐北匈奴；汉和帝永元三年（91 年），大将军窦宪遣左将军耿夔出居延塞伐北匈奴。自此，东汉王朝的劲敌北匈奴向西远遁，而东部的鲜卑和西部诸种羌逐渐强大起来，不断袭扰东汉的东北部和西部边境。诸羌多次攻到三辅，危及西京长安；鲜卑更是屡犯幽、并二州。东汉王朝的边防重点由原来的缘北边郡转移到东北边郡和西部边郡，原来作为与匈奴战争前沿阵地的河西四郡战略地位下降，居延边塞亦逐步趋于荒废。东汉建安年间，张掖居延属国改为西海郡。

---

〔1〕　甘肃居延考古队：《居延汉代遗址的发掘和新出土的简册文物》，《文物》1978 年第 1 期。

三　阿拉善盟西夏长城修筑的历史背景与沿革

关于西夏修筑长城，史籍中并无明文记载。西夏设有 12 个监军司，在其北部边防，自东向西分别为黑山威福军司、黑水镇燕军司。在黑水镇燕军司的内侧，有白马强镇军司。其中，黑水镇燕军司驻地为今额济纳旗黑城遗址大城中的东北隅小城，即黑水城；白马强镇军司驻地为今阿拉善左旗巴彦诺日公苏木沙日布拉格嘎查西北 14.1 千米处的查干克日木古城；黑山威福军司驻地为今巴彦淖尔市临河区新华镇古城村的高油坊古城。

从 1205 年成吉思汗带领蒙古骑兵首次入侵西夏领土，到 1227 年成吉思汗灭西夏，期间成吉思汗共五征西夏。1207 年成吉思汗第二次征西夏，选择黑山威福军司驻地兀剌海城作为突破口；1226 年成吉思汗第五次征西夏，选择黑水镇燕军司驻地黑水城作为突破口。

1209 年，成吉思汗第三次征伐西夏之时，据《元史·地理志》记载："太祖四年，由黑水城北兀剌海西关口入河西，获西夏将高令公，克兀剌海城。"关于这一条史料，有人认为成吉思汗从黑水城进军，但也有学者予以否认。后者认为，"由黑水城北兀剌海西关口入河西"应断句为"由黑水城北、兀剌海西关口入河西"，黑水镇燕军司与黑山威福军司是西夏北境相连接的两大军司，蒙古军第三次征伐西夏是由两军司之间进兵的[1]。而黑水镇燕军司与黑山威福军司的管辖分界点，应该就在汉代眩雷塞所在的乌兰布拉格峡谷南北一线。

关于蒙古军第三次征伐西夏，《元史·太祖本纪》记载较为详细："四年己巳春，畏吾儿国来归。帝入河西。夏主李安全遣其世子率师来战，败之，获其副元帅高令公。克兀剌海城，俘其太傅西壁氏。进至克夷门，复败夏师，获其将嵬名令公。薄中兴府，引河水灌之。堤决，水外溃，遂撤围还。遣太傅讹答入中兴，招谕夏主，夏主纳女请和。"成吉思汗从乌兰布拉格峡谷进入后套地区后，先向东攻克兀剌海城，又顺着黄河向西南进军中兴府（在今宁夏银川）。在抵达中兴府之前，发生了克夷门之战，蒙古军大败西夏军队，俘获西夏大将嵬名令公。这里的克夷门，有学者考证为今乌海市乌达区五虎山与北流黄河之间的南北向狭长通道[2]，是非常正确的。

在长城资源调查中，新发现了白马强镇军司的治所查干克日木古城。古城平面略呈方形，边长 240 米。城墙黄土夯筑而成，底宽约 5 米，残高 1.2~2 米。南墙中部开门，宽约 30 米。门外设瓮城，平面呈长方形，东西长 30 米，南北宽 25 米，瓮城门东向而开。瓮城外侧和城外东侧、东南角有明显的壕沟痕迹。古城西北方向，为雅布赖山北侧的山间通道，古城起到扼守险要的作用。据研究，白马强镇军司又名娄博贝监军司，位于西夏西界贺兰山之后，查干克日木古城的地理位置与之是相符合的[3]。这样看来，白马强镇军司并不驻守在西夏边境，而是边境之内的第二道防区。

在阿拉善盟，既发现有西夏利用汉代烽燧城障的现象，亦发现西夏新筑的烽燧城障等防御设施。如汉代的贺兰山西麓列燧、腾格里沙漠南缘—黄河北岸列燧，在其附近采集有西夏瓷片，表明它们曾为西夏所沿用，归属于白马强镇军司管辖。黑水镇燕军司的辖区，除居延地区外，阿拉善左旗、阿拉善右旗北部地区发现的系列西夏烽燧城障亦应归其管理。

---

〔1〕　石坚军、张晓非：《蒙古经略西夏诸役新考》，《西北民族论丛》第十辑，中国社会科学出版社，2014 年。

〔2〕　刘利华：《克夷门考》，《西夏研究》2014 年第 1 期。

〔3〕　张多勇、张志扬：《西夏京畿镇守体系蠡测》，《历史地理》第 31 辑，上海人民出版社，2015 年；张多勇：《西夏白马强镇监军司地望考察》，《西夏学》第 11 辑，上海古籍出版社，2015 年。

四 阿拉善盟明长城修筑的历史背景与沿革

元代在今额济纳旗设置的亦集乃路治所，是在西夏黑水城的基础上扩建而成的。元末明初，北元在黑城还曾设置甘肃行省亦集乃分省，与亦集乃路并存[1]。明朝洪武五年（1372年）春，朱元璋派三路大军北征北元，征西将军冯胜率西路军攻打甘肃，至亦集乃路，北元守将卜颜帖木儿投降，该城为明军所占领。后来，北元军队一度重新占领亦集乃路，洪武十七年（1384年）明朝凉州卫指挥使宋晟在亦集乃路大败北元军队，擒海道千户也先帖木儿、国公吴把都剌赤等，俘虏一万八千多人[2]。但明军并没有在亦集乃路坚持多久，随着明朝防线的内移，该城最终被废弃了。

自洪武五年攻占亦集乃路后，明朝曾利用前代的烽燧等防御设施，如K823、T158、T171、T173四座汉代烽燧均有明代维修沿用的迹象，位于额济纳旗赛汉陶来苏木赛汉陶来嘎查西北20.3千米处平坦戈壁地带的晓林川吉烽火台，位于东风镇宝日乌拉嘎查西南85.5千米戈壁上的T183烽火台，则为明代所新建。这些明代沿用或新筑的烽火台向西南延伸，与甘肃金塔县境内的长房墩烽火台、五分墩烽火台连成一线，构成了明朝陕西行都司的外围防线。

阿拉善左旗境内的明长城在明代归宁夏镇南路邵刚堡、西路中卫管辖。明初，贺兰山以西的西北地区生活着塔滩蒙古诸部，不时越过贺兰山诸山口侵扰宁夏，"成化以前，虏患多在河西"[3]。成化之后，河套蒙古兴起，宁夏河东一带成为边防冲要，河西的边防地位有所下降，但是，贺兰山诸山口仍然是蒙古南下的通道。所以，从明初开始，河西贺兰山一带就一直进行着边防建设，此后直至万历末年，历朝均有修建。

宣德七年至正统八年（1432~1443年），总兵官史钊镇守宁夏时曾修筑长城，"置斥堠，建关隘，至今利之"[4]，构筑起了阿拉善左旗明长城的雏形。到成化十二年至十九年（1476~1483年），宁夏巡抚贾俊在任期间，"城西南墙"筑成。城西南墙"自双山南起，至广武界止，长一百余里。成化间，巡抚都御史贾俊奏筑"[5]。这段边墙属宁夏镇西路，绝大部分在今宁夏回族自治区青铜峡市境内，还包括阿拉善左旗明长城南端的一部分。

嘉靖十年（1531年），宁夏佥事齐之鸾督理修筑"西关门"。"西关门"北起赤木口，南抵大坝堡，全长80余里，实际上是挖了一道长堑。"成六月余，风扬沙塞，数日悉平。仍责令杨显、平羌、邵纲、玉泉四堡，时加挑浚。然随挑随淤，人不堪其困苦。巡抚都御史杨志学奏弃之，四堡始绥"[6]。该道边墙由于屡被风沙掩埋，不久就废弃了，但今天仍有部分遗迹显现，即为阿拉善左旗境内的明长城二边。

嘉靖十七年（1538年），经巡抚都御史吴铠奏准，明廷拨出专项经费，将贺兰山诸山口中除赤木口外的所有关墙整修一新[7]。嘉靖十九年（1540年），巡抚杨守礼、总兵官任杰又命副总兵陶希皋和佥事督粮官孟霈督修赤木口关墙[8]。嘉靖三十六年（1557年），陕西三边总督贾应春、巡抚王梦弼等

---

〔1〕 马顺平：《北元"宣光二年甘肃等处行中书省亦集乃分省咨文"考释》，《内蒙古大学学报》2008年第2期。

〔2〕 《明史》卷一五五《宋晟传》。

〔3〕 （明）魏焕：《皇明九边考》卷八，《明代蒙古汉籍史料汇编》第6辑，内蒙古大学出版社，2009年。

〔4〕 《嘉靖宁夏新志》卷二《宁夏总镇（续）》，第105页。

〔5〕 《嘉靖宁夏新志》卷一《宁夏总镇·边防》，第20页。

〔6〕 《嘉靖宁夏新志》卷一《宁夏总镇·南路邵刚堡》，第85页。

〔7〕 《嘉靖宁夏新志》卷一《宁夏总镇·北路平虏城》，第93页。

〔8〕 《嘉靖宁夏新志》卷一《宁夏总镇·南路邵刚堡》，第86页。

人又对赤木口关墙进行了修补[1]。经过这两次修筑，赤木口关墙成为贺兰山诸山口中最大的关墙，称为"西关门墙"。嘉靖年间对贺兰山诸山口的整修，使今天阿拉善左旗所见明长城大边完全成型。嘉靖四十年（1561年）六月，以宁夏为震中发生大地震，对宁夏镇的防御工事造成极大破坏。此后，隆庆、万历两朝基本上都在进行修复工作，不再有新的建树。贺兰山诸山口关墙的修复，最后一直持续至万历三十七年（1609年）为止[2]。

五　阿拉善盟长城以往调查、发掘与研究概况

对阿拉善盟长城的调查、发掘和研究，主要集中于额济纳旗的居延边塞。从19世纪末叶开始，以俄国人波塔宁首度到达黑城为序幕，国外探险家纷至沓来，他们以科学考察的名义肆意盗挖、劫掠了大量埋藏于黑城之下的珍贵文物。

1908年3月和1909年5~6月，俄国人科兹洛夫两次大规模盗挖黑城及其周边地区，仅佛塔就挖开了90余座。通过盗掘，他们获得了包括西夏文书、汉文文书、波斯文手稿、各种佛像、纸币、书籍、卷轴、金碗、铜钱等在内的大批珍贵文物，并悉数运回其国内。在此基础上，科兹洛夫写了《蒙古、安多和死城哈喇浩特》一书。

1914年，英籍匈牙利人斯坦因也挖掘了黑城。他在古城内外的庙址及佛塔中掘获了大量汉文文书、西夏文书、波斯文书、回鹘文书、西藏文书、佛像、中统钞、雕版画、水墨画等，并将此次挖掘收获发表在《亚洲的心脏》一书中。在这次挖掘的基础上，先后有《斯坦因西域考古记》和《英藏黑水城文献》两部书问世。

1923年，美国人兰登·华尔纳又一次盗掘了黑城，获得了佛像、壁画、铜镜等文物，还绘制了古城平面图。

这些盗掘活动使黑城遗址遭受了一次次的浩劫，由于盗掘者均未采取科学细致的发掘方法，使许多原本可以通过合理发掘解决的问题，成为学术界长久的难解之谜。

在我国学术团体的争取和努力下，20世纪30年代中瑞西北科学考察团首次确定了"采集和挖掘的文物、动植物标本和矿物样品等均属于中国所有"的考察原则。中瑞西北科学考察团在额济纳河流域的调查范围北起A1障（珍北候官），南至今甘肃省金塔县的毛目，总长约250千米，对发现的每处遗迹都作了编号，并简单测绘（附录表一）。同时，还对A1障、A2烽燧、A3烽燧、T9烽燧、A6烽燧、A7烽燧、A8障、A14烽燧、P9障、A21烽燧、A22烽燧、A16~A18烽燧、A10亭、A24障、A25烽燧、A27~A29烽燧、A32障（肩水金关）、A33障（地湾城）、T169烽燧、P12烽燧、A35城（肩水都尉府）、A36烽燧26处遗址进行了试掘或清理，通过采集和试掘，获得汉简1万余枚及铜钱、铜镞、陶器、铁器、木器、织物残片等遗物。在此次考察工作的基础上，后来由瑞典学者波·索麦斯特罗根据贝格曼的原始记录整理出版了《内蒙古额济纳河流域考古报告》[3]，至今仍是研究汉代居延边塞的第一手资料。中国社会科学院考古研究所将此次所获汉简整理，分别于1959年、1980年出版了《居延汉简甲编》、《居延汉简甲乙编》[4]。其中，《居延汉简甲乙编》中的《额济纳河流域障遂述要》

〔1〕《明世宗实录》卷四五二，嘉靖三十六年十月丁亥。

〔2〕华夏子：《明长城考实》，第256页，档案出版社，1988年。

〔3〕Bo Sommarstrom, *Archaeological Researches in the Edsen-gol Region Inner Mongolia*, Stackholm, 1956-1958.

〔4〕中国科学院考古研究所：《居延汉简甲编》，科学出版社，1959年；中国社会科学院考古研究所：《居延汉简甲乙编》，中华书局，1980年。

也是研究居延边塞障燧分布的重要资料。

新中国成立后，我国文物考古部门曾经多次对阿拉善盟的长城进行过调查，但调查范围一般多集中在额济纳河流域。

1962～1963 年，内蒙古文物工作队曾组织对额济纳旗进行考古调查，主要调查了黑城，以及居延边塞东北端与汉外长城北线的连接情况。

1973～1974 年夏、秋季，甘肃居延考古队对 A8 障（甲渠候官）、P1 烽燧（甲渠候官第四燧）、A32 障（肩水金关）等 3 处遗址进行了发掘，收获了近 20000 枚汉简以及一批丰富的汉代遗物，首次揭示了候官、部、关址的形制与结构。关于对这次考古工作的简要介绍见《居延汉代遗址的发掘和新出土的简册文物》[1]，简牍整理的基本资料包括，《居延新简释粹》[2]、《居延新简—甲渠候官与第四燧》[3]、《居延新简—甲渠候官》[4]。

此外，甘肃省文物工作队分别于 1972 年、1976 年，对额济纳河流域南起金塔县双城子、北至居延海和布肯托尼以北地区进行了调查，相关成果见于《额济纳河下游汉代烽燧遗址调查报告》[5]。

20 世纪 80 年代，第二次全国文物普查期间，阿拉善左旗、阿拉善右旗、额济纳旗等文化文物部门分别对辖区内的不可移动文物进行了较为全面的调查，所有成果均收录于《中国文物地图集·内蒙古自治区分册》一书中，包括与长城有关的一些成果。如，阿拉善右旗境内的笋布日乌拉山列燧、雅布赖山列燧、龙首山列燧等汉代列燧和塔林拜兴障城、乌兰拜兴障城等西夏遗址，阿拉善左旗境内的哈鲁乃山沿线个别汉代烽燧。

1983 年，中国社会科学院考古研究所内蒙古工作队调查了额济纳河下游的部分居延边塞遗址。

1983～1984 年，由内蒙古自治区文物考古研究所主持发掘了黑城遗址，揭露了城内主要部分的建筑基址，搞清了城市布局和建置沿革，出土了大量文书和其他遗物[6]。发掘工作的主持人李逸友编著了《黑城出土文书·汉文文书卷》一书[7]。

1999～2002 年，由内蒙古自治区文物考古研究所主持对甲渠塞第七、九、十四、十六燧以及卅井塞 T116 烽燧进行了发掘，同时对第十七、十八燧等甲渠塞所属部分烽燧东侧灰堆进行了清理，收获 500 余枚汉简和较为丰富的汉代遗物，在此次考古工作的基础上编辑出版了《额济纳汉简》一书[8]。

2006 年，由中国国家博物馆航空遥感考古中心、内蒙古自治区文物考古研究所和中测新图低空数码有限公司组成的联合考古队，对 A8 障（甲渠候官）、A1 障（殄北候官）、K822 障（大方城）、K710 城、K749 城（温都格城）、F84 障（红城）、绿城、黑城以及部分汉代烽燧遗址，进行了航空数码遥感拍摄。

2007 年，中国文化遗产研究院、内蒙古自治区文物考古研究所、北京大学城市与环境学院、甘肃省酒泉市文物局、内蒙古自治区阿拉善盟文化局、额济纳旗文化局、额济纳旗文物管理所、内蒙古自治区拓扑地理信息公司等单位组成联合考古队，对居延遗址群以及周边的地质地貌进行了详细的考察

---

〔1〕 甘肃居延考古队：《居延汉代遗址的发掘和新出土的简册文物》，《文物》1978 年第 1 期。

〔2〕 甘肃省文物考古研究所编，薛英群、何双全、李永良注：《居延新简释粹》，兰州大学出版社，1988 年。

〔3〕 甘肃省文物考古研究所、甘肃省博物馆、文化部古文献研究室等：《居延新简——甲渠候官与第四燧》，文物出版社，1990 年。

〔4〕 甘肃省文物考古研究所、甘肃省博物馆、中国文物研究所等：《居延新简——甲渠候官》，中华书局，1994 年。

〔5〕 甘肃省文物工作队：《额济纳河下游汉代烽燧遗址调查报告》，《汉简研究文集》，甘肃人民出版社，1984 年。

〔6〕 内蒙古文物考古研究所、阿拉善盟文物工作站：《内蒙古黑城考古发掘纪要》，《文物》1987 年第 7 期。

〔7〕 李逸友编著：《黑城出土文书·汉文文书卷》，科学出版社，1991 年。

〔8〕 魏坚主编：《额济纳汉简》，广西师范大学出版社，2005 年。

和测绘。考察区域北起中蒙边境策克口岸，南抵甘肃省金塔县鼎新机场西侧一线烽燧，考察范围东西约 70 千米、南北约 180 千米，共调查烽燧 88 座、城障 13 座、佛塔及寺庙址 13 处、墓葬区 3 处，以及房址、水渠、屯田区等遗迹 16 处。

正是上述考古调查发掘等基础工作所取得的一次次突破，掀起了对居延边塞研究的一次次热潮。

六　本次长城资源调查工作的组织开展情况

按照国家文物局开展长城资源调查的相关精神，设在内蒙古自治区文物考古研究所的内蒙古自治区长城资源调查项目组，在内蒙古自治区文化厅、文物局的领导下，于 2007～2010 年间组织开展了对全区历代长城资源的调查工作。

在 2007～2008 年开展的明长城调查中，阿拉善盟长城资源调查队是全区组建的 5 支明长城调查队之一，主要负责调查内蒙古自治区在阿拉善盟阿拉善左旗境内与宁夏回族自治区作为区界的明长城，以及该道长城西面基本呈平行走向的另一道明长城。东面的长城内蒙古地区民间俗称"大边"，西面的长城内蒙古地区民间俗称"二边"，大边绝大部分被作为区界，而二边则主要分布于内蒙古自治区境内。按照国家文物局省区界长城由两区文物部门协商分工调查的指示，阿拉善左旗与宁夏回族自治区相交界的明长城中，北纬 38°05′～38°20′部分由内蒙古自治区调查，以南部分由宁夏回族自治区调查，其中与宁夏负责调查的大边距离较近的二边，亦由宁夏回族自治区予以调查。

阿拉善盟长城资源调查队在 2007 年完成了阿拉善左旗明长城的田野调查任务后，根据中国文化遗产研究院国家长城资源调查项目组对于明长城调查的新精神、新要求以及在室内资料整理时发现的新问题，于 2008 年夏天，对调查的部分地段明长城又作了野外复查。阿拉善盟长城资源调查队队长为巴戈那，队员有张震洲、草格图、朱浩、牛长立、李铁柱、梁媛媛、胜利、王志明等。这些明长城调查资料，在《内蒙古自治区长城资源调查报告·明长城卷》中已作专门介绍。

在 2009～2010 年开展的明以前长城调查工作中，阿拉善盟共组建了三支调查队。阿拉善盟长城资源调查队负责调查位于阿拉善左旗境内的明以前长城，人员组成以先前的明长城调查队人员为班底，主要由阿拉善盟博物馆的业务人员组成，于 2009 年间完成了调查任务。另两支长城资源调查队分别由阿拉善右旗和额济纳旗各自组建，均以本旗文物管理所的业务人员为主组成，负责调查本旗境内的长城。阿拉善右旗长城资源调查队于 2009～2010 年间完成了本旗境内的长城调查任务。额济纳旗长城资源调查队于 2010 年间完成了本旗境内的长城调查任务后，又于 2011 年内对部分重要遗迹作了复查。

阿拉善盟长城资源调查队队长为巴戈那，参加明以前长城调查的队员有景学义、张震洲、朱浩、草格图、胜利、邱军旭、范永龙、特木尔萨那、吴学忠等。阿拉善右旗长城资源调查队队长为范荣南，队员有张有里、邱军旭、五一、巴格那、范永龙等。额济纳旗长城资源调查队队长为那仁巴图，队员有傅兴业、宝力德、乌日图那生、杜庆军等；2011 年的重要遗迹复查工作由傅兴业带队，参加人员有宝力德、乌日图那生、杜庆军等。以上调查队均由设在内蒙古自治区文物考古研究所的自治区长城资源调查项目组统一领导，项目总领队为张文平。

从 2011 年初开始，三支调查队的骨干队员集中于内蒙古自治区文物考古研究所，与其他长城资源调查队共同开展了调查资料的整理工作。至 2011 年 5 月，完成了数据库资料的初步整理。2011 年 6～12 月，完成了调查资料的复核以及数据库的进一步完善工作。自 2012 年初开始编写田野调查报告，大致在 2012 年底完成了初稿。参加调查资料整理及调查报告初稿编写的人员有巴戈那、张震洲、范荣南、邱军旭、范永龙、傅兴业、杜庆军等。2013～2015 年，张文平、胡春柏作了调查报告的全面统稿工作。

　　本报告的重点在于明以前长城，在报告编写过程中，为了体现阿拉善盟境内长城的完整性，将阿拉善左旗的明长城另列专章予以扼要介绍。对于原先由宁夏回族自治区调查的区界明长城大边及其西侧二边，参照宁夏回族自治区的调查资料，内蒙古自治区长城资源调查项目组于2013年间组织调查队重新作了调查。参加2013年调查工作的人员有张震州、笋布尔、杨峰、柴而忠、马少明等，张震洲完成了后期资料整理工作。

　　针对阿拉善盟汉代、西夏和明代三个时期的长城，在正文的介绍中，按时代分作三章，每章之下再分旗县，对于长城墙体及其沿线单体建筑分别予以详细描述。

第二章

阿拉善盟汉长城

阿拉善盟境内的汉长城在阿拉善左旗、阿拉善右旗、额济纳旗均有分布。三旗汉长城的共同特点是，在特殊的沙漠地形环境下，依托河流山川等险要，以烽燧为主，辅以墙体、天田和其他单体建筑，组成一个链条式的防御与信息传递兼具的长城体系。

三旗共调查登记汉长城墙体总长 40134 米，划分为 12 段；壕堑总长 41499 米，划分为 16 段；天田总长 562204 米，划分为 39 段；另调查烽燧 465 座、障城 17 座、古城 9 座、关址 1 座、居住址 4 座。

这些遗存在三旗境内的具体分布情况如下表所示（表一）。

表一　阿拉善盟汉长城数据简表

县（旗）域	墙体（米）	壕堑（米）	天田（米）	烽燧（座）	障城（座）	古城（座）	关址（座）	居住址（座）
阿拉善左旗	3578	0	0	148	3	0	0	1
阿拉善右旗	294	41499	181596	160	4	1	0	3
额济纳旗	36262	0	380608	157	10	8	1	0
合　计	40134	41499	562204	465	17	9	1	4

一　阿拉善左旗汉长城

阿拉善左旗境内汉长城包括墙体 1 段计 3578 米，烽燧 148 座、障城 3 座、居住址 1 座。这些长城遗迹主要分布在两个区域，一个是在旗境中部，分布在狼山西侧余脉哈鲁乃山的南、北两侧，向西南横贯全境，多建于山顶和较高的台地、坡地上，可分为哈鲁乃山北麓—亚玛雷克列燧、哈鲁乃山南麓—亚玛雷克列燧两道列燧。另一个区域是旗境东南部，主要沿贺兰山西麓分布，一般建于山顶、山脊或坡地上，个别建于平缓地带，可分为贺兰山西麓列燧和腾格里沙漠南缘—黄河北岸列燧（地图五）。

哈鲁乃山北麓—亚玛雷克列燧、哈鲁乃山南麓—亚玛雷克列燧均起自哈鲁乃山东侧，一列沿山体北麓布设，另一列沿山体南麓布设，东部起点处相距约 9.9 千米。贺兰山西麓列燧起点与哈鲁乃山南麓—亚玛雷克列燧止点相距 53.9 千米，之间为乌兰布和沙漠。贺兰山西麓列燧止点与腾格里沙漠南缘—黄河北岸列燧起点之间有 33.8 千米的间隔，之间是贺兰山南部余脉和广袤的腾格里沙漠。

下面大体按照四道列燧由北向南的顺序，分别作详细介绍。

（一）哈鲁乃山北麓—亚玛雷克列燧

该道列燧主要包括 67 座烽燧，另有墙体 1 段。分布路线东起自敖伦布拉格镇西北与磴口县沙金套海苏木巴音乌拉嘎查交界处的哈鲁乃山，沿山体北麓，向西南跨亚玛雷克沙漠，经敖伦布拉格镇巴音毛道嘎查、图克木嘎查，吉兰泰镇德日图嘎查、额然陶勒盖嘎查；西止于巴音诺日公苏木哈日木格太嘎查。整道列燧横贯阿拉善左旗北部，西与阿拉善右旗境内的雅布赖山列燧遥相呼应。

下面，对该道列燧中的每处遗迹，大体按照由东向西的排列次序分别予以描述。

（1）希勒希勒长城（1529213821020400002）

该段墙体东起自敖伦布拉格镇巴音毛道嘎查东南约 23.7 千米，西止于巴音毛道嘎查东南约 22.4 千米，大体呈东南—西北走向。

墙体大部分筑于山腰处，长 1591 米，保存差。大部分地段用毛石干垒而成，墙体底宽 0.9~1.4、高 0.2~1.4 米。局部山势陡峭之处，先对山体进行铲削，形成宽约 5 米的平台，再沿外缘筑起石墙。墙体均已坍塌，顶部大多缺失，石块散落，损毁严重的地段每隔 3~8 米就有一处豁口，仅存地表痕迹（彩图一、二）。

该段墙体起点西南约 0.67 千米处有哈日希勒烽燧，止点东南 0.427 千米处有希勒希勒烽燧、西北 0.544 千米处有希勒烽燧。

（2）呼和敖包烽燧（1529213532010400040）

该烽燧位于敖伦布拉格镇巴音毛道嘎查东南约 22.8 千米的山脊上，地处哈鲁乃山查斯沟的北端东侧山地，是哈鲁乃山北麓—亚玛雷克列燧最东端的一座烽燧，向东约 2 千米即是巴彦淖尔市磴口县沙金套海苏木巴音乌拉嘎查地界。

烽燧由墩台和坞两部分组成。墩台坍塌成隆起的石堆，石块散落。根据西、南壁底部露出的石砌痕迹判断，墩台下部有一个经过人工修整和堆砌的基础，其上用青灰色石块错缝堆砌而成，自下而上有收分。墩台平面呈长方形，剖面呈梯形，底部东西长 8、南北长 6.6 米，顶部不规整，高 2.6 米。坞连接在墩台南壁，东西长 8.3、南北长 9.2 米；墙体石砌而成，损毁严重，仅存痕迹可辨。门向不清。东北角存有长 3.7、高 0.2 米的石砌台基。遗址地表散落有零星的汉代泥质灰陶罐、盆等陶器残片（彩图三）。

该烽燧西北约 3.9 千米处有宝尔敖包烽燧，西南 1.5 千米处有宝日淖海图烽燧。

（3）宝日淖海图烽燧（1529213532010400041）

该烽燧位于敖伦布拉格镇巴音毛道嘎查东南约 22.4 千米的山顶上，地处哈鲁乃山查斯沟北端东侧。

烽燧由墩台和坞两部分组成。墩台平面呈长方形，剖面呈梯形，底部东西长 12、南北长 11.5 米，顶部残损且不平整，东西最长 5、南北最长 7 米，高 5.7 米。墩台外侧用大石块错缝堆砌而成，内部用碎小石块和沙土填充，自下而上有收分。墩台四壁坍塌损毁严重，仅底部存石砌痕迹；东南角遭盗掘，由顶至底形成高 3、宽约 1.9 米的凹槽，内部的土、石及框木结构露出于外。坞连接在墩台南壁中部，东、南、西三面筑墙，东墙长 20、高 0.2~2.8 米，南墙长 18.4、高 0.2~2.1 米，西墙长 20、高 0.4~3.3 米。坞墙两侧用较大的石块错缝堆砌而成，内部填充碎石，墙体底宽约 2.3、顶宽约 1.9 米。墩台东侧留有向北的门道。距坞墙东南角 10 米处有一座石砌房址，平面大体呈长方形，东西长 9.1、南北长9.4米；墙体损毁严重，墙体底宽约1.1、高不足0.3米；门向不清。遗址附近地表散落有零星的汉代泥质灰陶罐、盆等陶器残片（彩图四~六）。

该烽燧东北约1.5千米处有呼和敖包烽燧，西南约2.3千米处有希勃烽燧和希勃希勒烽燧，西北约4千米处有宝尔敖包烽燧。

（4）宝尔敖包烽燧（152921353201040042）

该烽燧位于敖伦布拉格镇巴音毛道嘎查东南18.9千米的山丘上，处于哈鲁乃山东端的查斯沟北端。

烽燧由墩台和坞两部分组成。墩台大部分坍塌，底部被散落的石块覆盖，整体为隆起的石堆，坍塌范围底部东西最长13、南北最长17、高2.1米。根据西壁露出的石砌痕迹判断，墩台平面呈长方形，剖面呈梯形，外侧用青灰色石块错缝堆砌而成，内部用碎石填充，自下而上有收分。坞连接在墩台西壁，大体分布在东西长约8、南北长约6.5米的范围内；墙体石砌而成，完全坍塌，塌落的石块将坞大部覆盖，数据无法准确测取；门向不清。遗址地表散落有零星的汉代泥质灰陶罐、盆等陶器残片。

该烽燧东南约4千米处有宝日淖海图烽燧、约3.9千米处有呼和敖包烽燧，西北约3.6千米处有哈斯布其烽燧。

（5）乌努根敖包烽燧（152921353201040043）

该烽燧位于敖伦布拉格镇巴音毛道嘎查东南25.2千米的山顶上。为处于哈鲁乃山北麓—亚玛雷克列燧东端最靠南侧的一座烽燧，与哈鲁乃山南麓—亚玛雷克列燧的查斯沟1号烽燧相距9.8千米。

烽燧由墩台和坞两部分组成。墩台大部分坍塌，顶部残缺，石块散落在四周将底部掩盖，现为隆起的石堆，底部东西最长15、南北最长16、高3.7米。根据北壁残存的石砌痕迹判断，墩台平面呈长方形，剖面呈梯形，自下而上有收分，外侧用青灰色石块错缝堆砌而成，内部填充碎石。坞连接在墩台北壁，平面大体呈长方形，东西长7.4、南北长8.6米；墙体石砌而成，损毁严重，宽1.1~1.3、高一般不足0.5米；门向不清。遗址地表散落有零星的汉代泥质灰陶罐、盆等陶器残片（彩图七）。

该烽燧西北约1.4千米处有哈日希勃烽燧。

（6）哈日希勃烽燧（152921353201040044）

该烽燧位于敖伦布拉格镇巴音毛道嘎查东南约23.7千米的山脊上。

烽燧由墩台、坞和附燧三部分组成。墩台整体坍塌，石块散落，现为隆起的石堆，底部东西最长11.3、南北最长8.7米、高1.4米。根据北壁残存的石砌痕迹判断，墩台平面呈长方形，剖面呈梯形，自下而上有收分，外侧用青灰色石块错缝堆砌而成，内部填充碎小石块，顶部有一个晚近时期堆筑的石圈。坞连接在墩台北壁，平面呈"凹"字形，东西长8、南北长11米；墙体坍塌严重，石块散乱，现为宽1.1、高0.2~0.6米的碎石垄；门向不清；中部有东西向的隔墙，将坞分为南北两部分。墩台东南58米处有一座附燧，即在5×5米的范围内于四角分别用石块筑起1.5米见方的石台，坍塌严重，仅存底部残迹，高0.2~0.6米。遗址地表散落有零星的汉代泥质灰陶罐、盆等陶器残片（彩图八、九）。

该烽燧东南约1.4千米处有乌努根敖包烽燧，西北约1.4千米处有希勃希勒烽燧。

（7）哈斯布其烽燧（152921353201040045）

该烽燧位于敖伦布拉格镇巴音毛道嘎查东约16.5千米的山顶上。为哈鲁乃山北麓—亚玛雷克列燧东端向北侧最为凸出的一座烽燧，东约2千米是巴彦淖尔市磴口县沙金套海苏木巴音乌拉嘎查地界。

烽燧由墩台和坞两部分组成。墩台坍塌成石堆状，底部东西最长8.1、南北最长9.3、高约1.8米。由北壁底部残存的石砌痕迹来看，外侧用较大石块错缝堆砌而成，内部填充碎石，原始形制无法辨识，顶部有一座后来堆砌的圆形敖包。坞连接在墩台南壁，平面大体呈长方形，东西长8、南北长8.5米；墙体石砌而成，坍塌严重，仅西墙底部残存较为清晰的石砌痕迹，宽约1米；门向不清。

该烽燧东南约3.6千米处有宝尔敖包烽燧。

（8）希勃希勒烽燧（152921353201040046）

该烽燧位于敖伦布拉格镇巴音毛道嘎查东南约22.7千米的山丘顶部。哈鲁乃山北麓—亚玛雷克列燧由此处起大体向西南方向延伸，呼和敖包烽燧、宝日淖海图烽燧、宝尔敖包烽燧、哈斯布其烽燧大体处于其北侧，乌努根敖包烽燧、哈日希勃烽燧大体处于其南侧。

烽燧由墩台、坞和附燧三部分组成。墩台坍塌严重，石块散落，现为隆起的石堆，底部东西最长19、南北最长16、高2米。根据北壁露出的石砌痕迹判断，墩台平面呈长方形，剖面呈梯形，用青灰色石块堆砌而成，自下而上有收分。坞连接在墩台北壁，平面呈长方形，东西长10.2、南北长10.8米；墙体石砌而成，底宽约1.9、高0.2～0.9米，塌落的石块多向外侧倾倒；门向不清。墩台东北39米处有一座石砌附燧，坍塌严重，现为东西长4、南北长5.7、高0.4米的石堆。遗址地表散落有零星的汉代泥质灰陶罐、盆等陶器残片（彩图一〇、一一）。

该烽燧东北约2.3千米处有宝日淖海图烽燧，东南约1.4千米处有哈日希勃烽燧，西北约0.974千米处有希勃烽燧。

（9）希勃烽燧（152921353201040047）

该烽燧位于敖伦布拉格镇巴音毛道嘎查东南约21.9千米的山丘顶部。

烽燧由墩台、坞和附燧三部分组成。墩台坍塌成隆起的石堆，顶部缺失不规整，塌落的石块将底部覆盖，坍塌范围底部东西最长16.5、南北最长14.5、高2米。根据北壁露出的长3、高约1.5米的石砌痕迹判断，墩台平面呈长方形，剖面呈梯形，自下而上有收分，外侧用青灰色石块错缝堆砌而成，内部填夹碎小石块。坞连接在墩台北壁，平面大体呈长方形，东西长9.6、南北长11.9米；墙体石砌而成，顶部缺失严重，顶宽约1.4、底宽约1.8、高0.2～0.8米；门向不清。墩台附近分布有2座石砌附燧，其中，西南85米处有1座附燧，倒塌严重，石块散乱，现为6×6米的石砌台基，高0.2～0.4米，其西北角有1座石台，坍塌严重，2米见方、高0.4米；东南81米处有1座附燧，现为5×5米的石砌台基，坍塌损毁严重，略高于地表，其四角有4座1.5米见方、高0.2～0.6米的石台。遗址地表散落有零星的汉代泥质灰陶罐、盆等陶器残片（彩图一二、一三）。

该烽燧东南约0.974千米处有希勃希勒烽燧，西南约1.5千米处有巴嘎敖包烽燧。

（10）巴嘎敖包烽燧（152921353201040048）

该烽燧位于敖伦布拉格镇巴音毛道嘎查东南约21千米的山丘顶部。

烽燧由墩台和坞两部分组成。因其筑于山顶，地势高低不平，墩台和坞的底部均使用石块找平，形成高低不等的人工基础，最高处约1.3米。墩台整体坍塌成隆起的石堆，底部东西最长15.3、南北最长17.5、高2.6米。根据东南角残存的石砌痕迹判断，墩台平面呈长方形，剖面呈梯形，自下而上有收分，外侧用青灰色石块错缝堆砌而成，内部用碎小石块填充。坞连接在墩台东壁，平面呈长方形，东西最长9.5、南北最长13.2米；墙体石砌而成，坍塌严重，宽约1.2米；坞内部被塌落的石块和沙土填充，呈平台状，高近1米；门向不清。遗址地表散落有零星的汉代泥质灰陶罐、盆等陶器残片

（彩图一四、一五）。

该烽燧东北约 1.5 千米处有希勃烽燧，西南约 1.3 千米处有阿日敖包烽燧。

（11）阿日敖包烽燧（152921353201040049）

该烽燧位于敖伦布拉格镇巴音毛道嘎查东南约 19.9 千米的山丘顶部。

烽燧由墩台和坞两部分组成。墩台整体坍塌成隆起的石堆，底部东西最长 19、南北最长 20 米，顶部相对平整，东西长 8、南北长 5.7 米，高 4 米。根据东壁底部露出的石砌痕迹判断，墩台平面呈长方形，剖面呈梯形，自下而上有收分，外部用青灰色石块错缝堆砌而成，内部用碎小石块填充。坞连接在墩台东壁，平面大体呈长方形，东西长 8.5、南北长 7.3 米；墙体石砌而成，底宽 1.2、高 0.3～0.6 米；门向不清。遗址地表散落有零星的汉代泥质灰陶罐、盆等陶器残片（彩图一六）。

该烽燧东北约 1.3 千米处有巴嘎敖包烽燧，西南约 1.7 千米处有楚鲁 1 号烽燧。

（12）楚鲁 1 号烽燧（152921353201040050）

该烽燧位于敖伦布拉格镇巴音毛道嘎查东南约 18.7 千米的坡地上。

烽燧由墩台和坞两部分组成。墩台坍塌严重，石块散落，现为隆起的石堆，底部直径 14、高 2 米。根据南壁底部露出的石砌痕迹判断，墩台平面呈长方形，剖面呈梯形，自下而上有收分，外侧用青灰色石块错缝堆砌而成，内部用碎小石块填充。坞连接在墩台南壁，平面大体呈正方形，边长 9 米；墙体石砌而成，部分砌石被拆取，仅存底部轮廓，墙体底宽约 1.4 米；门向不清。

该烽燧东北约 1.7 千米处有阿日敖包烽燧，西南约 1.6 千米处有楚鲁 2 号烽燧。

（13）楚鲁 2 号烽燧（152921353201040051）

该烽燧位于敖伦布拉格镇巴音毛道嘎查约东南 17.7 千米的坡地上。

烽燧由墩台和坞两部分组成。墩台整体坍塌，加之沙土掩埋，成为隆起的沙石堆，底部东西最长 8.5、南北最长 8.5、高 2.1 米。根据残存石砌痕迹判断，墩台平面呈长方形，剖面呈梯形，自下而上有收分，外侧为青灰色块石错缝堆砌而成，内部用碎小石块填充。坞连接在墩台南壁，平面大体呈长方形，东西长 7.4、南北长 12 米；墙体石砌而成，宽约 1.3 米，砌石多被拆取，加之沙土覆盖严重，仅底部痕迹可辨；门向不清。遗址地表散落有零星的汉代泥质灰陶罐、盆等陶器残片。

该烽燧东北约 1.6 千米处有楚鲁 1 号烽燧，西南约 1.5 千米处有楚鲁 3 号烽燧。

（14）楚鲁 3 号烽燧（152921353201040052）

该烽燧位于敖伦布拉格镇巴音毛道嘎查东南约 16.8 千米的坡地上。

烽燧仅见墩台。墩台用青灰色石块砌筑而成，坍塌损毁严重，大部被黄沙掩埋，现为直径约 13、高 1.8 米的圆形石堆，平、剖面形制无法辨识（彩图一七）。

该烽燧东北约 1.5 千米处有楚鲁 2 号烽燧，西南约 1.7 千米处有哈日敖包烽燧。

（15）哈日敖包烽燧（152921353201040053）

该烽燧位于敖伦布拉格镇巴音毛道嘎查东南约 16.6 千米的戈壁平缓地带。

烽燧仅见墩台。墩台用青灰色石块堆筑而成，坍塌严重，局部被黄沙掩埋，现为圆形石堆，直径 19、高 2.4 米，平、剖面形制无法辨识。顶部有一座后来堆筑的圆形敖包（彩图一八）。

该烽燧东北约 1.7 千米处有楚鲁 3 号烽燧，西南约 1.8 千米处有夏日敖包 1 号烽燧。

（16）夏日敖包 1 号烽燧（152921353201040054）

该烽燧位于敖伦布拉格镇巴音毛道嘎查东南 16.4 千米的戈壁坡地上。

烽燧由墩台和附燧两部分组成。墩台大部分坍塌，石块散落，现为隆起的石堆，底部东西最长 22、南北最长 20、高 3.3 米。根据西壁露出的石砌痕迹判断，墩台平面呈长方形，剖面呈梯形，自下而上有收分，用青灰色石块错缝堆砌而成。墩台附近有 4 座石砌附燧，坍塌严重，部分被沙土覆盖，其中，北侧 5 米处起南北向排列 2 座附燧，间距 11 米，均坍塌，现为 3 米见方的石台，略高出地表 0.2~0.4 米；南侧 7 米处起南北向排列 2 座附燧，间距 5 米，均坍塌，现为 3 米见方的石台，高出地表 0.05~0.4 米（彩图一九）。

该烽燧东北约 1.8 千米处有哈日敖包烽燧，西南约 1.6 千米处有夏日敖包 2 号烽燧。

（17）夏日敖包 2 号烽燧（152921353201040055）

该烽燧位于敖伦布拉格镇巴音毛道嘎查东南 17.5 千米的山坡上。

烽燧由墩台和坞两部分组成。墩台整体坍塌成隆起的石堆，底部东西最长 11、南北最长 8、高 3.3 米。根据西壁露出的石砌痕迹判断，墩台平面呈长方形，剖面呈梯形，自下而上有收分，外侧用青灰色石块错缝堆砌而成，内部填夹碎石块。坞连接在墩台西壁，平面呈长方形，东西长 11.4、南北长 7.5 米；墙体石砌而成，坍塌严重，底宽约 1.4、高 0.6~1.4 米。坞内积留了大量黄沙。门向不清。

该烽燧东北约 1.6 千米处有夏日敖包 1 号烽燧，西南约 1.3 千米处有夏日敖包 3 号烽燧。

（18）夏日敖包 3 号烽燧（152921353201040056）

该烽燧位于敖伦布拉格镇巴音毛道嘎查东南 17.8 千米的坡地上。

烽燧由墩台和坞两部分组成。墩台整体坍塌成隆起的石堆，大部分被黄沙覆盖，坍塌范围底部东西最长 23、南北最长 11.4、高 3.6 米，原始形制难以辨识。坞连接在墩台东壁，墙体损毁严重，被沙土掩埋，与墩台塌落的石块混为一体（彩图二〇）。

该烽燧东北约 1.3 千米处有夏日敖包 2 号烽燧，西南约 1.2 千米处有伊克查干楚鲁图烽燧。

（19）伊克查干楚鲁图烽燧（152921353201040057）

该烽燧位于敖伦布拉格镇巴音毛道嘎查东南约 18.2 千米的山丘顶部。

烽燧由墩台和坞两部分组成。墩台坍塌损毁严重，现为底部直径 28、高 4 米的圆形石堆，原始形制无法辨识。坞连接在墩台东南壁，大部分被黄沙掩埋，仅东侧露出长 4.5 米的石砌墙体，倒塌严重，宽 1.2 米。遗址地表散落有零星的汉代泥质灰陶罐、盆等陶器残片（彩图二一）。

该烽燧东北约 1.2 千米处有夏日敖包 3 号烽燧，西南约 1.1 千米处有巴嘎查干楚鲁图烽燧。

（20）巴嘎查干楚鲁图烽燧（152921353201040058）

该烽燧位于敖伦布拉格镇巴音毛道嘎查东南约 18.2 千米的山丘上。

烽燧由墩台和坞两部分组成。墩台整体坍塌成圆形石堆，底部直径 14、高 2.2 米。根据南壁露出的石砌痕迹判断，墩台平面呈长方形，剖面呈梯形，自下而上有收分，用青灰色石块堆砌。坞连接在墩台南壁，平面呈长方形，东西长 8、南北长 10 米；墙体石砌而成，倒塌严重，石块散落，宽 1.3 米。坞内积满塌落的石块和黄沙，高 1.3 米。门向不清。遗址地表散落有零星的汉代泥质灰陶罐、盆等陶器残片。

该烽燧东北约 1.1 千米处有伊克查干楚鲁图墩台，西南约 1.3 千米处有查干楚鲁图烽燧。

（21）查干楚鲁图烽燧（152921353201040059）

该烽燧位于敖伦布拉格镇巴音毛道嘎查东南约 18.2 千米的坡地上。

烽燧由墩台、坞和附燧三部分组成。墩台坍塌成底部直径 15、高 3.3 米的圆形石堆。根据东南角露出的石砌痕迹判断，墩台平面呈长方形，剖面呈梯形，自下而上有收分。坞连接在墩台东壁，平面呈长方形，东西长 12、南北长 11.5 米；墙体石砌而成，坍塌十分严重，石块散乱，除北墙存有石砌痕迹外，其余三面墙体只能辨认出基本轮廓，墙体底宽 2 米。坞内填满沙粒和塌落的石块，呈平台状，高1.2米。门向不清。墩台附近分布有2座石砌附燧，均坍塌严重，部分被沙土掩埋。其中，坞东南角向南32米处有一座附燧，现为2米见方、高0.4米的石台；由此向南5.5米处另有一座附燧，是在5×5米范围内于四角分别堆筑起2×2米的石台，高0.2~0.6米（彩图二二）。

该烽燧东北约1.3千米处有巴嘎查干楚鲁图烽燧，西北约1.6千米处有巴音敖包1号烽燧。

（22）巴音敖包1号烽燧（152921353201040060）

该烽燧位于敖伦布拉格镇图克木嘎查东南约20.9千米的坡地上。

烽燧仅见墩台。墩台坍塌成底部直径20、高3.5米的圆形石堆，原始形制难以辨识，顶部有一座后来修筑的圆形敖包。遗址地表散落有零星的汉代泥质灰陶罐、盆等陶器残片（彩图二三）。

该烽燧东南约1.6千米处有查干楚鲁图烽燧，西北约1.5千米有巴音敖包2号烽燧。

（23）巴音敖包2号烽燧（152921353201040061）

该烽燧位于敖伦布拉格镇图克木嘎查东南约19.6千米的山丘顶部。

烽燧由墩台、坞和附燧三部分组成。墩台坍塌成石堆，底部东西最长24、南北最长13米，顶部东西最长4.8、南北最长5米，高3.6米，局部被沙土掩埋。根据南壁露出的石砌痕迹判断，墩台平面呈长方形，剖面呈梯形，自下而上有收分。坞连接在墩台南壁，平面大体呈长方形，东西长10、南北长12米；墙体石砌而成，倒塌严重，宽约2米。坞内积留大量沙粒和塌落的石块，呈平台状，高约1.6米。墩台东北36米处有一座附燧，即在5×5米的范围内于四角分别筑起一座石台，1.5米见方、残高0.2~0.6米，均倒塌，仅底部残存。墩台东北71米处有一个圆形石堆，底部直径约13、高1.3米。遗址地表散落有零星的汉代泥质灰陶罐、盆等陶器残片（彩图二四）。

该烽燧东南约1.5千米处有巴音敖包1号烽燧，西北约1.5千米处有哈登希勃烽燧。

（24）哈登希勃烽燧（152921353201040062）

该烽燧位于敖伦布拉格镇图克木嘎查东南约18.5千米的坡地上。

烽燧仅见石砌墩台。墩台用青灰色石块堆砌而成，自下而上有收分，平面呈圆形，剖面呈梯形，底部直径13、高3.7米。墩台顶部残损，西壁大部分坍塌，其余三壁存有高1.2~2米的石砌痕迹，形制较为清晰，整体保存相对较好。墩台西南52米有一处6×6米的建筑基址，损毁严重，仅高出地表约0.2米，用途不详。遗址地表散落有零星的汉代泥质灰陶罐、盆等陶器残片（彩图二五）。

该烽燧东南约1.5千米处有巴音敖包2号烽燧，西南约1.5千米处有萨格勒格日敖包烽燧。

（25）萨格勒格日敖包烽燧（152921353201040063）

该烽燧位于敖伦布拉格镇图克木嘎查东南约18.1千米的坡地上。

烽燧由墩台、坞和附燧三部分组成。墩台坍塌成隆起的土石堆，底部东西最长14.8、南北最长19米，顶部残损，高约3.8米，原始形制无法辨识。坞连接在墩台西壁，平面大体呈长方形，东西长8.5、南北长9米；墙体石砌而成，大部分倒塌，仅北墙局部存有较为清晰的石砌痕迹，墙体底宽1.9米。坞内积留了大量沙粒和塌落的石块，大体呈平台状，外侧高1.6、内侧高约0.4米。门向不清。墩台东北55米处起分布有2座附燧，南北向排列，间距59米，都是在5×5米范围内于四角分别堆起一座石台，均坍塌损毁，1.5米见方、高不足0.4米。遗址地表散落有零星的汉代泥质灰陶罐、盆等陶器残片（彩图二六、二七）。

该烽燧东北约1.5千米处有哈登希勃烽燧，西北约1.3千米处有夏布尔全吉烽燧。

（26）夏布尔全吉烽燧（152921353201040064）

该烽燧位于敖伦布拉格镇图克木嘎查东南约17.2千米的坡地上。

烽燧由墩台和附燧两部分组成。墩台用黄土夯筑而成，夯层厚0.09~0.12米，顶部缺失，外缘风化、夯土剥落，不甚规整，原始形制无法辨识，呈土堆状，底部东西最长 5、南北最长 7、高 2.5 米。墩台顶部靠近南侧存有一段清晰的夯土层，范围约 4×4、高约 1 米。墩台东北 41 米处起分布有 3 座石砌附燧，由东北向西南排列，间距依次为 80、46 米，都是在 5×5 米的范围内于四角分别筑起一座石台，均坍塌，石块散乱，残存底部，1.5 米见方、高 0.2~0.4 米。遗址地表散落有零星的汉代泥质灰陶罐、盆等陶器残片（彩图二八）。

该烽燧东南约 1.3 千米处有萨格勒格日敖包烽燧，西北约 1.6 千米处有豪勒包烽燧。

（27）豪勒包烽燧（152921353201040065）

该烽燧位于敖伦布拉格镇图克木嘎查东南约 16.3 千米的山丘顶部。

烽燧由墩台和坞两部分组成。墩台平面呈长方形，剖面呈梯形，底部东西长 16、南北长 12 米，顶部东西长 3.6、南北长 5.5 米，高 4.4 米。墩台外侧用青灰色石块错缝堆砌而成，内部用碎小石块填充，自下而上有收分。墩台北壁坍塌严重，东、南、西壁顶部及外缘大部分坍塌，仅局部残存石砌痕迹，塌落的石块将底部覆盖，致使墩台看起来像一座隆起的石堆，南侧有一处牧民垒砌的石圈。坞连接在墩台南壁，平面大体呈长方形，东西长 9.5、南北长 15 米；墙体石砌而成，大部分坍塌比较严重，仅东墙石砌痕迹相对清晰，墙体底宽 2.5、顶宽 2.1 米。坞内被散落的石块和沙土填埋，外高内低，外侧最高 1.7、内侧最高 1 米。坞东墙在距墩台 4.8 米处留门，门宽 1 米。因平整地势的需要，在坞底部筑有高约 0.8 米的人工基础，东西两侧各超出坞墙 1.2 米，南侧超出坞墙 1.7 米。遗址地表散落有零星的汉代泥质灰陶罐、盆等陶器残片（彩图二九、三〇）。

该烽燧东南约 1.6 千米处有夏布尔全吉烽燧，西南约 1.6 千米处有豪绕陶勒盖烽燧。

（28）豪绕陶勒盖烽燧（152921353201040066）

该烽燧位于敖伦布拉格镇图克木嘎查东南约 16 千米的山丘上。

烽燧由墩台和坞两部分组成。从现存状况看，墩台用黄土夯筑而成，夯层比较模糊，夯层厚约 0.11 米。墩台损毁风化严重，外缘不规整，现为低矮的土堆，残存夯土部分东西最长 4.3、南北最长 3.6、最高 0.7 米。从墩台周边散落的石块来看，有可能外壁曾用石块加筑。坞在墩台外围，平面大体呈长方形，东西最长 26.6、南北最长 30 米；墙体用片状石材错缝堆砌而成，损毁严重，仅存底部痕迹可辨轮廓，墙体底宽 0.7~0.85、高一般不足 0.2 米；门向不清。墩台中心东距坞墙 7、南距坞墙 17.5 米。墩台东南 2 米处有一个直径 6.1 米的圆形房址，石砌墙体宽约 1.2、残高 0.6 米；东南墙留门，门宽 0.9 米；墙体大多坍塌，石块被拆取，在中部堆起一道半月形石墙。遗址地表散落有零星的汉代泥质灰陶罐、盆等陶器残片。

该烽燧东北 1.6 千米处有豪勒包烽燧，西南 2.7 千米处有塔塔拉音夏布日全吉烽燧。

（29）塔塔拉音夏布日全吉烽燧（152921353201040067）

该烽燧位于敖伦布拉格镇图克木嘎查东南约 16 千米的山丘上。

烽燧由墩台和附燧两部分组成。从外观来看，墩台用黄土夯筑而成，夯层厚 0.1~0.12 米。墩台风化残损严重，现为外缘不规整的土台，残存夯土遗迹东西最长 4.7、南北最长 5.5、南侧高 1.7 米，北侧呈斜坡状。从周边散落的石块来看，也有可能外壁曾用石块加筑。墩台附近分布有 6 座石砌附燧。其中，墩台南 9.6 米处有 1 座附燧，已坍塌，仅存底部，现为 1.6 米见方、高 0.3 米的石台；东南 19 米处起由西向东排列 3 座附燧，间距约 10 米，均用石块堆砌而成，坍塌为正方形石台，第 1 座 3.5 米见方、高 0.7 米，第 2 座 3.5 米见方、高 0.6 米，第 3 座 2.5 米见方、高 0.7 米；东南 76 米处 5×5 米的范围内于四角分别筑起一座石台，均倒塌严重，石块散乱，1.5 米见方、高 0.2~0.6 米；西北 54 米处 5×5 米的范围内于四角分别筑起一座 2 米见方的石台，均倒塌严重，石块散乱，高 0.2~0.9 米。

遗址地表散落有零星的汉代泥质灰陶罐、盆等陶器残片。

该烽燧东北约 2.7 千米处有豪绕陶勒盖烽燧，西南约 1.3 千米处有呼和图音宗希勃烽燧。

（30）呼和图音宗希勃烽燧（152921353201040068）

该烽燧位于敖伦布拉格镇图克木嘎查东南约 16 千米的山坡上。

烽燧由墩台、坞和附燧三部分组成。墩台坍塌严重，现为外缘不规整的土石堆，坍塌范围底部东西最长 17.3、南北最长 18 米，顶部相对平整，东西最长 11、南北最长 8 米，高 3.5 米，初始形制无法辨识。坞连接在墩台东壁，平面大体呈长方形，东西长 7、南北长 8.5 米；墙体石砌而成，坍塌严重，仅北墙残存较为清晰的石砌痕迹，墙体底宽约 2 米，门向不清。塌落的石块堆积在坞内，呈平台状，高约 1.8 米。坞东南角东 8 米处有一个圆形房址，直径约 6 米，石砌墙体坍塌较严重，墙体宽约 1.1、高 0.2~0.6 米；北墙设门，门宽 0.6 米。墩台附近分布有 3 处石砌附燧。其中，东南 57 米处有 1 座附燧，石块错缝堆砌而成，倒塌严重，现为边长 4、高 0.2~0.5 米的正方形石台；西南 26 米处 5 米见方的范围内于四角分别筑起一座正方形石台，均倒塌严重，边长 1.5、高不足 1 米；西北 57 米处 5.5 米见方的范围内分别于四角堆砌起一座正方形石台，均坍塌严重，石块散乱，边长 1.5、高不足 1 米。遗址地表散落有零星的汉代泥质灰陶罐、盆等陶器残片（彩图三一、三二）。

该烽燧东北约 1.3 千米处有塔塔拉音夏布日全吉烽燧，西南约 1.4 千米处有呼和图音巴润希勃烽燧。

（31）呼和图音巴润希勃烽燧（152921353201040069）

该烽燧位于敖伦布拉格镇图克木嘎查南约 16.4 千米的山丘上。

烽燧由墩台、坞和附燧三部分组成。墩台为底部直径 20、高 4 米的石堆，原始形制无法辨识。坞连接在墩台西壁，平面大体呈长方形，东西长 11、南北长 10 米；墙体石砌而成，坍塌较严重，两侧用大块岩石错缝堆砌而成，内部填充土石，塌落的石块多堆积在外侧，墙体底宽 2.2 米。坞内积留了大量的石块和沙土，外侧高 1.8~2、内侧高 0.2~0.6 米。门向不清。墩台西南 48 米、东南 47 米处分别筑有 3 座附燧，均是在 5×5 米的范围内于四角堆起 4 座石台，坍塌严重，1.5 米见方、高 0.2~1 米。遗址地表散落有零星的汉代泥质灰陶罐、盆等陶器残片（彩图三三、三四）。

该烽燧东北约 1.4 千米处有呼和图音宗希勃烽燧，西南约 1.6 千米处有呼和陶勒盖音希勃烽燧。

（32）呼和陶勒盖音希勃烽燧（152921353201040070）

该烽燧位于敖伦布拉格镇图克木嘎查南约 16.6 千米的山丘上。

烽燧由墩台、坞和附燧三部分组成。墩台大部分坍塌，散落的石块将底部覆盖，成为隆起的石堆，底部东西最长 14.5、南北最长 19 米，顶部残缺，东西、南北最长 9、高 3.3 米。根据东壁和西南角露出的石砌痕迹判断，墩台平面呈长方形，剖面呈梯形，自下而上有收分，外侧用青灰色石块错缝堆砌而成，内部用碎小石块填充。坞连接在墩台东壁，平面呈长方形，东西长 12、南北长 8 米；墙体用石块错缝堆砌而成，宽 1.6 米，倒塌严重，门向不清。坞内积留了塌落的石块和大量的黄沙，呈平台状，高 1.4 米。墩台外围另筑围院，平面大体呈长方形，东西长 31、南北长 23 米；墙体用石块错缝堆砌而成，倒塌比较严重，石块多落向外侧，墙体底宽 2、高 0.2~1.2 米。墩台处于围院的西南角，门向不清。墩台西南 26 米处起分布有 3 座附燧，东南向西北排列，间距依次为 38、34 米，均是在 6×6 米的范围内于四角分别砌起 2 米见方的石台，均坍塌严重，基本只残存底部痕迹，高 0.2~0.8 米。遗址地表散落有零星的汉代泥质灰陶罐、盆等陶器残片（彩图三五~三七）。

该烽燧东北约 1.6 千米处有呼和图音巴润希勃烽燧，西南约 1.9 千米处有勃日格音呼都格音希勃烽燧。

（33）勃日格音呼都格音希勃烽燧（152921353201040071）

该烽燧位于敖伦布拉格镇图克木嘎查西南约 17.3 千米的山坡上。

烽燧由墩台、坞和附燧三部分组成。墩台坍塌成隆起的石堆，石块散落堆积在底部，底部东西最长 14、南北最长 18、高 3.7 米，顶部露出内部填夹的碎小石块，原始形制无法辨识。坞连接在墩台南壁，平面大体呈长方形，东西长 7.5、南北长 13.5 米；墙体用石块错缝堆砌而成，宽 1.6 米。坞内积满塌落的石块和沙土，内侧高不足 0.4、外侧高 1.4~2 米。墩台附近分布有 3 座石砌附燧，其中，东北 27 米处起由南向北排列 2 座附燧，间距 17 米，均倒塌严重，仅存底部，现为 2 米见方的石台，高不足 0.3 米。墩台西北 71 米处 5×5 米的范围内于四角分别砌起一座石台，倒塌严重，石块散乱，1.5 米见方、高 0.1~0.4 米。遗址地表散落有零星的汉代泥质灰陶罐、盆等陶器残片。

该烽燧东北约 1.9 千米处有呼和陶勒盖音希勃烽燧，西南约 1.4 千米处有乌蓝敖包烽燧。

（34）乌蓝敖包烽燧（152921353201040072）

该烽燧位于敖伦布拉格镇图克木嘎查东南约 17.9 千米的山丘上。

烽燧由墩台和附燧组成。墩台石砌而成，坍塌损毁成隆起的石堆，底部东西最长 8.8、南北最长 7.5、高不足 2 米，原始形制无存。墩台北侧 59 米处有一座石砌附燧，约 3 米见方，仅存底部痕迹，高不足 0.3 米。遗址地表散落有零星的汉代泥质灰陶罐、盆等陶器残片。

该烽燧东略偏北约 1.4 千米处有勃日格音呼都格音希勃烽燧，西北约 2.7 千米处有哈德呼 1 号烽燧。

（35）哈德呼 1 号烽燧（152921353201040073）

该烽燧位于敖伦布拉格镇图克木嘎查西北约 17.9 千米的山坡顶部。

烽燧由墩台和坞两部分组成。墩台顶部坍塌，散落的石块将底部覆盖，似圆形石堆，底部直径 13、高 5.8 米。根据东壁露出的石砌痕迹判断，墩台平面呈长方形，剖面呈梯形，自下而上有收分，外侧用青灰色大石块错缝堆砌而成，内部用较小的石块填充。坞连接在墩台东壁，平面大体呈长方形，东西长 14.5、南北长 10 米；门向不清；墙体用石块错缝堆砌而成，向上略有收分，倒塌比较严重，墙体底宽 1.4、高 0.8~3 米。墩台和坞的外围筑有围院，围院平面大体呈长方形，东西长 32.5、南北长 29.5 米；墙体用石块错缝堆砌而成，坍塌严重，宽约 0.9、高 0.1~1 米；东墙在距东南角 9 米处设门，门址宽 1.4 米。墩台大体居于围院中部（彩图三八~四〇）。

该烽燧东南约 2.7 千米处有乌蓝敖包烽燧，西北约 0.91 千米处有哈德呼 2 号烽燧。

（36）哈德呼 2 号烽燧（152921353201040074）

该烽燧位于敖伦布拉格镇图克木嘎查西南约 17.8 千米的山脊上。

烽燧由墩台和坞两部分组成。墩台坍塌成隆起的石堆，底部东西最长 10.5、南北最长 11.5、高 3.3 米。根据局部残存的石砌痕迹判断，墩台平面呈长方形，剖面呈梯形，自下而上有收分，用青灰色石块堆砌而成。坞连接在墩台南壁，平面大体呈长方形，东西长 7、南北长 10 米；墙体用石块错缝堆砌而成，倒塌严重，底宽约 0.7、高 1~1.5 米；南墙居中设门，门宽 1 米。坞内积满塌落的石块（彩图四一~四三）。

该烽燧东南约 0.91 千米处有哈德呼 1 号烽燧，西北约 1.2 千米处有阿门乌斯烽燧。

（37）阿门乌斯烽燧（152921353201040075）

该烽燧位于敖伦布拉格镇图克木嘎查西南约 17.9 千米的山顶上。

烽燧由墩台、坞和附燧三部分组成。墩台坍塌成圆形石堆，底部直径 12、高 4.2 米。坞连接在墩台东壁，平面大体呈长方形，东西长 18、南北长 16 米；墙体依地势而建，用石块错缝堆砌而成，倒塌严重，墙体底宽约 1.5、外侧高约 1.5、内侧高 0.2～0.7 米；门向不清。墩台南侧 35 米处起由西北向东南排列有 5 座石砌附燧，间距约 10 米，均坍塌严重，仅存底部，约 2 米见方、高 0.2～0.5 米。遗址地表散落有零星的汉代泥质灰陶罐、盆等陶器残片（彩图四四、四五）。

该烽燧东南约 1.2 千米处有哈德呼 2 号烽燧，西北约 2 千米处有夏日希泊烽燧。

（38）夏日希泊烽燧（152921353201040076）

该烽燧位于敖伦布拉格镇图克木嘎查西南约 18.7 千米的山顶上。

烽燧由墩台和坞两部分组成。墩台坍塌成隆起的石堆。根据露出的石砌痕迹判断，墩台平面呈长方形，剖面呈梯形，自下而上有收分，底部边长 7.6 米，顶部残损，高 3.5 米，用青灰色石块错缝堆砌而成。坞连接在墩台北壁，平面大体呈长方形，东西长 10、南北长 11.6 米；墙体用块石错缝堆砌而成，自下而上略有收分，底宽 1.6、顶宽 1.4、高约 0.7 米。遗址地表散落有零星的汉代泥质灰陶罐、盆等陶器残片（彩图四六、四七）。

该烽燧东南约 2 千米处有阿门乌斯烽燧，西北约 1 千米处有铁布克 1 号烽燧。

（39）铁布克 1 号烽燧（152921353201040077）

该烽燧位于敖伦布拉格镇图克木嘎查西南约 19.1 千米的山顶上。

烽燧由墩台、坞和附燧三部分组成。墩台整体坍塌成隆起的石堆。根据西、南壁露出的石砌痕迹判断，墩台平面呈长方形，剖面呈梯形，自下而上有收分，用青灰色块石错缝堆砌而成，底部东西长 9、南北长 11 米，顶部残损，高 4.6 米。坞连接在墩台南壁，平面呈长方形，东西长 9.5、南北长 14.2 米；墙体依地势而建，用石块错缝堆砌而成，两侧略有收分，倒塌严重，墙体底宽约 2.2、顶宽约 1.8、外侧高约 2、内侧高 0.2～0.8 米；门向不清。墩台北侧 26 米处起由南向北排列有 2 座石砌附燧，间距 12 米，均是在 3×3 米的范围内于四角分别筑起一座石台，坍塌严重，只存底部痕迹可辨，1 米见方、高 0.2～0.4 米。遗址地表散落有零星的汉代泥质灰陶罐、盆等陶器残片（彩图四八～五〇）。

该烽燧东南约 1 千米处有夏日希泊烽燧，西南约 1.7 千米处有铁布克 2 号烽燧。

（40）铁布克 2 号烽燧（152921353201040078）

该烽燧位于敖伦布拉格镇图克木嘎查西南约 20.4 千米的山顶上。

烽燧由墩台、坞和附燧三部分组成。墩台大部分坍塌，现为隆起的石堆，底部直径 14、高 3.8 米。根据北壁露出的石砌痕迹判断，墩台平面呈长方形，剖面呈梯形，用黄褐色石块错缝堆砌而成，自下而上有收分。坞在墩台东侧，南墙长 15.8、北墙长 11.8、西墙长 22 米；墙体用石块错缝堆砌而成，大部分倒塌，墙体底宽约 3.2、高 0.1～3 米；西墙在距西南角 10.5 米处设门，门宽 1.5 米；东墙自南向北 16 米处向西折进 4 米，与北墙相接，折进处基本处于东北角，在折进处又于东、北两侧另筑两道墙体形成房址，另筑的墙体底宽 1、高约 0.4 米，于坞内向南设门，门宽 0.8 米。坞壁与墩台并不连接，墩台东侧塌落的石块与坞西墙几乎混为一体。墩台东侧 50 米处有一座附燧，倒塌严重，成为隆起的正方形石堆，底部边长 3、高 1.2 米，用石块错缝堆砌而成。遗址地表散落有零星的汉代泥质灰陶罐、盆等陶器残片（彩图五一～五三）。

该烽燧东北约 1.7 千米处有铁布克 1 号烽燧，西北约 1.3 千米处有夏尔希勃烽燧。

（41）夏尔希勃烽燧（152921353201040079）

该烽燧位于敖伦布拉格镇图克木嘎查西南约 21.03 千米的山顶上。

烽燧由墩台和坞两部分组成。墩台大部分坍塌，现为圆形石堆，底部直径 12.6、高 3.6 米。根据南壁露出的石砌痕迹判断，墩台平面呈长方形，剖面呈梯形，自下而上有收分，用黄褐色石块错缝堆砌而成。坞连接在墩台西壁，平面大体呈正方形，边长 10 米；墙体石砌而成，倒塌严重，底宽约 1.9 米。坞内积留塌落的石块和大量的沙土，内侧高 0.1 ~ 0.4、外侧高 1 ~ 1.3 米。门向不清。遗址表散落有零星的汉代泥质灰陶罐、盆等陶器残片。

该烽燧东南约 1.3 千米处有铁布克 2 号烽燧，西南约 1.6 千米处有哈日西勃烽燧。

（42）哈日西勃烽燧（152921353201040080）

该烽燧位于敖伦布拉格镇图克木嘎查西南 22.34 千米的山顶上。

烽燧由墩台、坞和附燧三部分组成。墩台大部分坍塌，现为隆起的石堆，底部东西最长 9、南北最长 9、高 3.5 米。根据南壁残存的石砌痕迹判断，墩台平面呈长方形，剖面呈梯形，用青灰色石块错缝堆砌而成，自下而上有收分。坞连接在墩台西壁，平面大体呈长方形，东西长 7、南北长 9 米；墙体用大块岩石错缝堆砌而成，两侧略有收分，倒塌严重，墙体底宽约 1.3、高 0.1 ~ 1.4 米；门向不清。墩台东北 35 米处有一座附燧，即在 5×5 米的范围内于四角分别筑起一座石台，倒塌严重，1.5 米见方、高 0.1 ~ 0.8 米。遗址地表散落有零星的汉代泥质灰陶罐、盆等陶器残片（彩图五四）。

该烽燧东北约 1.6 千米处有夏尔希勃烽燧，西北约 1.8 千米处有阿日苏吉烽燧。

（43）阿日苏吉烽燧（152921353201040081）

该烽燧位于敖伦布拉格镇图克木嘎查西南约 23.46 千米的平缓地带。

烽燧由墩台和坞两部分组成。墩台坍塌成隆起的石堆，平面呈圆形，剖面形制不清，底部直径 10、高 1.4 米。墩台用青灰色石块砌筑而成，内部填少量沙土，石块多被拆取。坞在墩台外围，平面大体呈长方形，东西长 39.5、南北长 40.5 米；墙体石砌而成，底宽约 0.8 米，砌石多被拆取，仅存底部痕迹，略高于地表；门向不清。墩台东距坞墙 6 米，南北居中。

该烽燧东南约 1.8 千米处有哈日西勃烽燧，西约 1.7 千米处有阿日尚德烽燧。

（44）阿日尚德烽燧（152921353201040082）

该烽燧位于阿拉善左旗吉兰泰镇德日图嘎查东北约 8 千米的山脊上。

烽燧由墩台和坞两部分组成。墩台建筑形制比较独特，利用了山腰处凸出的山脊，在东、南侧用石块加筑，形成一座长方形石台，东西长 12、南北长 5 米，南侧补石痕迹高约 1.6 米，东侧补石塌落严重。坞在墩台南侧，基础用石块堆砌而成，损毁严重，局部高约 0.7 米，其上筑坞；坞平面大体呈长方形，东西长 14、南北长 12 米；墙体倒塌损毁严重，砌石多被拆取，仅存痕迹可辨。

该烽燧东约 1.7 千米处有阿日苏吉烽燧，东南约 1.3 千米处有查干希勃烽燧。

（45）查干希勃烽燧（152921353201040083）

该烽燧位于吉兰泰镇德日图嘎查东北约 7.8 千米的山顶上。

烽燧由墩台和附燧两部分组成。墩台大部分坍塌，现为隆起的石堆。根据东、西壁底部残存的石砌痕迹判断，墩台平面呈正方形，剖面呈梯形，底部边长 8.5 米，顶部残损，高 2.5 米，用黑灰色石块错缝堆砌而成，自下而上有收分。墩台南侧 7 米处有一座附燧，坍塌成正方形石台，底部边长约 3.7 米，顶部残损，石块散乱，高 0.6 米。遗址地表散落有零星的汉代泥质灰陶罐、盆等陶器残片。

该烽燧西北 1.3 千米处有阿日尚德烽燧，西南 1.4 千米处有玛宁敖包烽燧。

（46）玛宁敖包烽燧（152921353201040084）

该烽燧位于吉兰泰镇德日图嘎查东北约 6.3 千米的山丘顶部。

烽燧由墩台、坞和附燧三部分组成。墩台整体坍塌成隆起的石堆。墩台用黑灰色和黄褐色石块堆筑而成，基础部分用黄土和石块进行了平整和加固，直径 14、高 3.3 米，原始形制难以辨识。坞连接在墩台南壁，平面大体呈长方形，东西长 12、南北长 8 米；墙体用石块错缝堆砌而成，大部分地段呈石垄状，宽 1、高 0.8 米。门向不清。坞内被分隔为南北两间，北侧者南北长 2.5 米，门址不清。墩台西北 39 米处有一座附燧，是在 5×5 米范围内于四角分别筑起一座正方形石台，均用较小的块石堆砌而成，倒塌严重，1.5 米见方、高 0.3 ~ 0.6 米。遗址地表散落有零星的汉代泥质灰陶罐、盆等陶器残片（彩图五五）。

该烽燧东北约 1.4 千米处有查干希勃烽燧，西南约 1.3 千米处有恩格尔烽燧。

（47）恩格尔烽燧（152921353201040085）

该烽燧位于吉兰泰镇德日图嘎查东北约 5 千米的山顶上。

烽燧由墩台和坞两部分组成。墩台用青灰色石块错缝堆砌而成，大部分已坍塌，成为隆起的石堆。根据西、北壁底部露出的石砌痕迹判断，墩台平面呈正方形，剖面呈梯形，底部边长 9.2 米，顶部残损，高 2 米，自下而上有收分。坞连接在墩台西壁，依地势而建，平面呈长方形，东西长 15.2、南北长 9.2 米；墙体用石块错缝堆砌而成，底宽 2、外侧高约 1.8、内侧高 0.1 ~ 0.6 米；门向不清。遗址地表散落有零星的汉代泥质灰陶罐、盆等陶器残片（彩图五六、五七）。

该烽燧东北约 1.3 千米处有玛宁敖包烽燧，西南约 1.5 千米处有阿拉格陶勒盖烽燧。

（48）阿拉格陶勒盖烽燧（152921353201040086）

该烽燧位于吉兰泰镇德日图嘎查东北约 3.8 千米的山丘上。

烽燧由墩台和坞两部分组成。墩台外侧用黄褐色石块错缝堆砌而成，内部填充黄土和碎石，自下而上有收分。墩台平面呈圆形，剖面呈梯形，底部直径 14 米，顶部残损，直径 6.8 米，高 3 米。墩台顶部坍塌，石块散落，外侧存有部分石砌痕迹。坞连接在墩台北壁，依地势而建，平面大体呈长方形，东西长 11.5、南北长 8.3 米；墙体石砌而成，倒塌严重，呈垄状，宽约 1.5、外侧高约 1.6 米，内侧被沙土填埋，内侧高 0.1 ~ 0.3 米；门向不清。遗址地表散落有零星的汉代泥质灰陶罐、盆等陶器残片（彩图五八、五九）。

该烽燧东北约 1.5 千米处有恩格尔烽燧，西北约 1.5 千米处有温都尔希勃烽燧。

（49）温都尔希勃烽燧（152921353201040087）

该烽燧位于吉兰泰镇德日图嘎查东北约 2.4 千米的山顶上。

烽燧仅见墩台。墩台用易风化的青灰色石块堆砌而成，坍塌成隆起的石堆，底部东西最长 11、南北最长 12、高 2.8 米，原始形制无法辨识。墩台南侧存有修筑墩台时的采石遗迹，东西最长 11、南北最长 12 米。遗址地表散落有零星的汉代泥质灰陶罐、盆等陶器残片（彩图六〇）。

该烽燧东南约 1.5 千米处有阿拉格陶勒盖烽燧，西约 1.4 千米处有哈日希泊烽燧。

（50）哈日希泊烽燧（152921353201040088）

该烽燧位于吉兰泰镇德日图嘎查东北约 1.28 千米的台地上。

烽燧由墩台、坞和附燧三部分组成。墩台用青灰色石块堆砌而成，外缘及四角垮塌，现为高 2.8 米的石堆。根据南壁露出的石砌痕迹判断，墩台平面呈正方形，剖面呈梯形，底部边长约 8 米，自下而上有收分。坞连接在墩台西南壁，平面大体呈长方形，长 18（西北—东南）、宽 13 米（东北—西南）；墙体石砌而成，倒塌严重，成为宽约 1 米的石垄，高不足 0.5 米；门向不清；西北侧墙体与墩台平齐，东南侧墙体东北端向内侧折进与墩台相连，将墩台置于坞墙体北侧拐角处。墩台东南相连一处石砌长方形房址，长（西北—东南）11、宽（东北—西南）7 米；墙体坍塌成垄状，石块散乱，宽、高约 1 米；门向不清。墩台西南 45 米处起由西向东排列 3 座石砌附燧，间距依次为 54、43 米，坍塌损毁成石堆状，底部均 5 米见方、高不足 0.5 米（彩图六一）。

该烽燧东约 1.4 千米处有温都尔希勃烽燧，西北约 1.4 千米处有乌篮敖包烽燧，西南约 1.6 千米处有德日图烽燧。

(51)　乌篮敖包烽燧（152921353201040089）

该烽燧位于吉兰泰镇德日图嘎查北约 2.2 千米的山顶上。

烽燧由墩台和坞两部分组成。墩台用黄褐色石块堆砌而成，大部分坍塌成隆起的石堆，底部东西最长 10、南北最长 5、高 2 米。根据南壁露出的石砌痕迹判断，墩台平面呈长方形，剖面呈梯形，自下而上有收分。坞连接在墩台南壁，墙体坍塌损毁严重，仅存底部基础可辨，大体分布在东西长 8、南北长 5 米的范围内，高 0.7～1.7 米。遗址地表散落有零星的汉代泥质灰陶罐、盆等陶器残片（彩图六二、六三）。

该烽燧东南约 1.4 千米处有哈日希泊烽燧，西南约 2.2 千米处有德日图烽燧。

(52)　德日图烽燧（152921353201040090）

该烽燧位于吉兰泰镇德日图嘎查西约 0.42 千米的平地上。

烽燧仅见墩台。墩台受自然、人为因素破坏损毁严重，成为低矮的土石堆，底部东西最长 13、南北最长 15、高不足 1 米。遗址地表散落有零星的汉代泥质灰陶罐、盆等陶器残片。

该烽燧东北约 1.6 千米处有哈日希泊烽燧，东北约 2.2 千米处有乌篮敖包烽燧，西南约 1.7 千米处有塔拉音敖包烽燧。

(53)　塔拉音敖包烽燧（152921353201040091）

该烽燧位于吉兰泰镇德日图嘎查西南约 2.08 千米的平地上。

烽燧仅见墩台。墩台完全坍塌，石块散落，大部被黄沙覆盖，成为隆起的土石堆，底部东西最长 10.5、南北最长 17、高 2.2 米。遗址地表散落有零星的汉代泥质灰陶罐、盆等陶器残片。

该烽燧东北约 1.7 千米处有德日图烽燧，东南约 3.5 千米处有高敖包烽燧。

(54)　高敖包烽燧（152921353201040092）

该烽燧位于吉兰泰镇德日图嘎查南约 4.25 千米的山丘上。

烽燧由墩台和坞两部分组成。墩台用青灰色石块错缝堆砌而成，大部分坍塌，石块散落，成为高 3.5 米的石堆。根据南、北壁露出的石砌痕迹判断，墩台平面呈正方形，剖面呈梯形，自下而上有收分，底部边长约 8.4 米，顶部残缺。坞连接在墩台南壁，平面呈长方形，东西长 8.4、南北长 10 米；墙体石砌而成，倒塌严重。坞内积满塌落的石块和沙土，门向不清。遗址地表散落有零星的汉代泥质灰陶罐、盆等陶器残片（彩图六四）。

该烽燧西北约 3.5 千米处有塔拉音敖包烽燧，西约 8 千米处有夏日希勃烽燧。

(55)　夏日希勃烽燧（152921353201040093）

该烽燧位于吉兰泰镇德日图嘎查西南约 9.54 千米的山坡上。

烽燧由墩台和坞两部分组成。墩台用黄褐色石块堆砌而成，现已坍塌，石块散落，成为底部直径 14、高 2.8 米的石堆，顶部有一个直径 3、深 1.2 米的盗洞。坞连接在墩台东壁，平面呈长方形，东西长 13.5、南北长 9 米；墙体石砌而成，坍塌损毁呈石垄状，宽 1.7 米。坞内积留有大量沙土，外侧高 1.7、内侧高 0.7～1 米，门向不清。墩台外围筑有围院，平面呈长方形，东西长 31、南北长 22.5 米；墙体石砌而成，倒塌严重，成为宽 1.2、高 0.1～0.4 米的石垄。门向不清。墩台处于围院西南角，塌落的石块与围院西北角相连。坞东距围院 3、北距围院 2 米（彩图六五～六七）。

该烽燧东约 8 千米处有高敖包烽燧，西约 1.8 千米处有宝日陶勒盖音全吉烽燧。

（56）宝日陶勒盖音全吉烽燧（152921353201040094）

该烽燧位于吉兰泰镇额然陶勒盖嘎查东北约14.1千米的山坡上。

烽燧由墩台、坞和附燧三部分组成。墩台用黄褐色石块堆砌而成，现已坍塌，石块散落，成为高3.2米的石堆。根据东、南壁露出的石砌痕迹判断，墩台平面呈长方形，剖面呈梯形，自下而上有收分，底部边长7.9米。坞连接在墩台东壁，平面大体呈长方形，东西长11.6、南北长7.9米；墙体石砌而成，大部分倒塌，石块散乱，墙体底宽1.4米。坞内被沙土填埋，外侧高约1.4、内侧高0.2～1米，门向不清。墩台西南58米、94米处各有一座石砌附燧，均是在5.5米见方的范围内于四角分别使用石块堆砌起一座石台，倒塌严重，1.5米见方、高0.2～0.6米。遗址地表散落有零星的汉代泥质灰陶罐、盆等陶器残片（彩图六八、六九）。

该烽燧东约1.8千米处有夏日希勃烽燧，西南约1.2千米有川吉烽燧。

（57）川吉烽燧（152921353201040095）

该烽燧位于吉兰泰镇额然陶勒盖嘎查东北约11.5千米的山丘上。

烽燧由墩台和坞两部分组成。墩台坍塌成隆起的石堆，底部东西最长9.5、南北最长9.1、高4米。根据露出的石砌痕迹判断，墩台平面呈长方形，剖面呈梯形，用青灰色和黄褐色石块错缝堆砌而成，自下而上有收分。坞连接在墩台西壁，平面大体呈长方形，东西长5.6、南北长11米；墙体用石块错缝堆砌而成，倒塌严重，宽约1、残存最高1.2米。坞内被塌落的石块和黄沙覆盖，门向不清。遗址地表散落有零星的汉代泥质灰陶罐、盆等陶器残片。

该烽燧东北约1.2千米处有宝日陶勒盖音全吉烽燧，西南约1.6千米处有额里森陶勒盖音全吉烽燧。

（58）额里森陶勒盖音全吉烽燧（152921353201040096）

该烽燧位于吉兰泰镇额然陶勒盖嘎查东北约9.8千米的坡地上。

烽燧仅见石砌墩台。墩台已倒塌，大部分被黄沙所掩埋，成为隆起的石堆，底部直径13、高3.2米，原始形制无法辨识。遗址地表散落有零星的汉代泥质灰陶罐、盆等陶器残片。

该烽燧东北约1.6千米处有川吉烽燧，西南约1.2千米处有额里森陶勒盖烽燧。

（59）额里森陶勒盖烽燧（152921353201040097）

该烽燧位于吉兰泰镇额然陶勒盖嘎查东北约8.7千米的缓坡上。

烽燧由墩台和坞两部分组成。墩台坍塌成高3.8米隆起状的石堆。根据东、南壁露出的石砌痕迹判断，墩台平面呈正方形，剖面呈梯形，用石块错缝堆砌而成，自下而上有收分，底部边长10米。坞连接在墩台东壁，平面大体呈长方形，东西长7.2、南北长10米；墙体石砌而成，均倒塌。坞内石块散乱，黄沙堆积，高约1.2米，门向不清。遗址地表散落有零星的汉代泥质灰陶罐、盆等陶器残片（彩图七〇）。

该烽燧东北约1.2千米处有额里森陶勒盖音全吉烽燧，西南约8.9千米处有乌兰陶勒盖音希勃烽燧。

（60）乌兰陶勒盖音希勃烽燧（152921353201040098）

该烽燧位于吉兰泰镇额然陶勒盖嘎查西北约3.1千米的山坡上。

烽燧由墩台、坞和附燧三部分组成。墩台用黄褐色石块堆砌而成，坍塌成隆起的石堆，东西最长11、南北最长11、高3.8米，原始形制无法辨识。坞连接在墩台东南壁，平面呈长方形，东西长14米、南北长11米；墙体用石块错缝堆砌而成，倒塌严重，底宽约1.6米。坞内堆积大量塌落的石块和沙土，外侧残高约1.8、内侧高0.1～0.4米，门向不清。墩台外围有石砌围院，院墙多被拆毁，仅南墙角处存有长约 10、底宽约 0.8、高 0.7 米的一段，其余地段几乎不存。墩台东南 28 米、41 米处各有一座石砌附燧，均约 2.5 米见方，石块多被拆取、仅存底部痕迹略高出地表。遗址地表散落有零星的汉代泥质灰陶罐、盆等陶器残片（彩图七一、七二）。

该烽燧东北约 8.9 千米处有额里森陶勒盖烽燧，西南约 4.8 千米处有豪依尔哈日音希勃烽燧。

（61）豪依尔哈日音希勃烽燧（152921353201040099）

该烽燧位于吉兰泰镇额然陶勒盖嘎查西北约 5.8 千米的山脊上。

烽燧由墩台、坞和附燧三部分组成。墩台大部分倒塌，石块散落，成为高 2.4 米的石堆。根据东北、东南壁底部露出的石砌痕迹判断，墩台平面呈正方形，剖面呈梯形，用青灰色石块错缝堆砌而成，自下而上有收分，底部边长 7.5 米，顶部残损。坞连接在墩台东南壁，平面呈长方形，长 11（西北—东南）、宽 7.5 米（西南—东北）；墙体用石块错缝堆砌而成，倒塌严重。坞内填满塌落的石块和沙土，高约 1.4 米，门向不清。墩台东南 36 米、48 米处各有一座石砌附燧，均为 3 米见方，坍塌严重，仅存底部遗迹隆起于地表，高不足 0.4 米。遗址地表散落有零星的汉代泥质灰陶罐、盆等陶器残片。

该烽燧东北约 4.8 千米处有乌兰陶勒盖音希勃烽燧，西南约 2.2 千米处有呼和撒拉烽燧。

（62）呼和撒拉烽燧（152921353201040100）

该烽燧位于吉兰泰镇额然陶勒盖嘎查西略偏北约 7.8 千米的山脊上。

烽燧由墩台和坞两部分组成。墩台坍塌损毁严重，石块散落，成为隆起的土石堆，底部直径 15、高 3.4 米。根据局部露出的石砌痕迹判断，墩台平面呈长方形，剖面呈梯形，自下而上有收分，用青灰色石块堆砌而成，缝隙之间用黄土和碎石填充。坞连接在墩台西壁，平面呈长方形，东西长 11.7、南北长 9 米；墙体石砌而成，倒塌严重，底宽约 1.7、高 1.3 米。坞内积满塌落的石块和沙土，门向不清。遗址地表散落有零星的汉代泥质灰陶罐、盆等陶器残片。

该烽燧东北约 2.2 千米处有豪依尔哈日音希勃烽燧，西南约 1.5 千米处有夯亨敖包烽燧。

（63）夯亨敖包烽燧（152921353201040101）

该烽燧位于吉兰泰镇额然陶勒盖嘎查西约 9.1 千米的山坡上。

烽燧由墩台和附燧两部分组成。墩台外侧用红褐色石块错缝堆砌而成，内部填充黄土，平面呈长方形，底部东西长 7.5、南北长 3.3 米，顶部严重缺失且不规整，高 0.6 米。墩台西南 25 米、65 米处各有一座石砌附燧，均坍塌损毁严重，仅存底部痕迹，5 米见方、高 0.2～0.6 米；两座石台由东北向西南排列，体量相差无几，同具烽火预警功能。遗址地表散落有零星的汉代泥质灰陶罐、盆等陶器残片（彩图七三、七四）。

该烽燧东北约 1.5 千米处有呼和撒拉烽燧，西北约 2 千米处有塔塔拉音希勃烽燧。

（64）塔塔拉音希勃烽燧（152921353201040102）

该烽燧位于吉兰泰镇额然陶勒盖嘎查西约 11.1 千米的山丘上。

烽燧由墩台和坞两部分组成。墩台顶部坍塌，散落的土石将底部覆盖，呈圆堆状，底部直径 14、高 3.3 米。根据顶部露出的石砌痕迹判断，墩台平面呈长方形，剖面呈梯形，自下而上有收分，用红褐色石块错缝堆砌而成，缝隙之间用黄土填充。坞连接在墩台东壁，平面呈长方形，东西长 15、南北长 10 米；墙体石砌而成，坍塌损毁严重，塌落的石块、沙土几乎将坞内填平，高 0.3～1.2 米。遗址地表散落有零星的汉代泥质灰陶罐、盆等陶器残片（彩图七五）。

该烽燧东南约 2 千米处有夯亨敖包烽燧，西南约 24 千米处有巴音希勃烽燧。

这条列燧在此处以东，间距多在 2 千米内，而此烽燧与其西南部的巴音希勃烽燧相距却达 24 千米，其间全是沙漠，之所以在长达24千米的范围内未发现任何烽燧迹象，有两种可能，一种是由于地理、环境等因素造成烽燧设置、分布规律的变化，在此处并未营建烽燧设施；另一种可能是此地原有的烽燧被广袤的沙漠覆盖。

（65）巴音希勃烽燧（152921353201160103）

该烽燧位于巴彦诺日公苏木东北约15.9千米的山顶上。

烽燧仅见墩台。墩台用青灰色石块堆砌而成，平面呈正方形，边长5、高约0.4米。砌石多被拆取，其上有后来堆筑的圆形路标。

该烽燧东北约24千米处有塔塔拉音希勃烽燧，西南约9.9千米处有塔克勒格音敖包烽燧。

（66）塔克勒格音敖包烽燧（152921353201040104）

该烽燧位于巴音诺日公苏木东北约6.1千米的山脊上。

烽燧仅见墩台。墩台大部分坍塌，顶部残损且遭盗掘，散落的土石将底部覆盖，成为隆起的土石堆。根据北壁清晰的石砌痕迹判断，墩台平面呈正方形，剖面呈梯形，底部边长11、高4米，外侧用青灰色石块错缝堆砌而成，内部用沙土碎石填充，自下而上有收分。遗址地表散落有零星的汉代泥质灰陶罐、盆等陶器残片。（彩图七六、七七）

该烽燧东北约9.9千米处有巴音希勃烽燧，西南约20.8千米处有塔木苏格敖包烽燧。

（67）塔木苏格敖包烽燧（152921353201040105）

该烽燧位于巴音诺日公苏木哈日木格太嘎查西南约3.91千米的山顶上。

烽燧仅见墩台。墩台用青灰色石块堆砌而成，已坍塌，散落的石块将底部覆盖，呈石堆状。墩台底部直径18、顶部直径约7、高约3.5米。墩台顶部立有铁质航标架，原始形制无法辨识。遗址地表散落有零星的汉代泥质灰陶罐、盆等陶器残片（彩图七八）。

该烽燧东北约20.8千米处有塔克勒格音敖包烽燧。

塔木苏格敖包烽燧处于哈鲁乃山北麓—亚玛雷克沙漠列燧的最西端，向西与阿拉善右旗则勒博日格嘎查境内的巴音西贝烽燧遥相呼应，相距18.7千米。

（68）乌兰傲包烽燧（152921353201040106）

该烽燧位于敖伦布拉格镇图克木嘎查西北约9.22千米的山丘上。

烽燧由墩台和坞两部分组成。墩台坍塌成隆起的石堆，底部东西最长14、南北最长16、高2.2米，原始形制无法辨识。墩台顶部有一座后来堆筑的敖包。坞连接在墩台南壁，墙体石砌而成，坍塌损毁严重，较大的石块多被拆取，仅存东西长10、南北长2米的残迹。

乌兰傲包烽燧是位于敖伦布拉格镇图克木嘎查北侧孤立的一座烽燧，与之距离最近的烽燧是西南24.3千米处的阿门乌斯烽燧，两者之间还有山体相隔。因此，该烽燧与哈鲁乃山北麓—亚玛雷克列燧是否有从属关系，尚待进一步探究。但由于此烽燧距离该道列燧最近，所以特附于该道列燧最后予以介绍。该烽燧东约2.5千米是巴彦淖尔市乌拉特后旗的查干高勒嘎查地界。

（二）哈鲁乃山南麓—亚玛雷克列燧

该道列燧主要包括39座烽燧，另有墙体1段，障城2座和居住址1处。其分布线路，东起敖伦布拉格镇西北与磴口县沙金套海苏木巴音乌拉嘎查交界的哈鲁乃山东侧，沿山体南麓，向西南过亚玛雷克沙漠和乌兰布和沙漠交汇地带，经敖伦布拉格镇巴彦哈日嘎查、查干德日斯嘎查，吉兰泰镇呼和温都尔嘎查、乌西勒格嘎查、傲日格呼嘎查、巴特日布拉格嘎查，止于苏力图嘎查。这道处于哈鲁乃山南麓的列燧，凡遇山口和沟谷通道，局部便向西或西北一侧凸出。

下面，对该道列燧中的每处遗迹，大体按照由东向西的排列次序，分别予以描述。

（1）查斯沟长城（152921382102040001）

该段长城东起自敖伦布拉格镇西北约 12.3 千米，西止于敖伦布拉格镇西北约 14 千米，大体呈东—西走向。

墙体长 1987 米，保存差。墙体用毛石干垒而成，依地势筑于查斯沟西南的台地上，宽 1.3～2.2、高 0.1～0.6 米。墙体倒塌严重，顶部缺失，仅存底部遗迹，局部被沙土覆盖，受洪水冲击，西距止点 0.867 千米处起形成宽 42 米的豁口（彩图七九、八〇）。

该段墙体起点西南约 0.523 千米处有查斯沟 1 号烽燧，起点东约 0.848 千米处有查斯沟 2 号烽燧。

（2）查斯沟 1 号烽燧（152921353201040001）

该烽燧位于敖伦布拉格镇西北约 14.4 千米山地边缘的高台地上。为哈鲁乃山南麓—亚玛雷克列燧的最东端，是沿查斯沟南侧由西向东排列的第一座烽燧。以北侧 0.05 千米处的查斯沟为界，北侧是巴彦淖尔市磴口县沙金套海苏木巴音乌拉嘎查。

烽燧由墩台和坞两部分组成。墩台平面呈正方形，剖面呈梯形，用红褐色沙质岩块错缝堆砌而成，自下而上有收分，底部边长 9.4、高 4 米，顶部缺失且不规整。墩台南、北、西壁倒塌严重，石块散落，仅东壁存有较清晰的石砌痕迹。坞连接在墩台东壁，平面大体呈长方形，东西长 8.6、南北长 12.4 米；墙体石砌而成，底宽约 1.4、高 0.1～0.8 米，坍塌严重；门向不清。遗址地表散落有零星的汉代泥质灰陶罐、盆、筐等陶器残片；陶罐为口沿残片，口沿内侧卷曲，器形较为厚重（彩图八一）。

该烽燧东北约 0.523 千米处为查斯沟长城起点，东北约 1.4 千米处有查斯沟 2 号烽燧。

（3）查斯沟 2 号烽燧（152921353201040002）

该烽燧位于敖伦布拉格镇西北约 13.26 千米的山顶上。为沿查斯沟南侧由西向东排列的第二座烽燧。

烽燧由墩台、坞和附燧三部分组成。墩台坍塌呈石堆状，底部直径约 14.2、高 9 米。从东壁露出的石砌痕迹来看，墩台平面呈长方形，剖面呈梯形，自下而上有收分，用红褐色沙岩块错缝堆砌而成。坞连接在墩台东北壁，平面大体呈长方形，东西长 12.4、南北长 7.7 米；墙体石砌而成，坍塌严重，仅存底部痕迹，底宽约 1.4 米。墩台附近分布有 3 处石砌附燧，均坍塌呈石堆状。其中，墩台西南 36 米处有一座附燧，底部 4.5 米见方、高 0.4 米；北侧 49 米处有一座附燧，底部 4.9 米见方、高 0.7 米；北侧 85.3 米处有一座附燧，底部 5 米见方、高 0.6 米。遗址地表散落有零星的汉代泥质灰陶罐、盆、筐等陶器残片（彩图八二）。

该烽燧西南约 1.4 千米处有查斯沟 1 号烽燧，东南约 2.3 千米处有查斯沟口 2 号烽燧，北与巴彦淖尔市磴口县沙金套海苏木境内的汉代烽燧相望。

（4）查斯沟口 1 号烽燧（152921353201040039）

该烽燧位于敖伦布拉格镇西北 12 千米，布都毛道沟沟口西岸的山顶上。

烽燧仅见墩台，现已坍塌成圆形石堆，底部直径 14、顶部直径 7、残高 3 米。

该烽燧东南约 1.13 千米处有查斯沟口 2 号烽燧，西南约 1.5 千米处有查斯沟 2 号烽燧。

（5）查斯沟口 2 号烽燧（152921353201040003）

该烽燧位于敖伦布拉格镇巴彦哈日嘎查东北约 21.4 千米，筑于查斯沟口西侧山地边缘。

烽燧由墩台、坞和附燧三部分组成。墩台北壁被铲车铲去，仅存南壁，呈不规则形，底部东西最长 8.7、南北最长 2.6、高 0.6 米；土石散乱，原始形制无法辨别。坞连接在墩台西壁，平面大体呈长方形，东西长 5.2、南北长 6.9 米；墙体石砌而成，坍塌严重，墙体底宽约 1.4、高 0.1~0.6 米，西墙在距南墙 2 米处设门，门宽约 1 米。墩台附近分布有 6 座石砌附燧，皆坍塌呈石堆状。其中，坞西南 8 米处起由南向北排列 2 座附燧，间距 4 米，底部均 2 米见方、高约 0.2 米；坞西南 29 米处有一座附燧，为在 5×5 米范围内于四角用沙岩分别堆砌一座石台，底部 2 米见方、高 0.1~0.8 米；坞西 27 米处有一座附燧，底部约 3 米见方、高 0.5 米；墩台西北 56.8 米处有一座附燧，底部东西长 2.5、南北长 2.7、高 0.3 米；墩台北 46 米处有一座附燧，底部约 2.4 米见方、高 0.3 米。遗址地表散落有零星的汉代泥质灰陶罐、盆等陶器残片（彩图八三、八四）。

该烽燧西北约 2.3 千米处有查斯沟 2 号烽燧，西南约 4.1 千米处有将军敖包烽燧。该烽燧是沿查斯沟南侧由西向东排列的第三座烽燧，由此起，这道列燧完全处于哈鲁乃山东南侧，大体向西南延伸。

（6）将军敖包烽燧（152921353201040004）

该烽燧位于敖伦布拉格镇巴彦哈日嘎查东北约 17.6 千米，筑于高耸的山顶上。

烽燧由墩台和附燧两部分组成。墩台坍塌成圆形石堆，底部直径 15、高 5.5 米。据北壁露出的石砌痕迹判断，墩台平面呈长方形，剖面呈梯形，自下而上有收分，外侧用红褐色易风化沙质岩块错缝堆砌而成，内部填以土石。墩台顶部有后来堆垒的敖包，人们拆取砌石将其围筑在墩台的外缘，形成高 1.1~1.4、宽约 2 米的环状平台。墩台西南 3 米处起分布有 4 座附燧，自东向西排列，间距依次为 13、15、18 米，均用红褐色沙质岩块堆砌而成，均坍塌，底部 3 米见方、高 0.2~0.6 米。遗址地表散落有零星的汉代泥质灰陶罐、盆等陶器残片（彩图八五、八六）。

该烽燧东北约 4.1 千米处有查斯沟口 2 号烽燧，东南约 2.2 千米处有查干杜贵烽燧。

（7）查干杜贵烽燧（152921353201040005）

该烽燧位于敖伦布拉格镇巴彦哈日嘎查东北约 15.9 千米，筑于狭小的山坡顶部。

烽燧仅见墩台。墩台用青灰色石块堆砌而成，整体坍塌，石块散落，原始形制无法辨别，坍塌范围 7×8 米，高不足 0.5 米。就烽燧坍塌后的规模来看，其原来并不十分高大（彩图八七）。

该烽燧西北约 2.2 千米处有将军敖包烽燧，西南约 3.8 千米处有布日音苏木烽燧。

（8）布日音苏木烽燧（152921353201040006）

该烽燧位于敖伦布拉格镇巴彦哈日嘎查东北约 12.1 千米，筑于山地边缘的台地上。

烽燧仅见墩台。墩台坍塌损毁严重，原始形制无法辨别，坍塌范围底部东西最长 11、南北最长 19.5、东侧高约 4 米，西临冲沟，高近 9 米。墩台东南壁修路时被铲车破坏，局部缺失并露出内部结构，外壁应为石块砌筑而成，内部填充土石。墩台北侧有一处建筑基址，仅痕迹隐约可辨（彩图八八~九〇）。

该烽燧东北约 3.8 千米处有查干杜贵烽燧，西南约 2.4 千米处有哈日库布烽燧。

（9）哈日库布烽燧（152921353201040007）

该烽燧位于敖伦布拉格镇巴彦哈日嘎查东北约 9.8 千米的山前台地上。

烽燧由墩台和坞两部分组成。墩台平面呈长方形，剖面呈梯形，底部东西长 7.8、南北长 8.2 米，顶部缺失，残存约 3 米见方，高 2.2 米。墩台用青灰色易风化的石块错缝堆砌而成，自下而上有收分。墩台坍塌严重，石块散落，呈隆起的石堆状，仅南、北壁底部可见石砌痕迹。坞在墩台外围，将墩台围在西北角，大体呈长方形，东西长 15、南北长 14.6 米；墙体石砌而成，底宽约 1.2、高不足 0.5 米；南墙居中设门，门宽 1.1 米。坞东北角有一处建筑基址，损毁严重，数据无法测取（彩图九一）。

该烽燧东北约 2.4 千米处有布日音苏木烽燧，西南约 4.7 千米处有阿尔善敖包烽燧。

（10）阿尔善敖包烽燧（152921353201040008）

该烽燧位于敖伦布拉格镇巴彦哈日嘎查东北约5.2千米，筑于山地边缘的高台地上。

烽燧由墩台和坞两部分组成。墩台平面呈长方形，剖面呈梯形，自下而上有收分，底部东西长6.9、南北长8.1米，顶部残缺，高3.3米。墩台外壁用石块错缝堆砌而成，内部填以土石，东、西壁底部及东北角存有比较清晰的石砌痕迹。坞连接在墩台东壁，平面大体呈长方形，东西长7.2、南北长8.5米；墙体用石块堆砌而成，坍塌严重，仅残存底部痕迹，宽约1.2米，门向不清。墩台东北36米处呈东南—西北走向的山梁上分布有4座石砌附燧，由北向南排列，间距依次为12、7、20米，均坍塌成底部直径约2.5、高0.1~0.5米的土石堆（彩图九二）。

该烽燧东北约4.7千米处有哈日库布烽燧，西南约2.1千米处有布日格斯太1号烽燧，西南约2千米处有布日格斯太2号烽燧。

（11）布日格斯太1号烽燧（152921353201040009）

该烽燧位于敖伦布拉格镇巴彦哈日嘎查东北约3.1千米，筑于山地边缘的高台地上。

烽燧由墩台和坞两部分组成。墩台大部分坍塌，石块散落，成为隆起的石土堆。据东南角及南壁残存的石砌痕迹判断，墩台平面呈长方形，剖面呈梯形，用青灰色石块堆砌而成，自下而上有收分，底部东西长10、南北长12米，顶部残缺，高3.5米。坞连接在墩台东北壁，平面大体呈长方形，东西长5、南北长10米；墙体石砌而成，坍塌损毁严重，仅存轮廓可辨，门向不清。遗址地表散落有零星的汉代泥质灰陶罐、盆等陶器残片（彩图九三）。

该烽燧西北约1.5千米处有布日格斯太2号烽燧，西南约1.9千米处有宝日敖包烽燧。

（12）布日格斯太2号烽燧（152921353201040010）

该烽燧位于敖伦布拉格镇巴彦哈日嘎查北约4.3千米的山顶上。

烽燧由墩台和附燧两部分组成。墩台平面呈长方形，剖面呈梯形，底部东西长11.3、南北长12.5米，顶部残缺，东西长4.8、南北长4.6米，南侧高9、北侧高7米。墩台用红褐色易风化的片状石材堆砌而成，自下而上有收分，内部每隔0.6~0.8米铺一层梭梭枝条。墩台东、北壁自顶部坍塌，西南角距地面1.5米以上缺失近2米，西、南壁保存基本完整，东北角顶部尚存，形制较为清晰，保存相对较好。墩台东南31.2米处起分布有5座附燧，由东向西排列，间距依次为31、1.5、2、63米，均用红褐色片状沙岩堆砌，均坍塌，底部3.8~4米见方、高0.1~1.1米。遗址地表散落有零星的汉代泥质灰陶罐、盆等陶器残片（彩图九四~九六）。

该烽燧东南约1.5千米处有布日格斯太1号烽燧，西南约2.5千米处有宝日敖包烽燧，东北约2千米处有阿尔善敖包烽燧。

（13）宝日敖包烽燧（152921353201040011）

该烽燧位于敖伦布拉格镇巴彦哈日嘎查西北约2千米的山丘上。

烽燧由墩台、坞和附燧三部分组成。墩台平面呈长方形，剖面呈梯形，底部东西长7.7、南北长10.5米，顶部残损严重，东西长4.5、南北长8.9米，高4.2米。墩台用青灰色石块错缝堆砌而成，自下而上有收分。墩台东、西壁大部分坍塌，石块散落，南、北壁存高约3米的石砌痕迹。坞连接在墩台东壁，平面大体呈长方形，东西长6.4、南北长9.6米；墙体石砌而成，宽1.1、高1米，南、北墙坍塌严重，东墙底部保存较完整，门向不清。墩台附近分布有14处石筑附燧，均坍塌。其中，北侧6米处起南北向排列3座附燧，间距约3米，均坍塌成3米见方、高0.5~0.7米的石堆；北侧26米处5×5米的范围内于四角分别筑有一座石台，为1.5米见方、高0.2~0.6米的石堆；西北84米处5×5米的范围内于四角分别筑起一座石台，为1.5米见方、高约0.6米的石堆；

距坞东南角 6.8 米处南北向排列 3 座附燧，间距依次为 5、1 米，为底部 3 米见方、高约 0.4 米的石堆；西南角向南 11 米处起由北向南排列 6 座附燧，均坍塌，第 1 座 3 米见方、高 1.5 米；第 2 座 2.2 米见方、高 0.6 米；第 3 座与第 2 座东南角相连，2.6 米见方、高 0.5 米；第 4、5 座 2.1 米见方、高 0.6 米，以上 5 座间距依次 2.1、0.2、14.5、7.5 米；第 3 座与第 4 座之间另有一处附燧（距第 4 座附燧 3.5 米），是在 5×5 米范围内于四角分别筑起一座石台，均坍塌成 1.5 米见方、高 0.2~0.6 米的石堆（彩图九七~一〇〇）。

该烽燧东北约 1.9 千米处有布日格斯太 1 号烽燧，东北约 2.5 千米处有布日格斯太 2 号烽燧，西南约 2.7 千米处有乌兰拜兴烽燧。

（14）乌兰拜兴烽燧（152921353201040012）

该烽燧位于敖伦布拉格镇巴彦哈日嘎查西北约 3.7 千米相对平缓的台地上。

烽燧由墩台、坞和附燧三部分组成。墩台坍塌成石堆状，底部直径 11、高 2.2 米。根据北壁底部残存的石砌痕迹判断，墩台平面呈长方形，剖面呈梯形，用青石块堆砌而成，自下而上有收分。坞连接在墩台东壁，平面大体呈长方形，东西长 5.5、南北长 7 米；墙体石砌而成，坍塌严重，宽约 1.1、高 0.1~0.4 米；门向不清。墩台附近分布有 5 座石砌附燧，均坍塌严重。其中，西南 46 米处起由南向北排列 4 座附燧，间距约 10 米，均用石块堆砌而成，2 米见方，仅存底部遗迹，高 0.3~0.4 米；东 86 米处有一座附燧，6 米见方、高 0.8 米。遗址地表散落有零星的汉代泥质灰陶罐、盆等陶器残片（彩图一〇一）。

该烽燧东北约 2.7 千米处有宝日敖包烽燧，西南约 1.6 千米处有乌兰敖包烽燧。

（15）乌兰敖包烽燧（152921353201040013）

该烽燧位于敖伦布拉格镇巴彦哈日嘎查西北约 5 千米的高台地上。

烽燧由墩台、坞和附燧三部分组成。墩台平面呈长方形，剖面呈梯形，东西长 15、南北长 12 米，顶部长 6.4、宽 5.2 米，高 5.7 米。墩台用红褐色石块错缝堆砌而成，自下而上有收分。墩台东南壁底部有一个高约 0.9、宽 0.8、进深 3 米的盗洞。该墩台有明显的二次加筑痕迹，加筑的砌石上下每隔约 0.4 米平铺植物枝条。墩台四壁加筑的宽、高尺寸并不一致，东南壁加筑痕迹宽 1.1、高 4.2 米，西南壁加筑痕迹宽 3.5、高 4~5.3 米，西北壁加筑痕迹宽 1.6、高 4~5.3 米，东北壁加筑痕迹宽 1.6、高约 5 米。坞连接在墩台东南壁，平面大体呈长方形，长 11.5、宽 9.5 米；墙体用石块砌筑而成，两侧略有收分，坍塌严重，墙体底宽 1.2、高 0.5~1.2 米；门向不清。墩台附近分布有 3 座石砌附燧，均坍塌，其中，东南 48 米处由东南向西北排列 2 座附燧，间距 32 米，3 米见方、高约 0.6 米；东南 117 米处 5×5 米的范围内于四角分别堆起一座石台，底部 1.5 米见方、高约 0.5 米。遗址地表散落有零星的汉代泥质灰陶罐、盆等陶器残片（彩图一〇二、一〇三）。

该烽燧东北约 1.6 千米处有乌兰拜兴烽燧，西北约 1.6 千米处有别立哈布其格烽燧。

（16）别立哈布其格烽燧（152921353201040014）

该烽燧位于敖伦布拉格镇巴彦哈日嘎查西北约 6.2 千米的山脊上。

烽燧由墩台、坞和附燧三部分组成。墩台骑山脊而建，整体坍塌成隆起的石堆。根据局部露出的底部石砌痕迹判断，墩台平面呈长方形，剖面呈梯形，自下而上有收分，底部东西长 8.5、南北长 6 米，顶部残损，高 2 米。坞连接在墩台南壁，平面呈长方形，东西长 9.5、南北长 6 米；墙体石砌而成，损毁严重，仅存痕迹可辨大致轮廓；门向不清。墩台东南 50 米处有一座石砌附燧，已坍塌，仅存底部痕迹，1.7 米见方、高 0.3 米（彩图一〇四）。

该烽燧东南约 1.6 千米处有乌兰敖包烽燧，西北约 3.4 千米处有乌兰布拉格 1 号烽燧。

（17）乌兰布拉格1号烽燧（152921353201040015）

该烽燧位于敖伦布拉格镇巴彦哈日嘎查西北约9.5千米的山丘顶部。

烽燧由墩台、坞和附燧三部分组成。墩台平面呈长方形，剖面呈梯形，东西长8.2、南北长6.2米；顶部残缺，长7.8、宽5.2米，高2.4米。墩台用青灰色易风化的石块错缝堆砌而成，自下而上有收分，主体大部分坍塌，东北、东南、西南壁底部存有高0.3~0.6米的石砌痕迹。坞连接在墩台东南壁，平面呈近正方形，边长10米；墙体石砌而成，坍塌损毁严重，墙体底宽约1.2、高一般不足0.3米；门向不清。墩台附近分布有两处石砌附燧，均坍塌严重。其中，坞东南5.5米处有一座附燧，为底部直径3.5、高0.8米的圆形石堆；墩台南46米处有一座附燧，仅残存底部痕迹，大体2米见方，略高出地表。遗址地表散落有零星的汉代泥质灰陶罐、盆等陶器残片（彩图一〇五）。

该烽燧东南约3.4千米处有别立哈布其格烽燧，西北约1.8千米处有乌兰布拉格障城，西北约2.2千米处有乌兰布拉格2号烽燧。

（18）乌兰布拉格障城（152921353102040001）

该障城位于敖伦布拉格镇巴彦哈日嘎查西北约11.1千米，筑于丘陵间的山坡之上，当地老乡俗称为"炮台"。第二次全国文物普查时曾做过调查，当时定名为"敖伦布拉格障城"，附近发现汉代灰陶壶、罐等残片。根据此次长城资源调查的定名原则，将其更名为"乌兰布拉格障城"。

障城由障和关厢两部分组成，占地总面积约1380平方米。

障平面呈长方形，东西长24、南北长31.5米，坐北向南，居中设门，宽1米。障墙两侧采用大块片状石材错缝堆砌，自下而上有收分，内部以石块和沙土填充，底宽约4.7、顶宽2~2.7、残高0.7~6.8米。东墙内侧有斜坡踏道直通墙体顶部，长15、宽2米，坡度约45°。障外仅北墙底部可见人工基础，宽约4、高约0.3米。障保存较好，墙体高大，布局清晰，内壁相对完整，外缘及局部存在不同程度的坍塌现象，其中东墙外壁大体自中部起至南端向外侧垮塌，西北、西南角由顶至底坍塌，北墙外壁仅中部存有长6、高4米的石砌痕迹，西墙外壁上部自北向南坍塌近18米，南墙门址两侧大部坍塌，形成一"V"形豁口。障内西南角有南北并列的石砌房址2座，西、南两墙直接借用了障墙，东、北两侧另筑墙体，当中有东西向隔墙隔断，均东向开门。

关厢连接在障的南侧，平面呈长方形，东西长28、南北长26米，北依障墙，东、南、西三侧另筑墙体，采用石块错缝堆砌，坍塌严重，宽约1.3、残高0.1~0.6米。南墙中部开门，门宽2米（图一；彩图一〇六~一一一）。

该障城西北约0.49千米处为乌兰布拉格2号烽燧，东南约1.8千米处为乌兰布拉格1号烽燧。

（19）乌兰布拉格2号烽燧（152921353201040016）

该烽燧位于敖伦布拉格镇巴彦哈日嘎查西北约11.6千米的山丘顶部。

烽燧由墩台和坞两部分组成。墩台平面呈长方形，剖面呈梯形，底部东西长10.2、南北长5米，顶部残缺，东西长6.6、南北长2.7米，东侧高3.1、西侧高4.1米。墩台外侧用红褐色易风化沙质岩和青色质地相对坚硬的石块错缝堆砌而成，内部填充红土和石块，自下而上有收分。墩台南壁石砌痕迹清晰，西壁外侧砌石塌落，东、北壁坍塌严重。坞连接在墩台南壁，平面大体呈长方形，东西长9.6、南北长9.1米；墙体两侧用青色石块错缝堆砌而成，内部用土石混筑，墙体底宽约2、顶宽1.6~1.9米。坞东墙与墩台东壁平齐，西墙折进与墩台南壁相接，墙体有不同程度的坍塌，其中，东墙坍塌最严重，高0.3~1.1米；南墙高1.1~1.8米；西墙外侧包石几乎完全脱落，外侧高3.2、内侧高2米；南、北墙无门址痕迹，东墙损毁严重，无法分辨是否有门道（彩图一一

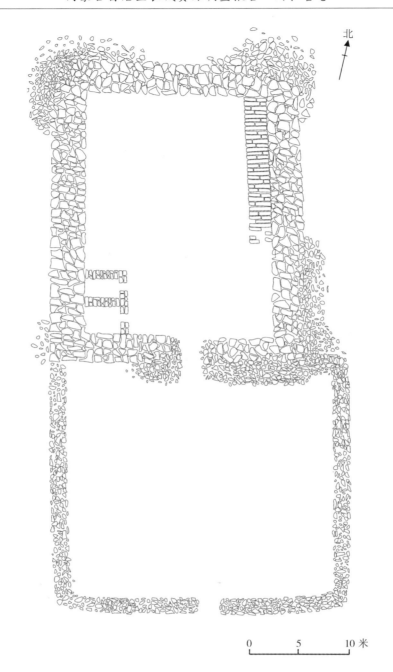

图一　乌兰布拉格障城平面图

二～一一四）。

　　该烽燧东南约 0.49 千米处有乌兰布拉格障城，东南约 2.2 千米处有乌兰布拉格 1 号烽燧，西南约 13.7 千米处有阿门乌素烽燧。

　　（20）阿门乌素烽燧（152921353201040017）

　　该烽燧位于敖伦布拉格镇查干德日斯嘎查东南约 5.7 千米的平地上。

　　烽燧仅见墩台。墩台用黄土夯筑而成，夯层厚 0.09～0.11 米，自下而上有收分，平面呈长方形，剖面呈梯形，底部东西长 6、南北长 7、高 5.8 米，顶部残损呈锥状。墩台因长年受沙土侵蚀，底部向内凹进，四角缺失且不规整，外缘风化剥离现象明显，仅东壁相对平齐，南壁由顶至底形成一条宽约1.2、深0.4~2米的垂直沟槽。遗址地表散落有零星的汉代泥质灰陶罐、盆等陶器残片（彩图一一五、一一六）。

该烽燧东北约13.7千米处有乌兰布拉格2号烽燧，西南约12.6千米处有额热烽燧。

（21）额热烽燧（152921353201040018）

该烽燧位于敖伦布拉格镇查干德日斯嘎查西南约12.4千米，筑于戈壁中的高台地上，所处视野开阔。

烽燧由墩台和附燧两部分组成。墩台坍塌成隆起的石堆，从散落石块的规模来看，墩台原来并不十分高大。据东壁底部残存的石砌痕迹判断，墩台平面呈正方形，底部边长5、高0.6米，用青色易风化岩石及少量质地坚硬的石块错缝堆砌而成。墩台西侧87米处的山丘顶部有一座石砌附燧，坍塌成石堆状，3米见方、高0.4米。

该烽燧东北约12.6千米处有阿门乌素烽燧，西南约7.3千米处有大水沟烽燧。

（22）大水沟烽燧（152921353201040019）

该烽燧位于吉兰泰镇呼和温都尔嘎查西北约12千米，筑于大水沟东岸台地上。

烽燧仅见墩台。墩台坍塌成圆形石堆，底部直径15、高3米，顶部被平整成直径6米的平台，其上又堆筑起直径3、高2米的圆形敖包，很大程度上破坏了墩台的原貌。根据局部露出的原始痕迹判断，墩台平面呈长方形，剖面呈梯形，内部用土坯砌筑而成，外侧包石，包石有可能是二次加筑。墩台南侧露出长2.4、高1.4米的土坯砌筑痕迹，土坯平铺，之间使用黄泥粘结，土坯规格一般长37、宽17、厚7厘米。遗址地表散落有零星的汉代泥质灰陶罐、盆等陶器残片（彩图一一七、一一八）。

该烽燧东北约7.3千米处有额热烽燧，西北约5.1千米处有夏布日全吉烽燧。

（23）夏布日全吉烽燧（152921353201040020）

该烽燧位于吉兰泰镇乌西勒格嘎查东北约9.4千米的平地上。

烽燧仅见墩台。墩台用黄土夯筑而成，夯层厚0.06~0.12米，自下而上有收分，平面呈正方形，剖面呈梯形，底部边长6.5、高5.5米，顶部残损呈锥状。墩台因长年受风雨侵蚀，顶部及四壁外缘夯土严重剥落，表面形成多处风蚀孔洞，南、北壁底部受风雨侵蚀向内凹进（彩图一一九）。

该烽燧东南约5.1千米处有大水沟烽燧，西北约3.8千米处有哈拉曾浩尼图烽燧。

（24）哈拉曾浩尼图烽燧（152921353201040021）

该烽燧位于吉兰泰镇乌西勒格嘎查西北约10.6千米的山顶上。

烽燧由墩台、坞和附燧三部分组成。墩台平面呈长方形，剖面呈梯形，底部东西长8.2、南北长7.6米，顶部残损，东西长6.2、南北长5.2米，高2.6米。墩台用青灰色易风化的石块错缝堆砌而成，自下而上有收分，四壁存有清晰的石砌痕迹，仅东南角和西北角坍塌较为严重，顶部有一处直径2.9、深2.1米的盗洞。坞连接在墩台西壁，平面大体呈长方形，东西长9.6、南北长8.6米；墙体石砌而成，宽0.9米，西墙完全坍塌，仅存底部痕迹，南、北墙部分坍塌，高0.1~1.6米；门向不清。墩台附近分布有2座石砌附燧，均坍塌，其中西南40.63米处有一座附燧，是在4米见方的台基四角分别堆起一座石台，1米见方、高0.1~0.8米；东南29.6米处有一座附燧，是在5米见方的台基四角分别堆起一座石台，1米见方、高0.1~1米。遗址地表散落有零星的汉代泥质灰陶罐、盆等陶器残片（彩图一二〇~一二二）。

该烽燧东南约3.8千米处有夏布日全吉烽燧，西南约6千米处有罕乌拉烽燧。

（25）罕乌拉烽燧（152921353201040022）

该烽燧位于吉兰泰镇乌西勒格嘎查西北约 5.8 千米的山顶上。

烽燧仅见墩台。墩台平面形状不规则，底部东西最长 8.7、南北最长 10 米，顶部残缺，东西最长 7、南北最长 5 米，高 3.7 米。墩台是以巨石为依托使用青灰色易风化石块堆砌而成，南壁存有清晰的石砌痕迹，其余三壁由顶至底有不同程度的坍塌，北壁尤为严重（彩图一二三）。

该烽燧东北约 6 千米处有哈拉曾浩尼图烽燧、夏布日全吉烽燧，西北约 6.4 千米处有特布克烽燧、约 6.5 千米处有博日音呼德烽燧。

（26）博日音呼德烽燧（152921353201040023）

该烽燧位于吉兰泰镇乌西勒格嘎查西北 12.2 千米，骑山脊而建。

烽燧由墩台、坞和附燧三部分组成。墩台平面呈长方形，剖面呈梯形，底部东西长 9.1、南北长 8.8 米，顶部残损，东西长 8.2、南北长 6.5 米，高 2.7 米。墩台外侧用青色易风化的大石块错缝堆砌而成，内部填充沙石，自下而上有收分，四壁有不同程度的坍塌，局部尚存有相对清晰的石砌痕迹。坞连接在墩台北壁，平面大体呈长方形，东西长 9.1、南北长 6.7 米；墙体石砌而成，坍塌损毁严重，仅北墙底部存有石砌痕迹，墙体底宽 0.9 米；门向不清。墩台南侧 16 米处起自南向北排列 2 座石砌附燧，间距 17 米，均坍塌成底部直径 2.3、高不足 0.5 米的石堆；西南角 26 米处地表隐约可见 1 座石砌基址，大体分布在 4 米见方的范围内，损毁严重，用途不详。遗址地表散落有零星的汉代泥质灰陶罐、盆等陶器残片（彩图一二四、一二五）。

该烽燧东南约 6.5 千米处有罕乌拉烽燧，东约 4.1 千米是哈拉曾浩尼图烽燧，西北约 2.6 千米是乌素太高勒烽燧，西南约 3.6 千米处有乌西勒格烽燧、约 5.5 千米处有特布克烽燧。

（27）特布克烽燧（152921353201040024）

该烽燧位于吉兰泰镇乌西勒格嘎查西北约 11.7 千米的山顶上。

烽燧由墩台和坞两部分组成。墩台平面呈长方形，剖面呈梯形，底部东西长 7、南北长 6.4 米，顶部残损，东西长 6、南北长 6.2 米，高 2.4 米。墩台用青色易风化的石块错缝堆砌而成，自下而上有收分，西壁和南壁存有石砌痕迹，东、北两壁及西南角完全坍塌，顶部有一个晚近堆砌的石圈。坞连接在墩台东壁，墙体完全坍塌，从塌落的石块分布情形来看，坞的范围东西长约 11、南北长约 6 米，墙体宽约 1.2 米，门向不清。遗址地表散落有零星的汉代泥质灰陶罐、盆等陶器残片（彩图一二六、一二七）。

该烽燧北约 2.9 千米处有乌西勒格烽燧，东北约 5.2 千米处有乌素太高勒烽燧、5.5 千米处有博日音呼德烽燧、约 8.7 千米处有哈拉曾浩尼图烽燧，东南约 6.4 千米处有罕乌拉烽燧。

（28）乌素太高勒烽燧（152921353201040025）

该烽燧位于吉兰泰镇乌西勒格嘎查西北约 14.4 千米的山脊上。

烽燧由墩台、坞和附燧三部分组成。墩台整体坍塌，散落的石块分布范围直径约 8.3、高 1.2 米。由东、北壁残存的石砌痕迹判断，墩台平面呈圆形，剖面呈梯形。墩台用青色易风化的石块错缝堆砌而成，自下而上有收分。墩台南、西壁由顶至底完全坍塌，顶部有一个晚近堆筑的石圈。坞连接在墩台南壁，墙体坍塌损毁严重，仅见部分遗迹，无法测取数据。墩台南 70 米处由西南向东北排列 2 座石砌附燧，间距 35 米，均坍塌成底部直径约 4.7、高不足 0.6 米的石堆。遗址地表散落有零星的汉代泥质灰陶罐、盆等陶器残片（彩图一二八、一二九）。

该烽燧东南约 2.6 千米处有博日音呼德烽燧，西南约 2.4 千米处有乌西勒格烽燧。

（29）乌西勒格烽燧（152921353201040026）

该烽燧位于阿拉善左旗吉兰泰镇乌西勒格嘎查西北约 13.4 千米的山丘顶部。

烽燧仅见墩台。墩台用青色易风化的石块错缝堆砌而成，大部分坍塌。根据东、北壁底部残存的石砌痕迹判断，墩台平面呈长方形，剖面呈梯形，自下而上有收分，底部东西长5.7、南北长6.6米，顶部损毁严重，高1.1米。遗址地表散落有零星的汉代泥质灰陶罐、盆等陶器残片（彩图一三〇）。

该烽燧西约0.856千米处有苏木太高勒1号烽燧、约1.1千米处有乌西勒格障城，西南约1.2千米处有苏木太高勒2号烽燧，西北约1.3千米处有苏木太高勒3号烽燧。

（30）苏木太高勒1号烽燧（1529213532010400027）

该烽燧位于吉兰泰镇乌西勒格嘎查西北约14千米的山脊上。

烽燧由墩台和附燧两部分组成。墩台坍塌严重，石块散落，坍塌范围大体7.2米见方、高2米，成为隆起的石堆。墩台东壁存有高2、长3.5米的石砌痕迹，据此能看出，墩台用青色易风化的石块堆砌而成，平面呈圆形，剖面呈梯形，自下而上有收分。墩台附近分布有3座石砌附燧，均坍塌成石堆状，其中，西北87米处有1座附燧，底部4米见方、高0.5米；东南105米处的山丘顶部有1座附燧，底部4米见方、高0.3米；东北105米处有1座附燧，底部4米见方、高0.4米。遗址地表散落有零星的汉代泥质灰陶罐、盆等陶器残片（彩图一三一）。

该烽燧东约0.856千米处有乌西勒格烽燧，西北约0.64千米处有苏木太高勒3号烽燧，西约0.215千米处有乌西勒格障城，西南约0.38千米处有苏木太高勒2号烽燧。

（31）乌西勒格障城（1529213532102130002）

该障城位于吉兰泰镇乌西勒格嘎查西北约14.2千米的沟谷内。

障城保存一般，布局相对清晰，大体呈不规则长方形，东西最长125、南北最长133米；墙体两侧用石块错缝堆砌而成，内部填充黄土和碎石，坍塌明显，其中，东墙长133米，墙体底宽约3、高0.2~2.3米，自北向南63米处有一个缺口，宽3米，应为东门址所在；南墙长123米，墙体底宽约2.7、高0.2~0.6米；西墙长127米，墙体底宽约3.4、高0.3~1.2米，由北向南52米处有一个缺口，宽2.5米，应是西门址所在；北墙长125米，墙体底宽约3.4、高0.5~2.3米。沟谷内有一条东西向道路贯穿障城，路宽近3米，自东、西门址处通过。

障城内西北角有一座建筑台基，北距城墙8米，西距城墙5米，东西长64、南北长46、高1.3米。台基西部有一座庙址，平面呈正方形，边长11、高近0.5米，呈平台状。障内西南角有一处正方形建筑基址，距西墙30、南墙26米，底部边长16、顶部边长7、高近1米，呈平台状。部分基址明显有遭盗掘的迹象（图二；彩图一三二~一三五）。

障城内散见大量的汉代泥质灰陶罐、盆等陶器残片，其中陶罐残片装饰有压印纹。庙址附近散见砖、瓦、滴水等建筑构件，个别遗物上刻有经文，多为西夏时期遗物。由此可见，障城始筑于汉代，后为西夏所沿用。

该古城东约0.215千米处有苏木太高勒1号烽燧，南约0.172千米处有苏木太高勒2号烽燧，北约0.435千米处有苏木太高勒3号烽燧。

（32）苏木太高勒2号烽燧（1529213532010400028）

该烽燧位于吉兰泰镇乌西勒格嘎查西北约14.2千米的山顶上。

烽燧仅见墩台。墩台平面呈正方形，剖面呈梯形，底部边长8.7、残高2.6米。墩台外侧用青灰色大石块错缝堆砌而成，内部用碎石、沙土填充，自下而上有收分。墩台东北角存有长3.7米的初始砌筑痕迹，并有使用石块二次加筑的痕迹，加筑部分宽约1.2米。墩台西、南壁由顶至底完全坍塌，石块散落，顶部残损严重，有一个直径3.3、深1.4米的盗洞。

该烽燧东北约0.38千米处有苏木太高勒1号烽燧，北约0.172千米处有乌西勒格障城、约0.74

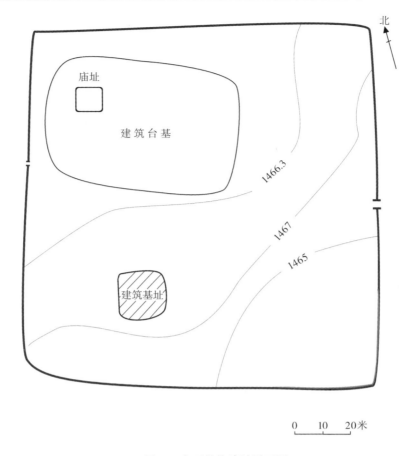

图二　乌西勒格障城平面图

千米处有苏木太高勒 3 号烽燧。

（33）苏木太高勒 3 号烽燧（152921353201040029）

该烽燧位于吉兰泰镇乌西勒格嘎查西北约 14.6 千米的山顶上。

烽燧由墩台和坞两部分组成。墩台坍塌成隆起的石堆，底部直径约 14、残高 4 米。据西壁残存的石砌痕迹判断，墩台平面呈长方形，剖面呈梯形，用青灰色易风化的石块堆砌而成，自下而上有收分。坞在墩台外围（墩台位于西北角，与坞相连），平面大体呈长方形，东西长 14、南北长 17 米；墙体石砌而成，坍塌严重，仅西墙底部痕迹相对清晰，宽约 1 米；门向不清（彩图一三六）。

该烽燧东南约 0.64 千米处有苏木太高勒 1 号烽燧，南约 0.74 千米处有苏木太高勒 2 号烽燧、约 0.435 千米处有乌西勒格障城，西北约 6.9 千米处有全吉浩来烽燧。从苏木太高勒 1~3 号烽燧与乌西勒格障城位置关系来看，应专为卫戍障城而设。

（34）全吉浩来烽燧（152921353201040030）

该烽燧位于吉兰泰镇乌西勒格嘎查西北约 21.5 千米相对低缓的山丘上。为哈鲁乃山南麓—亚玛雷克列燧向北最为凸出的一座，与北侧的哈鲁乃山北麓—亚玛雷克列燧没有必然联系，只与东南侧的烽燧相望。

烽燧由墩台、坞和围院三部分组成。墩台用黄土夯筑而成，夯层厚 0.11~0.13 米，受风雨侵蚀、沙土磨砺，大部缺失，外缘不规整，形制难辨。墩台残存部分东西最长 4.8、南北最长 7 米，中心处有一座凸起的夯土台，残高 2.7 米。据周边散落的石块来看，有可能外围曾用石块加筑。坞连接在墩台西壁，坍塌损毁严重，仅西南角底部存有部分石砌痕迹，其余大部分无存，门向不清。墩台和坞的外围筑有围院，平面呈长方形，东西长 19、南北长 22 米；墙体石砌而成，已坍塌，仅存地表痕迹可辨轮廓，南墙底部石砌痕迹相对清晰，墙体底宽约 1 米；门向不清。墩台基本处于围院中心位置。遗址地表散落有零星的汉代泥质灰陶罐、盆等陶器残片（彩图一三七）。

该烽燧东南约 6.9 千米处有苏木太高勒 3 号烽燧、约 7.6 千米处有乌素太高勒烽燧，西南约 9.2 千米处有查干呼德 1 号烽燧。

（35）查干呼德 1 号烽燧（152921353201040031）

该烽燧位于吉兰泰镇傲日格呼嘎查西北约 15.5 千米，筑于沙漠戈壁间的坡地上。

烽燧仅见墩台。墩台坍塌成隆起的石堆，底部直径 16、高近 4.5 米，原始形制不清。

该烽燧东北约 9.2 千米处有全吉浩来烽燧，西南约 0.306 千米处有查干呼德居住址、约 1.2 千米处有查干呼德 2 号烽燧。

（36）查干呼德居住址（152921354107040001）

该居住址位于吉兰泰镇傲日格呼嘎查西北约 15.7 千米的山丘上。

居住址由两座不相连的房址组成，南北间距 6 米。北侧房址平面呈长方形，东西长 4.6、南北长 5.4 米，墙体底宽 1、高 0.4 米。南侧房址平面呈正方形，边长 4 米，墙体底宽 1、高 0.3 米。门向皆不清。两座房址石筑而成，墙体两侧用石块错缝堆砌，内部填以土石，坍塌损毁严重，遗迹较为散乱，局部被黄沙覆盖。

该居住址东北约 0.306 千米处有查干呼德 1 号烽燧，西南约 0.98 千米处有查干呼德 2 号烽燧，因距烽燧较近，推测为戍卒居所。

（37）查干呼德 2 号烽燧（152921353201040032）

该烽燧位于吉兰泰镇傲日格呼嘎查西北约 14.9 千米，筑于戈壁沙漠中的山坡上。

烽燧仅见墩台。墩台整体坍塌，原始形制不详，呈不规则形，底部东、西壁长 13、北壁长 8、南壁长 6、中部最窄处长 1 米，高 0.4~1.4 米。墩台底部石砌痕迹较清晰，北壁、南壁外缘竖砌高约 1 米的大石板，其余砌石较小，内部填充碎小石块。

该烽燧东北约 0.98 千米处有查干呼德居住址、约 1.2 千米处有查干呼德 1 号烽燧。

（38）毛尔图烽燧（152921353201040033）

该烽燧位于吉兰泰镇呼和温都尔嘎查西南约 9.1 千米的山坡上。

烽燧仅见墩台。墩台用青灰色石块堆砌而成，坍塌成圆形石堆，底部直径 20、高 2.5 米，原始形制不详，顶部有一座后来修筑的敖包。

该烽燧西北约 12 千米处有罕乌拉烽燧，西南约 15.6 千米处有全吉烽燧。

（39）全吉烽燧（152921353201040034）

该烽燧位于吉兰泰镇傲日格呼嘎查东南约 18.2 千米的高台地上。

烽燧仅见墩台。墩台用青灰色石块堆砌而成，坍塌成圆形石堆，底部直径 17.8、高 2.1 米，原始形制不详，顶部有一座后来修筑的敖包（彩图一三八）。

该烽燧东北约 15.6 千米处有毛尔图烽燧，西南约 9.1 千米处有敖包图烽燧。

（40）敖包图烽燧（152921353201040035）

该烽燧位于吉兰泰镇巴特日布拉格嘎查西北约 22.5 千米的山顶上。

烽燧仅见墩台。墩台坍塌严重，呈石堆状，底部东西最长 9.5、南北最长 10.5、高 2 米。据西北壁底部残存的石砌痕迹判断，墩台外缘用青色大石块错缝堆砌而成，内部用碎石填充，原始形制无法辨识，顶部有一座后来堆筑的圆形敖包，敖包南树立有铁质航标架，对墩台造成一定的破坏（彩图一三九、一四〇）。

该烽燧东北约9.1千米处有全吉烽燧，西南约14.2千米处有希勃图烽燧。

（41）希勃图烽燧（152921353201040036）

该烽燧位于吉兰泰镇苏力图嘎查东南约12.9千米的山丘顶部。

烽燧由墩台、坞和附燧三部分组成。墩台坍塌严重，石块散落，坍塌范围底部东西最长19、南北最长12.5、高4.5米。据东壁残存的石砌痕迹判断，墩台平面呈长方形，剖面呈梯形，自下而上有收分，用青色石块错缝堆砌而成。坞连接在墩台东壁，平面形状不规则；墙体石砌而成，有不同程度的坍塌，格局清晰；西墙高6米，被墩台分隔成南、北两段，北段与墩台西壁平齐，长11.5米，墙体底宽3.8、顶宽3.5米，南段连接在墩台南壁中部，长8米，墙体底宽3.8、顶宽3米；南墙长16米，墙体底宽3.8、顶宽3、高5.9米；东墙长22.1米，墙体底宽3.8、顶宽3.2、高5.3米；北墙长17米，墙体底宽3.8、顶宽2.7、高6米。坞未见门址，可能墩台上设有进出步道。墩台西南角起分布有3座石砌附燧，自东北向西南排列，间距约1米，均坍塌成底部直径2.5、高0.2~0.6米的圆形石堆。遗址地表散落有零星的汉代泥质灰陶罐、盆等陶器残片（彩图一四一~一四三）。

该烽燧东北约14.2千米处有敖包图烽燧，西南约7.9千米处有额日木格敖包烽燧。

（42）额日木格敖包烽燧（152921353201040037）

该烽燧位于吉兰泰镇苏力图嘎查东南约9.7千米的山顶上。

烽燧仅见墩台。墩台坍塌严重，由东壁底部露出的石砌痕迹判断，墩台平面呈圆形，剖面呈梯形，自下而上有收分，底部直径5.4、高2米。墩台顶部树立铁质航标架，有一座后来用石块堆砌的圆形路标，对墩台造成了一定破坏（彩图一四四）。

该烽燧东北约7.9千米处有希勃图烽燧，西南约3.5千米处有格日乌兰烽燧。

（43）格日乌兰烽燧（152921353201040038）

该烽燧位于吉兰泰镇苏力图嘎查东南约12.5千米的山丘顶部。处于哈鲁乃山南麓—亚玛雷克列燧西南端，东南约53.9千米是色日音敖包烽燧，即贺兰山西麓列燧北端，之间为乌兰布和沙漠南缘，在流沙下也可能有被掩埋的烽燧。

烽燧由墩台和附燧两部分组成。墩台坍塌成散乱的石堆，根据东壁底部残存的石砌痕迹判断，墩台平面呈长方形，底部东西长2.6、南北长3.6米，顶部损毁严重形状不规则，残高0.6米。墩台用青灰色易风化的石块堆筑而成，从地表遗迹来看，墩台原并不十分高大。墩台东北48米处起分布有2座石砌附燧，由东北向西南排列，间距10米，均坍塌成直径约2、高不足0.7米的石堆。

该烽燧东北约3.5千米处有额日木格敖包烽燧。

（三）贺兰山西麓列燧

贺兰山西麓列燧由26座烽燧、1座障城组成。分布线路为北起吉兰泰镇乌达木塔拉嘎查，向南过亚玛雷克沙漠、乌兰布和沙漠交汇地带，经吉兰泰镇苏木图嘎查、巴彦浩特镇扎海乌苏嘎查、巴彦浩特镇政府所在地、巴彦笋布尔嘎查、敖包图嘎查，巴润别立镇铁木日乌德嘎查、上海嘎查，止于巴音朝格图嘎查。该列燧大部分处于贺兰山西麓及其边缘地带和腾格里沙漠东缘。烽燧营建相对简单，一般只有墩台，部分有石砌附燧，个别发现坞。

（1）色日音敖包烽燧（152921353201040107）

该烽燧位于吉兰泰镇乌达木塔拉嘎查西南约6.3千米的山顶上，处于贺兰山西麓列燧最北端。

烽燧仅见墩台。墩台坍塌成隆起的土石堆，底部东西最长9.5、南北最长9.5米，顶部边长约4米，高2米，原始形制无法辨识。

该烽燧东南约11.1千米处有藏格图敖包烽燧。

（2）藏格图敖包烽燧（152921353201040108）

该烽燧位于吉兰泰镇乌达木塔拉嘎查东南约8.9千米的平地上。

烽燧仅见墩台。墩台坍塌成石堆状，大部分被黄沙覆盖，底部直径6、顶部直径约2、高1.6米，原始形制无法辨识。

该烽燧西北约11.1千米处有色日音敖包烽燧，西南约11.5千米处有苏木图敖包烽燧。

（3）苏木图敖包烽燧（152921353201040109）

该烽燧位于吉兰泰镇苏木图嘎查西北约4.9千米的戈壁丘陵上。

烽燧仅见墩台。墩台坍塌成隆起的土石堆，底部直径16米，顶部相对平整，直径近8米，高2.3米，原始形制无法辨识。根据西、南壁底部露出的石砌痕迹判断，墩台外侧用灰白色石块堆砌而成，内部填以沙土，顶部有一座圆形敖包。

该烽燧东北约11.5千米处有藏格图敖包烽燧，南约5.5千米处有苏木图高勒烽燧。

（4）苏木图高勒烽燧（152921353201040110）

该烽燧位于吉兰泰镇苏木图嘎查西南约2.7千米的戈壁丘陵上。

烽燧仅见墩台。墩台完全倒塌，石块多被拆取，仅西北壁底部存有少量石砌痕迹，分布范围4×4米，高不足0.5米。

该烽燧北约5.5千米处有苏木图敖包烽燧，东南约8.3千米处有弓呼都格烽燧。

（5）弓呼都格烽燧（152921353201040111）

该烽燧位于吉兰泰镇苏木图嘎查东南约9.1千米的山丘上。

烽燧仅见墩台。墩台坍塌成圆形土石堆，局部被黄沙覆盖，底部直径7、高2.5米，原始形制无法辨识，顶部有一个石筑圆形路标。

该烽燧西北约8.3千米处有苏木图高勒烽燧，南约16.8千米处有库热图音敖包烽燧。

（6）库热图音敖包烽燧（152921353201040112）

该烽燧位于巴彦浩特镇扎海乌苏嘎查西北约6.4千米的山丘上。

烽燧仅见墩台。墩台坍塌成圆形土石堆，石块散落，底部直径20、高3米。根据西北角露出的石砌痕迹判断，墩台平面呈长方形，剖面呈梯形，自下而上有收分，顶部有一座后来堆垒的圆形敖包（彩图一四五）。

该烽燧北约16.8千米处有弓呼都格烽燧，东南约8.6千米处有营盘山烽燧、约10.8千米处有哈拉乌烽燧。

（7）哈拉乌烽燧（152921353201040113）

该烽燧位于巴彦浩特镇扎海乌苏嘎查东南约6.5千米的丘陵上。

烽燧由墩台和附燧两部分组成。墩台四壁及顶部坍塌损毁严重，成为隆起的土石堆，底部直径10、残高3.5米。根据南壁露出的石砌痕迹判断，墩台平面呈长方形，剖面呈梯形，自下而上有收分，用青灰色石块错缝堆砌而成，内部用土石填充。墩台东南 23 米处起分布有 3 座石砌附燧，自东向西排列，间距约 15 米，坍塌严重，呈底部 2.5 米见方、高 0.2～0.4 米的石堆。墩台西北 22 米处有一座房址，平面大体呈长方形，东西长 5、南北长 9 米；墙体石砌而成，损毁严重，石块散乱，宽度不详，存高不足 0.4 米；门向不清（彩图一四六）。

该烽燧西北约 10.8 千米处有库热图音敖包烽燧，西南约 6.8 千米处有营盘山烽燧。

（8）营盘山烽燧（152921353201040114）

该烽燧位于巴彦浩特镇城区内，筑于营盘山东北边缘。

烽燧仅见墩台。墩台坍塌成隆起的土石堆，顶部缺失，底部直径 16、高 1.5 米，原始形制无法辨识。墩台顶部有一座直径 4.9 米的圆形敖包，坍塌面外缘局部遭人为铲削（彩图一四七）。

该烽燧东北约 6.8 千米处有哈拉乌烽燧，西南约 5.4 千米处有将军敖包烽燧。

（9）将军敖包烽燧（152921353201040115）

该烽燧位于巴彦浩特镇城区南约 2.3 千米的山丘顶部。

烽燧仅见墩台。墩台坍塌，仅存底部痕迹，遗迹范围东西、南北均最长 10 米，高不足 0.5 米，东侧有一座石砌三层式敖包。

该烽燧东北约 5.4 千米处有营盘山烽燧，东南约 7.9 千米处有小敖包烽燧。

（10）巴彦笋布尔烽燧（152921353201040118）

该烽燧位于巴彦浩特镇巴彦笋布尔嘎查西南约 0.602 千米的山地边缘。

烽燧仅见墩台。墩台坍塌成高 0.6 米的土石堆，大部分缺失。根据东南侧底部残存的石砌痕迹判断，墩台平面呈正方形，底部边长 6 米，外侧用青灰色石块堆砌而成，内部填充土石，顶部有牧人为遮风避雨所筑的矮墙。

该烽燧西南约 8.6 千米处有小敖包烽燧、约 9.1 千米处有大敖包烽燧。

（11）小敖包烽燧（152921353201040116）

该烽燧位于巴彦浩特镇敖包图嘎查北约 3.2 千米的山丘上。

烽燧由墩台和附燧两部分组成。墩台坍塌成隆起的土石堆，散落的土石将底部覆盖。墩台底部东西最长 17、南北最长 14 米，顶部相对平整，东西长 9、南北长 5 米，高 2 米，原始形制无法辨识。从周边散落的大量石块来看，墩台外壁可能用石块砌筑而成，内部填以土石。墩台附近分布有 7 座石砌附燧，其中，东北 24 米处起由西向东排列 3 座附燧，间距 21 米，坍塌成底部直径 4、高 0.4 米的圆形土石堆；西北 28 米处起由东向西排列 3 座附燧，间距约 50 米，坍塌成 4 米见方、高 0.2～0.4 米的石堆，仅存底部，第 3 座附燧东北 15 米处另有一座附燧，坍塌成底部直径 3、高 0.4 米的圆形土石堆。遗址地表散落有零星的汉代泥质灰陶罐、盆等陶器残片。

该烽燧西北约 7.9 千米处有将军敖包烽燧，南约 1.4 千米处有大敖包烽燧。

（12）大敖包烽燧（152921353201040117）

该烽燧位于巴彦浩特镇敖包图嘎查北约 1.7 千米的山丘顶部。

烽燧由墩台和附燧两部分组成。墩台平面呈长方形，剖面呈梯形，底部东西长 12、南北长 10 米，顶部缺失不平整，高 5.3 米。墩台外侧用青灰色石块错缝堆砌而成，内部填充土石，自下而上有收分。墩台四壁有不同程度的坍塌，土石散落，东、北壁存有清晰的石砌痕迹，西壁大部倾倒，南壁坍塌，顶部有一个圆形敖包。墩台附近分布有 4 座石砌附燧，均坍塌损毁成散乱的石堆，其中，西南 16 米处有 1 座附燧，底部 4 米见方、高 0.8 米；东南 15 米处起东西向排列 2 座附燧，间距 15 米，底部均 3 米见方、高约 0.6 米；东北 70 米处有 1 座附燧，外侧石砌而成，内部填以土石，底部 5 米见方、高 1.6

米。遗址地表散落有零星的汉代泥质灰陶罐、盆等陶器残片（彩图一四八）。

该烽燧北约 1.4 千米处有小敖包烽燧，东北约 9.1 千米处有巴彦笋布尔烽燧，南约 5.4 千米处有巴润别立 1 号烽燧。

（13）巴润别立 1 号烽燧（152921353201040119）

该烽燧位于巴润别立镇铁木日乌德嘎查东北约 17.5 千米，筑于山地边缘的丘陵上。

烽燧仅见墩台。墩台倒塌成隆起的土石堆，大部分缺失，分布范围大致 7×7 米。后人将散落的石块堆积在顶部，通高 1.2 米，原始形制无法辨识。

该烽燧北约 5.4 千米处有大敖包烽燧，西南约 1.9 千米处有巴润别立 2 号烽燧。

（14）巴润别立 2 号烽燧（152921353201040120）

该烽燧位于巴润别立镇铁木日乌德嘎查东北 15.6 千米的山丘上。

烽燧由墩台和附燧两部分组成。墩台坍塌成隆起的土石堆，东西最长 9、南北最长 10 米，中心处残高 1.6 米，原始形制难于辨识。墩台西南 108 米处有一座石砌附燧，损毁严重，仅存底部，约 5 米见方、残高 0.4 米。墩台顶部有一座后来堆垒的圆形路标。

该烽燧东北约 1.9 千米处有巴润别立 1 号烽燧，东南约 1.6 千米处有巴润别立 3 号烽燧。

（15）巴润别立 3 号烽燧（152921353201040121）

该烽燧位于巴润别立镇铁木日乌德嘎查东北约 14.3 千米的缓坡上。

烽燧仅见墩台。墩台倒塌成隆起的石堆，东西最长 10、南北最长 12、高 0.6 米，原始形制难于辨识。墩台西南壁连接一处附属设施，用石块堆砌而成，坍塌范围长 8、宽 3、高 0.4 米，石块散乱，用途不清。西南与墩台相连有一座长方形建筑基址，东西长 4、南北长 7、高 0.5 米，坍塌成土石堆，石块散乱，用途不清。墩台顶部有一堵牧人为遮风避雨所堆筑的矮墙。

该烽燧西北约 1.6 千米处有巴润别立 2 号烽燧，东南约 2.3 千米处有巴润别立 4 号烽燧。

（16）巴润别立 4 号烽燧（152921353201040122）

该烽燧位于巴润别立镇铁木日乌德嘎查东北约 12.6 千米的山丘顶部。

烽燧仅见墩台。墩台坍塌成隆起的土石堆。根据底部残存的石砌痕迹判断，墩台平面呈正方形，剖面呈梯形，底部边长 9、高不足 2 米。墩台外侧用石块堆砌而成，内部填以土石，顶部有一个后来堆筑的圆形路标。遗址地表散落有零星的汉代泥质灰陶罐、盆等陶器残片。

该烽燧西北约 2.3 千米处有巴润别立 3 号烽燧，西南约 4.3 千米处有折腰山障城、约 4.4 千米处有巴润别立 5 号烽燧。

（17）折腰山障城（152921353102130012）

该障城位于巴润别立镇铁木日乌德嘎查东北约 8.3 千米的平缓开阔地带。

障城平面基本呈长方形，东西长 25.5、南北长 34.5 米；墙体石砌而成，除东墙底部石砌痕迹相对清晰外，其余墙体坍塌成垄状，墙体底宽约 1、高 0.8～1.5 米；南墙自西向东 12 米处设门，门址宽 2 米。障城内自北向南 24 米处筑有一道东西向隔墙，将障城分为南、北两部分，隔墙损毁严重，门址不清。障城南墙自西向东 12 米处向北折进构成南部障城的隔墙，隔墙由北向南 4 米处设门，门址宽 2 米。北部障城东南角有一处边长 8 米的房址，只存底部遗迹，墙体底宽约 1 米，门向不清；西北角有一座建筑台基，大体分布在东西长 15、南北长 10 米的范围内，用长 35、宽 25、厚 5 厘米的土坯砌筑。障城内的台基距东、西侧边缘 1 米处分别有两处盗洞，均长 4、宽 1、深约 1.6 米。遗址地表散落有零星的汉代素面灰陶片、西夏酱釉瓷片等，当为汉代始建，西夏沿用（彩图一四九～一五二）。

该障城东北约 4.3 千米处有巴润别立 4 号烽燧，西约 0.078 千米处有巴润别立 5 号烽燧。

（18）巴润别立 5 号烽燧（152921353201040123）

该烽燧位于巴润别立镇铁木日乌德嘎查东北约 8.2 千米的平地上。

烽燧仅见墩台。墩台坍塌成隆起的土石堆，底部直径 18、高 3.5 米。墩台顶部有一个直径 4、深 3 米的圆形盗洞，由盗洞可见墩台的原始结构，为外侧用石块砌筑而成，内部填充黄土和石块。遗址地表散落有零星的汉代泥质灰陶罐、盆等陶器残片，以及西夏时期黑釉瓷片等遗物（彩图一五三）。

该烽燧东北约 4.4 千米处有巴润别立 4 号烽燧，东南约 3.7 千米处有巴润别立 6 号烽燧。

（19）巴润别立 6 号烽燧（152921353201040124）

该烽燧位于巴润别立镇铁木日乌德嘎查东北约 7.7 千米的山顶上。

烽燧由墩台和附燧两部分组成。墩台坍塌成圆形石土堆，底部直径 9、残高 0.5 米，原始形制无法辨识。其周围分布有 16 处石砌附燧，其中，南 2.5 米、向东 136 米处起大体呈东西向排列 6 座附燧，间距依次为 45、23、34、42.5、20 米，均坍塌成底部 4 米见方、高 0.2 ~ 0.4 米的石堆；此列附燧南侧约 8 米，亦由墩台东 136 米处起大体呈东西向排列 7 座附燧，间距依次为 45、23、34、8.4、21.5、28 米，形制及保存状况与前述一致；西 9 米处起由东西向排列 3 座附燧，间距 8.5 米，形制及保存状况与前述一致。遗址地表散落有零星的汉代泥质灰陶罐、盆等陶器残片。

该烽燧西北约 3.7 千米处有巴润别立 5 号烽燧，东南约 2.2 千米处有巴润别立 7 号烽燧。

（20）巴润别立 7 号烽燧（152921353201040125）

该烽燧位于巴润别立镇铁木日乌德嘎查东北约 7.3 千米的山顶上。

烽燧由墩台和附燧两部分组成。墩台倒塌成隆起的土石堆，底部东西最长 10、南北最长 15、高 1.8 米，原始形制无法辨识。墩台附近分布有 21 座石砌附燧，均已坍塌，大部分仅见底部痕迹，其中，东北 120 米处有 1 座附燧（01 号），大体 2.5 ~ 3 米见方、高 0.2 ~ 0.5 米；北侧 10 米处起由东北向西南排列 5 座附燧（02 ~ 06 号），间距依次为 16、20、10、13 米，大体 2.5 ~ 3 米见方、高 0.2 ~ 0.5 米；西南 6 米处起由东北向西南排列 3 座附燧（07 ~ 09 号），间距依次为 8、6 米，均为 3 米见方、高 0.3 ~ 0.5 米；09 号附燧西北 6 米处由东北向西南排列 4 座附燧（10 ~ 13 号），间距依次为 13、9、18 米，大体 2 ~ 2.5 米见方、高 0.1 ~ 0.4 米；09 号附燧西南 10 米处起由东北向西南排列 8 座附燧（14 ~ 21 号），间距依次为 25、16、10、10、7、12、10 米，底部尺寸依次为 4×4 米、3×3 米、2×2 米、5×3.5 米、4×4 米、2.5×2.5 米、5×5 米、2×2 米，高 0.2 ~ 0.6 米。遗址地表散落有零星的汉代泥质灰陶罐、盆等陶器残片（彩图一五四）。

该烽燧西北约 2.2 千米处有巴润别立 6 号烽燧，东南约 3.3 千米处有峡子沟烽燧。

（21）峡子沟烽燧（152921353201040126）

该烽燧位于巴润别立镇铁木日乌德嘎查东南约 8.1 千米的坡地上。

烽燧由墩台和坞两部分组成，大体分布在 25×25 米的范围内，有遭盗掘的迹象。墩台坍塌损毁成隆起的土石堆，残存最高处 1.2 米，原始形制难以辨识。根据局部残存痕迹判断，墩台外侧用石块堆筑而成，内部填充土石。坞与墩台相连，墙体损毁严重，与倒塌后的墩台连成一片。遗址地表散落有零星的汉代泥质灰陶罐、盆等陶器残片。

该烽燧西北约 3.3 千米处有巴润别立 7 号烽燧，东南约 1.8 千米处有白石头烽燧。

（22）白石头烽燧（152921353201040127）

该烽燧位于巴润别立镇铁木日乌德嘎查东南约 8.9 千米的坡地上。

烽燧仅见墩台。墩台坍塌成隆起的土石堆，底部直径16、顶部直径7、高3.5米，原始形制不详。墩台顶部有一个呈近圆形的盗洞，口部直径约4.5、深3.5米，内部石块几乎被全部掘出，土石散落。由盗洞可见墩台内部结构，中心部分使用沙石和石块填充，再向外使用黄土拌碎石堆筑，未加夯打。由于墩台表面被土石覆盖，外壁的建造形式无法辨识。

该烽燧西北约1.8千米处有峡子沟烽燧，东南约2.4千米处有长流水1号烽燧。

（23）长流水1号烽燧（152921353201040128）

该烽燧位于巴润别立镇铁木日乌德嘎查东南约10.4千米的平地上。

烽燧仅见墩台。墩台损毁成隆起的土石堆，底部直径14、高3.2米，原始形制不详。墩台顶部靠近东侧有一个盗洞，长1.5、宽1、深3米。由盗洞可观察到墩台内部为石块堆筑而成，石块之间用黄土铺垫。遗址地表散落有零星的汉代泥质灰陶罐、盆等陶器残片（彩图一五五）。

该烽燧西北约2.4千米处有白石头烽燧，南约4.2千米处有长流水2号烽燧。

（24）长流水2号烽燧（152921353201040129）

该烽燧位于巴润别立镇铁木日乌德嘎查东南约13.4千米的平地上。

烽燧由墩台和坞两部分组成。墩台用黄土堆筑而成，坍塌成土堆，东西最长21、南北最长24、高2.5米，原始形制不详，周边散落有少量石块。墩台上有两个盗洞，其中，顶部北侧盗洞东西长2.5、南北长1、深2米，西侧边缘盗洞东西长1.5、南北长1、深1.5米。墩台南壁边缘被挖掘铲削，形成长5、高2米的断面。网围栏在墩台西侧穿过，立桩时也曾挖掘了墩台的边缘，对墩台造成损毁。坞在墩台外围，受人为因素破坏损毁严重，仅痕迹隐约可见。遗址地表散落有零星的汉代泥质灰陶罐、盆等陶器残片。

该烽燧北约4.2千米处有长流水1号烽燧，东南约3.5千米处有长流水3号烽燧。

（25）长流水3号烽燧（152921353201040130）

该烽燧位于巴润别立镇铁木日乌德嘎查东南约17千米的平地上。

烽燧仅见墩台。墩台坍塌成隆起的土石堆，底部直径11、顶部直径4.5、高1.8米，原始形制不详。墩台顶部中心有一个盗洞，口部2米见方、深5.5米。由盗洞可见墩台用青灰色石块堆筑而成，石块之间用黄土铺垫。遗址地表散落有零星的汉代泥质灰陶罐、盆等陶器残片。

该烽燧西北约3.5千米处有长流水2号烽燧，东南约14.4千米处有哈日全吉烽燧。

（26）哈日全吉烽燧（152921353201040131）

该烽燧位于巴润别立镇上海嘎查东南约10.3千米的山顶上。

烽燧仅见墩台。墩台坍塌成隆起的石堆，底部直径40、高12米。根据局部露出的石砌痕迹判断，墩台平面呈长方形，剖面呈梯形，自下而上有收分。墩台用青灰色石块错缝堆砌而成，石块之间用红黏土和黄沙土铺垫，内部铺设有直径约15厘米的木桩。墩台西壁中部遭盗掘，造成东西长2~4、南北长8米的缺失，东北壁中部有被盗迹象。遗址地表散落有零星的汉代泥质灰陶罐、盆等陶器残片以及明代缸、罐等瓷器残片和白釉瓷片等（彩图一五六）。

该烽燧西北约14.4千米处有长流水3号烽燧，西南约15.3千米处有巴音朝格图音希勃烽燧。

（27）巴音朝格图音希勃烽燧（152921353201040132）

该烽燧位于巴润别立镇巴音朝格图嘎查东南约5.06千米的山脊上。处于贺兰山西麓列燧的最南端，西、西南与之最近的烽燧间距均在30千米以上，之间多为沙地，可能这一线原有烽燧设施，但被掩埋在沙地之下。

烽燧仅见墩台。墩台底部依地势用石块垒砌基础，一般向外延伸1.9~2.2米，因地势而高低不一，其中，东侧高 1、南侧高 0.5~3、西侧高 1~3 米，北侧大部分坍塌，仅西北角存高 2 米。墩台平面呈长方形，剖面呈梯形，自下而上有收分，底部东西长 14.4、南北长 13 米，顶部残损，东西长 9、南北长 6.5 米，西高东低，西侧高 9、东侧高 5.5 米。墩台外侧用灰白色大石块错缝堆砌而成，内部填充黄土和石块。墩台存在不同程度的坍塌，西北角坍塌成坡状；南壁顶部大面积坍塌，距西南角 1.5 米处有一道垂直沟槽，几乎从基部一直延伸至顶部，宽约 3、深近 2.5 米，系盗掘所致；东、西壁顶部外侧砌石大部分坍塌，仅底部存有石砌痕迹。从被盗挖处可见局部的栈木结构，共 3 排 10 根，西南角距底部 1.5 米处有 1 根，向上 1.3 米处有一排 7 根，再向上 0.6 米有一排 2 根，木柱均为斜向平铺，直径约 15 厘米，横向间距 0.25~0.45 米。遗址地表散落有零星的汉代泥质灰陶罐、盆等陶器残片以及明代缸、罐等器物残片（彩图一五七~一五九）。

该烽燧东北约 15.3 千米处有哈日全吉烽燧。

（四）腾格里沙漠南缘—黄河北岸列燧

腾格里沙漠南缘—黄河北岸列燧由 16 座烽燧组成，前面概述中提到的通湖山 "汉武威郡本" 石刻即分布于该道列燧沿线。分布线路起自嘉尔嘎勒赛汉镇乌兰泉吉嘎查，大体由东北向西南经四队、嘉尔嘎勒赛汉镇、乌兰呼都格嘎查，止于腾格里额里斯苏木特莫乌拉嘎查，个别处于和宁夏回族自治区中卫市的区界线地带。该道列燧的烽燧数量不多，是设置于腾格里沙漠南缘、黄河北岸的一道防线。

（1）全吉陶勒盖烽燧（152921353201040133）

该烽燧位于嘉尔嘎勒赛汉镇乌兰泉吉嘎查东北约 9.7 千米的戈壁坡地上。

烽燧仅见墩台。墩台坍塌成隆起的土堆，底部东西最长 10.5、南北最长 10.5、高 1 米。墩台不见夯筑痕迹，顶部残损风化严重，局部被黄沙覆盖，原始形制无法辨识，顶部有一座后来堆垒的圆形路标。遗址地表散落有数量较多的泥质灰陶罐、盆等陶器残片。

该烽燧西南约 1.4 千米处有吉日格乐图敖包烽燧，东侧贺兰山西麓列燧中的巴音朝格图音希勒烽燧与之相距 30 千米以外。

（2）吉日格乐图敖包烽燧（152921353201040134）

该烽燧位于嘉尔嘎勒赛汉镇乌兰泉吉嘎查东北约 8.7 千米的戈壁山坡上。

烽燧仅见墩台。墩台坍塌成隆起的土石堆，底部直径 11.5、高 2.5 米。根据现场调查情况推测，墩台可能是外侧用石块砌筑而成，内部填充沙土和碎石。墩台顶部有一座后来堆筑的圆形敖包。遗址地表有散落的汉代泥质灰陶罐、盆等陶器残片。

该烽燧东北约 1.4 千米处有全吉陶勒盖烽燧，西约 1.9 千米处有奎森全吉烽燧。

（3）奎森全吉烽燧（152921353201040135）

该烽燧位于嘉尔嘎勒赛汉镇乌兰泉吉嘎查东北约 6.9 千米的戈壁坡地上。

烽燧仅见墩台。墩台坍塌成隆起的土堆，局部被黄沙覆盖，底部直径 16、高 1.3 米，不见夯筑痕迹，原始形制无法辨识。遗址地表有散落的汉代泥质灰陶罐、盆等陶器残片。

该烽燧东约 1.9 千米处有吉日格乐图敖包烽燧，西北约 3.3 千米处有查干全吉烽燧。

（4）查干全吉烽燧（152921353201040136）

该烽燧位于嘉尔嘎勒赛汉镇乌兰泉吉嘎查东北约 5.2 千米的戈壁平缓地带。

烽燧由墩台和坞两部分组成。墩台坍塌成高 2.5 米的土堆，局部被黄沙覆盖，不见夯筑痕迹，原始形制无法辨识。坞在墩台外围，墙体损毁严重，与墩台混为一片，整个遗迹范围大体呈圆形，底部直径约 21 米，顶部相对平整，直径约 11 米。坞东南墙存一道凹槽，宽约 2 米，推测为门址。

该烽燧东南约 3.3 千米处有奎森全吉烽燧，西南约 7.3 千米处有乌兰泉吉烽燧。

（5）乌兰泉吉烽燧（152921353201040137）

该烽燧位于嘉尔嘎勒赛汉镇乌兰泉吉嘎查南偏北约 2.2 千米的平坦戈壁上。

烽燧仅见墩台。墩台坍塌成隆起的土丘，部分被沙土掩埋，底部直径 20 米，顶部相对平整，直径近 4 米，高 3.5 米，不见夯筑痕迹。遗址地表散落有汉代泥质灰陶罐、盆等陶器残片（彩图一六〇）。

该烽燧东北约 7.3 千米处有查干全吉烽燧，东南约 21.8 千米处有宝日乌珠尔烽燧。

（6）宝日乌珠尔烽燧（152921353201040138）

该烽燧位于嘉尔嘎勒赛汉镇四队西北约 6.1 千米的平坦戈壁上。

烽燧仅见墩台。墩台坍塌呈土丘状，部分被沙土掩埋，底部直径 16、高 1.4 米，不见夯筑痕迹。遗址地表散落有汉代泥质灰陶罐、盆等陶器残片以及西夏时期黑釉瓷片。

该烽燧西北约 21.8 千米处有乌兰泉吉烽燧，西南约 19.7 千米处有苍德格尔烽燧，东南约 13.9 千米处有孪井子烽燧。

（7）孪井子烽燧（152921353201040139）

该烽燧位于嘉尔嘎勒赛汉镇镇政府所在地南侧的山丘上。

烽燧仅见墩台。墩台坍塌，地表遗迹范围约 14 米见方，石块多被拆取，除南壁残存高近 1 米的内部填土外，其余大部分不存，原始形制无法辨识。20 世纪 80 年代，阿拉善盟文物管理站调查时尚存有石砌台体，现濒临消失。

该烽燧西北约 13.9 千米处有宝日乌珠尔烽燧，西约 25 千米处有苍德格尔烽燧。

（8）苍德格尔烽燧（152921353201040140）

该烽燧位于嘉尔嘎勒赛汉镇乌兰呼都格嘎查西北约 12.8 千米的戈壁坡地上。

烽燧仅见墩台。墩台坍塌成不规整的土台，遗迹范围底部东西最长 7、南北最长 7.5、高 1.7 米，部分被黄沙覆盖，不见夯筑痕迹，原始形制无法辨识，周边石块散落，推断外侧原有砌石。墩台顶部中心处立有微波信号发射架，东侧建有一座机房。遗址地表散落有零星的汉代泥质灰陶罐、盆等陶器残片。

该烽燧东北约 19.7 千米处有宝日乌珠尔烽燧，东约 25 千米处有孪井子烽燧，西南约 12.5 千米处有川金希勒烽燧，南约 11.9 千米处有土墩子烽燧。

自此烽燧起，该道列燧出现两个分支，一支向南至与宁夏回族自治区中卫市交界地带，另一支向西北进入腾格里额里斯苏木境内。第一分支分布在阿拉善左旗境内的烽燧仅有 2 座，分别为土墩子烽燧和葡萄墩子烽燧。其他烽燧属于第二分支。

（9）土墩子烽燧（152921353201040141）

该烽燧位于嘉尔嘎勒赛汉镇乌兰呼都格嘎查西南约 11.1 千米，筑于沙漠戈壁间的坡地上。

烽燧仅见墩台。墩台坍塌成隆起的圆形土丘，黄土和碎石散乱堆积在周围，局部被黄沙覆盖，底部直径 16、顶部直径 4.5、高 1.5 米，不见夯筑痕迹，原始形制无法辨识。遗址地表有散落的汉代泥质灰陶罐、盆等陶器残片以及零星的西夏时期黑釉瓷片。

该烽燧北约 11.9 千米处有苍德格尔烽燧，东南约 12.8 千米处有葡萄墩子烽燧。

（10）葡萄墩子烽燧（152921353201040142）

该烽燧位于嘉尔嘎勒赛汉镇乌兰呼都格嘎查西南约 17.3 千米的山丘上。

烽燧仅见墩台。墩台平面呈正方形，剖面呈梯形，自下而上有收分，底部边长 16.5 米，顶部外侧砌石塌落，残存遗迹东西长 7.6、南北长 6.6 米，高 7.8 米。墩台外侧用红褐色石块错缝垒筑而成，石块之间用红黏土勾缝，内部填充大量碎石，夹有少量沙土。墩台顶部塌落的土石和滞留的黄沙将底部覆盖，成为隆起的土石堆。墩台东壁底部有一个盗洞，约 0.9 米见方、深约 3 米。由盗洞可见墩台内部清晰的石砌痕迹和距地表 1.5 米处东西向铺设的一排桩木结构，桩木直径 12 ~ 18 厘米，横向间距 0.25 ~ 0.35 米。遗址地表有散落的汉代泥质灰陶罐、盆等陶器残片以及零星的西夏时期黑釉瓷片和明代的瓷缸、罐残片（彩图一六一）。

该烽燧西北约 12.8 千米处有土墩子烽燧，向南约 1 千米即进入宁夏回族自治区中卫市地界。

以下为属于第二分支的烽燧。

（11）川金希勒烽燧（152921353201040143）

该烽燧位于腾格里额里斯苏木特莫乌拉嘎查东北约 25.9 千米的坡地上。

烽燧仅见墩台。墩台倒塌成隆起的土石堆，多为黄沙覆盖，底部直径 14、顶部直径 7、高 1.8 米，顶部略显凹陷，原始形制无法辨识。遗址地表有散落的汉代泥质灰陶罐、盆等陶器残片，其中陶罐残片印有纹饰，陶胎较为厚重。

该烽燧东北约 12.5 千米处有苍德格尔烽燧，南约 2.3 千米处有道依德音敖包烽燧。

（12）道依德音敖包烽燧（152921353201040144）

该烽燧位于腾格里额里斯苏木特莫乌拉嘎查东北约 23.9 千米的山丘上。

烽燧仅见墩台。墩台坍塌成隆起的沙石堆，多为碎小石块，为黄沙覆盖，东西最长 16、南北最长 12、高 1.6 米，原始形制无法辨识。墩台顶部有一座后来垒砌的圆形敖包。遗址地表有散落的汉代泥质灰陶罐、盆等陶器残片，其中陶罐残片饰有戳点纹或弦断绳纹。

该烽燧北约 2.3 千米有川金希勒烽燧，西南约 11 千米处有图拉嘎哈日烽燧、约 17.5 千米处有西勃图烽燧。道依德音敖包烽燧与图拉嘎哈日烽燧之间因山峦阻隔无法对望，而距其较远的西勃图烽燧所处地势则较高，可与之遥相呼应。

（13）西勃图烽燧（152921353201040145）

该烽燧位于腾格里额里斯苏木特莫乌拉嘎查北约 9.5 千米的山顶上。

烽燧由墩台和坞两部分组成。墩台平面呈正方形，剖面呈梯形，自下而上有收分，底部边长 9 米，顶部残损，高 3 米。墩台外侧用青褐色石块错缝堆砌而成，缝隙之间用黄土、碎石填充。墩台大部分坍塌，石块多向西、南两侧倾倒，将底部覆盖，呈斜坡状。坞与墩台东壁中部相接，墙体大部分坍塌成散乱的石垄状，高 0.4 ~ 1 米。坞东墙长 13、宽 1.8 米，南墙长 6.5、宽 3.7 米，北墙长 15、宽 1.8 米；北墙与墩台北壁相错，形成宽近 4 米的门道。遗址地表有散落的汉代泥质灰陶罐、盆等陶器残片。

该烽燧东北约 6.6 千米处有图拉嘎哈日烽燧，东南约 13.1 千米处有傲伦敖包图烽燧，西北约 6.7 千米处有苏海库布烽燧，东南不足百米处即是通湖山"汉武威郡本"石刻的发现地。

通湖山"汉武威郡本"石刻原位于腾格里额里斯苏木通湖山较为平齐的沙质岩石壁上，西北距西勃图烽燧不足百米。1986 年第二次全国文物普查时发现，1997 年由阿拉善盟博物馆揭取并收藏。

揭取的石面长 129、宽 138、厚约 11.2 厘米。石刻文字自右向左竖排，阴刻隶书。由于石质较为松软，石刻表面有碎裂现象，部分字迹脱落。

汉武威郡本
汉武帝排逐匈奴北置朔方西置张□碛
列郡塞西界张掖居延□匈奴遭王
莽之乱北地郡抔塞□更于郡
□山沙之外吉□置蓬火先
□□民無警□远耳目
□永初□耳目□也
□西北虏□处造作
□太守□汉武时
□四年□徒小吉吏
□功
□史敦煌
□领治
□之不加於
□纪焉
□张掖
□安乐
□体息
□信口
□视事

（14）苏海库布烽燧（152921353201040146）

该烽燧位于腾格里额里斯苏木特莫乌拉嘎查西北约15.7千米的山丘上。

烽燧仅见墩台。墩台坍塌成近圆形的沙石堆，多为黄沙覆盖，直径15、高1.6米，原始形制无法辨识。遗址地表有散落的汉代泥质灰陶罐、盆等陶器残片。

该烽燧东南约6.7千米处有西勃图烽燧、约9千米处有图拉嘎哈日烽燧。

（15）图拉嘎哈日烽燧（152921353201040147）

该烽燧位于腾格里额里斯苏木特莫乌拉嘎查东北约14.1千米的山脊上。

烽燧仅见墩台。墩台坍塌成隆起的石堆，石块散落，底部东西最长15、南北最长20米，顶部东西最长8.5、南北最长10、高2.3米。根据东、南壁露出的石砌痕迹判断，墩台平面呈长方形，剖面呈梯形，自下而上有收分，外侧用青灰色石块错缝堆砌而成，内部填充黄土和石块。遗址地表有散落的汉代泥质灰陶罐、盆等陶器残片（彩图一六二）。

该烽燧西北约9千米处有苏海库布烽燧，西南约6.6千米处有西勃图烽燧，东南约13千米处有傲伦敖包图烽燧。

（16）傲伦敖包图烽燧（152921353201040148）

该烽燧位于腾格里额里斯苏木特莫乌拉嘎查东约9.81千米的山顶上。处于腾格里沙漠南缘—黄河北岸列燧的最南端。

烽燧仅见墩台。墩台坍塌，残存遗迹大体分布在5米见方的范围内，原始形制无法辨识。就塌落的石块数量来看，墩台并不十分高大，顶部有一座后来堆筑的三层式敖包（彩图一六三）。

该烽燧西北约13千米处有图拉嘎哈日烽燧，再向南约15千米即是内蒙古自治区与宁夏回族自治区的区界。

二　阿拉善右旗汉长城

阿拉善右旗境内的汉长城，包括墙体294米、壕堑41499米、天田181596米、烽燧160座、障城4座、古城1座、居住址3座。

这些遗存分别沿三条主要山系布设。一条位于旗境东北部，主要分布在笋布日乌拉山东、西两侧；一条在旗境东南部，沿雅布赖山而建；一条在旗境西南部，主要是随龙首山—桃花山—狼娃山的走势分布。相关遗迹多建于地势较高、位置险要、视野开阔的山顶或坡地上。三道列燧由北向南依次为笋布日乌拉山列燧、雅布赖山列燧、龙首山列燧（地图六）。

下面大体按照三道列燧由北向南的顺序分别作详细介绍。

（一）笋布日乌拉山列燧

笋布日乌拉山列燧由 30 座烽燧、2 座障城组成。其分布路线起自阿拉腾敖包镇固日班图拉格嘎查，向西北经布日都嘎查、胡树其嘎查、恩格尔乌苏嘎查，止于与额济纳旗古日乃的交界地带，绵延 250 余千米。

烽燧、障城等遗迹主要分布在笋布日乌拉山东、西两侧，呈东南—西北向排列，向南与阿拉善右旗境内的雅布赖山列燧衔接，东与阿拉善左旗境内的哈鲁乃山沿线列燧遥相互应。除个别情况外，绝大部分烽燧建于地势较高、位置险要、视野开阔的山丘顶部或台地上，受地形选择的限制，间距并不是一定的，从约 2 千米到 20 余千米，大体均可相互遥望。

下面，对该道列燧中的每处遗迹大体按照由东向西的排列次序，分别予以描述。

（1）浩幺勒敖包烽燧（152922353201040030）

该烽燧位于阿拉腾敖包镇贡特来嘎查东北约 16.5 千米的山丘顶部。

烽燧由墩台和坞两部分组成。墩台整体坍塌成圆形石堆，底部东西最长 16.4、南北最长 12.8、高 3.3 米。从局部可辨识墩台原始形制，外部用青灰色石块错缝堆砌而成，内部用碎石填充，自下而上有收分。墩台顶部有一座石砌敖包。坞连接在墩台西北壁，仅存基址，长 5.5、宽 4.5、高 0.1 ~ 0.3 米。

该烽燧东南约 12 千米处有哈勒苏海烽燧，西南约 11.2 千米处有陶来烽燧，西北约 15.6 千米处有巴斯赖烽燧。

（2）巴斯赖烽燧（152922353201040029）

该烽燧位于阿拉腾敖包镇固日班图勒格东南约 11.7 千米的山丘顶部。

烽燧由墩台和附燧两部分组成。墩台坍塌成圆形石堆，平面呈长方形，剖面呈梯形，底部东西最长 13.6、南北最长 15.7、高 2.8 米。从局部可辨识墩台的原始形制，外部用青灰色块石错缝堆砌而成，内部用碎石填充，自下而上有收分。墩台顶部有一个晚近时期堆垒的正方形石台，石台南侧树立有三角航标架。墩台南 10 米处有一座石砌附燧，呈正方形，边长 2 米。

该烽燧东南约 15.6 千米处有浩幺勒敖包烽燧，西北约 15.4 千米处有双敖包 1 号烽燧。

（3）双敖包 2 号烽燧（152922353201040028）

该烽燧位于阿拉腾敖包镇固日班图勒格嘎查东北约 11.8 千米的山丘顶部。

烽燧仅见墩台。墩台用红褐色石块砌筑而成，坍塌成圆形石堆。墩台底部东西最长 13.6、南北最长 12.8 米，顶部东西最长 2.3、南北最长 3.2 米，高 3.8 米，原始形制不详。墩台顶部有一个晚近时期所砌石圈，直径 1.8 米。

该烽燧西约 0.04 千米处有双敖包 1 号烽燧，东南约 15.4 千米处有巴斯赖烽燧。

（4）双敖包 1 号烽燧（15292235320104000 27）

该烽燧位于阿拉腾敖包镇固日班图勒格嘎查东北约 11.8 千米的山丘顶部。

烽燧仅见墩台。墩台坍塌成圆形石堆，底部东西最长 18.2、南北最长 16.5、高 2.8 米。墩台顶部树立有三角航标架。

该烽燧东距双敖包 2 号烽燧仅 0.04 千米。

（5）阿门乌苏烽燧（15292235320104000 26）

该烽燧位于阿拉腾敖包镇胡树其嘎查东南约 35.9 千米的山丘顶部。

烽燧仅见墩台。墩台平面略呈圆形，剖面呈梯形，自下而上有收分。墩台底部东西最长 28.6、南北最长 30.2 米，顶部凹损，东西长 4.2、南北长 5.3 米，高 6.4 米。墩台外部用青灰色石块错缝堆砌而成，内部主要用梭梭枝搭建，中间填充草、碎石及少量黄土。墩台北壁局部坍塌严重，石块散落于底部。墩台南壁 1.6 米处有一个直径 1.6、深 0.6 米的盗洞，东 5 米有一石筑圆形敖包（彩图一六四 ~ 一六六）。

该烽燧西南约 11.7 千米处有塔塔勒乔吉烽燧，东约 27.6 千米处有双敖包 1 号烽燧。

（6）塔塔勒乔吉烽燧（1529223532010400025）

该烽燧位于阿拉腾敖包镇布日都嘎查东南约 23.3 千米的山丘顶部。

烽燧仅见墩台。墩台坍塌成圆形石堆，底部东西最长 14.3、南北最长 12.4 米，顶部东西长 6.8、南北长 7.1 米，高 5.8 米。从局部可辨识墩台的原始形制，外部用青灰色石块错缝堆砌而成，内部用碎石填充，自下而上有收分。墩台东侧相连有一石圈，直径 3、高 0.6 ~ 0.8 米。墩台上部树立有三角航标架。

该烽燧西南约 5.5 千米处有萨拉乔吉烽燧，东北约 11.7 千米处有阿门乌苏烽燧。

（7）萨拉乔吉烽燧（1529223532010400024）

该烽燧位于阿拉腾敖包镇布日都嘎查西北约 22 千米的山丘顶部。

烽燧由墩台和附燧两部分组成。墩台坍塌成圆形石堆，底部东西最长 12.8、南北最长 12.4 米，顶部边长约 3 米，高 3.6 米。从局部可辨识墩台的原始形制，外部用红褐色石块错缝堆砌而成，内部用碎石填充。墩台西南 34 米处起分布有 2 座石砌附燧，自南向北排列，间距约 16 米，均坍塌成圆形石堆，约直径 3、高 0.2 ~ 0.6 米。

该烽燧西南约 7.1 千米处有纳林哈勒乔吉烽燧，东北约 5.5 千米处有塔塔勒乔吉烽燧、约 17 千米处有阿门乌苏烽燧。

（8）纳林哈勒乔吉烽燧（1529223532010400023）

该烽燧位于阿拉腾敖包镇胡树其嘎查西北约 20.2 千米的山丘顶部。

烽燧由墩台和附燧两部分组成。墩台坍塌成圆形石堆，底部直径 15.4、顶部直径 6.8、高 5.8 米。从局部可辨识墩台的原始形制，外部用红褐色块石错缝堆砌而成，内部用碎石填充，自下而上有收分。墩台顶部有一座石筑敖包。墩台东北 15 米处有一座石砌附燧，坍塌成 3 米见方、高 0.2 ~ 0.6 米的石堆。遗址地表散落有零星的西夏时期黑釉瓷片（彩图一六七）。

该烽燧东北约 7.1 千米处有萨拉乔吉烽燧、约 12.4 千米处有塔塔勒乔吉烽燧。

从此处起，这条列燧出现东西并行的两支，一支分布在笋布日乌拉山东侧（暂称"东支线"），另一支分布在笋布日乌拉山西侧（暂称"西支线"），均由南向北延伸，相距约 22 ~ 40 千米。在这两个分支的最北端另外发现 3 座烽燧，分布于两者之间，间距 4 ~ 11 千米，可将东、西支线联系起来。分述如下。

东支线由 10 座烽燧组成，大体呈东南—西北走向。

（9）苏敏乔吉烽燧（1529223532010400010）

该烽燧位于阿拉腾敖包镇胡树其嘎查北约 2 千米的山丘顶部。

烽燧仅见墩台。墩台坍塌成石堆状，底部东西最长 24.6、南北最长 28.2 米，顶部 2 米见方，高 6.3 米。从局部尚可辨识墩台的原始形制，平面呈长方形，剖面呈梯形，外部用黄褐色石块错缝堆砌而成，内部用碎石填充，自下而上有收分（彩图一六八）。

该烽燧东北约 7.4 千米处有乔吉陶来烽燧，西南约 21.9 千米处有浩乔吉烽燧，西北约 2.5 千米处有希贝障城。

（10）希贝障城（152922353102040002）

该障城位于阿拉腾敖包镇胡树其嘎查西北约 5.3 千米。

障城平面形状不规则，略呈椭圆形，东西最长 98、南北最长 82 米。墙体用石块垒砌而成，外缘不规整，坍塌严重，宽 0.4~1.8、高 0.3~1.5 米，门向不清。障城中部有一处直径 3 米的石砌圆形建筑基址，坍塌严重，高 0.3~1.2 米（彩图一六九、一七〇）。

该障城东南约 2.5 千米处有苏敏乔吉烽燧，西北约 20.7 千米处有希贝西北障城。

（11）乔吉陶来烽燧（152922353201040009）

该烽燧位于阿拉腾敖包镇胡树其嘎查东北约 9.3 千米的山丘顶部。

烽燧仅见墩台。墩台坍塌成隆起的石堆，石块散落，底部东西最长 26.7、南北最长 28.6 米，顶部 3 米见方，高 7.2 米。由局部残存的石砌痕迹判断，墩台外部用黄褐色石块错缝堆砌而成，内部用碎石、木材（枯木）填充，自下而上有收分，平面呈长方形，剖面呈梯形。墩台东侧相连有一个石圈，仅可辨识基本轮廓，直径 4.3、高 0.1~0.7 米（彩图一七一）。

该烽燧北约 13.1 千米处有敖勒斯太乔吉烽燧，西南约 24.2 千米处有浩乔吉烽燧。

（12）希贝西北障城（152922353102040001）

该障城位于阿拉腾敖包镇胡树其嘎查西北约 25.9 千米。

障城平面略呈椭圆形，东西最长 121、南北最长 71 米。墙体用石块垒砌而成，外缘不规整，大部分坍塌，底部堆积了大量黄沙，宽 0.4~2.2、高 0.2~1.8 米。南墙居中留门，宽 2.2 米，门址两侧墙体高约 1.6 米。门址两侧与墙体相连各有一处石砌基址，平面均呈正方形，坍塌严重，呈约 5 米见方、高 0.4 米的石台。门址东 13 米处与南墙相连处存有一处直径 3.2 米的石砌圆形基址，坍塌严重，呈台状，高 0.6 米（彩图一七二）。

该障城东北约 13.6 千米处有敖勒斯太乔吉烽燧，东南约 20.7 千米处有希贝障城。

（13）敖勒斯太乔吉烽燧（152922353201040008）

该烽燧位于阿拉腾敖包镇胡树其嘎查东北约 22.4 千米的山丘顶部。

烽燧仅见墩台。墩台坍塌成圆形石堆，底部直径 24.6、顶部直径 7、高 4.2 米。从局部可辨识墩台原始形制，外部用青灰色石块错缝堆砌而成，内部用碎石填充，自下而上有收分。墩台顶部有一直径 1.7、高 1.1 米的石筑圆形敖包（彩图一七三）。

该烽燧东北约 10 千米处有哈勒淖汗乔吉烽燧，南约 13.1 千米处有乔吉陶来烽燧。

（14）哈勒淖汗乔吉烽燧（152922353201040007）

该烽燧位于阿拉腾敖包镇胡树其嘎查西北约 72.5 千米的山丘顶部。

烽燧仅见墩台。墩台坍塌成高大的圆形石堆，底部东西最长 23.4、南北最长 24.5 米，顶部东西最长 3.3、南北最长 3.2 米，高 6.8 米。从局部可辨识墩台的原始形制，外部用青灰色石块错缝堆砌而成，内部用碎石填充，自下而上有收分。遗址地表散落有零星的汉代灰陶片。

该烽燧北约 14.3 千米处有乌海希贝烽燧，西南约 10 千米处有敖勒斯太乔吉烽燧。

（15）哈日乔吉烽燧（152922353201040006）

该烽燧位于阿拉腾敖包镇恩格尔乌苏嘎查西南约 12.4 千米的山丘顶部。

烽燧由墩台和坞两部分组成。墩台坍塌严重，石块散落，呈隆起的石堆状，底部东西最长 15.7、南北最长 21.6、高 2.8 米。根据局部残存的石砌痕迹判断，墩台平面呈长方形，剖面呈梯形，用青灰色石块错缝堆砌而成，内部用碎石填充，自下而上有收分。墩台顶部有一个石砌路标。

坞连接在墩台西南壁，已坍塌，现存东西长 4.6、南北长 3.8 米；墙体石砌而成，宽 1.2、残高 1.6 米；门向不清。

该烽燧西北约 22.6 千米处有乌海希贝烽燧，西南约 19.5 千米处有哈勒淖汗乔吉烽燧。

（16）乌海希贝烽燧（152922353201040005）

该烽燧位于阿拉腾敖包镇恩格尔乌苏嘎查西北约 21.2 千米的山丘顶部。

烽燧仅见墩台。墩台用红褐色石块垒筑，坍塌成较大的石堆，底部东西最长 16.4、南北最长 18.2、高 3.6 米。墩台顶部有一个石块堆磊的路标（彩图一七四）。

该烽燧东南约 22.6 千米处有哈日乔吉烽燧，西北约 9.7 千米处有哈勒扎格乔吉烽燧。

（17）哈勒扎格乔吉烽燧（152922353201040004）

该烽燧位于阿拉腾敖包镇恩格尔乌苏嘎查东南约 30.7 千米的山丘顶部。

烽燧仅见墩台。墩台用青灰色石块堆砌而成，坍塌成低矮的石堆，底部东西最长 8.7、南北最长 6.8、高 2.4 米。

该烽燧西北约 8.5 千米处有图力克乔吉烽燧，东南约 9.7 千米处有乌海希贝烽燧。

（18）图力克乔吉烽燧（152922353201040003）

该烽燧位于阿拉腾敖包镇恩格尔乌苏嘎查西北约 38.9 千米的山丘顶部。

烽燧仅见墩台。墩台坍塌成隆起的石堆，底部东西最长 19.7、南北最长 18.4 米，顶部 3 米见方，高 3.4 米（彩图一七五）。

该烽燧西北约 14.1 千米处有赛呼都格烽燧，东南约 8.5 千米处有哈勒扎格乔吉烽燧。

（19）赛呼都格烽燧（152922353201040002）

该烽燧位于阿拉腾敖包镇恩格尔乌苏嘎查西北约 46.9 千米的山丘顶部。

烽燧由墩台和坞两部分组成。墩台用黄褐色石块错缝堆砌而成，内部用碎石和梭梭枝填充，平面呈正方形，剖面呈梯形，自下而上有收分。墩台局部坍塌，顶部有缺失，现存底部边长 4.8、顶部边长 3.6、高 3.8 米。坞连接在墩台南壁，已坍塌，仅存底部石砌痕迹，东西长 4.3、南北长 8.1 米；坞墙宽 1.6、高 0.4～1.6 米；门向不清（彩图一七六～一七九）。

该烽燧北约 8.6 千米处有锡林乌苏乔吉烽燧，东南约 14.1 千米处有图力克乔吉烽燧。

（20）锡林乌苏乔吉烽燧（152922353201040001）

该烽燧位于阿拉腾敖包镇恩格尔乌苏嘎查西北约 50.9 千米的山丘顶部。

烽燧由墩台、坞和附燧三部分组成。墩台为空心，用青灰色和黄褐色石块错缝堆砌而成，平面呈长方形，剖面呈梯形，自下而上有收分。墩台东壁长 9.8、宽 1.9、高 4.2 米，南壁长 6.7、宽 1.8、高 2.2 米，西壁长 9.5、宽 1.5、高 1.8 米，北壁长 8.3、宽 1.7、高 2.2 米，顶部有缺失。墩台南壁东侧留门，门宽 0.8 米。坞连接在墩台西壁，东西长 6.4、南北长 9.5 米；坞墙石砌而成，宽 1.8、高 0.5～1.5 米；门向不清。坞南 106 米处分布有 3 座石砌附燧，东西向排列，间距分别为 14、11 米，现为直径 4、高 1.2 米的石堆（彩图一八〇、一八一）。

西支线由 12 座烽燧组成，大体呈东南—西北走向。

（21）布勒呼木德勒哈勒乔吉烽燧（152922353201040002 2）

该烽燧位于阿拉腾敖包镇胡树其嘎查西约 23.7 千米的山丘顶部。

烽燧由墩台和坞两部分组成。墩台坍塌成圆形石堆，底部东西最长 21.6、南北最长 18.7、高 3.2 米。从局部可辨识墩台的原始形制，外部用青灰色块石错缝堆砌而成，内部用碎石填充，自下而上有收分。墩台顶部有一座石筑敖包。坞连接在墩台东南壁，东西长 5.4、南北长 3.2 米，坞墙坍塌，高

0.2~1.4米（彩图一八二、一八三）。

该烽燧东北约2.1千米处有浩乔吉烽燧，东北约23.7千米处有苏敏乔吉烽燧。

（22）浩乔吉烽燧（1529223532010400021）

该烽燧位于阿拉腾敖包镇胡树其嘎查西约22.1千米的山丘顶部。

烽燧由墩台和坞两部分组成。墩台坍塌成圆形石堆，底部东西最长16.8、南北最长14.6米，顶部东西最长3.8、南北最长4.2米，高2.6米。从局部可辨识出墩台原始形制，外部用青灰色石块错缝堆砌而成，内部用碎石填充，自下而上有收分。墩台顶部有一座石筑敖包。坞连接在墩台南壁，仅存基址，长5.84、宽4.6、高0.3~0.8米，门向不清。遗址地表散落有零星的灰陶残片。

该烽燧西南约2.1千米处有布勒呼木德勒哈勒乔吉烽燧，西北约14.7千米处有傲美烽燧。

（23）傲美烽燧（1529223532010400020）

该烽燧位于阿拉腾敖包镇胡树其嘎查西北约29.6千米的山丘顶部。

烽燧由墩台、坞和附燧三部分组成。墩台坍塌成圆形石堆，底部东西最长21.6、南北最长26.3米，顶部3米见方，高3.4米。从局部可辨识墩台的原始形制，外部用红褐色石块错缝堆砌而成，内部用碎石填充，自下而上有收分。坞连接在墩台北壁，长6.4、宽3.2米，坞墙坍塌，高0.3~2.1米，门向不清。墩台南3米处有一座石砌附燧，坍塌成石堆状，底部约2米见方、高0.1~0.4米。遗址地表散落有零星的夹砂灰陶片（彩图一八四）。

该烽燧东北约8.3千米处有查干陶勒盖乌兰乔吉烽燧，东南约14.7千米处有浩乔吉烽燧。

（24）查干陶勒盖乌兰乔吉烽燧（1529223532010400019）

该烽燧位于阿拉腾敖包镇胡树其嘎查西北约30.9千米的山丘顶部。

烽燧由墩台和附燧两部分组成。墩台坍塌成圆形石堆，底部东西最长16.2、南北最长15.8米，顶部东西最长3.8、南北最长3.2米，高2.8米。从局部尚能辨识墩台的原始形制，外部用红褐色石块错缝堆砌而成，内部用碎石填充，自下而上有收分。墩台东南22米处起分布有2座石砌附燧，间距6米，均坍塌成4米见方、高0.2~0.5米的石堆。遗址地表散落有零星的黑釉瓷片。

该烽燧西北约7.1千米处有查汗乔吉烽燧，西南约8.3千米处有傲美烽燧。

（25）查汗乔吉烽燧（1529223532010400018）

该烽燧位于阿拉腾敖包镇胡树其嘎查西北约37.5千米的山丘顶部。

烽燧由墩台和坞两部分组成。墩台坍塌成隆起的石堆，底部东西最长17.2、南北最长16.4米，顶部5米见方，高3.7米。从局部可辨识墩台的原始形制，平面呈长方形，剖面呈梯形，外部用红褐色石块错缝堆砌而成，内部用碎石填充，自下而上有收分。坞连接在墩台南壁，仅存基址，长5、宽3米。坞墙石砌而成，高0.3~1.6米，门向不清。遗址地表散落有零星的夹砂灰陶残片。

该烽燧东南约7.1千米处有查干陶勒盖乌兰乔吉烽燧，西北约5.4千米处有库克乌苏格德哈勒乔吉烽燧。

（26）库克乌苏格德哈勒乔吉烽燧（1529223532010400017）

该烽燧位于阿拉腾敖包镇胡树其嘎查西北约42.4千米的山丘顶部。

烽燧由墩台和坞两部分组成。墩台坍塌成隆起的石堆，底部东西最长13.6、南北最长12.6米，顶部边长4.5米，高2.3米。从局部可辨识墩台的原始形制，平面呈长方形，剖面呈梯形，外部用青灰色石块错缝堆砌而成，内部用碎石填充，自下而上有收分。坞连接在墩台东壁，仅存台基痕迹，长5.5、宽3.5、高0.3~1.2米，门向不清（彩图一八五）。

该烽燧东南约5.4千米处有查汗乔吉烽燧，西北约6.7千米处有库克乌苏格德乌兰乔吉烽燧。

（27）库克乌苏格德乌兰乔吉烽燧（1529223532010400016）

该烽燧位于阿拉腾敖包镇胡树其嘎查西北约 49.2 千米的山丘顶部。

烽燧仅见墩台。墩台坍塌成隆起的石堆，底部东西最长 22、南北最长 19.8 米，顶部东西最长 7.2、南北最长 6.8 米，高 2.8 米。从局部可辨识墩台的原始形制，外部用红褐色石块错缝堆砌而成，内部用碎石填充，自下而上有收分。墩台顶部有一个石砌路标（彩图一八六）。

该烽燧东南约 6.7 千米处有库克乌苏格德哈勒乔吉烽燧，西北约 7.5 千米处有哈日雅玛图乔吉烽燧。

（28）哈日雅玛图乔吉烽燧（1529223532010400015）

该烽燧位于阿拉腾敖包镇胡树其嘎查西北约 55.5 千米的山丘顶部。

烽燧仅见墩台。墩台坍塌成圆形石堆，底部东西最长 13.2、南北最长 12.8、高 3.8 米。从局部可辨识墩台的原始形制，外部用青灰色石块错缝堆砌而成，内部用碎石填充，自下而上有收分。墩台顶部有一个晚近所砌的正方形石堆。

该烽燧东南约 7.5 千米处有库克乌苏格德乌兰乔吉烽燧，西北约 4.2 千米处有哈雅乔吉烽燧。

（29）哈雅乔吉烽燧（1529223532010400014）

该烽燧位于阿拉腾敖包镇胡树其嘎查西北约 59.2 千米的山丘顶部。

烽燧由墩台和附燧两部分组成。墩台坍塌成圆形石堆，底部东西最长 14.3、南北最长 12.8、高 2.2 米。从局部尚可辨识出墩台的原始形制，平面呈长方形，剖面呈梯形，外部用青灰色石块错缝堆砌而成，内部用碎石填充，自下而上有收分。墩台西侧 10 米处有一座石砌附燧，呈 5 米见方、高 0.2~0.6 米的石堆（彩图一八七）。

该烽燧东南约 4.2 千米处有哈日雅玛图乔吉烽燧，西北约 16.4 千米处有阿勒乌苏乔吉烽燧。

（30）阿勒乌苏乔吉烽燧（1529223532010400013）

该烽燧位于阿拉腾敖包镇胡树其嘎查西北约 73.2 千米的山丘顶部。

烽燧仅见墩台。墩台坍塌成低矮的砂石堆，底部东西最长 11.9、南北最长 10.8、高 2.6 米。

该烽燧东北约 6.9 千米处有扎克图阿木乔吉烽燧，东南约 16.4 千米处有哈雅乔吉烽燧。

（31）乌兰乌祖勒乔吉烽燧（1529223532010400011）

该烽燧位于阿拉腾敖包镇胡树其嘎查西北约 68.5 千米的山丘顶部。

烽燧由墩台和坞两部分组成。墩台坍塌成石堆状，从局部尚可辨识原始形制，平面呈长方形，剖面呈梯形，自下而上有收分，底部东西长 10.8、南北最长 8.6、高 2.8 米。墩台外部用黄褐色石块错缝堆砌而成，内部用碎石填充。坞连接在墩台南壁，仅存长 6.4、宽 4.6、高 0.6 米的基址，门向不清。

该烽燧西北约 4.3 千米处有扎克图阿木乔吉烽燧，东北约 11.2 千米处有赛呼都格烽燧。

（32）扎克图阿木乔吉烽燧（1529223532010400012）

该烽燧位于阿拉腾敖包镇胡树其嘎查西北约 72.5 千米的山丘顶部。

烽燧仅见墩台。墩台坍塌成圆形石堆，底部东西最长 18.6、南北最长 16.3、高 4.2 米。从局部可辨识墩台的原始形制，平面呈长方形，剖面呈梯形，外部用红褐色石块错缝堆砌而成，内部用碎石填充，自下而上有收分。遗址地表散落有少量的夹砂灰陶片（彩图一八八）。另外，在墩台顶部发现 20 余块磨石，使用面均被磨出较深的沟槽，磨石之间遗有较为光滑的白色石球。

该烽燧西南约 6.9 千米处有阿勒乌苏乔吉烽燧，东南约 4.3 千米处有乌兰乌祖勒乔吉烽燧。

（二）雅布赖山列燧

雅布赖山列燧由 1 段墙体计 98 米、84 座烽燧、2 座障城、1 座古城、3 座居住址和 1 道天田组成。其分布路线为东起自与阿拉善左旗巴音诺日公苏木哈日木格太嘎查交界地带，向西南经阿拉善右旗阿拉腾敖包镇查干努如嘎查、曼德拉苏木、雅布赖镇，止于雅布赖镇努日盖嘎查与甘肃花儿园乡交界地带，绵延约 165 千米。列燧主要分布在雅布赖山东南侧和锡林布拉格山东南麓，大体呈东北—西南向排列。东与阿拉善左旗境内的哈鲁乃山北麓—亚玛雷克列燧遥相互应，相距 20 余千米，北与阿拉善右旗境内的笋布日乌拉山列燧相衔接，相距 11 千米。

烽燧、障城多处于地势较高、位置险要、视野开阔的山顶或台地上，个别建于平地或平缓地带，相距一般 1~6 千米，近者仅 0.4 千米，最远者约 22 千米，可相互遥望。

雅布赖天田大体呈东北—西南走向，东北起自开勒努都一带，依山势和雅布赖列燧的走向而建，多处在山体底部和烽燧的一侧，向西南经长沟、乌素图、贡额日格、藏木拉其、沙沟、通沟、沙枣沟、敖布特沟、野马井、牧胡日、三个井，至巴音笋布尔嘎查地界，止于雅布赖镇西尼呼都格嘎查西南 22.6 千米处的海沟口。由并排的两路构成，各长 90798 米，总长 181596 米，大体呈东北—西南走向，多与烽燧线并行。天田历久年深，多有损毁，一般仅存 3 道列石。在列石之间原应散布有均匀的细沙，但由于长期受山水冲刷及大风等自然因素的影响，现已是沙去田空，仅余断续相连的列石。依据保存状况的差异，将其划分为 14 段。

各类遗存依次详述如下。

（1）曼德拉山长城（1529223382102040001）

该段墙体位于曼德拉苏木呼德呼都格嘎查西南约 14.7 千米的曼德拉山顶部。

墙体由 3 小段不相连属的石墙组成，大体呈"品"字形分布，整体保存一般。第 1 小段墙体长 32 米，大体呈西北—东南走向，用石块垒砌而成，墙体宽 0.4~0.7、高 0.4~0.8 米。受自然因素破坏，部分砌石坍塌，散落于地表。第 2 小段长 35 米，大体呈东北—西南走向，用石块垒砌而成，宽 0.4~0.6、高 0.4~1.1 米；自东向西 10 米处有门址，门址宽 0.6 米；门址北侧约 0.8 米处有一圆形石堆，直径 0.8、残高 1.1 米；墙体上部设有 21 个正方形射孔，边长均为 0.2 米，相互间距 0.4 米。第 3 小段长 31 米，大体呈南—北走向，用石块垒砌而成，宽 0.4~0.6、高 0.4~0.7 米；起点处有一个石圈，最长 4、最宽 2 米（彩图一八九、一九〇）。

该段墙体西北约 4.74 千米处有曼德拉山烽燧。

（2）开勒努都天田（152922354199040014）

该段天田东北起自雅布赖镇巴音笋布尔嘎查东北约 49.2 千米，西南止于巴音笋布尔嘎查东北约 29.4 千米。大体呈东北—西南走向，下接长沟天田。

天田由并排的两路构成，各长 19938 米，总长 39876 米，分别宽约 7.5 米、3.8 米，总宽最宽处约 11.3 米。天田保存差，仅存 3 道砌石，每道存宽 0.2~0.8、高 0.1~0.5 米。

（3）长沟天田（152922354199040013）

该段天田东北起自雅布赖镇巴音笋布尔嘎查东北约 29.4 千米，西南止于巴音笋布尔嘎查东北约 24.8 千米。大体呈东北—西南走向，上接开勒努都天田，下连乌素图天田。

天田由并排的两路构成，各长 5061 米，总长 10122 米，分别宽约 7.5 米和 4 米，总宽最宽处约 11.5 米。天田保存差，仅存 3 道砌石，每道存宽 0.2~1、高 0.1~0.6 米。

（4）乌素图天田（152922354199040012）

该段天田东北起自雅布赖镇巴音笋布尔嘎查东北约 24.8 千米，西南止于巴音笋布尔嘎查东北约 20.6 千米。大体呈东北—西南走向，上接长沟天田，下连贡格日格天田。

天田由并排的两路构成，各长 4496 米，总长 8992 米，分别宽约 7.5 米和 5.5 米，总宽最宽处约 13 米。天田保存一般，仅存 3 道砌石，每道存宽 0.2 ~ 1.6、高 0.1 ~ 0.5 米。

（5）贡额日格天田（152922354199040011）

该段天田东北起自雅布赖镇巴音笋布尔嘎查东北约 20.6 千米，西南止于巴音笋布尔嘎查东北约 15.3 千米。大体呈东北—西南走向，上接乌素图天田，下连藏木拉其天田。

天田由并排的两路构成，各长 5991 米，总长 11982 米，分别宽约 7.5 米和 5.5 米，总宽最宽处约 13 米。天田保存较差，仅存 3 道砌石，每道存宽 0.1 ~ 1、高 0.1 ~ 0.8 米。

（6）藏木拉其天田（152922354199040010）

该段天田东北起自雅布赖镇巴音笋布尔嘎查东北约 15.3 千米，西南止于巴音笋布尔嘎查东北约 10.7 千米。大体呈东北—西南走向，上接贡额日格天田，下连沙沟天田。

天田由并排的两路构成，各长 4729 米，总长 9458 米，分别宽约 7.5 米和 6.5 米，总宽最宽处约 14 米。天田保存较差，仅存 3 道砌石，每道存宽 0.2 ~ 1.6、高 0.1 ~ 0.7 米。

（7）沙沟天田（152922354199040009）

该段天田东北起自雅布赖镇巴音笋布尔嘎查东北约 10.7 千米，西南止于巴音笋布尔嘎查东北约 8.1 千米。大体呈东北—西南走向，上接藏木拉其天田，下连通沟天田。

天田由并排的两路构成，长 3423 米，总长 6846 米，分别宽约 8 米和 4 米，总宽最宽处约 12 米。天田保存一般，仅存 3 道砌石，每道存宽 0.2 ~ 0.8、高 0.1 ~ 0.5 米（彩图一九一）。

（8）通沟天田（152922354199040008）

该段天田东北起自雅布赖镇巴音笋布尔嘎查东北约 8.1 千米，西南止于巴音笋布尔嘎查西南约 3.9 千米。大体呈东北—西南走向，上接沙沟天田，下连沙枣沟天田。

天田由并排的两路构成，各长 11487 米，总长 22974 米，分别宽约 8 米、4 米，总宽最宽处约 12 米。天田总体保存一般，仅存 3 道砌石，每道存宽 0.1 ~ 0.3、高 0.1 ~ 0.5 米。其中一道保存较差，时断时续，近乎消失。

（9）沙枣沟天田（152922354199040007）

该段天田东北起自雅布赖镇巴音笋布尔嘎查西南约 3.9 千米，西南止于雅布赖镇西尼呼都格嘎查东北约 10.3 千米。大体呈东北—西南走向，上接通沟天田，下连敖布特沟天田。

天田由并排的两路构成，各长 3384 米，总长 6768 米，分别宽约 7.5 米、6.5 米，总宽最宽处约 14 米。天田保存差，仅存 3 道砌石，每道存宽 0.1 ~ 1.2、高 0.1 ~ 0.6 米。

（10）敖布特沟天田（152922354199040006）

该段天田东北起自雅布赖镇西尼呼都格嘎查东北约 10.3 千米，西南止于西尼呼都格嘎查西北约 5.7 千米。大体呈东北—西南走向，上接沙枣沟天田，下连野马井天田。

天田由并排的两路构成，各长约 5158 米，总长约 10316 米，分别宽约 8 米、5.5 米，总宽最宽处约 13.5 米。天田保存差，仅存 3 道砌石，每道存宽 0.2 ~ 0.8、高 0.1 ~ 0.7 米（彩图一九二）。

（11）野马井天田（152922354199040005）

该段天田东北起自雅布赖镇西尼呼都格嘎查西北约 5.7 千米，西南止于西尼呼都格嘎查西南约 5.5 千米。大体呈东北—西南走向，上接敖布特沟天田，下连天牧胡日天田。

天田由并排的两路构成，各长 9012 米，总长 18024 米，分别宽约 8 米、6.5 米，总宽最宽处约 14.5 米。天田保存差，仅存 3 道砌石，每道存宽 0.2~0.6、高 0.1~0.4 米。

（12）牧胡日天田（152922354199040004）

该段天田东北起自雅布赖镇西尼呼都格嘎查西南约 5.5 千米，西南止于西尼呼都格嘎查西南约 12 千米。大体呈东北—西南走向，上接野马井天田，下连三个井天田 2 段。

天田由并排的两路构成，各长 6672 米，总长 13344 米，其中一路损毁严重，基本消失，另一路宽 8.3 米。天田保存差，仅存 3 道砌石，每道存宽 0.2~1.2、高 0.1~0.6 米。

（13）三个井天田 2 段（152922354199040003）

该段天田东北起自雅布赖镇西尼呼都格嘎查西南约 12 千米，西南止于西尼呼都格嘎查西南约 15.3 千米。大体呈东北—西南走向，上接牧胡日天田，下连三个井天田 1 段。

天田由并排的两路构成，各长 3595 米，总长 7190 米，分别宽约 8 米、4 米，总宽最宽处约 12 米。天田保存差，仅存 3 道砌石，每道存宽 0.2~0.8、高多不足 0.4 米。

（14）三个井天田 1 段（152922354199040002）

该段天田东北起自雅布赖镇西尼呼都格嘎查西南约 15.3 千米，西南止于西尼呼都格嘎查西南约 18.7 千米。大体呈东北—西南走向，上接三个井天田 2 段，下连海沟天田。

天田由并排的两路构成，各长 3863 米，总长 7726 米，分别宽约 8 米、4 米，总宽最宽处约 12 米。天田保存较好，仅存 3 道砌石，每道存宽 0.3~0.6、高 0.1~0.6 米（彩图一九三、一九四）。

（15）海沟天田（152922354199040001）

该段天田东北起自雅布赖镇西尼呼都格嘎查西南约 18.7 千米，西南止于西尼呼都格嘎查西南约 22.6 千米。大体呈东北—西南走向，上接三个井天田 1 段。

天田由并排的两路构成，各长 3989 米，总长 7978 米，分别宽 8 米、4 米，总宽最宽处 12.4 米。天田保存较差，仅存 3 道砌石，每道存宽 0.3~0.6、高不足 0.4 米（彩图一九五）。

（16）哈勒苏海烽燧（152922353201040031）

该烽燧位于阿拉腾敖包镇贡特来嘎查东南约 20.2 千米的山丘顶部。

烽燧仅见墩台。墩台坍塌成圆形石堆，底部东西最长 24.4、南北最长 22.6 米，顶部东西最长 6.8、南北最长 6.2 米，高 2.8 米。从局部可辨识墩台的原始形制，外部用青灰色石块错缝堆砌而成，内部用碎石填充，自下而上有收分。墩台顶部树立有木制三角航标架。遗址地表散落有零星的汉代灰陶片。

该烽燧西约 6.2 千米处有陶来烽燧，西北约 12 千米处有浩幺勒敖包烽燧。

（17）陶来烽燧（152922353201040032）

该烽燧位于阿拉腾敖包镇贡特来嘎查东南约 14.2 千米的山丘顶部。

烽燧由墩台和附燧两部分组成。墩台坍塌成圆形石堆，底部东西最长 26.3、南北最长 23.7 米，顶部东西最长 6、南北最长 4.8 米，高 3.2 米。从局部可辨识墩台的原始形制，外部用青灰色石块错缝堆砌而成，内部用碎石填充，自下而上有收分。墩台顶部有一个晚近所砌圆形石圈，直径 1.4、高 0.1~0.4 米。墩台东北 12 米处有一座石砌附燧，现为 5 米见方、高 0.3~0.6 米的石堆。遗址地表散落有零星的汉代灰陶片。

该烽燧东约 6.2 千米处有哈勒苏海烽燧，西南约 14.4 千米处有库扣哈达烽燧。

（18）库扣哈达烽燧（152922353201040033）

该烽燧位于阿拉腾敖包镇贡特来嘎查南约 11.2 千米的山丘顶部。

烽燧仅见墩台。墩台坍塌成圆形石堆,底部东西最长 28.3、南北最长 24.6 米,顶部东西最长 6.2、南北最长 5.3 米,高 3.8 米。从局部可见墩台的原始形制,平面呈长方形,剖面呈梯形,外部用青灰色石块错缝堆砌而成,内部用碎石填充,自下而上有收分。墩台顶部有一座石砌敖包。遗址地表散落有零星的汉代灰陶片。

该烽燧东南约 8.5 千米处有扣布烽燧,东北约 14.4 千米处有陶来烽燧。

(19)　扣布烽燧（152922353201040036）

该烽燧位于阿拉腾敖包镇则力博日格嘎查西北约 5.8 千米的台地上。

烽燧由墩台和坞两部分组成。墩台外部用青灰色石块错缝堆砌而成,内部用碎石填充。根据东、南、西三侧残存的石砌痕迹判断,墩台平面呈长方形,剖面呈梯形,自下而上有收分。墩台整体坍塌,坍塌范围底部东西最长 16.8、南北最长 15.6 米,顶部东西最长 5.5、南北最长 4.8 米,高 5.4 米。坞连接在墩台西壁,东西长 8.5、南北长 4.8 米;坞墙石砌而成,已坍塌,宽 1.2、高 0.2~2.8 米;门向不清。遗址地表散落有零星的汉代灰陶片（彩图一九六）。

该烽燧东约 6.2 千米处有巴音希贝烽燧,西北约 8.5 千米处有库扣哈达烽燧。

(20)　巴音希贝烽燧（152922353201040034）

该烽燧位于阿拉腾敖包镇则力博日格嘎查东北 2 千米的山丘顶部,东南与阿拉善左旗塔木苏格敖包烽燧遥相呼应。

烽燧由墩台和附燧两部分组成。墩台坍塌成圆形石堆,底部东西最长 20.3、南北最长 18.6 米,顶部东西最长 5.6、南北最长 4.8 米,高 3.4 米。从局部可见墩台的原始形制,外部用青灰色石块错缝堆砌而成,内部用碎石填充,根据残存石砌痕迹判断,墩台平面呈长方形,剖面呈梯形,自下而上有收分。墩台上有一个石砌路标。墩台南 8 米处有一座石砌附燧,仅存底部轮廓,4 米见方、高 0.1~0.3 米。遗址地表散落有零星的汉代灰陶片。

该烽燧西约 6.2 千米处有扣布烽燧,西南约 9.9 千米处有扎德安烽燧。

(21)　扎德安烽燧（152922353201040035）

该烽燧位于阿拉腾敖包镇则力博日格嘎查西偏南约 8.3 千米的山丘顶部。

烽燧由墩台、坞和附燧三部分组成。墩台坍塌成圆形石堆,底部东西最长 18.4、南北最长 14.8、高 3.6 米。根据墩台底部东南壁残存的石砌痕迹判断,墩台平面呈长方形,剖面呈梯形,自下而上有收分,外部用青灰色石块错缝堆砌而成,内部用碎石填充。坞连接在墩台东南壁,长 15.3、宽 12.7 米;坞墙石砌而成,已坍塌,宽度不详,高 0.1~0.6 米,门向不清。墩台东 38 米处有一座石砌附燧,已坍塌,现为直径 6、高 0.2~0.5 米的石堆。遗址地表散落有零星的汉代灰陶片。

该烽燧西南约 9 千米处有巴音套海仓吉烽燧,东北约 9.9 千米处有巴音希贝烽燧。

(22)　巴音套海仓吉烽燧（152922353201040037）

该烽燧位于阿拉腾敖包镇巴音套海嘎查东约 7.6 千米的台地上。

烽燧由墩台和附燧两部分组成。墩台用黄土夯筑而成,夯层厚 0.9~0.12 米,风化风蚀严重,呈覆斗形,底部东西最长 4.6、南北最长 4.4 米,顶部东西长 2.8、南北长 3.2 米,高 1.5 米。墩台周边散落石块较多,可能外侧曾用石块进行加筑。墩台东 63 米处起分布有 3 座附燧,由东北向西南排列,间距分别为 57 米、52 米,均坍塌,现为直径 5、高 0.2~0.6 米的石堆。遗址地表散落有零星的汉代灰陶片。

该烽燧东北约 9 千米处有扎德安烽燧,西南约 3.7 千米处有乌祖勒希贝烽燧。

(23)　乌祖勒希贝烽燧（152922353201040038）

该烽燧位于阿拉腾敖包镇巴音套海嘎查东约 4.3 千米的山丘顶部。

　　烽燧由墩台、坞和附燧三部分组成。墩台坍塌成圆形石堆，底部东西最长22.1、南北最长18.6、高4.7米。根据北壁底部残存的石砌痕迹判断，墩台平面呈长方形，剖面呈梯形，自下而上有收分，外部用青灰色石块错缝堆砌而成，内部用碎石填充。坞连接在墩台北壁，东西长4.3、南北长7.8米，墙体石砌而成，已坍塌，宽1.5、高0.2~1.6米；门向不清。墩台东南72米处起分布有4座石砌附燧，由东北向西南排列，间距分别为80米、26米、106米，均已坍塌，现为直径5、高0.5~1.2米的石堆。遗址地表散落有零星的汉代灰陶片（彩图一九七）。

　　该烽燧东北约3.7千米处有巴音套海仓吉烽燧，西南约3.5千米处有套海烽燧。

　　（24）套海烽燧（152922353201040039）

　　该烽燧位于阿拉腾敖包镇巴音套海嘎查东南约1.4千米的山丘顶部。

　　烽燧由墩台、坞和附燧三部分组成。墩台坍塌成圆形石堆，底部东西最长26.3、南北最长24.7米，顶部3米见方，高5.8米。根据墩台东南壁底部石砌痕迹判断，墩台平面呈长方形，剖面呈梯形，自下而上有收分，外部用红褐色石块错缝堆砌而成，内部用碎石填充。坞连接在墩台西壁，长6.2、宽4.6米；坞墙石砌而成，已坍塌，宽0.4~0.8、高0.2~1.8米；门向不清。墩台附近分布有4座石砌附燧，均坍塌成石台状，分别为西南14米处一座，直径5、残高0.8米；西北37米处一座，直径4、高0.6米；西北72米处一座，直径5、高0.5~0.8米；北38米处一座，直径5、高0.5~0.8米。遗址地表有散落有零星的汉代灰陶片。

　　该烽燧东北约3.5千米处有乌祖勒希贝烽燧，西南约5.2千米处有嘎格次毛道烽燧。

　　（25）嘎格次毛道烽燧（152922353201040040）

　　该烽燧位于阿拉腾敖包镇巴音套海嘎查西南约5.2千米的山丘顶部。

　　烽燧由墩台和坞两部分组成。墩台坍塌成隆起的石堆，底部东西最长21.4、南北最长19.6、高3.6米。根据墩台南壁底部石砌痕迹判断，墩台平面呈长方形，剖面呈梯形，自下而上有收分，外部用红褐色石块错缝堆砌而成，内部用碎石填充。坞连接在墩台西壁，长10.7、宽6.2米；坞墙坍塌，宽0.4~0.8、高0.2~1.8米；门向不清。坞内东北角有一石圈，直径1.5、高0.4米。遗址地表散落有零星的汉代灰陶片（彩图一九八）。

　　该烽燧东北约5.2千米处有套海烽燧，西南约2.8千米处有贡湖洞烽燧。

　　（26）贡湖洞烽燧（152922353201040041）

　　该烽燧位于阿拉腾敖包镇巴音套海嘎查西南约7.9千米的山丘顶部。

　　烽燧由墩台、坞和附燧三部分组成。墩台坍塌成圆形石堆，底部东西最长21.8、南北最长18.7、高3.7米。根据墩台局部石砌痕迹判断，墩台平面呈长方形，剖面呈梯形，自下而上有收分，外部用红褐色石块错缝堆砌而成，内部用碎石填充。坞连接在墩台西壁，长6、宽5.5米；坞墙坍塌，宽度不详，高0.2~1.2米；门向不清。墩台西67米处起分布有3座石砌附燧，由南向北排列，间距分别为112米、132米，均坍塌，现为直径5、高0.2~1米的石堆。遗址地表散落有零星的汉代灰陶片。

　　该烽燧东北约2.8千米处有嘎格次毛道烽燧，西北约2.8千米处有库伦希贝烽燧。

　　（27）库伦希贝烽燧（152922353201040042）

　　该烽燧位于阿拉腾敖包镇巴音套海嘎查西南约8.7千米的山丘顶部。

　　烽燧由墩台、坞和附燧三部分组成。墩台坍塌成石堆状，底部东西最长20.3、南北最长19.1、高3.6米。根据墩台西、北两壁底部残存石砌痕迹判断，墩台平面呈长方形，剖面呈梯形，自下而上有收分，外部用红褐色石块错缝堆砌而成，内部用碎石填充。坞连接在墩台西壁，东西长7.8、南北长

5.5 米；坞墙石筑而成，坍塌严重，宽 0.8、高 0.2 ~ 1.5 米；门向不清。墩台南壁 10 米处有一座石砌附燧，已坍塌，现为直径 3、高 0.5 米的石堆。遗址地表散落有零星的汉代灰陶残片。

该烽燧西约 1.8 千米处有芒亨陶勒盖烽燧，东南 2.8 千米处有贡湖洞烽燧。

（28）芒亨陶勒盖烽燧（152922353201040043）

该烽燧位于阿拉腾敖包镇巴音套海嘎查西南约 10.3 千米的山丘顶部。

烽燧由墩台和附燧两部分组成。墩台严重坍塌，现为隆起的石堆，底部东西最长 18.7、南北最长 16.9、高 3.6 米。从局部可见墩台的原始形制，外部用红褐色石块错缝堆砌而成，内部用碎石填充。墩台顶部有一个石砌路标。墩台南 80 米处有一座附燧，已坍塌，现为直径 5、高 0.8 米的圆形石堆。遗址地表散落有零星的汉代灰陶片。

该烽燧东约 1.8 千米处有库伦希贝烽燧，西南约 2.9 千米处是哈曾陶勒盖烽燧。

（29）哈曾陶勒盖烽燧（152922353201040044）

该烽燧位于阿拉腾敖包镇巴音套海嘎查西南约 13.2 千米的山丘顶部。

烽燧由墩台和坞两部分组成。墩台坍塌成隆起的石堆，底部东西最长 23.8、南北最长 20.3、高 4.3 米。根据墩台南壁残留的局部石砌痕迹判断，墩台平面呈长方形，剖面呈梯形，自下而上有收分，外部用青灰色石块错缝堆砌而成，内部用碎石填充。坞连接在墩台南壁，东西长 7.8、南北长 7.2 米；墙体石砌而成，坍塌严重，宽 0.8、高 0.5 ~ 2.3 米；门向不清。遗址地表散落有零星的汉代灰陶片。

该烽燧东北约 2.9 千米是芒亨陶勒盖烽燧，西南约 12.4 千米处是扎克图希贝烽燧。

（30）乌兰乌珠尔古城（152922353102040003）

该古城位于阿拉腾敖包镇巴音塔拉嘎查东南约 21.4 千米。

古城平面大体呈长方形，东西最长 270、南北最长 160 米。墙体用石块简单堆砌而成，外缘不规整，已坍塌，宽约 0.8、高 0.2 ~ 1.4 米。门向不清（彩图一九九、二〇〇）。

该古城西北约 11.8 千米处有哈曾陶勒盖烽燧，西南约 8.3 千米处有扎克图希贝烽燧。

（31）扎克图希贝烽燧（152922353201040059）

该烽燧位于曼德拉苏木呼德呼都格嘎查东北约 14.1 千米，筑于戈壁丘陵地带一座较高的山丘顶部。

烽燧由墩台和附燧两部分组成。墩台坍塌成隆起的石堆，底部东西最长 21.3、南北最长 19.8、高 4.3 米。根据墩台北壁底部残存的石砌痕迹判断，墩台平面呈长方形，剖面呈梯形，自下而上有收分，外部用青灰色块石错缝堆砌而成，内部用碎石填充。墩台西 115 米处起分布有 5 座附燧，由西南向东北排列，间距分别为 22 米、18 米、91 米、27 米，均坍塌，现为直径 4、高 0.2 ~ 1 米的圆形石堆。遗址地表散落有零星的汉代灰陶残片。

该烽燧东北约 12.4 千米处有哈曾陶勒盖烽燧，东南约 6.3 千米处有拜兴高勒烽燧。

（32）拜兴高勒烽燧（152922353201040060）

该烽燧位于阿拉腾敖包镇巴音套海嘎查西南约 23.5 千米的沙漠边缘。

烽燧仅见墩台。墩台坍塌成圆形土堆，底部东西最长 19.2、南北最长 18.7、高 2.4 米。从墩台局部原始建筑痕迹判断，其为黄土夯筑而成（彩图二〇一）。

该烽燧西北约 6.3 千米处有扎克图希贝烽燧，西南约 11.6 千米处有巴音温都尔烽燧。

（33）巴音温都尔烽燧（152922353201040061）

该烽燧位于曼德拉苏木呼德呼都格嘎查东南约 11.3 千米，筑于较高的山丘顶部。

烽燧仅见墩台。墩台坍塌成圆形石堆，底部东西最长 13.8、南北最长 13.6、高 5.8 米。根据墩台局部残存的石砌痕迹判断，墩台平面呈长方形，剖面呈梯形，自下而上有收分，外部用青灰色石块错缝堆砌而成，内部用碎石填充。墩台顶部有一座石砌敖包。遗址地表散落有零星的汉代灰陶残片。

该烽燧西北约 17.1 千米处有希贝烽燧，西南约 17.9 千米处有曼德拉山烽燧。

（34）巴音温都尔居住址（152922354107040001）

该居住址位于曼德拉苏木呼德呼都格嘎查东南约 11.1 千米处。

居住址平面略呈圆形，东西最长 5.2、南北最长 4.4 米。墙体用石块堆砌，外缘不规整，现已坍塌，宽约 1、高 0.2 ~ 1 米，门向不清。墩台东 2 米处有一个后来堆垒的圆形石砌路标。

该居住址西南约 0.5 千米处有巴音温都尔烽燧，当为一处守卫巴音温都尔烽燧士卒的居所。

（35）曼德拉山烽燧（152922353201040053）

该烽燧位于曼德拉苏木呼都呼都格嘎查西南约 13.5 千米处，筑于较高的台地上。

烽燧仅见墩台。墩台坍塌成圆形石堆，底部东西最长 8.7、南北最长 8.6、高 1 米。根据墩台局部残存的石砌痕迹判断，墩台平面呈长方形，剖面呈梯形，自下而上有收分，外部用红褐色石块错缝堆砌而成，内部用碎石填充。墩台顶部有一个后来堆砌的路标（彩图二〇二）。

该烽燧西北约 6 千米处有查干乔吉烽燧、约 6.8 千米处有乌兰套海烽燧。

（36）敖包别勒烽燧（152922353201040062）

该烽燧位于曼德拉苏木夏拉木嘎查东南约 10.7 千米，筑于较高的台地上。

烽燧由墩台和附燧两部分组成。墩台坍塌成石堆状，底部东西最长 14.2、南北最长 13.8 米，顶部东西最长 8.6、南北最长 8.2 米，高 5.8 米。根据墩台局部残存的石砌痕迹判断，墩台平面呈长方形，剖面呈梯形，自下而上有收分，外部用青灰色石块错缝堆砌而成，内部用碎石填充。墩台顶部有一座后来堆砌的石堆。墩台附近分布有 4 座石砌附燧，距西壁 42 米处起由东向西排列 3 座，间距分别为 34 米、35 米，均坍塌严重，现为 1.5 米见方、高 0.2 ~ 0.6 米的石堆；西南 45 米处有 1 座，整体坍塌，现为 3 米见方、高 0.8 米的石堆。遗址地表散落有零星的汉代灰陶残片。

该烽燧西北约 26.5 千米处有巴音温都尔烽燧、约 35.8 千米处有曼德拉山烽燧。

（37）呼和乔吉烽燧（152922353201040045）

该烽燧位于曼德拉苏木呼德呼都格嘎查北约 12.6 千米，筑于较高的山丘顶部。

烽燧仅见墩台。墩台坍塌成石堆状，底部东西最长 51、南北最长 48 米，顶部东西最长 20、南北最长 18 米，高 7.1 米。从局部可见墩台的原始形制，外部用青灰色石块错缝堆砌而成，内部用碎石填充。墩台西侧有一后来堆砌的石圈，直径 3 米。遗址地表散落有零星的汉代灰陶片。

该烽燧西南约 2.3 千米处有巴嘎孟根烽燧、约 4.5 千米处有奔肯特烽燧。

（38）巴嘎孟根烽燧（152922353201040046）

该烽燧位于曼德拉苏木呼德呼都格嘎查北约 12.3 千米，筑于较高的山丘顶部。

烽燧由墩台和附燧两部分组成。墩台坍塌成圆堆状，底部东西最长 24、南北最长 22.6、高 4.8 米。从局部可见墩台的原始形制，外部用青灰色石块错缝堆砌而成，内部用碎石填充。墩台南 41 米处起分布有 3 座石砌附燧，由东向西排列，间距分别为 65 米、71 米，均整体坍塌，现为直径 3、高 0.2 ~ 0.6 米的石堆。

该烽燧西北约 2.7 千米处是奔肯特烽燧，东北约 2.3 千米处是呼和乔吉烽燧。

（39）奔肯特烽燧（152922353201040047）

该烽燧位于曼德拉苏木呼德呼都格嘎查西北约 14.3 千米的山丘顶部。

烽燧仅见墩台。墩台坍塌成圆形石堆，底部东西最长 26.7、南北最长 23.2、高 3.4 米。根据墩台西壁局部石砌痕迹判断，墩台平面呈长方形，剖面呈梯形，自下而上有收分，外部用青灰色石块错缝堆砌而成，内部用碎石填充（彩图二〇三）。

该烽燧东北约 4.5 千米处是呼和乔吉烽燧，西北约 5.9 千米处是仓吉烽燧。

（40）仓吉烽燧（152922353201040048）

该烽燧位于曼德拉苏木呼德呼都格嘎查西北约 18.8 千米，筑于较高的山丘顶部。

烽燧仅见墩台。墩台坍塌成圆形石堆，底部东西最长 25.4、南北最长 23.6、高 3.6 米。从局部可见墩台的原始形制，外部用青灰色石块错缝堆砌而成，内部用碎石填充。墩台顶部有一个石砌路标。

该烽燧东南约 5.9 千米处是奔肯特烽燧，东南约 8.6 千米处是巴嘎孟根烽燧。

（41）扎布斯勒乌苏烽燧（152922353201040081）

该烽燧位于曼德拉苏木呼德呼都格嘎查西北约 12.5 千米，筑于较高的台地上。

烽燧由墩台和附燧两部分组成。墩台坍塌成石堆状，底部东西最长 26.8、南北最长 17.6 米，顶部为直径 3.5 米的平台，高 3.2 米。从局部可见墩台的原始形制，外部用青灰色石块错缝堆砌而成，内部用碎石填充。墩台西南 21 米处起分布有 4 座石砌附燧，自东北向西南排列，间距分别为 41 米、40 米、85 米，均坍塌，现为直径 4、高 0.2~0.6 米的石堆。遗址地表散落有零星的汉代灰陶片。

该烽燧东北约 2.6 千米处是巴嘎孟根烽燧，南约 2.1 千米处是陶林阿门烽燧。

（42）陶林阿门烽燧（152922353201040082）

该烽燧位于曼德拉苏木呼德呼都格嘎查西北约 11.1 千米，筑于较高的台地上。

烽燧由墩台和附燧两部分组成。墩台坍塌成石堆状，底部东西最长 18.6、南北最长 17.4 米，顶部为直径 3 米的平台，高 3.2 米。从局部可见墩台的原始形制，外部用青灰色石块错缝堆砌而成，内部用碎石填充。墩台附近分布有 3 座石砌附燧，东南 28 米处起由南向北排列 2 座，间距 41 米，均坍塌，现为直径 5、高 0.4~1.2 米的石堆；东南 137 米处有 1 座，已坍塌，现为 5 米见方、高 0.2~1 米的石堆。遗址地表散落有零星的汉代灰陶片。

该烽燧北约 2.1 千米处有扎布斯勒乌苏烽燧，东南约 6.6 千米处有希贝烽燧。

（43）希贝烽燧（152922353201040049）

该烽燧位于曼德拉苏木呼德呼都格嘎查西北约 6 千米的山丘顶部。

烽燧由墩台和附燧两部分组成。墩台坍塌成石堆状，底部东西最长 19.6、南北最长 16.8、高 3.7 米。从局部可见墩台的原始形制，外部用青灰色石块错缝堆砌而成，内部用碎石填充。墩台顶部有一座石筑敖包，东南侧有一个石砌羊圈。墩台附近分布有 5 座石砌附燧，东北 90 米处 1 座，已坍塌，现为直径 4、高 0.5 米的石堆；西北 46 米处起由西南向东北排列 4 座，间距分别为 59 米、93 米、52 米，均坍塌，现为直径 5、高 0.2~0.8 米的石堆。

该烽燧西南约 3.2 千米是查干希贝烽燧，东南约 17.1 千米是巴音温都尔烽燧。

（44）查干希贝烽燧（152922353201040050）

该烽燧位于曼德拉苏木呼都呼都格嘎查西约 7.8 千米的山丘顶部。

烽燧由墩台、坞和附燧三部分组成。墩台坍塌成石堆状，底部东西最长 25.3、南北最长 24.5、高 3.6 米。从局部可见墩台的原始形制，外部用红褐色石块错缝堆砌而成，内部用碎石填充。墩台顶部有一个石砌路标。坞连接在墩台北壁，东西长 6.5、南北长 6 米；墙体石砌而成，坍塌严重，宽 1.2、高 0.6~1.2 米；门向不清。墩台东南 57 米处起分布有 2 座石砌附燧，由东北向西南排列，间距 74 米，均坍塌，现为约直径 5、高 0.2~0.8 米的石堆。遗址地表散落有零星的汉代灰陶片。

该烽燧东北约 3.2 千米处有希贝烽燧，西南约 2.6 千米处有宝日希贝烽燧。

（45）宝日希贝烽燧（152922353201040051）

该烽燧位于曼德拉苏木呼德呼都格嘎查西南约 9.6 千米，筑于较高的台地上。

烽燧由墩台、坞和附燧三部分组成。墩台整体坍塌成石堆状，底部东西最长 27.6、南北最长 24.7、高 5.8 米。从局部可见墩台的原始形制，外部用青灰色石块错缝堆砌而成，内部用碎石填充。坞连接在墩台东壁。墩台附近分布有 4 座石砌附燧，均坍塌成石堆状，西北 39 米处有 1 座，坍塌严重，直径 3、高 0.2 ~ 0.5 米；南 62 米处有 1 座，东南 175 米起由西北向东南排列 2 座，直径均为 5、高 0.2 ~ 0.8 米。遗址地表散落有零星的汉代灰陶片。

该烽燧东北约 2.6 千米处有查干希贝烽燧，西南 3.1 千米处有查干乔吉烽燧。

（46）查干乔吉烽燧（152922353201040052）

该烽燧位于曼德拉苏木呼德呼都格嘎查西南约 12.1 千米，筑于较高的台地上。

烽燧仅见墩台。墩台坍塌成石堆状，底部东西最长 21.8、南北最长 16.5、高 3.4 米。根据墩台局部残存的石砌痕迹判断，墩台平面呈长方形，剖面呈梯形，自下而上有收分，外部用青灰色石块错缝堆砌而成，内部用碎石填充。墩台顶部有一个后来堆垒的石圈。遗址地表散落有零星的汉代灰陶片。

该烽燧东北约 3.1 千米是宝日希贝烽燧，东南约 6 千米处是曼德拉山烽燧。

（47）乌兰套海烽燧（152922353201040054）

该烽燧位于曼德拉苏木固日本呼都格嘎查东北约 10.3 千米，筑于一座较高山峰的顶部。

烽燧由墩台和附燧两部分组成。墩台坍塌成石堆状，底部东西最长 17.6、南北最长 15.4、高 3.6 米。根据墩台局部残存的石砌痕迹判断，墩台平面呈长方形，剖面呈梯形，自下而上有收分，外部用黑褐色石块错缝堆砌而成，内部用碎石填充。墩台西壁 8 米处分布有一座石砌附燧，坍塌严重，现为直径 7.5、高 0.8 ~ 1.5 米的石堆。遗址地表散落有零星的汉代灰陶片（彩图二〇四）。

该烽燧西南约 2.9 千米处有库特勒烽燧，东南约 6.8 千米处有曼德拉山烽燧。

（48）库特勒烽燧（152922353201040055）

该烽燧位于曼德拉苏木固日本呼都格嘎查东北约 7.9 千米的山峰顶部。

烽燧仅见墩台。墩台坍塌成石堆状，底部东西最长 27.1、南北最长 25.4 米，顶部为直径 2.8 米的平台，高 7.1 米。根据墩台底部残存的石砌痕迹判断，墩台平面呈长方形，剖面呈梯形，自下而上有收分，外部用青灰色石块错缝垒砌，内部用碎石填充。遗址地表散落有零星的汉代灰陶片（彩图二〇五）。

该烽燧东北约 2.9 千米处有乌兰套海烽燧，西南约 1.7 千米处有哈勒努都烽燧。

（49）哈勒努都烽燧（152922353201040056）

该烽燧位于曼德拉苏木固日本呼都格嘎查东北约 6.3 千米的山峰顶部。

烽燧仅见墩台。墩台坍塌成石堆状，底部东西最长 23.5、南北最长 18.1、高 3.4 米。根据墩台北壁底部残存的石砌痕迹判断，墩台平面呈长方形，剖面呈梯形，自下而上有收分，外部用青灰色石块错缝堆砌而成，内部用碎石填充。遗址地表散落有零星的汉代灰陶片（彩图二〇六）。

该烽燧西南约 2.6 千米处有额日森哈就烽燧，东北约 1.7 千米处有库特勒烽燧。

（50）额日森哈就烽燧（152922353201040057）

该烽燧位于曼德拉苏木固日本呼都格嘎查北偏东约 4.5 千米，筑于戈壁地带的平地上。

烽燧由墩台和附燧两部分组成。墩台坍塌成石堆状，底部东西最长 25.6、南北最长 21.7 米，顶部东西最长5.4、南北最长4.8米，高3.4米。从局部可见墩台的原始形制，外部用青灰色石块错缝堆砌而成，内部用碎石填充。墩台顶部有一长3.6、宽1、深0.8米盗坑。墩台东34米有一座石砌附燧，已坍塌，现为直径7.5、高1.8米的石堆。遗址地表散落有零星的汉代灰陶残片。

该烽燧东北约2.6千米处有哈勒努都烽燧，西南约4.4千米处有牛泉1号烽燧。

（51）额日格乌苏烽燧（152922353201040083）

该烽燧位于曼德拉苏木锡林布拉格嘎查东南约15.6千米的山峰顶部。

烽燧仅见墩台。墩台坍塌成石堆状，底部东西最长18.4、南北最长17.2米，顶部东西最长11.2、南北最长8.7米，高3.6米。根据墩台底部露出的石砌痕迹判断，墩台平面呈长方形，剖面呈梯形，自下而上有收分，外部用红褐色石块错缝堆砌而成，内部用碎石填充。遗址地表散落有零星的汉代灰陶片。

该烽燧西南约5.9千米处有牛泉2号烽燧，南8千米处有牛泉3号烽燧。

（52）牛泉1号烽燧（152922353201040058）

该烽燧位于曼德拉苏木固日本呼都格嘎查西北约1.3千米，筑于较高的台地上。

原为石砌烽燧，1970年修建水库时拆取烽燧砌石，致使其遭受损毁。后人又捡取烽燧残余砌石堆置在原处，现为矮小的圆形石堆，直径1.5、高0.8米。遗址地表散落有零星的汉代灰陶片（彩图二〇七）。

该烽燧北偏西约3.9千米处有额日格乌苏烽燧，西南约2.8千米处有牛泉2号烽燧。

（53）牛泉2号烽燧（152922353201040084）

该烽燧位于曼德拉苏木固日本呼都格嘎查西偏南约4.5千米的山丘顶部。

烽燧由墩台和附燧两部分组成。墩台坍塌成圆形石堆，底部东西最长26.2、南北最长24.6、高3.6米。从局部可见墩台的原始形制，外部用青灰色石块错缝堆砌而成，内部用碎石填充。墩台顶部有拉网围栏时留下的木桩。墩台北18米处有一座石砌附燧，已坍塌，现为直径4.5、残高0.6米的石堆。遗址地表散落有零星的汉代灰陶片（彩图二〇八）。

该烽燧东北约2.8千米处有牛泉1号烽燧，东南约2.9千米处有牛泉3号烽燧。

（54）牛泉3号烽燧（152922353201040085）

该烽燧位于曼德拉苏木固日本呼都格嘎查西南约3.8千米的山峰顶部。

烽燧仅见墩台。墩台坍塌成石堆状，底部东西最长13.2、南北最长12.4米，顶部4.7米见方，高2.3米。根据墩台底部露出的石砌痕迹判断，墩台平面呈长方形，剖面呈梯形，自下而上有收分，外部用红褐色石块错缝堆砌而成，内部用碎石填充。墩台顶部立有三角架。遗址地表散落有零星的汉代灰陶片。

该烽燧西北约2.9千米处有牛泉2号烽燧，北偏东约3.7千米处有牛泉1号烽燧。

（55）夏勒德格乌拉1号烽燧（152922353201040064）

该烽燧位于曼德拉苏木固日本呼都格嘎查西南约8.5千米的山丘顶部。

烽燧由墩台和附燧两部分组成。墩台坍塌成石堆状，底部东西最长13.2、南北最长11.5、高2.1米。从局部可见墩台的原始形制，外部用青灰色石块错缝堆砌而成，内部用碎石填充。墩台附近分布有3座石砌附燧，西南189米处的一座山峰顶部筑有一座，西北237米处的一座山峰顶部由东北向西南筑有2座，均坍塌，仅存残迹，边长5、高0.1~0.3米。遗址地表散落有零星的汉代灰陶残片（彩图二〇九）。

该烽燧西北约3.5千米处有夏勒德格乌拉2号烽燧，西约3.1千米处有巴音布鲁格烽燧。

（56）夏勒德格乌拉 2 号烽燧（152922353201040063）

该烽燧位于曼德拉苏木固日本呼格嘎查西约 8.2 千米，筑于较高的台地上。

烽燧由墩台、坞和附燧三部分组成。墩台坍塌成石堆状，底部东西最长 21.2、南北最长 20.5 米，顶部东西长 7.3、南北长 6.8 米，高 4.3 米。根据墩台南壁残存的石砌痕迹判断，墩台平面呈长方形，剖面呈梯形，自下而上有收分，外部用黑褐色石块错缝堆砌而成，内部用碎石填充。坞连接在墩台南壁，平面形制不详，东西最长约 11.8、南北最长约 5.2 米；坞墙坍塌，宽 0.6、高 0.1 ～ 1.4 米；门向不清。墩台西北 84 米处有一座附燧，已坍塌，现为直径 5、高 0.6 米的石堆。墩台东南 8 米处有一座居住址，已坍塌，仅存底部痕迹，平面呈长方形，东西长 6.8、南北长 12.6、高 0.1 ～ 0.8 米。遗址地表散落有零星的汉代灰陶残片（彩图二一〇）。

该烽燧东南约 3.5 千米处有夏勒德格乌拉 1 号烽燧，西南约 4.4 千米处有巴音布鲁格烽燧。

（57）巴音布鲁格烽燧（152922353201040065）

该烽燧位于曼德拉苏木固日本呼都格嘎查西南约 11.5 千米的山峰顶部。

烽燧由墩台和附燧两部分组成。墩台坍塌成石堆状，底部东西最长 22.6、南北最长 21.3、高 4.7 米。根据墩台底部残存的石砌痕迹判断，墩台平面呈长方形，剖面呈梯形，自下而上有收分，外部用青灰色石块错缝堆砌而成，内部用碎石填充。墩台附近分布有 7 座石砌附燧，西南 226 米处起自西北向东南排列 3 座，间距分别为 77 米、136 米，均坍塌，仅存残迹，现为 5 米见方、高 0.2 ～ 0.5 米的石堆；南侧 143 米处有 1 座，已坍塌，现为直径约 4、高 0.2 ～ 0.5 米的石堆；东南 13 米处起自西北向东南排列 3 座，间距分别为 32、23 米，均坍塌，现为直径约 3、高 0.2 ～ 0.5 米的石堆。遗址地表散落有零星的汉代灰陶残片。

该烽燧东北约 4.4 千米处有夏勒德格乌拉 2 号烽燧，西南约 1.6 千米处有扣特勒乌苏烽燧。

（58）扣特勒乌苏烽燧（152922353201040066）

该烽燧位于曼德拉苏木固日本呼都格嘎查西南约 13 千米的山丘顶部。

烽燧由墩台、坞和附燧三部分组成。墩台坍塌成石堆状，底部东西最长 22.8、南北最长 21.6 米，顶部直径 2.5 米，高 4.5 米。根据墩台西壁底部残存的石砌痕迹判断，墩台平面呈长方形，剖面呈梯形，自下而上有收分，外部用青灰色石块错缝堆砌而成，内部用碎石填充。坞连接在墩台西壁，平面呈长方形，南墙存长 7.3、西墙存长 6.8、北墙存长 7 米；坞墙石砌而成，已坍塌，宽 0.8、高 0.2 ～ 2.4 米；门向不清。墩台北 86 米处有一座石砌附燧，已坍塌，仅存残迹，边长 5、高 0.2 ～ 0.5 米。遗址地表散落有零星的汉代灰陶片。

该烽燧东北约 1.6 千米处有巴音布鲁格烽燧，西南约 2.5 千米处有嘎顺烽燧。

（59）嘎顺烽燧（152922353201040067）

该烽燧位于曼德拉苏木固日本呼都格嘎查西南约 15.1 千米的山丘顶部。

烽燧仅见墩台。墩台坍塌成石堆状，底部东西最长 25.8、南北最长 23.6、高 3.8 米。从局部可见墩台的原始形制，外部用青灰色石块错缝堆砌而成，内部用碎石填充。遗址地表散落有零星的汉代灰陶片（彩图二一一）。

该烽燧东北约 2.5 千米处有扣特勒乌苏烽燧，西南约 3.5 千米处有肋巴井 2 号烽燧。

（60）肋巴井 2 号烽燧（152922353201040068）

该烽燧位于雅布赖镇巴音笋布尔嘎查东北约 22.9 千米的山丘顶部。

烽燧由墩台、坞和附燧三部分组成。墩台坍塌成石堆状，底部东西最长 27.4、南北最长 23.6 米，顶部南北长 5.5、东西长 4.8 米，高 4.2 米。根据墩台底部残存的石砌痕迹判断，墩台平面呈长方形，剖面呈梯形，自下而上有收分，外部用青灰色石块错缝堆砌而成，内部用碎石填充。坞连接在墩台西壁，平面呈长方形，南墙存长4.3、北墙存长4.8、西墙存长7.8米；墙体石砌而成，已坍塌，宽0.8、高0.2~1.7米；门向不清。墩台西南壁38米处有一座石砌附燧，一条季节性山水冲沟将其西壁冲毁，现为东西长2.4、南北长5、高2.4米的石堆。遗址地表散落有零星的汉代灰陶片。

该烽燧东北约3.5千米是嘎顺烽燧，西南约4.2千米处是肋巴井1号烽燧。

（61）肋巴井1号烽燧（152922353201040069）

该烽燧位于雅布赖镇巴音笋布尔嘎查东北约18.7千米的山丘顶部。

烽燧由墩台、坞和附燧三部分组成。墩台坍塌成石堆状，底部东西最长18.4、南北最长17.5米，顶部东西最长5.6、南北最长4.8米，高3.7米。根据墩台底部残存的石砌痕迹判断，墩台平面呈长方形，剖面呈梯形，自下而上有收分，外部用青灰色石块错缝堆砌而成，内部用碎石填充。坞连接在墩台北壁，平面呈长方形，东西长4.8、南北长8.7米；坞墙石砌而成，已坍塌，宽0.8、高0.8~1.8米；门向不清。墩台附近分布有5座石砌附燧，南10米处起自南向北排列2座，间距12米，均坍塌，现为直径约3.5、高0.3~0.6米的石堆；东北12米处起由南向北排列2座，间距6米，均坍塌，现为直径约4.5、高0.2~0.6米的石堆；北26米处有1座，已坍塌，现为5米见方、高0.2~0.6米的石堆。遗址地表散落有零星的汉代灰陶片。

该烽燧东北约4.2千米处有肋巴井2号烽燧，西北约3.8千米处有贡额日格烽燧。

（62）贡额日格烽燧（152922353201040070）

该烽燧位于雅布赖镇巴音笋布尔嘎查东北约15.5千米的山丘顶部。

烽燧仅见墩台。墩台坍塌成石堆状，底部东西最长25.8、南北最长24.3米，顶部东西最长6.4、南北最长5.8米，高2.8米。从局部可见墩台的原始形制，外部用青灰色石块错缝堆砌而成，内部用碎石填充。遗址地表散落有零星的汉代灰陶片。

该烽燧东南约3.8千米处有肋巴井1号烽燧，西南约1.8千米处有藏木拉其2号烽燧。

（63）藏木拉其2号烽燧（152922353201040071）

该烽燧位于雅布赖镇巴音笋布尔嘎查东北约13.7千米的山丘顶部。

烽燧由墩台和附燧两部分组成。墩台坍塌成石堆状，底部东西最长29.4、南北最长27.6、高5.6米。根据墩台底部残存的石砌痕迹判断，墩台平面呈长方形，剖面呈梯形，自下而上有收分，外部用青灰色石块错缝堆砌而成，内部用碎石填充。墩台顶部有一座石筑敖包。墩台东南245米处起分布有5座石砌附燧，自南向北排列，间距分别为60、60、45、80米，均坍塌，现为5米见方、高0.2~0.8米的石堆。遗址地表散落有零星的汉代灰陶片。

该烽燧东北约1.8千米是贡额日格烽燧，西南约3.5千米处有藏木拉其1号烽燧。

（64）藏木拉其1号烽燧（152922353201040072）

该烽燧位于雅布赖镇巴音笋布尔嘎查东北约10.4千米的山丘顶部。

烽燧由墩台和坞两部分组成。墩台坍塌成石堆状，底部东西最长22.5、南北最长20.4、高3.5米。根据墩台底部露出的石砌痕迹判断，墩台平面呈长方形，剖面呈梯形，自下而上有收分，外部用青灰色石块错缝堆砌而成，内部用碎石填充。墩台顶部有一个后来堆砌的石圈。坞连接在墩台南壁，平面呈长方形，东墙存长7.1、南墙存长13.2、西墙存长6.7米；坞墙石砌而成，已坍塌，宽0.8、高0.8~2.3米；门向不清。遗址地表散落有零星的汉代灰陶残片。

该烽燧东北约3.5千米处有藏木拉其2号烽燧、西南约1.5千米处有牛沟坡4号烽燧。

（65）牛沟坡 4 号烽燧（152922353201040073）

该烽燧位于雅布赖镇巴音笋布尔嘎查东北约 9.1 千米的山丘顶部。

烽燧由墩台、坞和附燧三部分组成。墩台坍塌成石堆状，底部东西最长 26.4、南北最长 25.7、高 5.8 米。根据墩台底部露出的石砌痕迹判断，墩台平面呈长方形，剖面呈梯形，自下而上有收分，外部用红褐色石块错缝堆砌而成，内部用碎石填充。墩台顶部有一个后来堆砌的石堆。坞连接在墩台南壁，平面呈长方形，东墙存长 5.4、南墙存长 9.5、西墙存长 5.2 米；坞墙石砌而成，已坍塌，宽 0.8、高 1.5 ~ 3.5 米；门向不清。墩台东南 124 米处起分布有 4 座石砌附燧，自东向西排列，间距分别为 38、89、32 米，均坍塌，现为直径约 5、高 0.3 ~ 1.3 米的石堆。遗址地表散落有零星的汉代灰陶片（彩图二一二）。

该烽燧东北约 1.5 千米处有藏木拉其 1 号烽燧，西南约 2.3 千米处有牛沟坡 3 号烽燧。

（66）牛沟坡 3 号烽燧（152922353201040074）

该烽燧位于雅布赖镇巴音笋布尔嘎查东北约 7.3 千米的山丘顶部。

烽燧由墩台和坞两部分组成。墩台坍塌成隆起的石堆，底部东西最长 23.6、南北最长 21.4 米，顶部东西最长 5.4、南北最长 4.8 米，高 3.6 米。从局部可见墩台的原始形制，外部用青灰色石块错缝堆砌而成，内部用碎石填充。坞连接在墩台南壁，平面形制不详，东墙存长 6.3、南墙存长 11.6、西墙存长 6.5 米；坞墙石砌而成，已坍塌，宽 0.8、高 0.6 ~ 1.5 米；门向不清。遗址地表散落有零星的汉代灰陶片（彩图二一三）。

该烽燧东北约 2.3 千米处有牛沟坡 4 号烽燧，西南约 0.5 千米处有牛沟坡 2 号烽燧。

（67）牛沟坡 2 号烽燧（152922353201040075）

该烽燧位于雅布赖镇巴音笋布尔嘎查东北约 6.8 千米的山丘顶部。

烽燧由墩台、坞和附燧三部分组成。墩台坍塌成石堆状，底部东西最长 13.6、南北最长 12.4 米，顶部直径 3 米，高 2.6 米。从局部可见墩台的原始形制，外部用青灰色石块错缝堆砌而成，内部用碎石填充。坞连接在墩台南壁，平面呈长方形，东墙存长 4.8、南墙存长 6.8、西墙存长 5.2 米；坞墙石砌而成，已坍塌，宽 0.5 ~ 0.8、高 0.6 ~ 1.2 米；门向不清。遗址地表散落有零星的汉代灰陶片。

该烽燧东北约 0.5 千米处有牛沟坡 3 号烽燧，西约 2.6 千米处有牛沟坡 1 号烽燧。

（68）牛沟坡 1 号烽燧（152922353201040076）

该烽燧位于雅布赖镇巴音笋布尔嘎查东北约 4.5 千米的山丘顶部。

烽燧由墩台和附燧两部分组成。墩台坍塌成石堆状，底部东西最长 18.2、南北最长 17.6 米，顶部直径 2.8 米，高 3.6 米。从局部可见墩台的原始形制，外部用青灰色石块错缝堆砌而成，内部用碎石填充。墩台东南壁 4 米处起分布有 3 座石砌附燧，自西南向东北排列，间距分别为 4 米、5 米，均坍塌，现为直径 2、高 0.2 ~ 0.6 米的石堆。遗址地表散落有零星的汉代灰陶片。

该烽燧西南约 2.2 千米处有巴音笋布尔烽燧，东约 2.6 千米处有牛沟坡 2 号烽燧。

（69）巴音笋布尔烽燧（152922353201040077）

该烽燧位于雅布赖镇巴音笋布尔嘎查东北约 2.4 千米，筑于较高的台地上。

烽燧仅见墩台。墩台坍塌成石堆状，底部东西最长 23.2、南北最长 21.8、高 4.6 米。从局部可见墩台的原始形制，外部用青灰色石块错缝堆砌而成，内部用碎石填充。遗址地表散落有零星的汉代灰陶片（彩图二一四）。

该烽燧东北约 2.2 千米处有牛沟坡 1 号烽燧，西南约 3.6 千米处有通沟 2 号烽燧。

（70）通沟 2 号烽燧（152922353201040078）

该烽燧位于雅布赖镇巴音笋布尔嘎查西北约 2 千米的山丘顶部。

烽燧由墩台、坞和附燧三部分组成。墩台坍塌成石堆状，底部东西最长 15.8、南北最长 14.2 米，顶部 2 米见方，高 4.1 米。根据墩台底部露出的石砌痕迹判断，墩台平面呈长方形，剖面呈梯形，自下而上有收分，外部用青灰色石块错缝堆砌而成，内部用碎石填充。坞连接在墩台北壁，平面呈长方形，东墙存长 5.8、北墙存长 14、西墙存长 6.1 米；坞墙石砌而成，已坍塌，宽 0.8、高 0.5 ~ 2.2 米；门向不清。墩台东南 185 米处起分布有 5 座石砌附燧，自西北向东南排列，间距分别为 63 米、58 米、66 米、58 米，均坍塌，现为 5 米见方、高 0.2 ~ 1.3 米的石堆。遗址地表散落有零星的汉代灰陶残片（彩图二一五、二一六）。

该烽燧东北约 3.6 千米是巴音笋布尔烽燧，西北约 1.3 千米是通沟 1 号烽燧。

（71）通沟居住址（152922354107040002）

该居住址位于雅布赖镇巴音笋布尔嘎查西南约 1.8 千米。

居住址平面呈圆形，内径 4.8、外径 6.4 米。墙体用石块垒砌而成，外缘不规整，宽约 0.8、高 1.3 米，未见门址。居住址砌石有坍塌、风化现象，顶部轻微残损，初始形制和结构尚存，保存相对较好。

该居住址东北约 0.7 千米处有通沟 2 号烽燧，西南约 1.2 千米处有通沟障城。居住址当为一处守卫通沟 2 号烽燧士卒的居所。

（72）通沟 1 号烽燧（152922353201040079）

该烽燧位于雅布赖镇巴音笋布尔嘎查西北约 3.3 千米的山峰顶部。

烽燧仅见墩台。墩台坍塌成石堆状，底部东西最长 13.3、南北最长 12.8 米，顶部东西最长 6.8、南北最长 6.7 米，高 2.3 米。根据墩台东、北壁残存石砌痕迹判断，墩台平面呈长方形，剖面呈梯形，自下而上有收分，外部用青灰色石块错缝堆砌而成，内部用碎石填充。遗址地表散落有零星的汉代灰陶片（彩图二一七）。

该烽燧东南约 1.3 千米处有通沟 2 号烽燧，西南约 3.2 千米处有沙枣沟口子烽燧。

（73）通沟障城（152922353102040004）

该障城位于雅布赖镇巴音笋布尔嘎查西北约 3.3 千米。

障城由障和关厢两部分组成，障墙相对高大，关厢墙相对低矮。障平面呈近正方形，边长约 23 米。墙体用石块垒砌而成，大部分坍塌，仅局部存有原始石砌痕迹，东侧隐约可见登城马道的迹象。在障的西北角残存一座角台。关厢连接在障的西侧和南侧，平面形状不规则，南墙长约 40、北墙长约 27、西墙长约 49、东墙长约 32 米，总面积约 1500 平方米；关厢墙石砌而成，均坍塌严重，东墙在靠近障址的南侧留门，门宽 2 米。中部有一处东西长 27.5、南北长 28、高约 1 米的建筑基址，门设在东墙中部。在关厢的外围东、南两侧原有石砌围墙，通沟下游修建水库时曾将墙体砌石大部拆取，地表仅存断续相连的墙基。遗址地表散见大量素面陶片和瓷片，1987 年，阿拉善右旗第一次文物普查时，曾采集到数百片施有绳纹、交叉绳纹、方格纹、刻划纹的陶片（图三；彩图二一八 ~ 二二五）。

该障城北 0.6 千米有通沟 1 号烽燧，东北约 1.2 千米处有通沟居住址、1.5 千米有通沟 2 号烽燧。

（74）沙枣沟口子烽燧（152922353201040080）

该烽燧位于雅布赖镇巴音笋布尔嘎查西南约 5.4 千米，筑于较高的台地上。

烽燧由墩台、坞和附燧三部分组成。墩台坍塌成石堆状，底部东西最长 25.5、南北最长 23.5 米，顶部东西长 3.4、南北长 4.2 米，高 4.5 米。根据墩台底部露出的石砌痕迹判断，墩台平面呈长方形，剖面呈梯形，自下而上有收分，外部用青灰色石块错缝堆砌而成，内部用碎石填充。坞连接在墩台南壁，墙体石砌而成，均坍塌，平面形制不详，现为东西长 4.5、南北长 12.5、高 0.5 ~ 2.2 米的长方形

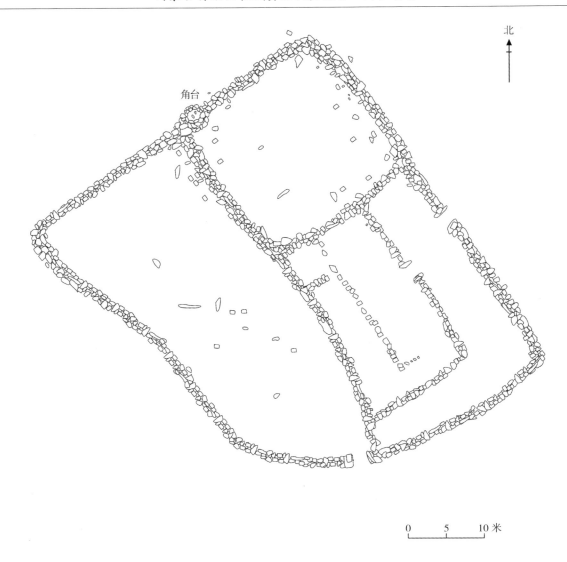

北

角台

0　　　5　　　10 米

图三　通沟障城平面图

石台，门向不清。墩台东南63米处起分布有5座石砌附燧，自西向东排列，间距分别为47米、54米、47米、48米，均坍塌，现为5米见方、高0.2~1.5米的石堆。遗址地表散落有零星的汉代灰陶片（彩图二二六~二二八）。

该烽燧东北约7.2千米处有巴音笋布尔烽燧，东北约3.2千米处有是通沟1号烽燧。

（75）沙枣沟口子居住址（152922354107040003）

该居住址位于雅布赖镇西尼呼都格嘎查东北约11.7千米。

居住址平面大体呈圆形，东西最长3.6、南北最长3.3米。墙体用石块堆砌，外缘不规整，已坍塌，宽0.55、高0.3~1.1米，南侧留门，门宽0.7米。

该居住址东北约4千米有通沟居住址、约2.6千米处有通沟障城，东南约0.47千米处有沙枣沟口子烽燧。居住址当为一处守卫沙枣沟口子烽燧士卒的居所。

（76）一棵树烽燧（152922353201040086）

该烽燧位于雅布赖镇西尼呼都格嘎查东北约9.4千米的山丘顶部。

烽燧由墩台、坞和附燧三部分组成。墩台坍塌成石堆状，底部东西最长27、南北最长22、高4.3

米，根据墩台底部残存的石砌痕迹判断，墩台平面呈长方形，剖面呈梯形，自下而上有收分，外部用褐色石块错缝堆砌而成，内部用碎石填充。坞连接在墩台南壁，墙体石砌而成，已坍塌，平面形制不详，现为东西长 12、南北长 5、高 1.5 ~ 2.2 米的长方形石台，门向不清。墩台附近分布有 3 座石砌附燧，均坍塌，西 2 米处有一座，现为 2.4 米见方、高 0.2 ~ 0.5 米的石堆；南 3 米处有一座，现为 3 米见方、高 0.5 米的石堆；东南 500 米处有一座，现为 5 米见方、高 0.6 米的石堆。遗址地表散落有零星的汉代灰陶片。

该烽燧西南约 3.6 千米处有敖布特沟烽燧、约 7.6 千米处有大石头沟烽燧。

（77）敖布特沟烽燧（152922353201040087）

该烽燧位于雅布赖镇西尼呼都格嘎查西北约 6 千米，筑于较高的台地上。

烽燧由墩台、坞和附燧三部分组成。墩台坍塌成石堆状，底部东西最长 20.6、南北最长 18.9 米，顶部东西最长 4.7、南北最长 3.8 米，高 4.2 米。根据墩台底部残存的石砌痕迹判断，墩台平面呈长方形，剖面呈梯形，自下而上有收分，外部用红褐色石块错缝堆砌而成，内部用碎石填充。坞连接在墩台东南壁，平面呈长方形，墙体石砌而成，已坍塌，现为长 10.6、宽 5.8 米，高 2.4 米的石台，门向不清。墩台附近分布有 2 座石砌附燧，均坍塌，西北 5 米处有一座，现为长 3、宽 2、高 0.2 ~ 0.5 米的石堆；西北 8 米处有一座，现为 2 米见方、高 0.5 米的石堆。遗址地表散落有零星的汉代灰陶片（彩图二二九）。

该烽燧西南约 4 千米处有大石头沟烽燧，东北约 3.6 千米处有一棵树烽燧。

（78）大石头沟烽燧（152922353201040088）

该烽燧位于雅布赖镇西尼呼都格嘎查西北约 2.8 千米，筑于较高的台地上。

烽燧由墩台和坞两部分组成。墩台坍塌成隆起的石堆，底部东西最长 28.9、南北最长 25.2 米，顶部东西最长 4.5、南北最长 4.2 米，高 2.6 米。根据墩台底部残存的石砌痕迹判断，墩台平面呈长方形，剖面呈梯形，自下而上有收分，外部用红褐色石块错缝堆砌而成，内部用碎石填充。坞连接在墩台南壁，平面呈长方形，墙体石砌而成，已坍塌，现为长 10.2、宽 5.3、高 1.4 米的长方形石台，门向不清。遗址地表散落有零星的汉代灰陶片（彩图二三〇）。

该烽燧东北约 4 千米处有敖布特沟烽燧，西南约 2.8 千米处有碱槽子烽燧。

（79）碱槽子烽燧（152922353201040089）

该烽燧位于雅布赖镇西尼呼都格嘎查西南约 3 千米，筑于平缓的戈壁地带。

烽燧由墩台、坞和附燧三部分组成。墩台坍塌成石堆状，底部东西最长 25、南北最长 22 米，顶部东西最长 6.2、南北最长 5.6、高 5.3 米。根据墩台底部残存的石砌痕迹判断，墩台平面呈长方形，剖面呈梯形，自下而上有收分，外部用红褐色石块错缝堆砌而成，内部用桩木搭建，填充碎石。西南 2 米处有一个盗坑，长 2.8、宽 0.7、深 1 米。坞连接在墩台南壁，平面呈长方形，长 9.3、宽 5 米；坞墙石砌而成，已坍塌，宽 0.6 ~ 0.8、高 1.4 米；门向不清。墩台附近分布有 8 座石砌附燧，均坍塌，东南 12 米处有一座，现为长 3.5、宽 3、高 0.2 ~ 0.5 米的石堆；西南 26 米处起自西北向东南排列 7 座，间距 30 ~ 50 米，现为 5 米见方、高 0.2 ~ 0.5 米的石堆。遗址地表散落有零星的汉代灰陶片（彩图二三一、二三二）。

该烽燧东北约 2.8 千米处有大石头沟烽燧，西南约 2.8 千米处有野马井烽燧。

（80）野马井烽燧（152922353201040090）

该烽燧位于雅布赖镇西尼呼都格嘎查西南约 5.3 千米的平缓戈壁地带。

烽燧由墩台和附燧两部分组成。墩台坍塌成圆形石堆，底部东西最长 15.6、南北最长 15.2 米，顶部东西最长 5.2、南北最长 4.8 米,高 2.4 米。根据墩台底部残存的石砌痕迹判断,墩台平面呈长方形,剖面呈梯形,自下而上有收分,外部用红褐色石块错缝堆砌而成,内部用柾木搭建,填充碎石。墩台附近分布有 9 座石砌附燧,均坍塌,其中东南 16 米处起自西向东排列 5 座,间距 20～30 米,现为长 3.5、宽 3、高 0.2～0.8 米的石堆;东北 32 米处起自西北向东南排列 4 座,间距 20～30 米,现为 4 米见方、高 0.2～0.5 米的石堆。遗址地表散落有零星的汉代灰陶残片(彩图二三三、二三四)。

该烽燧东北约 2.8 千米处有碱槽子烽燧,西南约 3.5 千米处有牧胡日沟 2 号烽燧。

(81)牧胡日沟 2 号烽燧(152922353201040091)

该烽燧位于雅布赖镇西尼呼都格嘎查西南约 8.8 千米的平缓戈壁地带。

烽燧由墩台和附燧两部分组成。墩台坍塌成石堆状,底部东西最长 23.2、南北最长 19.2 米,顶部东西最长 6.5、南北最长 4.8 米,高 3.8 米。从局部可见墩台的原始形制,外部用红褐色石块错缝堆砌而成,内部用碎石填充。墩台附近分布有 7 座石砌附燧,均坍塌,东 15 米处起自西向东排列 5 座,间距 20～30 米,现为 4 米见方、高 0.2～0.8 米的石堆;东南 40 米处有一座,现为 4 米见方、高 0.2～0.5 米的正方形石堆;西 3 米处有一座,现为 5 米见方、高 0.2～0.5 米的石堆。遗址地表散落有零星的汉代灰陶片(彩图二三五、二三六)。

该烽燧西南约 1.9 千米处有牧胡日沟 1 号烽燧,东北约 3.5 千米处有野马井烽燧。

(82)牧胡日沟 1 号烽燧(152922353201040092)

该烽燧位于雅布赖镇西尼呼都格嘎查西南约 10.4 千米的山丘顶部。

烽燧由墩台和附燧两部分组成。墩台坍塌成石堆状,底部东西最长 28.7、南北最长 23.6 米,顶部东西最长 6.6、南北最长 5.8 米,高 2.6 米。从局部可见墩台的原始形制,外部用红褐色石块错缝堆砌而成,内部用碎石填充。墩台东南 200 米处起分布有 6 座石砌附燧,自西向东排列,均坍塌,现为 5 米见方、高 0.2～0.5 米的石堆。东侧山丘底部有一处石砌建筑基址,平面呈长方形,东西长 9、南北长 28、高 0.1～0.4 米;东北 50 米处有一处石砌建筑基址,平面呈长方形,东西长 6.8、南北长 7.2、高 0.2～0.8 米。遗址地表散落有零星的汉代灰陶片。

该烽燧东北约 1.9 千米处有牧胡日沟 2 号烽燧,西南约 1.3 千米处有毛湾头烽燧。

(83)毛湾头烽燧(152922353201040093)

该烽燧位于雅布赖镇西尼呼都格嘎查西南约 11.7 千米的山丘顶部。

烽燧仅见墩台。墩台坍塌成石堆状,底部东西最长 25、南北最长 20 米,顶部东西最长 6.6、南北最长 5.4 米,高 2.7 米。从局部可见墩台的原始形制,外部用红褐色石块错缝堆砌而成,内部用碎石填充。遗址地表散落有零星的汉代灰陶片。

该烽燧东北约 1.3 千米处有牧胡日沟 1 号烽燧,西南约 3.2 千米是三个井 1 号烽燧。

(84)三个井 1 号烽燧(152922353201040094)

该烽燧位于雅布赖镇西尼呼都格嘎查西南约 14.6 千米的山丘顶部。

烽燧由墩台和附燧两部分组成。墩台坍塌成石堆状,底部东西最长 25、南北最长 22 米,顶部东西最长 6.4、南北最长 5.2 米,高 3.1 米。从局部可见墩台的原始形制,外部用红褐色石块错缝堆砌而成,内部用碎石填充。墩台西南 23 米处起分布有 4 座石砌附燧,自东北向西南排列,间距分别为 7 米、9 米、15 米,均坍塌,现为直径 4、高 0.2～0.8 米的石堆。遗址地表散落有零星的汉代灰陶片(彩图二三七、二三八)。

该烽燧东北约 3.2 千米处有毛湾头烽燧,西南约 2.3 千米处有三个井 2 号烽燧。

（85）三个井2号烽燧（152922353201040095）

该烽燧位于雅布赖镇西尼呼都格嘎查西南约16.6千米的平地上。

烽燧由墩台和附燧两部分组成。墩台坍塌成石堆状，底部东西最长26.3、南北最长24.8米，顶部东西最长7.4、南北最长6.2米，高3.3米。从局部可见墩台的原始形制，外部用红褐色石块错缝堆砌而成，内部用碎石填充。墩台西壁6米处起分布有2座石砌附燧，自南向北排列，间距7米，均坍塌，现为5米见方、高0.2~0.8米的石堆。遗址地表散落有零星的汉代灰陶片（彩图二三九）。

该烽燧西南约2.4千米处有苏亥山烽燧，东北约2.3千米处有三个井1号烽燧。

（86）苏亥山烽燧（152922353201040096）

该烽燧位于雅布赖镇西尼呼都格嘎查西南约16.6千米的平地上。

烽燧由墩台和附燧两部分组成。墩台坍塌成石堆状，底部东西最长25.8、南北最长22.3米，顶部东西最长6.5、南北最长5.8米，高4.1米。从局部可见墩台的原始形制，外部用红褐色石块错缝堆砌而成，内部用碎石填充。墩台东北50米处起分布有2座石砌附燧，自南向北排列，间距7米，均坍塌，现为5米见方、高0.2~0.8米的石堆。遗址地表散落有零星的汉代灰陶片。

该烽燧东北约2.4千米处有三个井2号烽燧，西南约2.1千米处有海沟口烽燧。

（87）海沟口烽燧（152922353201040097）

该烽燧位于雅布赖镇西尼呼都格嘎查西南约21千米的台地上。

烽燧仅见墩台。墩台坍塌成石堆状，底部东西最长26.8、南北最长21.3、高6米。从局部可见墩台的原始形制，外部用红褐色石块错缝堆砌而成，内部用碎石填充。墩台顶部有一个盗洞，口部东西最长9.8、南北最长5.7米，底部东西最长1.3、南北最长1.1米，深4.3米，露出内部的砂石与桩木，桩木呈"井"字形分布，分上、中、下3层，间隔1.1米，盗坑旁遗有盗掘时弃置的桩木。遗址地表散落有零星的汉代灰陶片（彩图二四〇、二四一）。

该烽燧西北约3.8千米处有小苃苃沟烽燧，东北约2.1千米处有苏亥山烽燧。

（88）小苃苃沟烽燧（152922353201040098）

该烽燧位于雅布赖镇西尼呼都格嘎查西南约24.5千米的台地上。

烽燧由墩台和附燧两部分组成。墩台坍塌成石堆状，底部东西最长18.8、南北最长18.4米，顶部东西最长10.8、南北最长9.3米，高2.8米。从局部可见墩台的原始形制，外部用褐色块石错缝堆砌而成，内部用碎石填充。墩台顶部南侧遭盗掘，遗有直径1.3、深0.8米的盗坑，北侧有一处因盗掘形成的豁口，宽5、深1.4米。墩台附近分布有4座石砌附燧，均坍塌，南7米处起自北向南排列2座，间距11米，现为直径5、高1.6米的石堆；西壁7米处起自东向西排列2座，间距13米，现为5米见方、高1~1.4米的石堆。遗址地表散落有零星的汉代灰陶残片（彩图二四二~二四四）。

该烽燧东南约3.8千米处有海沟口烽燧，西南约1.3千米处有大苃苃沟北口烽燧。

（89）大苃苃沟烽燧（152922353201040101）

该烽燧位于雅布赖镇西尼呼都格嘎查西南26.3千米的台地上。

烽燧由墩台、坞和附燧三部分组成。墩台坍塌成石堆状，底部东西最长13、南北最长11米，顶部东西最长4.8、南北最长5.2米，高4.6米。根据墩台底部残存的石砌痕迹判断，墩台平面呈长方形，剖面呈梯形，自下而上有收分，外部用红褐色石块错缝堆砌而成，内部用碎石填充。坞连接在墩台东壁，平面呈长方形，墙体石砌而成，已坍塌，石块散落，仅存基址，东西长6.2、南北长7.3、高仅0.1~0.3米。墩台北30米处起分布有6座石砌附燧，自东北向西南排列，间距分别为10、5、51、39、47米，均坍塌，现为直径3~5、高0.2~0.8的石堆。遗址地表散落有零星的汉代灰陶残片（彩

图二四五、二四六）。

该烽燧东南约 1.4 千米处有大芨芨沟北口烽燧，西约 2.6 千米处有曹家窑洞烽燧。

（90）大芨芨沟北口烽燧（152922353201040099）

该烽燧位于雅布赖镇西尼呼都格嘎查西北约 25.7 千米的山峰顶部。

烽燧仅见墩台。墩台坍塌成石堆状，底部东西最长 11.2、南北最长 9.5、高 2.2 米。根据墩台底部残存的石砌痕迹判断，墩台平面呈长方形，剖面呈梯形，自下而上有收分，外部用黑色块石错缝堆砌而成，内部用碎石填充。墩台顶部有一个后来堆砌的石堆。遗址地表散落有零星的汉代灰陶片。

该烽燧西南约 1.2 千米处有大芨芨沟口烽燧，东北约 1.3 千米处有小芨芨沟烽燧。

（91）大芨芨沟口烽燧（152922353201040100）

该烽燧位于雅布赖镇西尼呼都格嘎查西南约 26.5 千米的山峰顶部。

烽燧由墩台和坞两部分组成。墩台坍塌成石堆状，底部东西最长 15.8、南北最长 13.6 米，顶部直径 2.8 米，高 2.6 米。根据墩台局部残存的石砌痕迹判断，墩台平面呈长方形，剖面呈梯形，自下而上有收分，外部用红褐色石块错缝堆砌而成，内部用碎石填充。坞连接在墩台西壁，平面形制不详，东西最长 5.8、南北最长 9.6 米；坞墙石砌而成，坍塌严重，宽度不详，高 0.2 ~ 0.6 米。遗址地表散落有零星的汉代灰陶片（彩图二四七、二四八）。

该烽燧东北约 1.2 千米处有大芨芨沟北口烽燧，西北约 2.2 千米处有大芨芨沟烽燧。

（92）曹家窑洞烽燧（152922353201040102）

该烽燧位于雅布赖镇西尼呼都格嘎查西南约 28.8 千米的山丘顶部。

烽燧由墩台和坞两部分组成。墩台坍塌成石堆状，底部东西最长 13.4、南北最长 12.8 米，顶部直径 2.8 米，高 3.2 米。根据墩台底部残存的石砌痕迹判断，墩台平面呈长方形，剖面呈梯形，自下而上有收分，外部用红褐色石块错缝堆砌而成，内部用碎石填充。坞连接在墩台西壁，平面呈长方形，墙体石砌而成，已坍塌，石块散落，加之流水掩埋，现仅见底部基址，东西最长 5.8、南北最长 7.6、高 0.4 ~ 1.2 米。遗址地表散落有零星的汉代灰陶片、铁片及炉渣等遗物。

该烽燧西北约 2.3 千米处有黑山圈烽燧，东约 2.6 千米处有大芨芨沟烽燧。

（93）黑山圈烽燧（152922353201040103）

该烽燧位于雅布赖镇西尼呼都格嘎查西南约 29.3 千米的山丘顶部。

烽燧由墩台和坞两部分组成。墩台坍塌成石堆状，底部东西最长 17.4、南北最长 16.8、高 4.6 米。根据墩台底部残存的石砌痕迹判断，墩台平面呈长方形，剖面呈梯形，自下而上有收分，外部用青灰色石块错缝堆砌而成，内部用碎石填充。墩台顶部有一个后来堆砌的石圈，直径 3、高 0.4 ~ 1.3 米。坞连接在墩台东北壁，平面呈长方形，墙体石砌而成，已坍塌，石块散落，加之流沙掩埋，现仅见底部基址。东墙存长 7、宽 1.6、高 0.6 ~ 1.2 米，南墙存长 9.6、宽 1.6、高 0.2 ~ 0.6 米，北墙存长 9.4、宽 1.6、高 0.2 ~ 0.6 米。遗址地表散落有零星的汉代灰陶片（彩图二四九、二五〇）。

该烽燧东南约 2.3 千米处有曹家窑洞烽燧，西南约 2.2 千米处有红柳沟 1 号烽燧。

（94）必勒格图烽燧（152922353201040107）

该烽燧位于雅布赖镇西尼呼都格嘎查西偏南约 28.2 千米的山丘顶部。

烽燧由墩台和附燧两部分组成。墩台坍塌成石堆状，底部东西最长 11.8、南北最长 9.8、高 2.1 米。从局部可见墩台的原始形制，外部用红褐色石块错缝堆砌而成，内部用碎石填充。墩台西侧 18 米处起呈三角形分布有 3 座石砌附燧，现已坍塌成 5 米见方的石堆，间距约为 10 ~ 15 米（彩图二五一、二五二）。

该烽燧西南约 8.9 千米处有红柳沟西北烽燧、东南约 11.4 千米处有曹家窑洞烽燧。

（95）红柳沟西北烽燧（152922353201040104）

该烽燧位于雅布赖镇西尼呼都格嘎查西南约 32.1 千米的台地上。

烽燧由墩台和坞两部分组成。墩台坍塌成石堆状，底部东西最长 16.2、南北最长 14.8 米，顶部东西最长 6.4、南北最长 5.8 米，高 3.2 米。根据墩台底部残存的石砌痕迹判断，墩台平面呈长方形，剖面呈梯形，自下而上有收分，外部用青灰色石块错缝堆砌而成，内部用碎石填充。坞连接在墩台北壁，平面呈长方形，墙体石砌而成，已坍塌，石块散落，加之流沙掩埋，现仅见底部残迹，濒临消失。遗址地表散落有零星的汉代灰陶片。

该烽燧东南约 1 千米处有红柳沟障城、约 1.5 千米处有红柳沟西烽燧。

（96）红柳沟障城（152922353102040005）

该障城位于雅布赖镇西尼呼都格嘎查西南约 31.7 千米的台地上。

障城由障和关厢两部分组成。障已坍塌成石堆状，根据残存石砌痕迹判断其平面呈长方形，东西最长 17、南北最长 19.5 米。墙体用青灰色石块错缝堆砌而成，自下而上有收分，残高 4.2 米。南墙在距东墙 6 米处留门，门址宽约 2 米。关厢与障南墙相连，平面呈长方形，墙体石砌而成，已坍塌，石块散落，加之积留大量沙土，现仅见基址，东西长 19、南北长 24 米。南墙在距东墙 9 米处留门，门址宽约 2 米。遗址地表散落有零星的汉代灰陶残片（图四；彩图二五三）。

该障城东南约 0.5 千米处有红柳沟 1 号烽燧，西北约 1 千米处有红柳沟西北烽燧。

（97）红柳沟 1 号烽燧（152922353201040106）

该烽燧位于雅布赖镇西尼呼都格嘎查西南 31.4 千米的台地上。

烽燧仅见石砌空心墩台。根据墩台底部残存的石砌痕迹判断，墩台平面呈长方形，剖面呈梯形，自下而上有收分，用青灰色石块错缝堆砌而成。现存东墙长 28、南墙长 25、西墙长 26、北墙长 26 米，墙体宽 0.8 ~ 1.6、高 4 ~ 6 米。遗址地表散落有零星的汉代灰陶片（彩图二五四）。

该烽燧西北约 0.5 千米处有红柳沟障城，东北约 2.2 千米处有黑山圈烽燧。

（98）红柳沟西烽燧（152922353201040105）

该烽燧位于雅布赖镇西尼呼都格嘎查西南约 32.4 千米的台地上。

烽燧由墩台和坞两部分组成。墩台坍塌成石堆状，底部东西最长 18.8、南北最长 16.4 米，顶部直径 3.4 米，高 4.2 米。根据墩台底部残存的石砌痕迹判断，墩台平面呈长方形，剖面呈梯形，自下而

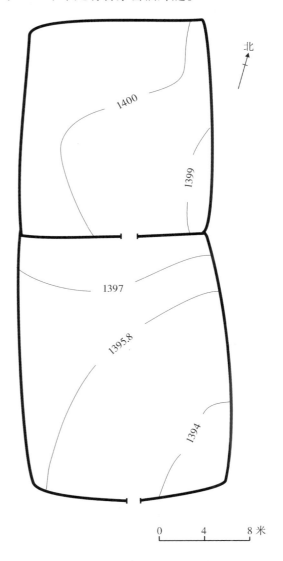

北

图四　红柳沟障城平面图

0　　　4　　　8 米

上有收分，外部用青灰色石块错缝堆砌而成，内部用碎石填充。坞连接在墩台北壁，平面呈长方形，墙体石砌而成，已坍塌，石块散落，加之流沙掩埋，现为长6.7、宽4.8、高1.2米的石台。遗址地表散落有零星的汉代灰陶片。

该烽燧东北约1千米处有红柳沟1号烽燧，西北约1.5千米处有红柳沟西北烽燧。

（99）红柳沟2号烽燧（152922353201040108）

该烽燧位于雅布赖镇西尼呼都格嘎查西南约32.3千米的台地上。

烽燧仅见墩台。墩台坍塌成石堆状，底部东西最长24.6、南北最长22.3米，顶部东西最长3.2、南北最长2.8米，高2.7米。根据墩台底部残存的石砌痕迹判断，墩台平面呈长方形，剖面呈梯形，自下而上有收分，外部用青灰色石块错缝堆砌而成，内部用碎石填充。遗址地表散落有零星的汉代灰陶片。

该烽燧西北约1.7千米处有红柳沟西烽燧，东北约2千米处有红柳沟1号烽燧。

（100）小红柳沟烽燧（152922353201040109）

该烽燧位于雅布赖镇西尼呼都格嘎查西南约37千米的山丘顶部。

烽燧由墩台和坞两部分组成。墩台坍塌成圆丘状，底部东西最长14.6、南北最长13.6、高2.4米。从局部可见墩台的原始形制，外部用黄褐色石块错缝堆砌而成，内部用碎石填充。坞连接在墩台西北壁，墙体石砌而成，已坍塌，石块散落，加之沙土掩埋，现仅存基址痕迹，长4.8、宽3.4米。遗址地表散落有零星的汉代灰陶片。

该烽燧东北约7.3千米处有红柳沟2号烽燧。

（101）黑照子烽燧（152922353201040111）

该烽燧位于雅布赖镇努日盖嘎查东南约18.2千米的山丘顶部。

烽燧由墩台和坞两部分组成。墩台坍塌成石堆状，底部东西最长16.2、南北最长14.3、高2.8米。根据墩台底部残存的石砌痕迹判断，墩台平面呈长方形，剖面呈梯形，自下而上有收分，外部用黑色石块错缝堆砌而成，内部用碎石填充。坞连接在墩台西壁，墙体石砌而成，已坍塌，流沙堆积，现为长7.2、宽4.6米的长方形平台。遗址地表散落有零星的汉代灰陶片。

该烽燧东南约6.4千米处有沙照子烽燧，西南约3.9千米处有双照子烽燧。

（102）沙照子烽燧（152922353201040110）

该烽燧位于雅布赖镇努日盖嘎查东南约24.5千米的山丘顶部。

烽燧仅见墩台。墩台坍塌成石堆状，底部东西最长16.4、南北最长14.7、高2.5米。从局部可见墩台的原始形制，外部用黄褐色石块错缝堆砌而成，内部用碎石填充。遗址地表散落有零星的汉代灰陶片、炉渣等遗物。

该烽燧西北约6.4千米处有黑照子烽燧，西约8.8千米处有双照子烽燧。

（103）双照子烽燧（152922353201040112）

该烽燧位于雅布赖镇努日盖嘎查东南约17.8千米的山丘顶部。

烽燧仅见墩台。墩台坍塌成石堆状，底部东西最长16.4、南北最长13.8、高2.6米。根据墩台底部残存的石砌痕迹判断，墩台平面呈长方形，剖面呈梯形，自下而上有收分，外部用青灰色石块错缝堆砌而成，内部用碎石填充。遗址地表散落有零星的有汉代灰陶片。

该烽燧西南约4.1千米处有营盘烽燧，东北约3.9千米处有黑照子烽燧。

（104）营盘烽燧（152922353201040113）

该烽燧位于雅布赖镇努日盖嘎查东南约18.7千米的山丘顶部。

烽燧由墩台和附燧两部分组成。墩台坍塌成石堆状，底部东西最长17.1、南北最长16.3米，顶部东西最长6.7、南北长7.2米，高2.6米。从局部可见墩台的原始形制，外部用黄褐色石块错缝堆砌而成，内部用碎石填充。墩台北103米处分布有一座石砌附燧，已坍塌，现为直径1.5、高0.8米的石堆。遗址地表散落有零星的汉代灰陶片。

该烽燧东南约3.1千米处有杜青山烽燧，东北约4.1千米处有双照子烽燧。

（105）杜青山烽燧（152922353201040114）

该烽燧位于雅布赖镇努日盖嘎查东南约21.6千米的山丘顶部。

烽燧仅见墩台。墩台坍塌成石堆状，底部东西最长13.6、南北最长12.3、高2.7米。从局部可见墩台的原始形制，外部用黄褐色石块错缝堆砌而成，内部用碎石填充。墩台北900米有一处石砌建筑基址，墙体坍塌，现为东西长7.1、南北长6.8、高0.4~1米的平台。遗址地表散落有零星的汉代灰陶片。

该烽燧西北约3.1千米处有营盘烽燧，北约5.2千米处有双照子烽燧。

（三）龙首山列燧

龙首山列燧由3段墙体、1条壕堑和46座烽燧组成。

墙体均为较短的当路塞，多筑于山峰之间地势较为低缓处，与壕堑相距很近，与烽燧的距离一般在4~5千米。

壕堑分布于阿拉善右旗与甘肃省山丹县的交界地带，本体遗迹或进入内蒙古自治区境内，或进入甘肃省境内，或部分地段为两省区的界线。为了方便调查，经内蒙古自治区文物局与甘肃省文物局友好协商，以独峰顶为界，以东部分由内蒙古自治区调查，以西部分由甘肃省调查，遗迹编号以调查队所在旗县为准，但不涉及壕堑本身的归属问题。其中，由内蒙古自治区调查地段东南起自阿拉善右旗额肯呼都格镇敖伦布拉格嘎查的额门浩来一带，经宗温都尔附近折向西北，向西经夏勒浩来、伊尔盖图、查干达瓦、青崖腰、旭古木图、夏勒毛道达瓦、诺木其达瓦、伊里及格达瓦，穿越山峦和沟壑，延伸进入独峰顶，再经敖伦布拉格嘎查，西北止于额肯呼都格镇苏布日格嘎查与甘肃省山丹县红寺湖乡交界处。

阿拉善右旗长城资源调查队调查的这条壕堑全长41499米，大体呈东南—西北走向，依山形走势而建，多处在山体北侧，挖土成壕，两侧堆土筑墙，历经流水侵蚀、沙土填埋，仅存基本轮廓。壕堑普遍口宽约3.6~12、底宽2.2~7、深0.1~2.5米；两侧墙体坍塌成土垄状，最宽处约8米，最高处1.5米，部分损毁严重地段基本与地表齐平。根据保存程度的差异，将其划分为16段。

壕堑沿线烽燧的分布线路为东南起自阿拉善右旗西南部与甘肃省永昌县的交界地带，向西北过额肯呼都格镇的乌兰塔塔拉嘎查、敖伦布拉格嘎查、莎布日台嘎查、苏布日格嘎查、阿拉腾朝克苏木的查干德日斯嘎查、那仁布拉格嘎查，止于瑙滚布拉格嘎查西北，绵延约220余千米。该道列燧主要随龙首山、桃花山、狼娃山的走势分布，大体呈东南—西北排列，东北与雅布赖山列燧遥相呼应。烽燧多筑于地势较高、位置险要、视野开阔的山顶或山脊上，只有个别建于平缓的戈壁地带，烽燧间距由于受到地形选择的限制而长短不一，从0.2千米到10多千米，可相互遥望。由于这些烽燧的选址着重于地势，或分布于壕堑南侧，或分布于壕堑北侧，烽燧的瞭望和报警功能显然大于壕堑的防御功能，这也是将这条长城定义为列燧的缘由所在。

下面，大体按照由东向西的次序详述各类遗迹。

（1）破金峡长城（1529223382102040002）

该段墙体东南起自额肯呼都格镇乌兰塔塔拉嘎查东南约10.17千米，西北止于乌兰塔塔拉嘎查东南约10.23千米，大体呈东南—西北走向。

墙体位于两山之间，全长61米，其中，26米保存较差、35米消失，分别占该段墙体总长的43%、57%。墙体用石块垒砌而成，由于修建公路大部分被毁，残存地段宽0.35、高0.85米，坍塌的石块散乱堆积在墙体两侧（彩图二五五）。

该段墙体东侧约0.1千米处有宗温都尔壕堑2段，西南4.24千米处有干涝池烽燧，西北4.41千米处有浑格勒烽燧。

（2）宝德格哈布其勒长城（1529223382102040003）

该段墙体位于额肯呼都格镇敖伦布拉格嘎查西偏南11.7千米处山峰之间。

墙体由三小段不相连属的石墙组成，总体保存较差。第1小段长75米，为石块堆垒而成，损毁严重，仅存底部，宽4.3、高0.1米。第2小段长26米，位于第1段石墙西壁的山坡上，二者相距6米。第3小段长13米，高4.5米，位于第2段石墙东约115米处。

该段墙体北约0.1千米处为夏勒毛道达瓦壕堑，东北约4.2千米处有乔吉提乌拉烽燧，西南约4.02千米处有查干乔吉阿木烽燧。

（3）坤岱图阿木长城（1529223382102040004）

该段墙体东起自额肯呼都格镇敖伦布拉格嘎查西南约10.5千米，西止于敖伦布拉格嘎查西南约10.52千米，大体呈东—西走向。

墙体处于沟谷内，全长21米，其中，9米保存一般、12米消失，分别占该段墙体总长的43%、57%。墙体由石块堆垒而成，宽3.8、高6.6米。受山水冲刷及交通往来的破坏，墙体东端大部分地段消失（彩图二五六）。

该段墙体东北约5.98千米为乔吉提乌拉烽燧，西北约5.24千米为牧胡日烽燧。

（4）青洼大板壕堑（152922382202040016）

该段壕堑东南起自额肯呼都格镇乌兰塔塔拉嘎查东南约23.6千米，西北止于额肯呼都格镇乌兰塔塔拉嘎查东南约21.4千米。大体呈东南—西北走向，下连古沟大板壕堑。

壕堑长2748米，依山形走势而建，多处在山体北侧，挖土成壕，堆土筑墙，历经流水侵蚀，沙土填埋，仅存基本轮廓。壕堑口宽约6、底宽3.6~4.2、深0.2~0.8米。两侧墙体坍塌成土垄状，宽1.8~2.4、高0.2~0.6米。

（5）古沟大板壕堑（152922382202040015）

该段壕堑东南起自额肯呼都格镇乌兰塔塔拉嘎查东南约21.4千米，西北止于额肯呼都格镇乌兰塔塔拉嘎查东南约18.7千米。大体呈东南—西北走向，上接青洼大板壕堑，下连七个井壕堑。

壕堑长3337米，依山形走势而建，多处在山体北侧，挖土成壕，堆土筑墙，历经流水侵蚀，沙土填埋，仅存基本轮廓。壕堑口宽6.2~8.4、底宽3.6~4.2、深0.2~1.8米。两侧墙体坍塌损毁严重，基本与地表齐平。

（6）七个井壕堑（152922382202040014）

该段壕堑东南起自额肯呼都格镇乌兰塔塔拉嘎查东南约18.7千米，西北止于额肯呼都格镇乌兰塔塔拉嘎查东南约17.4千米。大体呈东南—西北走向，上接古沟大板壕堑，下连车路口壕堑。

壕堑长2155米，依山形走势而建，局部是以陡峭的自然山体作为屏障，多处在山体北侧，挖土成壕，堆土成墙，历经流水侵蚀，沙土填埋，仅存基本轮廓。壕堑口宽4.1、底宽2.2、深0.2~0.6米。

两侧墙体坍塌成土垄状，宽约2.8、高0.2~0.8米。

（7）车路口壕堑（152922382202040013）

该段壕堑东南起自额肯呼都格镇乌兰塔塔拉嘎查东南约17.4千米，西北止于额肯呼都格镇乌兰塔塔拉嘎查东南约15千米。大体呈东南—西北走向，上接七个井壕堑，下连额门浩来壕堑。

壕堑长2595米，依山形走势而建，多处在山体北侧，挖土成壕，堆土筑墙，历经流水侵蚀、沙土填埋，仅存基本轮廓。壕堑口宽6.2~8.4、底宽3.6~4.2、深0.2~1.8米。两侧墙体坍塌成土垄状，宽2.8~4.4、高0.2~1.4米。

（8）额门浩来壕堑（152922382202040012）

该段壕堑东南起自额肯呼都格镇乌兰塔塔拉嘎查东南约15千米，西北止于额肯呼都格镇乌兰塔塔拉嘎查东南约13.4千米。大体呈东南—西北走向，上接车路口壕堑，下连宗温都尔壕堑2段。

壕堑长1989米，依山形走势而建，多处在山体北侧，挖土成壕，堆土成墙，历经流水侵蚀，沙土填埋，仅存基本轮廓。壕堑口宽3.8~5.2、底宽2.6~3.8、深0.2~0.6米。两侧墙体坍塌成土垄状，宽约2.8、高0.2~1.4米。部分地段为两道并行，间距约8米（彩图二五七）。

（9）宗温都尔壕堑2段（152922382202040011）

该段壕堑东南起自额肯呼都格镇乌兰塔塔拉嘎查东南约13.4千米，西北止于额肯呼都格镇乌兰塔塔拉嘎查东南约10.2千米。大体呈东南—西北走向，上接额门浩来壕堑，下连宗温都尔壕堑1段。

壕堑长3878米，依山形走势而建，局部以陡峭的自然山体作为屏障，多处在山体北侧，挖土成壕，堆土成墙，历经流水侵蚀，沙土填埋，仅存基本轮廓。壕堑口宽3.6~5.2、底宽3.6~5.2、深0.2~0.6米。两侧墙体损毁严重，基本与地表齐平。

该段壕堑东北约4.7千米处有必鲁图1、2号烽燧。

（10）宗温都尔壕堑1段（152922382202040010）

该段壕堑南起自额肯呼都格镇乌兰塔塔拉嘎查东南约10.2千米，北止于额肯呼都格镇乌兰塔塔拉嘎查东南约9.3千米。大体呈南—北走向，上接宗温都尔壕堑2段，下连夏勒浩来壕堑。

壕堑长974米，依山形走势而建，局部以陡峭的自然山体作为屏障，多处在山体北侧，挖土成壕，堆土成墙，历经流水侵蚀、沙土填埋，仅存基本轮廓。壕堑口宽5.5~6.6、底宽2.8~3.2、深0.2~2.5米。两侧墙体坍塌成土垄状，宽2.8~3.2、高0.2~0.8米。

（11）夏勒浩来壕堑（152922382202040009）

该段壕堑东南起自额肯呼都格镇乌兰塔塔拉嘎查东南约9.3千米，西北止于额肯呼都格镇乌兰塔塔拉嘎查西南约8.1千米。大体呈东南—西北走向，上接宗温都尔壕堑1段，下连伊尔盖图壕堑2段。

壕堑长6158米，依山形走势而建，局部以陡峭的自然山体作为屏障，多处在山体北侧，挖土成壕，堆土成墙，历经流水侵蚀，沙土填埋，仅存基本轮廓。壕堑口宽6.2~8.6、底宽3.2~4.4、深0.2~1.8米。两侧墙体坍塌成土垄状，宽2.8~4.2、高0.2~0.8米（彩图二五八、二五九）。

该段壕堑北约3.1千米处有截大板烽燧，南约0.9千米处有浑格勒烽燧。

（12）伊尔盖图壕堑2段（152922382202040008）

该段壕堑东南起自额肯呼都格镇乌兰塔塔拉嘎查西南约8.1千米，止于额肯呼都格镇敖伦布拉格嘎查西南约9.9千米。大体呈东南—西北走向，上接夏勒浩来壕堑，下连伊尔盖图壕堑1段。

壕堑长2627米，依山形走势而建，多处在山体北侧，挖土成壕，堆土成墙，历经流水侵蚀、沙土填埋，壕口宽5.5~8.5、底宽2.8~4.6、深0.7~1.2米。两侧墙体坍塌成土垄状，宽2.1~5.3、高0.2~1.4米。

该段壕堑北约 0.2 千米处有伊勒盖图东脑烽燧，南约 0.2 千米处有萨力克图烽燧。

（13）伊尔盖图壕堑 1 段（152922382202040007）

该段壕堑东南起自额肯呼都格镇敖伦布拉格嘎查西南约 9.9 千米，止于额肯呼都格镇敖伦布拉格嘎查东南约 13 千米。大体呈东南—西北走向，上接伊尔盖图壕堑 2 段，下连查干达瓦壕堑。

壕堑长 2792 米，依山形走势而建，局部以陡峭的自然山体作为屏障，多处在山体北侧，挖土成壕，堆土成墙，历经流水侵蚀、沙土填埋，遗迹仅存基本轮廓。壕堑口宽 5.8 ~ 10.1、底宽 3.6 ~ 4.6、深 0.1 ~ 1.3 米。两侧墙体坍塌成土垄状，宽 2.2 ~ 3.8、高 0.2 ~ 0.8 米。

该段壕堑南约 0.1 千米处有伊勒盖图烽燧。

（14）查干达瓦壕堑（152922382202040006）

该段壕堑东南起自额肯呼都格镇敖伦布拉格嘎查东南约 13 千米，西北止于额肯呼都格镇敖伦布拉格嘎查西南约 12.6 千米。大体呈东南—西北走向，上接伊尔盖图壕堑 1 段，下连青崖腰壕堑。

壕堑长 1307 米，依山形走势而建，局部以陡峭的自然山体作为屏障，多处在山体北侧，挖土成壕，堆土成墙，历经流水侵蚀、沙土填埋，濒临消失，仅存基本轮廓。壕堑口宽 4 ~ 6、底宽 4、深 0.1 ~ 0.55 米。两侧墙体坍塌成土垄状，宽 3 ~ 4、高约 0.3 米。

（15）青崖腰壕堑（152922382202040005）

该段壕堑东南起自额肯呼都格镇敖伦布拉格嘎查西南约 12.6 千米，西北止于额肯呼都格镇敖伦布拉格嘎查东南约 12.1 千米。大体呈东南—西北走向，上接查干达瓦壕堑，下连旭古木图壕堑。

壕堑长 1826 米，依山形走势而建，局部以陡峭的自然山体作为屏障，多处在山体北侧，挖土成壕，堆土成墙，历经流水侵蚀、沙土填埋，仅存基本轮廓。壕堑口宽 9.5、底宽 4、深 0.4 ~ 1.3 米。两侧墙体坍塌成土垄状，宽 4 ~ 5、高 0.3 ~ 1.5 米（彩图二六〇）。

该段壕堑南约 0.18 千米处有夏勒哈木勒烽燧，南约 0.4 千米处有红墩子烽燧。

（16）旭古木图壕堑（152922382202040004）

该段壕堑东南起自额肯呼都格镇敖伦布拉格嘎查西南约 12.1 千米，西北止于阿拉善右旗额肯呼都格镇敖伦布拉格嘎查西南约 11.7 千米。大体呈东南—西北走向，上接青崖腰壕堑，下连夏勒毛道达瓦壕堑。

壕堑长 2338 米，依山形走势而建，多处在山体北侧，挖土成壕，堆土成墙，历经流水侵蚀、沙土填埋，仅存基本轮廓。壕堑口宽 5.8 ~ 8.1、底宽 3.5 ~ 4.3、深 0.1 ~ 1.4 米。两侧墙体坍塌成土垄状，宽 2 ~ 5.6、高 0.3 ~ 1.5 米（彩图二六一、二六二）。

（17）夏勒毛道达瓦壕堑（152922382202040003）

该段壕堑东北起自额肯呼都格镇敖伦布拉格嘎查西南约 11.7 千米，西南止于额肯呼都格镇敖伦布拉格嘎查西南约 13.5 千米。大体呈东北—西南走向，上接旭古木图壕堑，下连诺木其达瓦壕堑。

壕堑长 2716 米，依山形走势而建，局部以陡峭的自然山体作为屏障，多处在山体北侧，挖土成壕，堆土成墙，历经流水侵蚀、沙土填埋，仅存基本轮廓。壕堑口宽 5.8、底宽 4.6、深 0.1 ~ 0.3 米。两侧墙体坍塌成土垄状，宽约 3.2、高 0.2 ~ 1 米（彩图二六三）。

该段壕堑南约 1.73 千米处有查干乔吉阿木烽燧。

（18）诺木其达瓦壕堑（152922382202040002）

该段壕堑东南起自额肯呼都格镇敖伦布拉格嘎查西南约 13.5 千米，西北止于额肯呼都格镇敖伦布拉格嘎查西南约 13.4 千米。大体呈东南—西北走向，上接夏勒毛道达瓦壕堑，下连伊里及格达瓦壕堑。

壕堑长 3033 米，依山形走势而建，局部以陡峭的自然山体作为屏障，多处在山体北侧，挖土成壕，堆土成墙，历经流水侵蚀、沙土填埋，仅存基本轮廓。壕堑口宽 6 ~ 12、底宽 3 ~ 6.2、深 0.3 ~ 2.2 米。两侧墙体坍塌成土垄状，宽约 4、高 0.3 ~ 1.5 米（彩图二六四 ~ 二七一）。

该段壕堑南约 1.7 千米处有查干乔吉阿木烽燧。

（19）伊里及格达瓦壕堑（152922382202040001）

该段壕堑东南起自额肯呼都格镇敖伦布拉格嘎查西南约 13.4 千米，西北止于额肯呼都格镇敖伦布拉格嘎查西南约 13.6 千米。大体呈东南—西北走向，上接诺木其达瓦壕堑。

壕堑长 1026 米，依山形走势而建，局部以陡峭的自然山体作为屏障，多处在山体北侧，挖土成壕，堆土成墙，历经流水侵蚀、沙土填埋，仅存基本轮廓。壕堑口宽 5 ~ 10、底宽 3.5 ~ 7、深 0.1 ~ 1.3 米。两侧墙体坍塌成土垄状，宽 4 ~ 6、高 0.3 ~ 1.5 米（彩图二七二 ~ 二七四）。

该段壕堑北约 5.3 千米处有牧胡日烽燧。

（20）东山头烽燧（152922353201040115）

该烽燧位于额肯呼都格镇乌兰塔塔拉嘎查东北约 21.3 千米的山丘顶部。

烽燧由墩台和附燧两部分组成。墩台坍塌成圆丘状，石块散落，底部直径 13.2、高 1.2 米。墩台东南 4.3 米处有一座石砌附燧，已坍塌，现为直径 1.4、高 0.2 ~ 0.5 米的石堆。遗址地表散落有零星的汉代灰陶片。

该烽燧西南约 18.2 千米处有乌兰塔塔拉烽燧。

（21）乌兰塔塔拉烽燧（152922353201040116）

该烽燧位于额肯呼都格镇乌兰塔塔拉嘎查东南约 5 千米的山丘顶部。

烽燧仅见墩台。墩台大部分坍塌，现为隆起的石堆，底部东西最长 21、南北最长 18 米，顶部东西最长 6.5、南北最长 6.3 米，高 7.5 米。根据墩台四壁残存的石砌痕迹判断其平面呈长方形，剖面呈梯形，自下而上有收分，外部用红褐色石块错缝堆砌而成，内部用碎石填充，当中夹有草层。墩台顶部树立有三角架。遗址地表散落有零星的汉代灰陶片。

该烽燧东北约 18.2 千米处有东山头烽燧，东南约 7.7 千米处有必鲁图 2 号烽燧。

（22）必鲁图 2 号烽燧（152922353201040118）

该烽燧位于额肯呼都格镇乌兰塔塔拉嘎查东南约 10.5 千米的山峰顶部。

烽燧仅见墩台。墩台有石砌基础，台体用黄土夯筑而成，夯层厚约 0.2 米，受风化侵蚀而残损，现为不规整的土台，底部东西最长 13、南北最长 13 米，顶部东西最长 8.4、南北最长 7.1 米，高 4.7 米（彩图二七五）。

该烽燧东南约 0.4 千米处有必鲁图 1 号烽燧，西北约 5.2 千米处有截大板烽燧。

（23）必鲁图 1 号烽燧（152922353201040117）

该烽燧位于额肯呼都格镇乌兰塔塔拉嘎查东南约 10.9 千米的山峰顶部。

烽燧仅见墩台。墩台坍塌成石堆状，底部东西最长 18.2、南北最长 17.8 米，顶部东西最长 5.4、南北最长 5.3 米，高 3.8 米。根据墩台底部残存的石砌痕迹判断，墩台平面呈长方形，剖面呈梯形，自下而上有收分，外部用青灰色石块错缝堆砌而成，内部用碎石填充。墩台顶部有一个后来堆砌的路标。遗址地表散落有零星的汉代灰陶片（彩图二七六）。

该烽燧西北约 0.4 千米处有必鲁图 2 号烽燧，西北约 5.4 千米处有截大板烽燧。

（24）截大板烽燧（152922353201040119）

该烽燧位于额肯呼都格镇乌兰塔塔拉嘎查东南约 5.6 千米的山峰顶部。

烽燧由墩台和附燧两部分组成。墩台坍塌成土堆状，底部东西最长 14.2、南北最长 8.6、高 1 米。

墩台南 12 米处分布有 3 座石砌附燧，均坍塌，现为直径 3、高 0.2 ~ 0.6 米的石堆。遗址地表散落有零星的汉代灰陶片。

该烽燧西南约 5 千米处有干涝池烽燧，东南约 5.2 千米处有必鲁图 2 号烽燧。

（25）干涝池烽燧（152922353201040120）

该烽燧位于额肯呼都格镇乌兰塔塔拉嘎查西南约 12.6 千米的山丘顶部。

烽燧仅见墩台。墩台用黄土夯筑而成，夯层厚约 0.2 米，受风化侵蚀而残损，现为外缘不规整的土台，底部东西最长 13.6、南北最长 12.8、高 3.6 米（彩图二七七）。

该烽燧东北约 5 千米处有截大板烽燧，北 4 千米处有浑格勒烽燧。

（26）青羊口烽燧（152922353201040121）

该烽燧位于额肯呼都格镇乌兰塔塔拉嘎查西南约 16.8 千米的山丘顶部。

烽燧仅见墩台。墩台用黄土夯筑而成，夯层厚 0.2 ~ 0.25 米，受风化侵蚀，现为外缘不规整的土台，底部东西最长 9.6、南北最长 8.8、高 2.8 米（彩图二七八）。

该烽燧西北约 1 千米处有查呼勒太西烽燧，东北约 4.7 千米处有干涝池烽燧。

（27）查呼勒太西烽燧（152922353201040122）

该烽燧位于额肯呼都格镇乌兰塔塔拉嘎查西南约 16.7 千米的山峰顶部。

烽燧仅见墩台。墩台建在一个东西长 12.3、南北长 11.5、高 1.8 米的土堆上，整体坍塌，石块散落，底部裸露部分东西长 4.1、南北长 3.9 米，顶部东西长 3.1、南北长 3.8 米，高 2.1 米。根据墩台东、南两壁残存的石砌痕迹判断，墩台平面呈长方形，剖面呈梯形，自下而上有收分，外部用青灰色石块错缝堆砌而成，内部用碎石填充。墩台顶部有后来堆砌的石堆，南 1.1 米处有长 2.1、宽 1.4、深 1.3 米的盗洞。墩台四周有壕沟，年深日久，多被流沙填埋，有多处豁口，存宽 2.9、深 0.6 米。遗址地表散落有零星的汉代灰陶片及西夏时期黑釉瓷片。据此判断，该烽燧始建于汉代，西夏时期在原基础上重新修缮利用。

该烽燧东南约 1 千米处有青羊口烽燧，东北 5.1 千米处有干涝池烽燧。

（28）浑格勒烽燧（152922353201040123）

该烽燧位于额肯呼都格镇乌兰塔塔拉嘎查西南约 8.8 千米的山峰顶部。

烽燧仅见墩台。墩台坍塌成圆丘状，底部裸露部分东西长 11.6、南北长 14.3 米，顶部东西最长 5.5、南北长 2.2 米，高 3.4 米。根据墩台西壁局部残存的石砌痕迹判断，墩台平面呈长方形，剖面呈梯形，自下而上有收分，外部用黄褐色石块错缝堆砌而成，内部用碎石填充。遗址地表散落有零星的汉代灰陶片。

该烽燧南约 4 千米处有干涝池烽燧，西北约 1.4 千米处有萨力克图烽燧。

（29）萨力克图烽燧（152922353201040124）

该烽燧位于额肯呼都格镇乌兰塔塔拉嘎查西南约 8.1 千米的山峰顶部。

烽燧仅见墩台。墩台整体坍塌成圆丘状，底部裸露部分东西长 12.2、南北长 12.6 米，顶部东西最长 3.4、南北最长 3.3 米，高 3.2 米。根据墩台底部残存的石砌痕迹判断，墩台平面呈长方形，剖面呈梯形，自下而上有收分，外部用黄褐色石块错缝堆砌而成，内部以碎小石块及杂草层平铺而制。遗址地表散落有零星的汉代灰陶片。

该烽燧西北约 1.4 千米处有伊勒盖图东脑烽燧，东南约 1.4 千米处有浑格勒烽燧。

（30）伊勒盖图东脑烽燧（152922353201040125）

该烽燧位于额肯呼都格镇乌兰塔塔拉嘎查西南约 8.5 千米的山丘顶部。

烽燧仅见墩台。墩台坍塌成圆形石堆，底部东西最长12.6、南北最长12.3米，顶部东西最长3、南北最长2.8米，高2.8米。根据墩台局部残存的石砌痕迹判断，墩台平面呈长方形，剖面呈梯形，自下而上有收分，外部用黄褐色石块错缝堆砌而成，内部用碎石填充。墩台顶部有一个石砌路标。遗址地表散落有零星的汉代灰陶片。

该烽燧东南约1.4千米处有萨力克图烽燧，西约2.1千米处有伊勒盖图烽燧。

（31）伊勒盖图烽燧（152922353201040126）

该烽燧位于额肯呼都格镇敖伦布拉格嘎查东南约14.5千米的山峰顶部。

烽燧仅见墩台。墩台用黄土夯筑而成，夯层厚0.15~0.2米，历经风化侵蚀，现为不规整的土台，底部东西最长13.1、南北最长11.2、高3.4米，底部外壁有用石块包砌的痕迹。遗址地表散落有零星的汉代灰陶片。

该烽燧西南约3.5千米处有巴音呼都格烽燧，东约2.1千米处有伊勒盖图东脑烽燧。

（32）巴音呼都格烽燧（152922353201040127）

该烽燧位于额肯呼都格镇敖伦布拉格嘎查东约15.2千米的山峰顶部。

烽燧仅见墩台。墩台有正方形石砌基础，台体用黄土夯筑而成，历经风化侵蚀，夯土脱落，顶部及四角均有不同程度的坍塌，现为不规整的土台，仅底部石砌基础可测，边长20、高1.8米。墩台顶部有一座石筑敖包。遗址地表散落有零星的汉代灰陶片（彩图二七九）。

该烽燧东北约2.5千米处有红墩子烽燧、约3.5千米处有伊勒盖图烽燧。

（33）红墩子烽燧（152922353201040128）

该烽燧位于额肯呼都格镇敖伦布拉格嘎查东南约12.9千米的山峰顶部。

烽燧仅见墩台。墩台有石砌基础，台体用黄土夯筑而成，历经风化侵蚀，上部夯土脱落，顶部及四角均有不同程度坍塌，现为外缘不规整的土台，仅存底部石砌基础可测，底部东西长11.2、南北长8.8米，顶部东西长1.9、南北长1.2米，高3.4米（彩图二八〇）。

该烽燧西北约0.5千米处有夏勒哈木勒烽燧，西南约2.5千米处有巴音呼都格烽燧。

（34）夏勒哈木勒烽燧（152922353201040129）

该烽燧位于额肯呼都格镇敖伦布拉格嘎查东南约12.5千米的山丘顶部。

烽燧由墩台和附燧两部分组成。墩台坍塌成石堆状，底部东西最长15、南北最长12.5、高2.9米。根据墩台底部残存的石砌痕迹判断，墩台平面呈长方形，剖面呈梯形，自下而上有收分，外部用黄褐色石块错缝堆砌而成，内部用碎石填充。墩台顶部有一个石砌路标。墩台南140米处有一座石砌附燧，原已坍塌，后人又将塌落的石块重置于原处，现为直径4、高1.6米的石堆。遗址地表散落有零星的汉代灰陶片。

该烽燧东南约0.5千米处有红墩子烽燧，北约3千米处有乔吉提乌拉烽燧。

（35）乔吉提乌拉烽燧（152922353201040130）

该烽燧位于额肯呼都格镇敖伦布拉格嘎查东南约9.5千米的山丘顶部。

烽燧由墩台和附燧两部分组成。墩台大部分坍塌，石块散落，坍塌范围底部东西最长8.2、南北最长7.8米，顶部东西长5.4、南北长4.8米，高4.5米。根据墩台东壁残存的石砌痕迹判断，墩台平面呈长方形，剖面呈梯形，自下而上有收分，外部用红褐色石块错缝堆砌而成，内部用土、石填充。墩台东25米处有一座石砌附燧，已坍塌，石块散落，现为东西长4.4、南北长3.9、高0.8米的石堆。遗址地表散落有零星的汉代灰陶片（彩图二八一）。

该烽燧南约3千米处有夏勒哈木勒烽燧，西北约10.1千米处有牧胡日烽燧。

（36）查干乔吉阿木烽燧（152922353201040131）

该烽燧位于额肯呼都格镇敖伦布拉格嘎查西南约 15 千米的山丘顶部。

烽燧由墩台和附燧两部分组成。墩台坍塌成圆形石堆，底部直径 14.2、高 2.6 米。根据墩台底部残存的石砌痕迹判断，墩台平面呈长方形，剖面呈梯形，自下而上有收分，外部用红褐色石块错缝堆砌而成，内部用土、石填充。墩台东南 14 米处有一座石砌附燧，已坍塌，石块散落，现为直径 3、高 0.6 米的石堆。遗址地表散落有零星的汉代灰陶残片（彩图二八二）。

该烽燧东北约 7.3 千米处有红墩子烽燧，东约 6.4 千米有巴音呼都格烽燧。

（37）牧胡日烽燧（152922353201040132）

该烽燧位于额肯呼都格镇莎布日台嘎查东南约 15.7 千米的山丘顶部。

烽燧仅见墩台。墩台坍塌成石堆状，底部东西最长 11.8、南北最长 9.4、高 2.1 米。根据墩台底部残存的石砌痕迹判断，墩台平面呈长方形，剖面呈梯形，自下而上有收分，外部用红褐色石块错缝堆砌而成，内部用碎石填充。遗址地表散落有零星的汉代灰陶片（彩图二八三）。

该烽燧东南约 10.1 千米处有乔吉提乌拉烽燧，西北约 3.2 千米处有善马湖烽燧。

（38）善马湖烽燧（152922353201040133）

该烽燧位于额肯呼都格镇莎布日台嘎查西南约 14.2 千米的山峰顶部。

烽燧仅见墩台。墩台坍塌成石堆状，底部东西最长 16.3、南北最长 14.5 米，顶部东西最长 3.6、南北最长 3.2 米，高 4.1 米。根据墩台局部残存的石砌痕迹判断其平面呈长方形，剖面呈梯形，自下而上有收分，外部用青灰色岩石错缝堆砌而成，内部用碎石填充。遗址地表散落有零星的汉代灰陶片。

该烽燧西北约 3.7 千米处有伊和呼都格阿木 2 号烽燧，东南约 3.2 千米处有牧胡日烽燧。

（39）伊和呼都格阿木 2 号烽燧（152922353201040135）

该烽燧位于额肯呼都格镇苏布日格嘎查东南约 17.3 千米的山峰顶部。

烽燧仅见墩台。墩台坍塌成石堆状，底部东西最长 13.5、南北最长 7.6、高 7.5 米。根据墩台底部残存的石砌痕迹判断其平面呈长方形，剖面呈梯形，自下而上有收分，外部用青灰色石块错缝堆砌而成，内部用土、石填充。

该烽燧东北约 0.4 千米处有伊和呼都格阿木 1 号烽燧，西北约 9.5 千米处有阿木乌苏烽燧。

（40）伊和呼都格阿木 1 号烽燧（152922353201040134）

该烽燧位于额肯呼都格镇苏布日格嘎查东南约 17 千米的山峰顶部。

烽燧由墩台和附燧两部分组成。墩台坍塌成石堆状，底部东西最长 14.6、南北最长 14.2 米，顶部东西最长 3.6、南北最长 3.4 米，高 4.5 米。根据墩台底部残存的石砌痕迹判断，墩台平面呈长方形，剖面呈梯形，自下而上有收分，外部用青灰色石块错缝堆砌而成，内部用土、石填充。墩台附近分布有 2 座附燧，东 50 米处有一座，已坍塌，石块散落，现为 1 米见方、高 0.5 米的石堆；北 33 米处有一座，石砌基础，夯土筑造，已坍塌，夯土脱落，东西长 8.1、南北长 7.2、高 1.8 米。

该烽燧西南约 0.4 千米处有伊和呼都格阿木 2 号烽燧，西北约 9.3 千米处有阿木乌苏烽燧。

（41）阿木乌苏烽燧（152922353201040136）

该烽燧位于额肯呼都格镇苏布日格嘎查东南约 8.4 千米的山脊上。

烽燧仅见墩台。墩台大部分坍塌，石块散落成石堆状，底部东西最长 10.6、南北最长 9.6 米，顶部 5 米见方，高 4.3 米。根据墩台东壁石砌痕迹判断其平面呈长方形，剖面呈梯形，自下而上有收分，外部用青灰色石块错缝堆砌而成，内部用土、石填充（彩图二八四）。

该烽燧东北约 13.3 千米处有敖勒斯太烽燧，西北约 7.8 千米处有乌兰苏海高勒烽燧。

（42）敖勒斯太烽燧（152922353201040137）

该烽燧位于额肯呼都格镇苏布日格嘎查东约 12.8 千米的山脊上。

烽燧仅见墩台。墩台坍塌，石块散落，底部东西最长 16.7、南北最长 15.4 米，顶部东西长 3.6、南北长 4.8 米，高 3.8 米。根据墩台局部残存的石砌痕迹判断其平面呈长方形，剖面呈梯形，自下而上有收分，外部用青灰色石块错缝堆砌而成，内部用土、石填充。东侧 5 米处有一个洞穴（彩图二八五、二八六）。

该烽燧西北约 15.2 千米处有查干敖包烽燧，西约 12.6 千米处有乌兰苏海高勒烽燧。

（43）乌兰苏海高勒烽燧（152922353201040138）

该烽燧位于额肯呼都格镇苏布日格嘎查东南约 0.59 千米的山脊上。

烽燧仅见墩台。墩台坍塌成土丘状，底部东西最长 18.2、南北最长 15 米，顶部东西最长 5.4、南北最长 3.5 为，高 3.5 米。根据墩台局部石砌痕迹判断其平面呈长方形，剖面呈梯形，自下而上有收分，外部用红褐色石块错缝堆砌而成，内部用碎石填充，当中夹有草层。

该烽燧东北约 11.9 千米处有查干敖包烽燧，东南约 7.8 千米处有阿木乌苏烽燧。

（44）查干敖包烽燧（152922353201040139）

该烽燧位于额肯呼都格镇苏布日格嘎查北偏东约 11.4 千米的平缓戈壁地带。

烽燧由墩台和附燧两部分组成。墩台坍塌成圆丘状，底部东西最长 14.8、南北最长 11.8、高 2.1 米。从局部可见墩台的原始形制，外部用红褐色石块错缝堆砌而成，内部用碎石填充。墩台东南 26 米处有一座石砌附燧，已坍塌，石块散落，现为东西长 3.8、南北长 3.6、高 0.4 米的石堆。此外，墩台东南 16 米处有一座石砌长方形基址，仅存底部轮廓，东西长 10、南北长 6.3 米。

该烽燧西南约 11.9 千米处有乌兰苏海高勒烽燧、约 9.6 千米处有夹山烽燧。

（45）夹山烽燧（152922353201040140）

该烽燧位于额肯呼都格镇苏布日格嘎查西北约 7.7 千米的山丘顶部。

烽燧仅见墩台。墩台坍塌成圆丘状，底部东西最长 23.5、南北最长 18.5、高 3.5 米。根据墩台残存的石砌痕迹判断其平面呈长方形，剖面呈梯形，自下而上有收分，外部用红褐色石块错缝堆砌而成，内部用土、石填充。

该烽燧东北约 9.6 千米处有查干敖包烽燧，东南约 8.3 千米处有乌兰苏海高勒烽燧。

（46）赛汉额日根烽燧（152922353201040141）

该烽燧位于阿拉腾朝克苏木查干德日斯嘎查南约 13.8 千米的山丘顶部。

烽燧由墩台和附燧两部分组成。墩台外部用红褐色石块错缝堆砌而成，内部用土、石填充。墩台大部分坍塌，石块散落，坍塌范围底部东西最长 34、南北最长 28、高 7 米。根据墩台残存的石砌痕迹判断，墩台平面呈长方形，剖面呈梯形，自下而上有收分。墩台西北 50 米处分布有 9 座石砌附燧，间距 2~6 米，排列无规律，均坍塌，石块散落，现为直径 1.5~2、高 0.2~0.6 米的石堆（彩图二八七、二八八）。

该烽燧东北约 9.5 千米处有夹山烽燧，西北约 3.9 千米处有娃子山烽燧。

（47）娃子山烽燧（152922353201040142）

该烽燧位于阿拉腾朝克苏木查干德日斯嘎查西南约 10.5 千米的山峰顶部。

烽燧由墩台和附燧两部分组成。墩台平面呈长方形，剖面呈梯形，自下而上有收分，底部东西长 13、南北长 7.1、高 5.2 米。墩台外部用青灰色石块错缝堆砌而成，内部用碎石填充。墩台附近分布有 11 座石砌附燧，均坍塌，石块散落，东 10 米处起自东北向西南排列有 5 座，间距约 3 米，现为直径

1.3～1.8、高0.2～0.8米的石堆；西50米处起自东向西排列有2座，间距3米，现为直径1.5、高0.5米的石堆；西47米处起自南向北排列有4座，间距3米，现为直径1.3～1.5、高0.2～0.5米的石堆（彩图二八九、二九〇）。

该烽燧西北约4千米处有巴尔图1号烽燧，东南约3.9千米处有赛汉额日根烽燧。

（48）巴尔图1号烽燧（152922353201040143）

该烽燧位于阿拉腾朝克苏木查干德日斯嘎查西南约8.2千米的山丘顶部。

烽燧仅见墩台。墩台坍塌成石堆状，底部东西最长19、南北最长16米，顶部2米见方，高5.3米。根据墩台残存的石砌痕迹判断其平面呈长方形，剖面呈梯形，自下而上有收分，外部用红褐色石块错缝堆砌而成，内部用碎石填充。

该烽燧东南约4千米处有娃子山烽燧，北约0.02千米处有巴尔图2号烽燧。

（49）巴尔图2号烽燧（152922353201040144）

该烽燧位于阿拉腾朝克苏木查干德日斯嘎查西南约8.2千米的山丘顶部。

烽燧仅见墩台。墩台坍塌成圆丘状，石块散落，原始形制无法辨识，底部东西最长10.8、南北最长10.6米，顶部东西长3.6、南北长4.2米，高4.2米。

该烽燧东南约4.9千米处有娃子山烽燧，西南约9.4千米处有墩根阿木烽燧。

（50）金银洞烽燧（152922353201040145）

该烽燧位于阿拉腾朝克苏木查干德日斯嘎查西南约21.6千米的山峰顶部。

烽燧仅见墩台。墩台坍塌成石堆状，底部东西最长23、南北最长21米，顶部东西长5.6、南北长4.8米，高2.2米。根据墩台东壁残存的石砌痕迹判断其平面呈长方形，剖面呈梯形，自下而上有收分，外部用红褐色石块错缝堆砌而成，内部用碎石填充。

该烽燧北约3.8千米处有墩根阿木烽燧，东北约12.7千米处有娃子山烽燧。

（51）墩根阿木烽燧（152922353201040146）

该烽燧位于阿拉腾朝克苏木查干德日斯嘎查西南约19.1千米的山峰顶部。

烽燧仅见墩台。墩台平面呈长方形，剖面呈梯形，自下而上有收分，底部东西最长8.6、南北长8米，顶部东西长5、南北长4.8米，高9.2米。墩台外部用青灰色石块错缝堆砌而成，内部用土、碎石和杂草逐层平铺而成。墩台东壁中部自底向上1.5米处局部坍塌，形成直径0.3米的缺口，石块塌落；西壁南侧有一条宽0.04～0.08米的裂缝（彩图二九一～二九三）。

该烽燧南约3.8千米处有金银洞烽燧，东北约12.2千米处有娃子山烽燧。

（52）乌鲁图阿木1号烽燧（152922353201040147）

该烽燧位于阿拉腾朝克苏木那仁布拉格嘎查东南约8.4千米的山峰顶部。

烽燧仅见墩台。墩台大部分坍塌，石块散落成石堆状，底部东西最长10、南北最长9.6米，顶部东西最长3、南北最长2.5米，高3.8米。根据墩台残存的石砌痕迹判断其平面呈长方形，剖面呈梯形，自下而上有收分，外部用青灰色石块错缝堆砌而成，内部用土、碎石和杂草逐层平铺而成。墩台顶部有一座石砌敖包（彩图二九四）。

该烽燧西北约0.3千米处有乌鲁图阿木2号烽燧，东北约1千米处有乌鲁图阿木3号烽燧。

（53）乌鲁图阿木2号烽燧（152922353201040148）

该烽燧位于阿拉腾朝克苏木那仁布拉格嘎查东南约8.1千米的山峰顶部。

烽燧仅见墩台。墩台坍塌成圆丘状，底部东西最长14.3、南北最长13.2米，顶部直径2.3米，高3.8米。从局部可见墩台的原始形制，外部用青灰色石块错缝堆砌而成，内部用土、石填充（彩图二九五）。

该烽燧东北约 0.8 千米处有乌鲁图阿木 3 号烽燧，东南约 0.3 千米处有乌鲁图阿木 1 号烽燧。

（54）乌鲁图阿木 3 号烽燧（152922353201040149）

该烽燧位于阿拉腾朝克苏木那仁布拉格嘎查东南约 7.7 千米的山峰顶部。

烽燧仅见墩台。墩台坍塌成石堆状，底部东西最长 20、南北最长 17、高 3.5 米。从局部可见墩台的原始形制，外部用青灰色石块错缝堆砌而成，内部用碎石填充。

该烽燧西南约 0.8 千米处有乌鲁图阿木 2 号烽燧、约 1 千米处有乌鲁图阿木 1 号烽燧。

（55）乔吉沟烽燧（152922353201040150）

该烽燧位于阿拉腾朝克苏木那仁布拉格嘎查东北约 1.6 千米的山峰顶部。

烽燧仅见墩台。墩台局部坍塌，石块散落，底部裸露部分东西长 13、南北长 12、高 7.5 米。根据墩台残存的石砌痕迹判断其平面呈长方形，剖面呈梯形，自下而上有收分，外部用青灰色石块错缝堆砌而成，内部用碎石和杂草逐层平铺而成。

该烽燧东北约 5.1 千米处有墩墩山烽燧，东南约 8.1 千米处有乌鲁图阿木 3 号烽燧。

（56）墩墩山烽燧（152922353201040151）

该烽燧位于阿拉腾朝克苏木那仁布拉格嘎查东北约 6.4 千米的山峰顶部。

烽燧仅见墩台。墩台大部分坍塌，石块散落，底部裸露部分东西长 18、南北长 16 米、高 6.1 米。墩台东壁石砌痕迹存高 6.1、南壁石砌痕迹存高 4.8、西壁石砌痕迹存高 5 米。根据墩台残存的石砌痕迹判断，墩台平面呈长方形，剖面呈梯形，自下而上有收分，外部用青灰色石块错缝堆砌而成，内部用碎石和杂草逐层平铺而成（彩图二九六、二九七）。

该烽燧东北约 4.5 千米处有布宏图烽燧，西南约 5.1 千米处有乔吉沟烽燧。

（57）布宏图烽燧（152922353201040152）

该烽燧位于阿拉腾朝克苏木那仁布拉格嘎查东北约 10.8 千米的山峰顶部。

烽燧仅见墩台。墩台局部坍塌，石块散落，底部东西最长 18.2、南北最长 17.6 米，顶部 3 米见方，高 7.2 米。根据墩台残存的石砌痕迹判断其平面呈长方形，剖面呈梯形，自下而上有收分，外部用青灰色石块错缝堆砌而成，内部用土、碎石和杂草逐层平铺而成。墩台四周挖有壕沟，上宽下窄，口宽约 4.5、底宽约 3.5、深 0.8～1.5 米（彩图二九八、二九九）。

该烽燧西南约 4.5 千米处有墩墩山烽燧，西北约 7.3 千米处有黑山嘴烽燧。

（58）黑山嘴烽燧（152922353201040153）

该烽燧位于阿拉腾朝克苏木那仁布拉格嘎查北偏西约 13.1 千米的山峰顶部。

烽燧由墩台和附燧两部分组成。墩台外壁砌石大部分塌落，底部边长 13、通高 7 米。根据墩台残存的石砌痕迹判断，墩台平面呈正方形，剖面呈梯形，自下而上有收分，外部用青灰色石块错缝堆砌而成，内部用土、碎石填充。墩台顶部有一石堆。墩台附近分布有 13 座石砌附燧，均坍塌，南 12 米处起自北向南排列有 7 座，间距 2.5～3 米，现为直径 1.5、高 0.6 米的石堆；西南 5 米处起自东北向西南排列有 6 座，间距 5～10 米，现为直径 1～2、高 0.5 米的石堆。墩台东 5 米处有一条壕沟，呈南—北走向，长 21、宽 2、深 1.8 米。遗址地表散落有零星的汉代灰陶片（彩图三〇〇、三〇一）。

该烽燧东南约 7.9 千米处有墩墩山烽燧、约 7.3 千米处有布宏图烽燧。

（59）格日乌苏烽燧（152922353201040154）

该烽燧位于阿拉腾朝克苏木查干德日斯嘎查西北约 11.9 千米的山丘顶部。

烽燧仅见墩台。墩台外部用青灰色石块错缝堆砌而成，内部用土、碎石和杂草逐层铺砌。根据墩台残存的石砌痕迹判断其平面呈正方形，剖面呈梯形，自下而上有收分。墩台除南壁外，外壁砌石大部分塌落，底部边长28、顶部边长3.6、高14米。遗址地表散落有零星的汉代灰陶片（彩图三〇二、三〇三）。

该烽燧东南约9.6千米处有狼心疙瘩西烽燧，南约3.9千米处有德布斯格烽燧。

（60）德布斯格烽燧（152922353201040155）

该烽燧位于阿拉腾朝克苏木查干德日斯嘎查西北约8.5千米的山峰顶部。

烽燧仅见墩台。墩台平面呈长方形，剖面呈梯形，自下而上有收分，底部东西长8、南北长8.1米，顶部东西长4、南北长2.5米，高5.6米。墩台外部用青灰色石块错缝堆砌而成，内部用土、碎石和杂草逐层铺砌。墩台局部坍塌，东南角形成一个宽3.8、高5.2米的缺口。遗址地表散落有零星的汉代灰陶片（彩图三〇四）。

该烽燧东约8.5千米处有狼心疙瘩西烽燧，北约3.9千米处有格日乌苏烽燧。

（61）狼心疙瘩西烽燧（152922353201040156）

该烽燧位于阿拉腾朝克苏木查干德日斯嘎查东北约7.4千米的山丘顶部。

烽燧仅见墩台。墩台大部分坍塌，底部东西长14.4、南北长10.6米，顶部东西长4.1、南北长2.3米，高5.6米。根据墩台东壁残存的石砌痕迹判断其平面呈长方形，剖面呈梯形，自下而上有收分，外部用青灰色石块错缝堆砌而成，内部用土、石填充。遗址地表散落有零星的汉代灰陶片（彩图三〇五、三〇六）。

该烽燧西约8.5千米处有德布斯格烽燧，东南4.6千米处有狼心疙瘩烽燧。

（62）狼心疙瘩烽燧（152922353201040157）

该烽燧位于阿拉腾朝克苏木查干德日斯嘎查东北9.8千米的山丘顶部。

烽燧仅见墩台。墩台平面呈长方形，剖面呈梯形，自下而上有收分。墩台底部东西长12.6、南北长13.2米，顶部东西长5.2、南北长4.8米，高6.5米。墩台外部用青灰色石块错缝堆砌而成，内部用夯土、碎石和杂草逐层铺砌。墩台外壁砌石大部分脱落，杂乱堆积在底部。墩台西壁中部自上而下有一条雨水冲刷形成的沟槽，上宽2.7、下宽1.3、长6.2、深1.2~2米。墩台顶部树立有三角架（彩图三〇七）。

该烽燧西约13千米处有德布斯格烽燧，西北约4.6千米处有狼心疙瘩西烽燧。

（63）查干全吉烽燧（152922353201040158）

该烽燧位于阿拉腾朝克苏木阿拉腾塔拉嘎查西南32.1千米的山丘顶部。

烽燧由墩台和附燧两部分组成。墩台平面呈长方形，剖面呈梯形，自下而上有收分。墩台坍塌严重，底部东西最长8.1、南北最长7.2、高5.8米。墩台外部用红褐色石块错缝堆砌而成，内部用夯土、碎石和杂草逐层铺砌。墩台外壁砌石基本脱落，露出夯层，约25层，从现存迹象来看，最外侧包石部厚0.6米，内部草层厚0.15米，土石层厚0.1米，内部所用土坯长35、宽20、厚10厘米。墩台东南32米处有一座石砌附燧，已坍塌，石块散落，现为5米见方、高1.2米的石堆（彩图三〇八、三〇九）。

该烽燧西北约11.3千米处有红山墩烽燧，西北约28.2千米处有芦泉烽燧。

（64）红山墩烽燧（152922353201040159）

该烽燧位于阿拉腾朝克苏木瑙滚布拉格嘎查东南约18.3千米的山丘顶部。

烽燧由墩台、坞和附燧三部分组成。墩台用黄土夯筑而成，平面呈长方形，剖面呈梯形，底部东西长9.2、南北长8.8、高14米。墩台因风化侵蚀外墙皮脱落，露出内部夯层，夯层厚0.2~0.25米。墩台东壁中部偏北有一条裂缝，宽0.02~0.05米，北壁坍塌相对严重。坞连接在墩台西壁，已坍塌，现为东西长6.3、南北长8.2、高1.2米的土台。墩台西北50米处有一座石砌附燧，已坍塌，现为1.5米见方、高0.1~0.3米的石堆（彩图三一〇）。

该烽燧东南约11.3千米处有查干全吉烽燧，西北约18.3千米处有芦泉烽燧。

（65）芦泉烽燧（152922353201040160）

该烽燧位于阿拉腾朝克苏木瑙滚布拉格嘎查西南约0.6千米的山峰顶部。

烽燧由墩台、坞和附燧三部分组成。墩台平面呈正方形，剖面呈梯形，自下而上有收分，底部边长6.8、高6.2米。墩台外部用黄褐色石块错缝堆砌而成，内部用木材搭架，再用土、碎石和杂草夯筑而成。墩台保存较好，仅局部坍塌，可见内部木质结构分上下两层，间距0.6米；左右3层，间距1.4~1.6米。墩台四周有高约2米的石块修砌痕迹。坞连接在墩台西壁，已坍塌，石块散落，仅存基址，长12.6、宽8.2、高0.5~1.2米，门向不清。墩台东北43米处有一座石砌附燧，已坍塌，石块散落，现为1.5米见方、高0.6米的石堆。墩台北22米处有一个排水沟，宽1.5、深0.6~1.2米（彩图三一一、三一二）。

该烽燧东南约28.2千米处有查干全吉烽燧、约18.3千米处有红山墩烽燧。

三　额济纳旗汉长城

额济纳旗境内汉代居延边塞主要分布在额济纳河的主干道和中、下游支流沿岸，以及苏泊淖尔、金斯图淖尔、天鹅湖和达来呼布镇东南部的河谷地带，因水而建的特征非常明显，由东北向西南延伸至甘肃省金塔县境内。调查的长城遗迹包括墙体36262米、烽燧157座（含亭）、障城10座、古城8座、关址1座和天田380608米[1]（地图七）。

20世纪30年代，中瑞西北科学考察团对居延边塞考察所取得的巨大收获，吸引了一大批学者开始投身于居延边塞及居延汉简的研究。相关学者从简文研究的角度出发，结合史料记载和考古调查资料，对汉代西北边塞的屯戍制度、烽火制度、奉例制度、邮传系统、水利状况、防御组织状况、后勤保障和戍卒生活等诸多方面进行了广泛的探讨，构建起了城（都尉府）、障（候官）、部、燧四级制的居延边塞候望系统组织结构。

本报告尝试以四级候望系统组织结构为基础，参考相关史料记载以及前人的考古调查、发掘成果，把居延边塞的诸多城障、亭燧遗址按照其分布地域纳入当时的组织管理体系之中。因为部是较小的一级组织机构，它的数量在整个居延边塞当不会少，就现有的资料而言，还很难将各部所辖燧作较为合理的推定，所以在描述时大体依循的是"城（都尉府）—障（候官）—燧"三级层次。

居延边塞的北部是居延都尉府，下辖殄北、甲渠、卅井三个候官；南部是肩水都尉府，下辖广地、橐它、肩水三个候官。每个候官下辖若干部，部下设若干燧。此外还有两座关城，就现有的研究成果，基本可确定A32障为肩水金关旧址，而悬索关旧址仍有待考证。

（一）居延都尉府

居延都尉府辖区分布在额济纳河下游的居延边塞北部，其治所有人认为在汉代居延县县城，也有人认为居延都尉府和居延县不同治，本次调查成果支持后一种观点。据《汉书·地理志》记载，张掖郡所辖居延县，"居延泽在东北，古文以为流沙。都尉治。"中瑞西北科学考察团首先提出 K710 城为汉代居延城的观点。陈梦家考证 K710 城为汉代居延县城[1]；另一方面，他又提出居延都尉府治所不在居延县城，而在破城子（A8 障），并指出 K688 城（雅布赖城）可能是路博德所筑的遮虏障[2]。也有学者认为 K688 城当为居延都尉府治所，而 K710 城则有可能是遮虏障，至于居延县治所则在靠南的绿城古城[3]。

归结起来，关于居延都尉府治所目前主要有以下三种观点：一是在 K710 城；一是在 A8 障；一是在 K688 城。甘肃居延考古队于 1973～1974 年间对 A8 障作了正式发掘，不支持其为居延都尉府治所的观点。至于 K710 城、K688 城，本次调查结论同样不支持它们为居延县或居延都尉府治城。

第三次全国文物普查期间，在额日古哈拉地区新发现了白城古城，其规模与 K710 城、K688 城大体相同，平面大致呈方形，边长近 130 米。三城大致呈一条直线分布于古居延泽的内侧，K710 城居中，其他二城分列左右；K710 城四角有角台，南门外有方形瓮城，而其他二城均无角台、瓮城。这种 130 米见方的古城，是五原塞外列城沿线古城的标准形制。公元前 102 年，强弩都尉路博德"筑居延"，光禄勋徐自为同时筑五原塞外列城，则位于古居延泽北岸的古居延泽塞墙与上述三城均应为"筑居延"的遗存。K710 城居于三城中的主导地位，而其他两城则起到协同防御的作用。《汉书·地理志》张掖郡居延条下，颜师古注曰："阚骃云武帝使伏波将军路博德筑遮虏障于居延城。"据此初步推断，K710 城为遮虏障；此处的居延城，应指居延都尉府，其治所初步推断为位于 K688 城以南的 K749 城（温都格城）。至于居延县，则支持李并成的观点，推断为绿城古城。

下面，先介绍居延都尉府所辖三个候官的具体遗迹，再介绍居延县及其周边遗迹。

1. 殄北候官

殄北候官位于居延边塞北端，与所属烽燧等统称殄北塞，其中 A1 障为殄北候官治所。调查长城墙体 1 段，命名为古居延泽塞墙，长 16600 米；调查天田 1 道，命名为金斯图淖尔天田，长 13563 米；调查亭 1 座，为 A10 亭；调查烽燧 6 座，由东向西依次为哈敦呼休烽燧、T29 烽燧、T28 烽燧、A11 烽燧、K681 烽燧、A1a 烽燧。具体详述如下。

（1）古居延泽塞墙（152923354199040021）

该段墙体分布于古居延泽的北岸。东起自达来呼布镇乌苏荣贵嘎查东北约 32.9 千米，西止于乌苏荣贵嘎查东北约 22.5 千米，总体呈东北—西南走向。

塞墙为 2 道并行，各长 8300 米，总长 16600 米，在地表呈两道土垄状。东北约前三分之一段保存较好，底宽 18～22、高 0.02～0.6、内侧间距 55～60 米，顶部分布有小石块碎片；西南约后三分之二段保存一般，底宽 18～22、高 0.02～1.5、内侧间距 10～45 米，墙体上面有较多大石块。

该段塞墙西约 11 千米处是金斯图淖尔天田。

（2）金斯图淖尔天田（152923354199040022）

该段天田分布于古居延泽的北岸。东起自达来呼布镇乌苏荣贵嘎查东北 12.5 千米，西止于乌苏荣贵嘎查东北 10.2 千米。

---

〔1〕 中国社会科学院考古研究所编：《居延汉简甲乙编》，第 301 页，中华书局，1980 年。
〔2〕 陈梦家：《汉简考述》，《考古学报》1963 年第 1 期。
〔3〕 李并成：《汉居延县城新考》，《考古》1998 年第 5 期。

天田由并排的 3 条遗迹构成,大体呈东—西走向,各长 4521 米,总长 13563 米,其中,保存较好 2214 米、一般 9900 米、较差 1449 米,分别占该段天田总长的 16%、73%、11%。每条遗迹宽 2.8 ~ 3.5、高出地表 0.02 ~ 0.2 米,均用碎小石块或石子铺就,因形就势,至丘陵区的山地亦有分布,相互之间内侧间距 5 ~ 8 米(彩图三一三)。

该段天田东约 11 千米处有古居延泽塞墙,北约 30 米处有 A11 烽燧,北约 35 米处有 K681 烽燧,北约 80 米处有 A10 亭。

(3) 哈敦呼休烽燧(152923353201040144)

该烽燧位于达来呼布镇温图高勒嘎查西北约 90.3 千米,建在哈敦呼休山的一座小山顶上。

烽燧由墩台和坞组成,整体坍塌,分布范围东西最长 10、南北最长 9.5 米。墩台以自然山体为基础石砌而成,中间夹杂有梭梭枝,坍塌成石堆状,底部东西长 4.5、南北长 3.4、高 3.5 米。墩台顶部有一座石筑敖包,直径 1.2、高 0.5 米。坞连接在墩台南壁,平面形制不详,东西最长 6.5、南北最长 4 米。周围地表散落有夹砂红陶片等遗物(彩图三一四)。西南部山脚下发现一个不规则形石圈,东西最长 4、南北最长 4.4、高 1.4 米。

该烽燧西北约 10.65 千米处有 T29 烽燧。

(4) T29 烽燧(152923353201040006)

该烽燧位于达来呼布镇乌苏荣贵嘎查东北约 31.5 千米,坐落于古居延泽北岸的山丘上。

烽燧由墩台和坞组成,坍塌成圆形石堆状,底部东西最长 17、南北最长 15、高 3.5 米。墩台平面呈长方形,底部东西长 9、南北长 8 米,顶部东西长 3.5、南北长 3.4 米,高 3.5 米。墩台顶部有后人堆砌的一座敖包,底径 1、高 1 米。坞连接于墩台东壁,平面呈长方形,东西长 4.2、南北长 5.6 米,坞墙基宽 0.6、高 0.3 米。周围地表散落有灰陶片等遗物。

该烽燧东南约 10.65 千米处有哈敦呼休烽燧,西南约 15.3 千米处有 T28 烽燧。

(5) T28 烽燧(152923353201040005)

该烽燧位于达来呼布镇乌苏荣贵嘎查东北约 16.5 千米,坐落于古居延泽北岸的砾石坡地上。

烽燧由墩台和坞组成,整体坍塌成石堆状,底部东西最长 18、南北最长 14 米。坞连接于墩台南壁。墩台顶部有后人堆砌的一座敖包,高 1.2 米。周围散落灰陶片等遗物。

该烽燧东北约 15.3 千米处有 T29 烽燧,西南约 3 千米处有 A11 烽燧。

(6) A11 烽燧(152923353201040003)

该烽燧位于达来呼布镇乌苏荣贵嘎查东北约 13.5 千米的丘陵地带,坐落于金斯图山一座高约 60 米的小山丘顶部。《居延汉简甲乙编》附录《额济纳河流域障遂述要》认为,破城子出土简所书"殄北石隧"可能指的是这座烽燧。

烽燧仅见墩台。墩台坍塌成圆丘状,底部东西最长 9、南北最长 14、高 4 米。墩台表面布满青石块,顶部露出芦苇、梧桐木和红柳等,由此推测,墩台是用石块夹芦苇、梧桐木和红柳枝垒砌而成。墩台西壁底部的石块被取走,周围散落有灰陶片等遗物。1976 年,甘肃省文物工作队调查时曾采集铜镞 1 枚(彩图三一五)。

该烽燧东北约 3 千米处有 T28 烽燧,西约 2.2 千米处有 K681 烽燧。

(7) K681 烽燧(152923353201040004)

该烽燧位于达来呼布镇乌苏荣贵嘎查东北约 11.6 千米的丘陵地带,坐落于戈壁滩上。

烽燧仅见墩台,整体坍塌成低矮的沙石堆,底部东西长 6、南北长 8、高 1.2 米。四周散落有石块和梭梭柴等。西南 5 米处有一个石圈,直径 3 米。

该烽燧东约 2.2 千米处有 A11 烽燧，西南约 1.5 千米处有 A10 亭。

（8）A10 亭（152923353201040002）

该亭位于达来呼布镇乌苏荣贵嘎查东北约 10 千米的沙丘中。蒙语称为"瓦因托尼"或"瓦因桃来"。中瑞西北科学考察团试掘了该亭址，获简约 270 枚，发现了 1 张纸文书。简文有两大特征：一是大部分简属于通泽第二亭的月食簿，小部分属于烽燧的记录；二是大部分简的年代集中于西汉武帝末年至昭帝时代（公元前 90～前 77 年），属于居延汉简中年代较早的。《居延汉简甲乙编》附录《额济纳河流域障燧述要》一文，根据该地点出土的"通泽第二亭"月食簿，推断其为"通泽第二亭"，是目前居延边塞中唯一能够认定的亭址。

亭平面呈正方形，边长 6.5 米，用土坯砌筑而成。仅西南角墙体尚存，南墙残长 5.3、高 1.5 米，西墙残长 1.5、高 0.6 米，宽均为 1 米。门址无从辨识。周围地表散布有灰陶片等遗物。

该亭北 80 米处有 2 座建筑基址，均为戈壁碎石所筑，墙体基宽 0.8、高 0.3 米，仅能辨识大致轮廓。较大的一座东西长 30、南北长 10 米，内部有 5 个炼渣堆；较小的一座约 2 米见方。

（9）A1 障（152923353102040001）

该障城位于苏泊淖尔苏木策克嘎查东南约 14.6 千米，坐落于较为平坦的灰色胶泥滩上，四周是红柳沙丘。中瑞西北科学考察团称之为"宗间阿玛"，甘肃省文物工作队发表的《额济纳河下游汉代烽燧遗址调查报告》称之为"全吉阿玛"。

中瑞西北科学考察团曾试掘该障城，在障内西部发现有一座长方形房址，墙面涂抹白灰，脱落的白灰片上书有"羊头石五百"字。在房址北侧与障墙之间试掘出土约 50 枚汉简，其中有汉宣帝五凤二年（公元前 56 年）简。此外，还出土陶器、铁锅、木橛、封检、绢帛、绳索、砺石和骨镞等遗物。《居延汉简甲乙编》附录《额济纳河流域障燧述要》一文，依据 A1 障所处地望及所出"（殄）北候簿"和"居延殄北塞"等简文，推断其为殄北候官治所。

障城平面略呈正方形，东西长 33、南北长 32 米。四墙下部底基为 3 米高的夯土层，夯层厚 0.08～0.12 米，上部用土坯砌筑而成，分别隔 3、4、6 和 12 层夹杂有芦苇和红柳。障墙坍塌损毁严重，仅西南角和东南角保存略好，墙体基宽 3.5、高 2.8～6 米。南墙偏东设门，宽 2 米。障城四周散落较多的灰陶片，外部东南角堆有羊头石。障城东 50 米处有 3 座石砌附燧，东西向排列，间距约 50 米，坍塌的石堆直径均为 5 米（彩图三一六）。

该障城西北约 6.7 千米处有 A1a 烽燧，东南约 17 千米处有 A10 亭。

（10）A1a 烽燧（152923353201040001）

该烽燧位于苏泊淖尔苏木策克嘎查东南约 16.2 千米，坐落于登达河支流干涸河床东岸的红柳丛中。

烽燧仅见墩台。墩台用土坯垒砌而成，坍塌成土堆状，底部东西长 21、南北长 16、高 4.5 米。北壁可见原始壁面，顶部中间有一道雨水冲蚀形成的沟槽。

该烽燧东南约 6.7 千米处有 A1 障，西南约 18.2 千米处有 A2 烽燧。

2. 甲渠候官

甲渠候官位于居延边塞西侧，与所属烽燧等统称甲渠塞，其中 A8 障为甲渠候官治所。下辖天田 1 道（为甲渠塞天田）、烽燧 21 座。

甲渠塞天田，北起自苏泊淖尔苏木策克嘎查东南约 14.6 千米，南止于达来呼布镇吉日嘎朗图嘎查西南约 37.5 千米。由并排的两条遗迹构成，各长 59867 米，总长 119734 米，大体呈东北—西南走向，与其东侧的甲渠塞烽燧线平行。天田以戈壁自然地形为基础，取附近砾石、细沙堆积而成，形似两道土垄，均底宽 1 ~ 2.2、高 0.05 ~ 0.2、内侧间距 5 ~ 6.5 米。依据保存状况将其划分为 9 段。

21 座烽燧，由北向南依次为 A2 烽燧、A3 烽燧、T7 烽燧、T8 烽燧、T9 烽燧、A5 烽燧、T10 烽燧、T11 烽燧、A6 烽燧、T12 烽燧、T13 烽燧、A7 烽燧、T14 烽燧、T15 烽燧、T16 烽燧、P1 烽燧、A9 烽燧、T17 烽燧、T18 烽燧、T20 烽燧、T21 烽燧。

各类遗存依次详述如下。

（1）甲渠塞天田 1 段（152923354199040001）

该段天田北起自苏泊淖尔苏木策克嘎查东南约 14.6 千米，南止于达来呼布镇吉日嘎朗图嘎查西南约 13.7 千米。呈东北—西南走向，下接甲渠塞天田 2 段。

天田位于额济纳河下游，附近土地沙化、盐碱化严重，加之洪水冲蚀、雨水冲刷、风沙侵蚀等因素，导致天田保存极差，濒临消失。两条遗迹在戈壁地表模糊不清，各长 32600 米，总长 65200 米。

（2）甲渠塞天田 2 段（152923354199040002）

该段天田北起自达来呼布镇吉日嘎朗图嘎查西南约 13.7 千米，南止于吉日嘎朗图嘎查西南约 17 千米。大体呈东北—西南走向，上接甲渠塞天田 1 段，下连甲渠塞天田 3 段。

天田由并排的两条遗迹构成，各长 4002 米，总长 8004 米。其中，保存一般 7000 米、较差 1004 米，分别占该段天田总长的 87.5%、12.5%。每条遗迹宽 1.8 ~ 2.2、高 0.05 ~ 0.2、内侧间距 5.6 ~ 6.5 米。

该段天田东侧有 T7 ~ T9、A5 烽燧，距天田最近者 5 米、最远者 35 米。

（3）甲渠塞天田 3 段（152923354199040003）

该段天田北起自达来呼布镇吉日嘎朗图嘎查西南约 17 千米，南止于吉日嘎朗图嘎查西南约 20.7 千米。大体呈东北—西南走向，上接甲渠塞天田 2 段，下接甲渠塞天田 4 段。

天田由并排的两条遗迹构成，各长 4902 米，总长 9804 米。其中，保存较好 612 米、一般 5800 米、消失 3392 米，分别占该段天田总长的 6.2%、59.2%、34.6%。每条遗迹宽 1.8 ~ 2.2、高 0.07 ~ 0.2、内侧间距 5.6 ~ 6.5 米。

该段天田东约 21 米处有 T10 烽燧、约 45 米处有 T11 烽燧、约 55 米处有 A6 烽燧。

（4）甲渠塞天田 4 段（152923354199040004）

该段天田北起自达来呼布镇吉日嘎朗图嘎查西南约 20.7 千米，南止于吉日嘎朗图嘎查西南约 21.5 千米。大体呈东北—西南走向，上接甲渠塞天田 3 段，下接甲渠塞天田 5 段。

天田由并排的两条遗迹构成，各长 3000 米，总长 6000 米，保存一般。每条遗迹底宽 1.8 ~ 2.2、高 0.05 ~ 0.2、内侧间距 5.6 ~ 6.5 米。

（5）甲渠塞天田 5 段（152923354199040005）

该段天田北起自达来呼布镇吉日嘎朗图嘎查西南约 21.5 千米，南止于吉日嘎朗图嘎查西南约 26 千米。大体呈东北—西南走向，上接甲渠塞天田 4 段，下接甲渠塞天田 6 段。

天田由并排的两条遗迹构成，各长 2997 米，总长 5994 米。其中，保存一般 4768 米、消失 1226 米，分别占该段天田总长的 79.5%、20.5%。每条遗迹底宽 1.8 ~ 2.2、高 0.05 ~ 0.2、内侧间距 5.6 ~ 6.5 米。

该段天田东约 25 米处有 A7 烽燧、约 160 米处有 A8 障（甲渠候官）。

（6）甲渠塞天田 6 段（152923354199040006）

该段天田北起自达来呼布镇吉日嘎朗图嘎查西南约 26 千米，南止于吉日嘎朗图嘎查西南约 29.3

千米。大体呈东北—西南走向，上接甲渠塞天田5段，下接甲渠塞天田7段。

天田由并排的两条遗迹构成，各长3149米，总长6298米。其中，保存一般3200米、较差668米、消失2430米，分别占该段天田总长的50.8%、10.6%、38.6%。每条遗迹底宽1.8~2.2、高0.05~0.2、内侧间距5.6~6.5米。

该段天田东约7米处有T14烽燧、约35米处有T15烽燧、约15米处有T16烽燧。

（7）甲渠塞天田7段（152923354199040007）

该段天田北起自达来呼布镇吉日嘎朗图嘎查西南约29.3千米，南止于吉日嘎朗图嘎查西南约32.3千米。大体呈东北—西南走向，上接甲渠塞天田6段，下接甲渠塞天田8段。

天田由并排的两条遗迹构成，各长3450米，总长6900米。其中，保存较好5800米、消失1100米，分别占该段天田总长的84%、16%。每条遗迹底宽1.8~2.2、高0.1~0.2、内侧间距5.6~6.5米。

该段天田东约35米处有P1烽燧。

（8）甲渠塞天田8段（152923354199040008）

该段天田北起自达来呼布镇吉日嘎朗图嘎查西南约32.3千米，南止于吉日嘎朗图嘎查西南约35.3千米。大体呈东北—西南走向，上接甲渠塞天田7段，下接甲渠塞天田9段。

天田由并排的2条遗迹构成，各长3600米，总长7200米。其中，保存较好4200米、消失3000米，分别占该段天田总长的58.3%、41.7%。每条遗迹底宽1.8~2.2、高0.1~0.2、内侧间距5.6~6.5米。

（9）甲渠塞天田9段（152923354199040009）

该段天田北起自达来呼布镇吉日嘎朗图嘎查西南约35.3千米，南止于吉日嘎朗图嘎查西南约37.5千米。大体呈东北—西南走向，上接甲渠塞天田8段。

天田由并排的两条遗迹构成，各长2167米，总长4334米。其中，保存一般2400米、差1934米，分别占该段天田总长的55.4%、44.6%。每条遗迹底宽1.8~2.2、高0.05~0.2米，内侧间距5.6~6.5米。

该段天田东约55米处有T20烽燧、约20米处有T21烽燧。

（10）A2烽燧（152923353201040022）

该烽燧位于苏泊淖尔苏木策克嘎查东南约20.3千米的红柳丛中。中瑞西北科学考察团曾作过试掘，出土有汉简6枚与一带字封检，还出土有木件、砺石、绢帛、绳索等。参考《居延汉简甲乙编》附录《额济纳河流域障隧述要》一文，根据出土简文推测该烽燧为甲渠候官所属第卅五隧。

烽燧由墩台和坞两部分组成。整体坍塌，坍塌范围底部东西最长19、南北最长16.4、高4.3米；其顶部西侧塌陷，形成一个东西长11.3、南北长1.1、深0.5米的坑。墩台坍塌，底部东西最长9.8、南北最长12.7米，东、西壁坍塌成斜坡状，局部露出土坯，北壁坍塌露出夯土。根据局部残存的建筑痕迹来看，墩台下部夯筑而成，夯层厚0.06~0.09米；上部用土坯垒砌而成，中间夹杂有芦苇和梭梭枝，土坯规格为长37、宽17、厚12厘米。坞连接在墩台南壁，由两间房址组成，均用土坯垒砌而成，已坍塌，东西长约10、南北长10.3、高约2.5米。四周散落有灰、红色陶片等遗物。

该烽燧东北约13.2千米处有A1障、约18.2千米处有A1a烽燧。

（11）A3烽燧（152923353201040023）

该烽燧位于达来呼布镇镇区中心，北面为额济纳旗检察院大楼。为防止遭受破坏，内蒙古自治区文物考古研究所与额济纳旗文物管理所在烽燧四周设立了网围栏，并树立了保护标志碑。中瑞西北科学考察团曾作过试掘，发现房址 1 处，出土汉简 4 枚、毛刷 1 柄以及木件、铁工具等。

根据中瑞西北科学考察团试掘的情况来看，该烽燧由墩台和坞两部分组成，整体坍塌成圆丘状，底部直径 18、高 2.5 米，土堆中露出粗草绳、芦苇等。周围地表散落有灰、红色陶片等遗物。

该烽燧东北约 13.9 千米处有 A2 烽燧，西南约 5.4 千米处有 T7 烽燧。

（12）T7 烽燧（152923353201040024）

该烽燧位于达来呼布镇吉日嘎朗图嘎查西南约 13.7 千米的荒漠戈壁滩上，坐落于临策铁路一个涵洞下面，东距 315 省道 0.2 千米。

烽燧整体坍塌成圆丘状，表面被细沙和戈壁碎石所覆盖，底部东西最长 23、南北最长 21、高 2 米。东 20 米处有灰坑，西侧有天田。周围地表散落有灰陶片等遗物。

该烽燧东北约 5.4 千米处有 A3 烽燧，西南约 1.3 千米处有 T8 烽燧。

（13）T8 烽燧（152923353201040025）

该烽燧位于达来呼布镇吉日嘎朗图嘎查西南约 14.6 千米的荒漠戈壁滩上。

烽燧整体坍塌成圆丘状，表面被细沙和戈壁碎石所覆盖，底部东西最长 25、南北最长 20、高 1.8 米。烽燧顶部居中被盗挖开一长方形坑，东西长 9.3、南北长 3.6、深 1.9 米。四周散落有灰陶片。

该烽燧东北约 1.3 千米处有 T7 烽燧，西南约 1.3 千米处有 T9 烽燧，西侧有甲渠塞天田 2 段。

（14）T9 烽燧（152923353201040026）

该烽燧位于达来呼布镇吉日嘎朗图嘎查西南约 15.6 千米的荒漠戈壁滩上。中瑞西北科学考察团曾作过试掘。1999 年 10 月，内蒙古自治区文物考古研究所对该烽燧及其东侧的灰堆进行了发掘，搞清了它的基本形制，并根据出土简文将其推定为甲渠候官第十六燧[1]。

烽燧由墩台和坞两部分组成，均用土坯垒砌而成，土坯规格为长 37、宽 17、厚 12 厘米。墩台平面呈长方形，东西长 4.5、南北长 3、高 1.2～2.2 米。坞连接在墩台南壁，平面呈长方形，东西长 14、南北长 11 米，由门厅、过道和 5 间房址组成，外墙体宽厚，东墙中部设门。烽燧东 10 米处有灰坑，四周散落有灰陶片（图五；彩图三一七）。

该烽燧东北约 1.3 千米处有 T8 烽燧，西南约 1.3 千米处有 A5 烽燧，西 22 米处有甲渠塞天田 3 段。

（15）A5 烽燧（152923353201040027）

该烽燧位于达来呼布镇吉日嘎朗图嘎查西南约 16.6 千米的戈壁滩上。中瑞西北科学考察团曾对该烽燧进行过调查，采集五铢钱一枚。

烽燧整体坍塌成圆丘状，表面被细沙和戈壁碎石所覆盖，底部东西最长 21、南北最长 23、高 2.6 米。东北侧有少部分墙体露出，用土坯垒砌而成，顶部可见 6 层土坯。遗址四周散落有灰陶片等遗物（彩图三一八）。

该烽燧东北约 1.3 千米处有 T9 烽燧，西南约 1.3 千米处有 T10 烽燧，西 35 米处有甲渠塞天田 2 段。

（16）T10 烽燧（152923353201040028）

该烽燧位于达来呼布镇吉日嘎朗图嘎查西南约 17.6 千米的戈壁滩上。1999 年内蒙古自治区文物考古研究所作过发掘。

烽燧由墩台和坞两部分组成。整体用土坯垒砌而成，平面呈正方形，边长 16.5、高 2.4 米。墩台

---

〔1〕　魏坚：《额济纳旗汉代居延遗址调查与发掘述要》，《额济纳汉简》，广西师范大学出版社，2005 年。

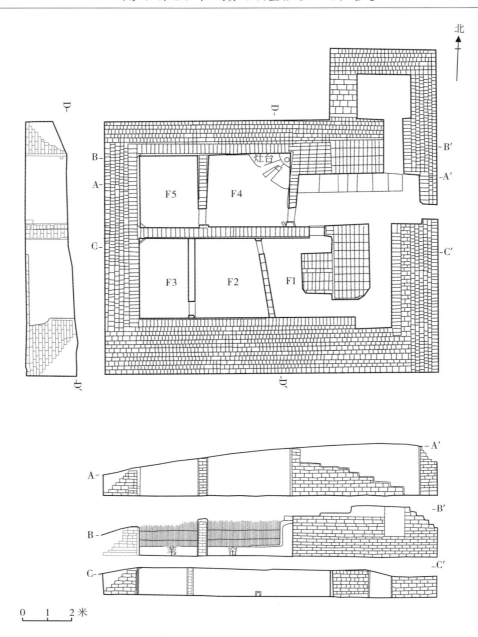

图五　T9 烽燧平、剖面图

东西长 9.3、南北长 7.6 米。坞连接在墩台南壁，有 6 间大小不等的房址，房内有灶台，带火道，火道上有竖立的芦苇，两面抹泥。坞门向东。坞北有 9 层台阶，通往墩台顶部。坞南有 8 个虎落木桩，间隔均约 1 米。遗址周围地表散落有灰陶片等遗物（彩图三一九）。

　　该烽燧东北约 1.3 千米处有 A5 烽燧，西南约 1.3 千米处有 T11 烽燧，西 21 米处有甲渠塞天田 3 段。

　　（17）T11 烽燧（152923353201040029）

　　该烽燧位于达来呼布镇吉日嘎朗图嘎查西南约 18.6 千米的戈壁滩上。

　　烽燧整体坍塌成圆丘状，依稀可辨原始形制，表面多被戈壁碎石覆盖，底部东西最长 23、南北最长 21、高 3.8 米。

烽燧由墩台和坞两部分组成。墩台坍塌成覆斗形，坞连接在墩台南壁，局部未被碎石掩盖之处可见土坯夹草层垒砌的痕迹。烽燧东 20 米处有灰坑（彩图三二○）。

该烽燧东北约 1.3 千米处有 T10 烽燧，西南约 1.3 千米处有 A6 烽燧，西 45 米处有甲渠塞天田 3 段。

（18）A6 烽燧（152923353201040030）

该烽燧位于达来呼布镇吉日嘎朗图嘎查西南 19.7 千米处的戈壁滩上。中瑞西北科学考察团曾作过试掘，采集汉简 6 枚和一有字封检，出土历谱残简、"徐严私印"封泥一块和甲衣上的残片、织物等。

烽燧整体坍塌成不规则的土堆状，依稀可辨形制，表面多为细沙和戈壁碎石覆盖，底部东西最长 23、南北最长 23、高 4.5 米，有遭盗掘痕迹。

烽燧由墩台和坞两部分组成。墩台坍塌成近覆斗形，坞连接在墩台南壁。墩台东壁局部外露，墙体内夹杂有芨芨草、柴棍等。烽燧东 10 米处有灰坑。遗址周围散落有灰陶片等遗物。

该烽燧东北约 1.3 千米处有 T11 烽燧，西南约 1.3 千米处有 T12 烽燧，西 55 米处有甲渠塞天田 3 段。

（19）T12 烽燧（152923353201040031）

该烽燧位于达来呼布镇吉日嘎朗图嘎查西南约 20.9 千米的戈壁滩上。

烽燧整体坍塌成圆丘状，依稀可辨形制，表面多被戈壁碎石覆盖，底部直径 23、高 2.5 米。墩台东壁尚存有 1 米高的墙体外露，以土坯为主垒砌而成，每两层土坯夹一层芦苇。烽燧西 46 米处有天田。遗址地表散落有灰陶片等遗物（彩图三二一）。

该烽燧东北约 1.3 千米处有 A6 烽燧，西南约 2.6 千米处有 T13 烽燧。

（20）T13 烽燧（152923353201040032）

该烽燧位于达来呼布镇吉日嘎朗图嘎查西南约 23.1 千米的戈壁滩上。1999 年，内蒙古自治区文物考古研究所作过发掘。

烽燧由墩台和坞两部分组成。均用土坯垒砌而成，东西长 14.5、南北长 16、高 5 米。墩台平面呈正方形，边长 7.5、高 5 米，石灰抹面。坞连接在墩台东壁，东西长 6.3、南北长 9.6 米，墙体宽 3、高 1.9 米。坞内有 4 间房址，房内有暖墙和烟道，西南角有灶台，东面原有门，后被封堵。烽燧东 15 米处有天田。遗址周围散落有灰陶片等遗物（彩图三二二）。

该烽燧东北约 2.6 千米处有 T12 烽燧，西南约 1.3 千米处有 A7 烽燧。

（21）A7 烽燧（152923353201040033）

该烽燧位于达来呼布镇吉日嘎朗图嘎查西南约 23.1 千米的戈壁滩上。

中瑞西北科学考察团曾作过试掘，出土有汉简 9 枚、有字封检 2 枚以及木件等。简文有始建国五年（公元 13 年）的年号，封检上有"甲渠官"和"甲渠障候"字样。

烽燧整体坍塌成圆丘状，表面多被戈壁碎石覆盖，底部东西最长 24、南北最长 20、高 3.5 米。顶部遭盗挖，从盗洞可见墩台原为土坯垒砌而成。遗址四周散落有灰陶片（彩图三二三）。

该烽燧东北约 1.3 千米处有 T13 烽燧，西南约 1.2 千米处有 A8 障，西 25 米处有甲渠塞天田 5 段。

（22）A8 障（52923353102040004）

该障城位于达来呼布镇吉日嘎朗图嘎查西南约 25.4 千米，地处平坦的戈壁地带。俗名"破城子"，蒙古语称为"呼钦浩特"或"木都日博勒金"。中瑞西北科学考察团试掘了 4 个地点，出土 5000 余枚汉简以及大量木器、竹器、铁器、陶器、铜器、角器、葫芦器、料器、织物、五铢钱等。1974 年，甘肃居延考古队对该遗址进行了发掘，搞清了其建筑布局和基本结构，出土简牍 7000 余枚、各类器物

800 余件，主要有弓、箭、铜镞、转射、铁甲、货币、辘轳、铁农具、工具及木芯、网坠、猎具、仓印、木柱斗和窗、木板画、竹笛等。[1]

此次调查时障城已再度被风沙填埋，房址痕迹漫漶不清，地表散落有较多灰陶片。根据甘肃居延考古队的发掘成果，遗址由障和关厢两部分组成。障平面呈正方形，边长 23.1 米，墙体为土坯砌筑，底宽顶窄，基宽 4~4.5、高 4.6 米，收分明显；障内有相互叠压的 2 组房址，早期房址 2 座、晚期房址 1 座，障内南侧有登障顶的早期马道阶梯。关厢连接在障南墙，东西长 45.5、南北长 47.5 米；墙体夯土筑造，宽 1.8~2、高 0.9 米，略有收分，墙面抹多层草泥白灰；东墙偏南设门，门外有残存的瓮城；关厢墙外设虎落，外围 3 米内共埋设 4 排尖木桩，呈三角形排列，完整者高 0.33 米，间距约 0.7 米，虎落上部堆积中出土多件木转射。关厢内共清理房址 37 间，均为夯土墙、草泥地面，其中 F16 出土"塞上蓬火品约"、"相利善剑刀"、"甲渠候请罪"等简册，发掘者据此推断，该房址为晚期甲渠候官居住之所。关厢南 50 米处有一座烽燧，现为长方形的夯土台，长 5、宽 4.8、高 0.7 米，附近发现有积薪、桔槔遗迹和烧灰等。东距关厢门址 30 米处有一个灰堆，范围为 70×40 米，为柴草、粪便、废弃物、烧灰、沙砾的混合堆积（图六；彩图三二四、三二五）。

该障城东北约 1.2 千米处有 A7 烽燧，西南约 1.3 千米处有 T14 烽燧，西约 160 米处有甲渠塞天田 5 段。

（23）T14 烽燧（152923353201040034）

该烽燧位于达来呼布镇吉日嘎朗图嘎查西南约 26.4 千米的戈壁滩上。1976 年，甘肃省文物工作队调查时在烽燧东 20 米处的灰堆中得残简一枚。1999 年内蒙古自治区文物考古研究所作过发掘。

烽燧由墩台和坞两部分组成，土坯垒砌而成，东西长 15.4、南北长 16.5、高 2.9 米。墩台平面呈长方形，东西长 8.9、南北长 9.3 米，顶部有一个长 0.5、宽 0.45、深 0.35 米的盗坑。坞连接在墩台西南壁，墙体厚 2.6 米，门向东开，门宽 1.2 米；坞门内侧有 5 层长 0.8、宽 0.3、高 0.3 米的台阶，通往墩台顶部；进门后有一个过道，宽 0.8 米，后被封堵；南部有一个小房间，东西长 3.1、南北长 2.4 米；北部有回廊和 2 个房间，回廊宽 0.75 米，后面的房间东西长 3.2、南北长 4.3 米，前面的房间东西长 2.8、南北长 1.6 米。烽燧东南 30 米处有 3 座石堆状附燧，东西向排列，大小均约 5 米见方，间距分别为 40、75 米。遗址四周散落有灰陶片（彩图三二六）。

该烽燧东北约 1.3 千米处有 A8 障，西南约 1.4 千米处有 T15 烽燧，西约 7 米处有甲渠塞天田 6 段。

（24）T15 烽燧（152923353201040035）

该烽燧位于达来呼布镇吉日嘎朗图嘎查西南约 27.9 千米的戈壁滩上。

烽燧整体坍塌成圆丘状，依稀可辨形制，表面多被戈壁碎石覆盖，底部东西最长 24、南北最长 22、高 3.5 米。

烽燧由墩台和坞两部分组成。墩台坍塌成覆斗状，局部露出土坯垒砌的痕迹，西部露出一直径 9 厘米的木桩，东南部露出芦苇层。烽燧东南 60 米处有 3 座石堆状附燧，东西向排列，大小均为 5 米见方，间距分别为 43、53 米。遗址四周散落有灰陶片（彩图三二七）。

该烽燧东北约 1.4 千米处有 T14 烽燧，西南约 1.3 千米处有 T16 烽燧，西 35 米处有甲渠塞天田 6 段。

---

〔1〕 甘肃居延考古队：《居延汉代遗址的发掘和新出土的简册文物》，《文物》1978 年第 1 期。

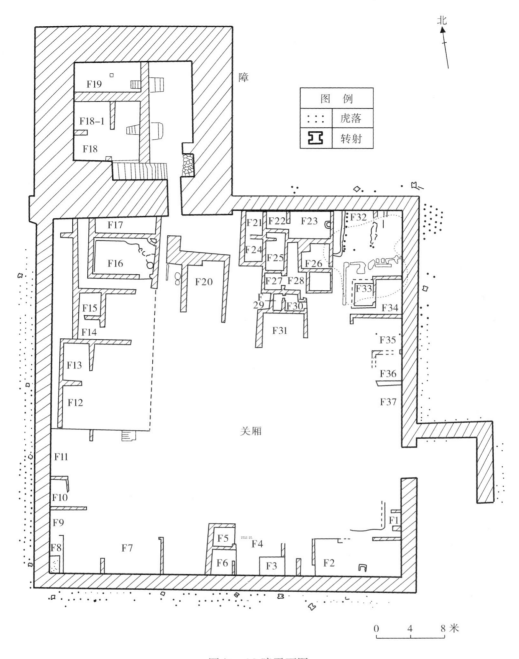

图例
∷ 虎落
工 转射

图六　A8 障平面图

（25）T16 烽燧（152923353201040036）

该烽燧位于达来呼布镇吉日嘎朗图嘎查西南约 29.1 千米的戈壁滩上。

烽燧整体坍塌成土丘状，依稀可辨形制，表面多被戈壁碎石覆盖，底部东西最长 24、南北最长 21、高 3.2 米。

烽燧由墩台和坞两部分组成。墩台东、南、西壁露出砌墙土坯。烽燧东 76 米处有 3 座石堆状附燧，东西向排列，大小均为 5 米见方，间距分别为 45、42 米。遗址四周散落有灰陶片（彩图三二八）。

该烽燧东北约 1.3 千米处有 T15 烽燧，西南约 1.1 千米处有 P1 烽燧，西 15 米处有甲渠塞天田 6 段。

（26）P1 烽燧（152923353201040037）

　　该烽燧位于达来呼布镇吉日嘎朗图嘎查西南约 30.1 千米的戈壁滩上。中瑞西北科学考察团曾作过调查，采集汉简一枚。甘肃居延考古队试掘了其中两处地点，不但搞清了该烽燧的基本形制，还根据出土的"第四燧"、"第四部候长□□治所"等简文，推断其为甲渠候官第四燧，同时又是第四部候长的治所[1]。此前，陈梦家先生根据"第廿三部由第廿三燧得名"的规律，已推定第四部的治所在第四燧，遗憾的是，他误将 T20 排定为了第四燧[2]。

　　此次调查时，烽燧已再度被风沙填埋。根据甘肃居延考古队的发掘成果，该烽燧由墩台和坞两部分组成，均为黄土夯筑。墩台平面略呈正方形，底部长 8、宽 7.7、高 3.4 米。坞连接在墩台南壁，平面呈不规则状，东西长 21、南北长 15.2 米，由 5 间相连的房址组成。坞外围有残存的木转射和虎落尖桩（图七；彩图三二九）。烽燧东南 60 米处起有 4 座石堆状附燧，东西向排列，大小均约 5 米见方，间距分别为 31、39、44 米。遗址四周散落有灰陶片。

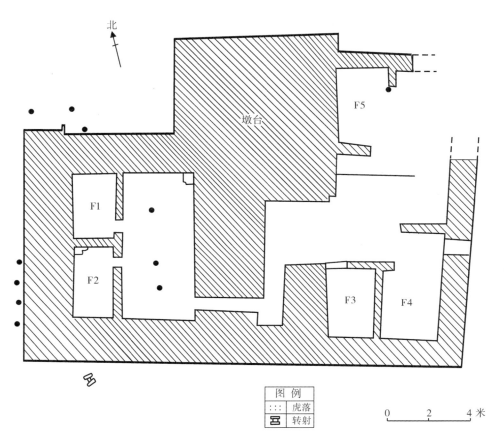

图七　P1 烽燧平面图

　　该烽燧东北约 1.1 千米处有 T16 烽燧，西南约 1.4 千米处有 A9 烽燧，西 35 米处有甲渠塞天田 7 段。

（27）A9 烽燧（152923353201040038）

　　该烽燧位于达来呼布镇吉日嘎朗图嘎查西南约 29.1 千米的戈壁滩上。中瑞西北科学考察团曾作过

---

〔1〕　甘肃居延考古队：《居延汉代遗址的发掘和新出土的简册文物》，《文物》1978 年第 1 期。

〔2〕　陈梦家：《汉简所见居延边塞与防御组织》，《考古学报》1964 年第 1 期。

调查，采集汉简一枚和铁器、木器、红帛等遗物。

烽燧整体坍塌成圆丘状，依稀可辨形制，表面被戈壁碎石覆盖，底部东西最长 20、南北最长 21、高 3 米。

烽燧由墩台和坞两部分组成。坞连接在墩台东南壁，局部可见土坯垒砌的痕迹。烽燧东北 60 米处起有 5 座石堆状附燧，大小均约 5 米见方，其中 4 垄呈西南—东北向排列，间距均为 40 米，另一座北距前 4 座中的第一座 20 米。遗址四周散落有灰陶片。

该烽燧东北约 1.4 千米处有 P1 烽燧，西南约 1.3 千米处有 T17 烽燧，西 12 米处有甲渠塞天田 7 段。

（28）T17 烽燧（152923353201040039）

该烽燧位于达来呼布镇吉日嘎朗图嘎查西南约 31.4 千米的戈壁滩上。

烽燧整体坍塌成圆丘状，依稀可辨形制，表面多被戈壁碎石覆盖，底部东西长 20、南北长 21、高 4.3 米。

烽燧由墩台和坞两部分组成。墩台东、西壁露出 3 层土坯，中间夹杂有芨芨草、草绳等。坞连接在墩台东南壁。烽燧西 35 米处有天田；东 35 米处有 4 座附燧，大小均约 5 米见方，其中 3 座为东西向排列，间距分别为 29、34 米，还有一座附燧位于前 3 座中的第一座北 14 米处。遗址四周散落有灰陶片（彩图三三○）。

该烽燧东北约 1.3 千米处有 A9 烽燧，西南约 1.3 千米处有 T18 烽燧。

（29）T18 烽燧（152923353201040040）

该烽燧位于达来呼布镇吉日嘎朗图嘎查西南约 33.8 千米的戈壁滩上。

烽燧整体坍塌成圆丘状，依稀可辨形制，表面多被戈壁碎石覆盖，底部东西最长 19、南北最长 23、高 2.5 米。烽燧由墩台和坞两部分组成。坞连接在墩台东南壁。烽燧西侧有天田；东北 10 米处有 3 座附燧，东西向排列，大小均约 5 米见方，间距分别为 35、36 米。遗址四周散落有灰陶片。

该烽燧东北约 1.3 千米处有 T17 烽燧，西南约 2.7 千米处有 T20 烽燧。

（30）T20 烽燧（152923353201040041）

该烽燧位于达来呼布镇吉日嘎朗图嘎查西南约 36.2 千米的戈壁滩上。

烽燧整体坍塌成圆丘状，依稀可辨形制，表面多被戈壁碎石覆盖，底部东西长 21、南北长 20、高 3.5 米。

烽燧由墩台和坞两部分组成。墩台东壁有雨水冲蚀的沟槽，露出土坯垒砌的痕迹。坞连接在墩台东南壁。遗址四周散落有灰陶片。

该烽燧东北约 2.7 千米处有 T18 烽燧，西南约 1.3 千米处有 T21 烽燧，西 55 米处有甲渠塞天田 9 段。

（31）T21 烽燧（152923353201040042）

该烽燧位于达来呼布镇吉日嘎朗图嘎查西南约 36.2 千米的戈壁滩上。

烽燧整体坍塌成圆丘状，依稀可辨形制，表面多被戈壁碎石覆盖，底部东西最长 22、南北最长 22、高 3 米。

烽燧由墩台和坞两部分组成。坞连接在墩台东南壁。墩台东面有雨水冲蚀的沟槽，露出土坯垒砌的痕迹。遗址四周散落有灰陶片。

该烽燧东北约 1.3 千米处有 T20 烽燧，南约 2.5 千米处有 T108 烽燧，东约 1.2 千米处有 T107 烽燧，西 20 米处有甲渠塞天田 9 段。

3. 卅井候官

卅井候官位于居延边塞东南的湖谷地带，与所属烽燧等统称卅井塞，其中 P9 障为卅井候官治所。下辖天田 1 道（为卅井塞天田）、烽燧 39 座。

卅井塞天田东北起自达来呼布镇吉日嘎朗图嘎查东南约 49.2 千米，西南止于东风镇额肯查干嘎查东北约 26.2 千米。由并排的 3 条遗迹构成，各长 65165 米，总长 195495 米，大体呈东北—西南走向，基本与西北侧的卅井塞烽燧线平行，与之相距几米到几十米不等。天田以戈壁自然地表为基础，多为取附近砾石、细沙堆积而成，形似 3 道土垄，均底宽 2 ~ 2.6、高 0.01 ~ 0.4、内侧间距 5 ~ 6.5 米；仅吉日嘎朗图嘎查东南湖谷地带的天田两侧用砂石板垒筑而成，中间填以细沙、石子。依据保存状况的差异，将其划分为 11 段。

39 座烽燧，大体依照由东向西、由北向南的顺序排列，依次为 T117 烽燧、T118 烽燧、P10 烽燧、T119 烽燧、T112 烽燧、P8 烽燧、T115 烽燧、T113 烽燧、T116 烽燧、T114 烽燧、T120 ~ T127 烽燧、浑德冷音乌素烽燧、T128 ~ T139 烽燧、P11 烽燧、A19 烽燧、T140 烽燧、川吉淖尔烽燧、A20 烽燧、T141 烽燧、A21 烽燧、A22 烽燧。

各类遗存依次详述如下。

（1）卅井塞天田 1 段（152923354199040010）

该段天田位于湖谷地带，已消失。根据天田基本与烽燧线平行的分布规律推测，东北起自达来呼布镇吉日嘎朗图嘎查东南约 49.2 千米，西南止于吉日嘎朗图嘎查西南约 51.9 千米。呈东北—西南走向，西南接卅井塞天田 2 段。各长 5100 米，总长 15300 米。

该段天田西北约 30 米处有卅井候官治所（P9 障），西约 25 米处有 T117 烽燧。

（2）卅井塞天田 2 段（152923354199040011）

该段天田东南起自达来呼布镇吉日嘎朗图嘎查西南 51.9 千米，西北止于吉日嘎朗图嘎查西南 46.2 千米。大体呈东南—西北走向，上接卅井塞天田 1 段，下连卅井塞天田 3 段。

天田由并排的 3 条遗迹构成，各长 11500 米，总长 34500 米，保存一般。两侧用砂石板垒筑而成，中间填充细沙、石子，在戈壁石梁上随地势起伏而高低不平。每条遗迹底宽 2 ~ 2.5、高 0.02 ~ 0.3、内侧间距 5 ~ 6.2 米。

该段天田北 30 米处有 T118 烽燧，东北 55 米处有 P10 烽燧、25 米处有 T119 烽燧，东约 16 米处有 T120 烽燧。

（3）卅井塞天田 3 段（152923354199040012）

该段天田东南起自达来呼布镇吉日嘎朗图嘎查西南约 46.2 千米，西北止于吉日嘎朗图嘎查西南约 43.4 千米。大体呈东南—西北走向，上接卅井塞天田 2 段，下连卅井塞天田 4 段。

天田由并排的 3 条遗迹构成，各长 6800 米，总长 20400 米。其中，保存一般 15600 米、消失 4800 米，分别占该段天田长度的 76.5%、23.5%。两侧用砂石板垒筑而成，中间填充细沙、石子，在戈壁石梁上随地势起伏而高低不平。每条遗迹底宽 2 ~ 2.5、高 0.02 ~ 0.4、内侧间距 5 ~ 6.2 米。

该段天田北约 22 米处有 T121 烽燧、约 16 米处有 T122 烽燧。

（4）卅井塞天田 4 段（152923354199040013）

该段天田东北起自达来呼布镇吉日嘎朗图嘎查西南约 43.4 千米，西南止于吉日嘎朗图嘎查西南约 44.6 千米。大体呈东北—西南走向，上接卅井塞天田 3 段，下连卅井塞天田 5 段。

天田由并排的 3 条遗迹构成，各长 3800 米，总长 11400 米，保存一般。两侧用砂石板垒筑而成，中间填充细沙、石子，在戈壁石梁上随地势起伏而高低不平。每条遗迹底宽 2～2.5、高 0.02～0.4、内侧间距 5～6.2 米。

该段天田北约 25 米处有 T123 烽燧、约 26 米处有 T125 烽燧。

（5）卅井塞天田 5 段（152923354199040014）

该段天田东北起自达来呼布镇吉日嘎朗图嘎套西南约 44.6 千米，西南止于吉日嘎朗图嘎查西南约 46.3 千米。大体呈东北—西南走向，上接卅井塞天田 4 段，下连卅井塞天田 6 段。

天田由并排的 3 条遗迹构成，各长 5600 米，总长 16800 米，保存一般。两侧用砂石板垒筑而成，中间填充细沙、石子，在戈壁石梁上随地势起伏而高低不平。每条遗迹底宽 2～2.5、高 0.05～0.18、内侧间距 5～6.2 米。

该段天田西北约 40 米处有 T126 烽燧、约 33 米处有 T127 烽燧、约 45 米处有浑德冷音乌素烽燧。

（6）卅井塞天田 6 段（152923354199040015）

该段天田东北起自达来呼布镇吉日嘎朗图嘎查西南约 46.3 千米，西南止于吉日嘎朗图嘎查西南约 53.3 千米。大体呈东北—西南走向，上接卅井塞天田 5 段，下连卅井塞天田 7 段。

该段天田现已消失，根据上、下两段的情况判断，其由并排的 3 条遗迹构成，各长 8900 米，总长 26700 米。

（7）卅井塞天田 7 段（152923354199040016）

该段天田东北起自达来呼布镇吉日嘎朗图嘎查西南约 53.3 千米，西南止于东风镇额肯查干嘎查东北约 42.3 千米。大体呈东北—西南走向，上接卅井塞天田 6 段，下连卅井塞天田 8 段。

天田由并排的 3 条遗迹构成，各长 5900 米，总长 17700 米。其中，保存一般 7200 米、较差 3300 米、消失 7200 米，分别占该段天田长度的 40.7%、18.6%、40.7%。以自然地表为基础，取附近砾石、细沙堆积而成，在戈壁石梁上随地势起伏而高低不平。每条遗迹底宽 2～2.5、高 0.05～0.18、内侧间距 5～6.2 米。

该段天田西 53 米处有 T134 烽燧、45 米处有 T136 烽燧。

（8）卅井塞天田 8 段（152923354199040017）

该段天田东北起自东风镇额肯查干嘎查东北约 42.3 千米，西南止于额肯查干嘎查东北约 37.3 千米。大体呈东北—西南走向，上接卅井塞天田 7 段，下连卅井塞天田 9 段。

天田由并排的 3 条遗迹构成，各长 5700 米，总长 17100 米，保存一般。以自然地表为基础，取附近砾石、细沙堆积而成，随地势起伏而高低不平。每条遗迹底宽 2～2.5、高 0.05～0.2、内侧间距 5～6.2 米（彩图三三一）。

该段天田北约 40 米处有 T137 烽燧、约 15 米处有 T138 烽燧、约 15 米处有 T139 烽燧。

（9）卅井塞天田 9 段（152923354199040018）

该段天田东北起自东风镇额肯查干嘎查东北约 37.3 千米，西南止于额肯查干嘎查东北约 33.7 千米。大体呈东北—西南走向，上接卅井塞天田 8 段，下连卅井塞天田 10 段。

天田由并排的 3 条遗迹构成，各长 3600 米，总长 10800 米。其中，保存较好 5400 米、消失 5400 米，各占该段天田长度的 50%。以自然地表为基础，取附近砾石、细沙堆积而成，随地势起伏而高低不平。每条遗迹底宽 2.1～2.6、高 0.05～0.2、内侧间距 5～6.2 米。

该段天田西北约 40 米处有 P11 烽燧、约 45 米处有 A19 烽燧。

（10）卅井塞天田 10 段（152923354199040019）

该段天田东北起自东风镇额肯查干嘎查东北约 33.7 千米，西南止于东风镇额肯查干嘎查东北约 29.8 千米。大体呈东北—西南走向，上接卅井塞天田 9 段，下连卅井塞天田 11 段。

天田由并排的 3 条遗迹构成，各长 3800 米，总长 11400 米，保存较好。以自然地表为基础，取附近砾石、细沙堆积而成，随地势起伏而高低不平。每条遗迹底宽 2.1~2.6、高 0.05~0.2、内侧间距 5~6.2 米。

该段天田西北约 55 米处有 T140 烽燧、约 85 米处有 A20 烽燧。

（11）卅井塞天田 11 段（152923354199040020）

该段天田东北起自东风镇额肯查干嘎查东北约 29.8 千米，西南止于额肯查干嘎查东北约 26.2 千米。大体呈东北—西南走向，上接卅井塞天田 10 段。

天田由并排的 3 条遗迹构成，各长 4465 米，总长 13395 米，保存较差。以自然地表为基础，取附近砾石、细沙堆积而成。每条遗迹底宽 2.1~2.6、高 0.01~0.1、内侧间距 5~6.2 米。

该段天田西北约 15 米处有 T141 烽燧和 A21 烽燧、约 25 米处有 A22 烽燧。

（12）P9 障（152923353102040018）

该障城位于达来呼布镇吉日嘎朗图嘎查东南约 49.2 千米，地处湖谷荒漠地带的一座高土台上，蒙古语称为"宝日川吉"。中瑞西北科学考察团称其为"博罗松治"，并曾作试掘，出土简约 350 枚，以及鼓、木器、竹器、石器、陶器、铜器、铁器、皮革、织物、五铢钱、"大泉五十"等。出土封检均属于"卅井官"或"卅井候官"，《居延汉简甲乙编》附录《额济纳河流域障遂述要》据此推定 P9 障为卅井候官治所。简文年代，介于公元前 72 年至公元 27 年之间，即西汉宣帝本始二年至东汉光武帝建武三年之间。

障城由墩台、坞和障三部分组成。墩台和坞矗立在高岗的顶部。墩台平面呈正方形，边长 5、高 4 米，有修补过的痕迹，西、南墙增补的土坯整体分离脱落，北墙底部坍塌。坞连接在墩台东壁，整体坍塌，东半部基本消失，残存的坞墙东西长 20、南北长 12 米。测绘时墩台和坞已经坍塌成一体。障设在高岗底部西南的缓坡上，平面呈正方形，边长 31 米，利用北侧天然险要的地势，东、南、西三面筑墙，以土坯垒砌为主，夹以芦苇，整体已坍塌，墙体宽 1.7、高 2.1 米（图八；彩图三三二）。

该障城西南约 2.9 千米处有 T117 烽燧。

（13）T117 烽燧（152923353201040044）

该烽燧位于达来呼布镇吉日嘎朗图嘎查东南约 50.6 千米，坐落于荒漠谷地中的一座砾石岗梁西端。

烽燧由墩台、坞和附燧三部分组成。墩台和坞用砂石板垒筑而成，整体坍塌成石堆状，底部东西长 17.5、南北长 12、高 5.5 米。墩台基础平面呈长方形，底部东西长 7、南北长 6 米。坞连接在墩台东壁，平面呈正方形，边长 7 米。墩台周围有 3 座附燧，其中，西 60 米处有 1 座，东 40 米处南北向排列有 2 座，间距约 25 米。附燧均用砂石板垒砌而成，已坍塌，大体均为直径 4~5、高 0.02~0.3 米的石堆。遗址四周散落有灰陶片（彩图三三三）。

该烽燧东北约 2.9 千米处有 P9 障，西南约 2.1 千米处有 T118 烽燧，东 25 米处有卅井塞天田 1 段。

（14）T118 烽燧（152923353201040045）

该烽燧位于达来呼布镇吉日嘎朗图嘎查东南约 51.7 千米的河谷地带，坐落于河湖沉积的高岗上。

烽燧由墩台、坞和附燧三部分组成。墩台以砂石板垒砌为主，底部东西长 6.8、南北长 6.8 米，顶

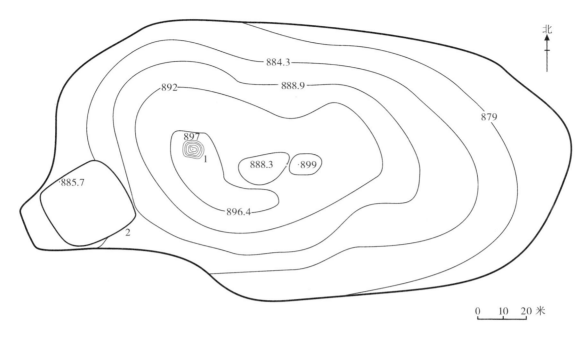

图八　P9 障平面图
1. 墩台和坞　2. 障

部东西长 3.5、南北长 3.5 米，高 4.5 米；南壁顶部有土坯砌筑的痕迹，可见芦苇层和粗草绳；北壁顶部露出 5 根胡杨木棒。坞连接在墩台西壁，顶部塌落，露出芦苇层和细麻绳捆扎的芦苇，具体尺寸不详，仅可测得与墩台一起形成底部东西长 14、南北长 10.2 米的分布范围。墩台底部东侧有一条通往坡岗下的小路，总长约 35、宽 1 米，上半段路的两侧整齐地摆放着砂石板。墩台西 12 米处起分布有 2 座附燧，均用砂石板垒砌而成，已坍塌，大体均为直径 5、高 0.02~0.3 米的石堆，东西向排列，间距 11 米。遗址四周散落有灰陶片（彩图三三四）。

该烽燧东北约 2.1 千米处有 T117 烽燧，西北约 5.7 千米处有 P10 烽燧，南 30 米处有卅井塞天田 2 段。

（15）P10 烽燧（152923353201040046）

该烽燧位于达来呼布镇吉日嘎朗图嘎查东南约 46.7 千米的河谷地带，坐落于河湖沉积的高岗上。

烽燧由墩台、坞和附燧三部分组成。墩台坍塌成覆斗形，以砂石板垒砌为主，底部边长 8、顶部边长 3、高 2.5 米，顶部立有现代三角架。坞连接在墩台东壁，仅存宽 0.6 米的基址，露出一层胡杨木棒，具体尺寸不详，仅可测得与墩台一起分布在东西长 16、南北长 14.5 米的范围内。墩台周围有 6 座砂石板垒筑而成的附燧，其中，西北 20 米处有 1 座，东北 10 米处有 1 座，东 15 米处有 1 座，西 10 米处起有东西向排列、间距依次为 11 米和 8 米的 3 座，均坍塌为直径 4~5、高 0.02~0.3 米的石堆。遗址四周有散落的灰陶片等遗物。

该烽燧西北约 4.5 千米处有 T112 烽燧、约 2.1 千米处有 T119 烽燧，西南 55 米处有卅井塞天田 2 段。

（16）T119 烽燧（152923353201040047）

该烽燧位于达来呼布镇吉日嘎朗图嘎查东南约 47.2 千米的河谷地带，坐落于河湖沉积的高岗上。1976 年，甘肃省文物工作队调查采集汉简 3 枚，简文称"收失燧"。

烽燧由墩台、坞和附燧三部分组成。墩台坍塌成圆堆状，底部直径8、高4.7米，下半部是原生土台，上半部残存9层土坯，南壁被挖开一个洞，顶部露出草绳和柴草。坞连接在墩台东北壁，西北侧坍塌成斜坡状，露出木棍和芦苇，具体尺寸不详，仅可测得与墩台一起分布在东西长19、南北长14米的范围内。墩台南30米处有3座附燧，均用砂石板垒筑而成，大体均为直径5、高0.02~0.3米的石堆，东西向排列，间距依次为30、15米。遗址四周散落有灰陶片。

该烽燧东北约4.3千米处有T112烽燧，东南约2.1千米处有P10烽燧，西南25米处有卅井塞天田2段。

从该烽燧起，烽燧线由西南向东北延伸出一个分支，由T112、P8、T115、T113、T116、T114等烽燧组成。

（17）T112烽燧（152923353201040076）

该烽燧位于达来呼布镇吉日嘎朗图嘎查东南约42.3千米的河谷地带，坐落于戈壁石梁上。

烽燧由墩台、坞和附燧三部分组成。墩台以土坯垒砌为主，坍塌成不规则形，底部东西长5.5、南北长7.5、高4.7米，上部土坯层夹杂有粗草绳，南壁底部有一个洞口。土坯尺寸一般为长38、宽20、厚13厘米。坞连接在墩台东北壁，东西长26、南北长18.4米，用砂石板垒砌而成。墩台周围有5座附燧，东北20米处有1座，东南15米处有1座，东20米处起有东西向排列、间距依次为9米和12米的3座，均用砂石板垒砌而成，直径均约5米。烽燧四周有围墙的痕迹，地表散落有灰陶片等遗物。

该烽燧东北约2.8千米处有P8烽燧，东南约4.5千米处有P10烽燧。

（18）P8烽燧（152923353201040081）

该烽燧位于达来呼布镇吉日嘎朗图嘎查东南约39.8千米，坐落于河谷地带一座砾石岗梁的北端。中瑞西北科学考察团曾作试掘，出土有3枚汉简以及木件、残丝等遗物，其中一枚简有汉成帝绥和元年（公元前8年）年号，封检（438·1）有"却胡亭"名称。

烽燧由墩台、坞、坞院和附燧四部分组成。墩台位于坞院西南角，以长44、宽22、厚17厘米的土坯垒砌为主，每9层土坯夹一层芦苇。墩台坍塌成锥状，底部东西长7.8、南北长8.5米，顶部边长5米，高5.2米。墩台东、西、北壁呈斜坡状，南壁底部抹有白灰。坞连接在墩台东、北壁，均用长41、宽22、厚15厘米的土坯垒砌而成。北侧坞东西长3.6、南北长8.9米，墙体宽1米；东侧坞东西长7、南北长13米，墙体宽1米。坞院仅存基址，平面呈正方形，边长17米，用砂石板垒砌而成，坞墙基宽0.6、高0.5米，院内地面有一层土坯铺筑痕迹。墩台东约20米处起有2列附燧，每列4座，东西向排列，均用砂石板垒砌而成，均为直径4~5、高0.02~0.3米的石堆。遗址地表散落有灰陶片（彩图三三五）。

该烽燧东北约4.5千米处有T115烽燧，西南约2.8千米处有T112烽燧。

（19）T115烽燧（152923353201040079）

该烽燧位于达来呼布镇吉日嘎朗图嘎查东南约36千米，坐落于河谷地带的一个平顶高岗上。

烽燧由墩台和坞两部分组成。墩台大部分坍塌成石堆状，根据东壁尚存的石砌痕迹判断，平面呈长方形，底部东西长14、南北长17米，顶部东西长3、南北长3.2米，高3米。墩台以砂石板垒砌为主，底部四周露出畜粪层、芦苇层和木桩等；西、北壁坍塌成斜坡状。墩台顶部立有高约5米的现代铁三角架。坞连接在墩台北壁，仅存痕迹，尺寸不详。遗址地表散见零星的灰陶片。

该烽燧东南约1.8千米处有T113烽燧，西南约4.5千米处有P8烽燧。

（20）T113烽燧（152923353201040077）

该烽燧位于达来呼布镇吉日嘎朗图嘎查东南37.1千米，坐落于河谷地带的一个平顶高岗上。

烽燧由墩台和坞两部分组成。墩台平面呈正方形，底部边长 6 米，顶部东西长 4.2、南北长 5 米，高 4.5 米。墩台以砂石板垒砌为主，中间夹杂有红柳枝和木棍，塌落的石板散乱堆积在底部。坞连接在墩台南壁，仅存痕迹，具体尺寸不详，仅可测得与墩台一起形成东西长 23、南北长 17 米的分布范围。墩台西 2 米处有一个直径 3.3 米的石圈。遗址地表散落有灰陶片和夹砂红陶片等遗物（彩图三三六）。

该烽燧东北约 0.4 千米处有 T116 烽燧，西北约 1.8 千米处有 T115 烽燧。

（21）T116 烽燧（152923353201040080）

该烽燧位于达来呼布镇吉日嘎朗图嘎查东南约 35.4 千米，坐落于河谷地带的一个平顶高岗上。2002 年，内蒙自治区文物考古研究所等单位曾作发掘，搞清楚了该烽燧的基本形制[1]。

烽燧由墩台和坞两部分组成。遗迹整体东西长 14、南北长 12.5 米，以两种不同规格的土坯垒砌，一种土坯规格为长 40、宽 23、厚 16 厘米，另一种土坯规格为长 40、宽 18、厚 10 厘米。墩台呈覆斗形，底部东西长 6、南北长 7.5 米，顶部东西长 4、南北长 4.25 米，高 4.25 米。坞连接在墩台北壁，残存大小不等的两间房址。整体形状不规则，东西长 11.3、南北长 5.3 米。坞东侧房址平面呈长方形，东西长 2.8、南北长 3.35 米，东南角破坏不存，门道不详；西侧地面铺有一层土坯，抹有草拌泥；东北角有烧烤痕迹；室内填土中清理出 10 余枚汉简和木器、陶器残片、麦粒等。西侧房址形状不规则，长 6.6、宽约 4.5 米，南墙不存，居住面抹草拌泥，室内堆有 1 米厚的杂草；近北墙处用单坯垒砌起一段曲尺状短墙，隔离出一个相对独立的小空间，东西长 2.5、南北长 0.8 米，东南角留有出入口，墙壁因长期烧烤呈红褐色，室内发现有大量的杂草和草木灰，发掘者认为是专门燃放烟火之处。烽燧西侧有一道与之平行的石墙，长 12、宽 0.5~0.6、高 0.5 米（图九；彩图三三七）。

该烽燧东约 1.2 千米处有 T114 烽燧，西南约 0.4 千米处有 T113 烽燧。

（22）T114 烽燧（152923353201040078）

该烽燧位于达来呼布镇吉日嘎朗图嘎查东南约 37.6 千米，坐落于河谷地带的一个平顶高岗上。1976 年，甘肃省文物工作队调查时曾见墩台北壁连接有坞。

本次调查仅见墩台。墩台用砂石板垒砌而成，坍塌成覆斗形，底部东西长 7.6、南北长 6、高 1.4 米，塌落的石块散乱堆积在底部，顶部立有一座现代的三角架。遗址地表散落有灰陶片等遗物。

该烽燧东南约 10.3 千米处有 P9 障，西约 1.2 千米处有 T116 烽燧。

（23）T120 烽燧（152923353201040048）

该烽燧位于达来呼布镇吉日嘎朗图嘎查东南约 46.6 千米处的河谷地带，坐落于河湖沉积的高岗上。

烽燧由墩台、坞和附燧三部分组成。墩台坍塌成圆堆状，底部东西长 7.5、南北长 9、高 4.5 米，用砂石板垒筑而成，当中夹一层粗木棍。墩台顶部有一座高 0.6 米的现代敖包。坞连接在墩台东壁，东西长 9.2、南北长 6.5 米；坞墙由土坯、砂石板混筑，夹以芦苇，墙体宽 0.6、高 1.8 米，当中有竖立的木桩。墩台周围分布有 5 座附燧，南 50 米处起有南北向排列、间距依次为 16 米和 10 米的 3 座，西 12 米处起有 2 座，均用砂石板垒砌而成，已坍塌，大体均为直径 5、高 0.02~0.3 米的石堆。遗址四周散落有灰陶片、铁片等遗物。

该烽燧东约 2.1 千米处有 T119 烽燧，西北约 1.5 千米处有 T121 烽燧，西 16 米处有卅井塞天田 2 段。

〔1〕　魏坚：《额济纳旗汉代居延遗址调查与发掘述要》，《额济纳汉简》，广西师范大学出版社，2005 年。

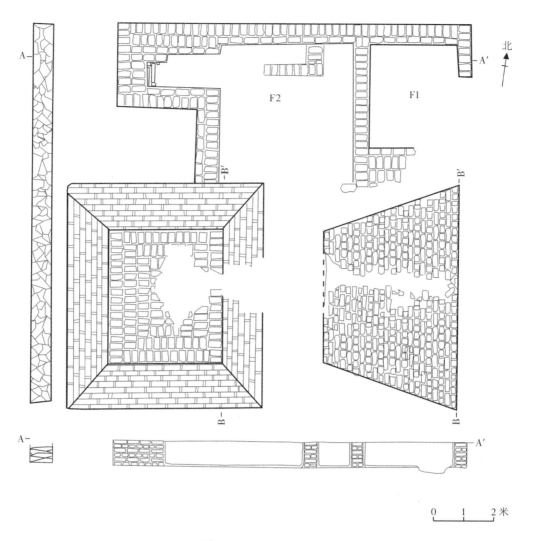

图九　T116 烽燧平、剖面图

（24）T121 烽燧（152923353201040049）

该烽燧位于达来呼布镇吉日嘎朗图嘎查南约 46.1 千米的河谷地带，坐落于河湖沉积的高岗上。

烽燧由墩台、坞和附燧三部分组成。墩台和坞坍塌成石堆状，分布在底部东西长 17、南北长 12 米的范围内。根据局部露出的石砌痕迹判断，墩台平面呈长方形，底部东西长 4.5、南北长 7、高 5 米，以砂石板垒筑为主，顶部夹杂有两层粗木棍。坞连接在墩台东壁，墙体用砂石板和芦苇草泥混筑，具体尺寸不详。墩台东南 30 米处起有 7 座附燧，均用砂石板垒砌而成，已坍塌，大体均为直径 5、高 0.02~0.3 米的石堆。遗址四周散落有灰陶片（彩图三三八）。

该烽燧东南约 1.5 千米处有 T120 烽燧，西北约 5.1 千米处有 T122 烽燧，南 22 米处有卅井塞天田 3 段。

（25）T122 烽燧（152923353201040050）

该烽燧位于达来呼布镇吉日嘎朗图嘎查南约 44.3 千米的河谷地带，坐落于河湖沉积的高岗上。

烽燧由墩台、坞、坞院和附燧四部分组成。墩台、坞和坞院整体坍塌成石堆状，分布在底部东西长 21、南北长 18 米的范围内。根据局部残存的石砌痕迹判断，墩台底部平面呈正方形，边长 6.5 米，顶部东西长 3、南北长 3.2 米，高 3.5 米，以砂石板垒砌为主，中间夹杂有木棍。墩台顶部立有现代三角架。坞连接在墩台西壁，东西长 5、南北长 8.5 米；墙体以砂石板垒砌为主，东南角为土夯，夹以芦苇层；门设在南墙东侧。坞院围绕在墩台和坞四周，仅存砂石板垒砌的基址。墩台周围有 7 座附燧，均用砂石板垒砌而成，大体均为直径 5、高 0.02~0.3 米的石堆。遗址四周散落有灰陶片。

该烽燧东南约 5.1 千米处 T121 烽燧，西南约 1.6 千米处有 T123 烽燧，南 16 米处有卅井塞天田 3 段。

（26）T123 烽燧（152923353201040051）

该烽燧位于达来呼布镇吉日嘎朗图嘎查南约 43.3 千米的河谷地带，坐落于河湖沉积的高岗上。

烽燧由墩台、坞、坞院和附燧四部分组成。墩台坍塌成石堆状，根据局部露出的石砌痕迹判断，墩台平面呈长方形，底部东西长 10.5、南北长 8 米，顶部东西长 2.6、南北长 3.1 米，高 7.7 米。墩台以砂石板垒砌为主，每隔 1 米夹一层木棍，可见 3 层木棍，顶部有土坯残迹。坞和坞院连接在墩台东南壁，墙体均用砂石板垒筑而成，高 1.8 米。坞院东西长 7.5、南北长 8.2 米，东墙设门。墩台周围有 6 座附燧，自东 25 米、西 20 米处起各有 3 座，分别呈三角形排列，均用砂石板垒砌而成，均大致为直径 5、高 0.02~0.3 米的石堆。遗址地表散落有灰陶片。

该烽燧东北约 1.6 千米处有 T122 烽燧，西约 1.5 千米处有 T124 烽燧，南 25 米处有卅井塞天田 4 段。

（27）T124 烽燧（152923353201040052）

该烽燧位于达来呼布镇吉日嘎朗图嘎查南约 43.3 千米处的河谷地带，坐落于河湖沉积的高岗上。

烽燧由墩台、坞、坞院和附燧四部分组成。墩台平面呈长方形，底部东西长 5、南北长 6 米，顶部东西长 2、南北长 3.2 米，高 4.2 米。墩台以砂石板和土坯混筑为主，当中夹杂有 4 层芦苇和木棍。坞连接在墩台东北壁，墙体以砂石板和土混筑为主，夹以柴草，墙体宽 1.6、高 2.8 米，北墙有树立的木桩，门设在南墙。坞外围有坞院，东西长 13、南北长 12 米，底部用砂石板垒筑而成，上部是芦苇和泥土混筑。墩台附近分布有 8 座附燧，与墩台相距 2~40 米，均用砂石板垒砌而成，已坍塌，大体均为直径 4~5、高 0.02~0.3 米的石堆。遗址四周散落有灰陶片、夹砂红陶片和铁片（彩图三三九）。

该烽燧东约 1.5 千米处有 T123 烽燧，西南约 1.3 千米处有 T125 烽燧，南 35 米处有卅井塞天田 4 段。

（28）T125 烽燧（152923353201040053）

该烽燧位于达来呼布镇吉日嘎朗图嘎查南约 44 千米处的河谷地带，坐落于河湖沉积的高岗上。

烽燧由墩台、坞、坞院和附燧四部分组成。墩台、坞和坞院坍塌成低矮的土丘，表面多被戈壁碎石覆盖，分布在底部东西长 13、南北长 16、高 2.6 米范围内。根据局部露出的原始建筑痕迹判断，墩台以土坯垒砌为主。坞和和坞院连接在墩台的西南壁。墩台东约 0.1 千米处有一座附燧，用砂石板垒砌而成，坍塌为直径 4~5、高 0.02~0.3 米的石堆。遗址四周散落有灰陶片。

该烽燧东北约 1.3 千米处有 T124 烽燧，西南约 1.3 千米处有 T126 烽燧，南约 26 米处有卅井塞天田 4 段。

（29）T126 烽燧（152923353201040054）

该烽燧位于达来呼布镇吉日嘎朗图嘎查南约 44.3 千米处的河谷地带，坐落于河湖沉积的高岗上。

烽燧由墩台、坞和附燧三部分组成。墩台部分坍塌，根据露出的石砌痕迹判断，平面呈长方形，剖面呈梯形，底部东西长 7.6、南北长 6、高 6 米，用砂石板垒砌而成。坞连接在墩台东南壁，形制及具体尺寸不详，仅可测得与墩台一起形成东西长 13、南北长 15 米的分布范围。坞墙以砂石板垒砌为主，坍塌较严重，仅东北角有一小段保存较好，长 2、宽 1.5、高 1.7 米；东北侧墙体露出两根竖立的木桩，分别高 0.6、1.6 米；紧靠墩台西南角的墙体用草拌泥砌筑而成。墩台东侧有砂石板垒砌的正方形遗迹 14 个，其中有积薪渣堆的 8 个可以确认是附燧，为直径 2~5、高 0.02~0.3 米的石堆，间距不等，余者用途不详。遗址四周散落有较多的灰陶片（彩图三四〇）。

该烽燧东北约 1.3 千米处有 T125 烽燧，西南约 1.5 千米处有 T127 烽燧，东南 40 米处有卅井塞天田 5 段。

（30）T127 烽燧（152923353201040055）

该烽燧位于达来呼布镇吉日嘎朗图嘎查南约 45.2 千米处的河谷地带，坐落于河湖沉积的砾石梁高岗上。

烽燧由墩台、坞和附燧三部分组成。墩台已坍塌，根据局部残存的原始建筑痕迹判断，平面呈长方形，底部东西长 6.3、南北长 6、高 3.6 米。墩台底部高 1.8 米的一段用砂石板垒砌而成，以上用土坯砌筑而成。坞连接在墩台西北壁，平面呈长方形，东西长 13、南北长 20 米，用砂石板垒筑而成。墩台周围有 5 座附燧，均用砂石板垒砌而成，已坍塌，大体均为直径 5、高 0.02~0.3 米的石堆。遗址四周散落有灰陶片。

该烽燧东北约 1.5 千米处有 T126 烽燧，西约 1.8 千米处有浑德冷音乌素烽燧，东南 33 米处有卅井塞天田 5 段。

（31）浑德冷音乌素烽燧（152923353201040056）

该烽燧位于达来呼布镇吉日嘎朗图嘎查南约 46.2 千米处的河谷地带。

烽燧由墩台、坞和附燧三部分组成，整体倾斜坍塌，形似一个方台。墩台坍塌成低矮的石堆状，底部东西长 7、南北长 9、高 1.8 米。坞连接在墩台东北壁，以砂石板垒砌为主，当中夹胡杨木棒，坍塌成长方形台，东西长 7.3、南北长 10.2 米。墩台东北 10 米处有 3 座附燧，均用砂石板垒筑而成，呈"十"字形，长、宽约 5、高 0.02~0.3 米，南北向排列，间距依次为 19、16 米。遗址四周散落有较多灰陶片和铁片。

该烽燧东约 1.8 千米处有 T127 烽燧，西约 2.3 千米处有 T129 烽燧，东南约 45 米处有卅井塞天田 5 段。

（32）T128 烽燧（152923353201040057）

该烽燧位于达来呼布镇吉日嘎朗图嘎查南约 44.3 千米处的河谷地带，坐落于河湖沉积的砾石梁高岗上。

烽燧由墩台、坞和附燧三部分组成。墩台平面呈长方形，底部东西长 9、南北长 7.5 米，顶部东西长 3.5、南北长 4 米，高 5.5 米，为土坯和砂石板混筑，当中夹杂有芦苇。墩台顶部立有现代三角架。坞连接在墩台西北壁，已坍塌，根据部分露出的原始建筑痕迹判断，坞平面呈长方形，东西长 13.5、南北长 11 米，墙体用土坯和砂石板混筑而成，宽约 2、高 0.5 米，北墙内可见两排 6 根竖立的木桩。墩台周围有 4 座附燧，其中西北 30 米处的砾石梁岗上有南北向排列、间距均为 10 米的 3 座；第 2 座附燧西 15 米处有 1 座，均用砂石板垒砌而成，已坍塌，大体为直径 4~5、高 0.02~0.3 米的石堆。遗址四周散落有灰陶片。

该烽燧东南约 2.8 千米处有浑德冷音乌素烽燧，西南约 2.6 千米处有 T129 烽燧。

（33）T129 烽燧（152923353201040058）

该烽燧位于达来呼布镇吉日嘎朗图嘎查西南约 45.9 千米的河谷地带，坐落于河湖沉积的砾石梁高岗上。

烽燧由墩台、坞和附燧三部分组成。墩台坍塌成石堆状，底部东西长7.5、南北长7、高3.5米。根据局部露出的原始建筑痕迹来看，墩台以砂石板垒砌为主，当中夹杂有粗木棍。坞连接在墩台东北壁，坍塌成长方形平台，东西长25、南北长23米，墙体基宽约1.5米。墩台周围有7座附燧，东20米处有南北向排列、间距11米的5座，南数第5座的西侧另有间距15米的2座附燧，均用砂石板垒砌而成，坍塌损毁，仅存地表痕迹，直径约5米。遗址四周散落有灰陶片。

该烽燧东北约2.6千米处有T128烽燧，西南约3千米是T130烽燧。

（34）T130 烽燧（152923353201040059）

该烽燧位于达来呼布镇吉日嘎朗图嘎查西南约48.7千米处的木吉湖湖盆地带，坐落于一座砾石梁岗上。1976年，甘肃省文物工作队调查时曾采集汉简156枚，简文称"次东燧"或"次东部"。

烽燧由墩台、坞和附燧三部分组成。墩台平面呈正方形，底部边长6米，顶部东西长1.5、南北长1.7米，高5米；以土坯垒砌为主，每3层土坯夹1层芦苇。墩台部分坍塌，南壁坍塌成三角形，东、西壁呈斜坡状，东壁底部露出抹有白灰的壁面。坞连接在墩台北壁，已坍塌，建筑方式不详，根据现场调查情况判断，平面呈长方形，东西长9、南北长5米，墙体基宽1.5、高1.4米。墩台西30米处有4座附燧，均用砂石板垒砌而成，现为直径5、高0.02~0.3米的石堆，南北向排列，间距由南向北依次为55、25、40米。遗址四周散落有灰陶片（彩图三四一、三四二）。

该烽燧东北约3千米处有T129烽燧，西南约2.2千米处T131烽燧，东约80米处有卅井塞天田6段。

（35）T131 烽燧（152923353201040060）

该烽燧位于达来呼布镇吉日嘎朗图嘎查西南约51.1千米处的木吉湖盆地地带，坐落于一座小山上。

烽燧由墩台、坞和附燧三部分组成。墩台坍塌成土石堆，底部东西最长10、南北最长10、高3米；南部露出土坯层，结合表面布满大量石块的情况推测，墩台可能用土坯和石块混筑而成。坞连接在墩台西北壁，平面呈不规则形，东西长8、南北长10.7米；墙体坍塌，以石块垒砌为主，宽1、高0.9米；西墙设门。墩台西30米处有5座附燧，均用砂石板垒砌而成，现为直径5、高0.02~0.3米的石堆，南北向排列，间距依次为5、15、20、26米。遗址地表散落有灰陶片。

该烽燧东北约2.2千米处有T130烽燧，西南约2.6千米处有T132烽燧，东约153米处有卅井塞天田6段。

（36）T132 烽燧（152923353201040061）

该烽燧位于达来呼布镇吉日嘎朗图嘎查西南约52.5千米处的木吉湖盆地地带，坐落于芦苇草丛中的砾石滩上。1976年，甘肃省文物工作队调查时采集汉简一枚。

烽燧由墩台、坞和附燧三部分组成。墩台坍塌成土堆状，底部直径约7、高3.5米。墩台局部露出土坯垒砌的痕迹，每3层土坯夹以芦苇。坞连接在墩台东北壁，已坍塌，根据现场调查情况推测，坞平面呈长方形，东西长5、南北长8米。墩台北约12米处起有6座附燧，均用砂石板垒砌而成，现为直径5、高0.02~0.3米的石堆，分东、西两排，间距20米，每排3座，南北向平行排列，东侧的3座间距依次为50、18米，西侧的3座间距依次为22、44米。遗址地表散落有灰陶片。

该烽燧东北约2.6千米处有T131烽燧，西南1.5千米处有T133烽燧，东145米处有卅井塞天田6段。

（37）T133 烽燧（152923353201040062）

该烽燧位于达来呼布镇吉日嘎朗图嘎查西南约53.5千米处的木吉湖盆地地带，坐落于一座山岗上。

烽燧整体坍塌损毁成低矮的土堆，底部东西长 13、南北长 16.5、高 1.7 米；顶部有一个大坑，长 8、宽 7.6、深 1.4 米，北侧另有一个盗坑，长 4、宽 2、深 0.3 米。局部可见土坯垒砌的痕迹，中间夹草。周边可见 7 座附燧，北 22 米处有间距分别为 13、15、12、18 米的 5 座；第 4 座附燧西 4 米处有 1 座，该附燧东南 6 米处有 1 座，均用砂石板垒砌而成，现为直径 4～5、高 0.02～0.3 米的石堆。遗址地表散落有灰陶片。

该烽燧东北约 1.5 千米处有 T132 烽燧，西南约 2 千米处有 T134 烽燧，东约 0.102 千米处有卅井塞天田 6 段。

（38）T134 烽燧（152923353201040063）

该烽燧位于达来呼布镇吉日嘎朗图嘎查西南约 54.8 千米处的木吉湖盆地一座小山岗的南端。

烽燧由墩台、坞、坞院和附燧四部分组成。坞和坞院整体坍塌，分布在东西长 20、南北长 16.2 米的范围内。墩台部分坍塌，南壁保存完好，平面呈长方形，底部东西长 8.5、南北长 7、高 3.4 米；底部以上 2.4 米皆以石块垒砌为主，当中夹以芦苇，上部以下 1 米皆以土坯垒砌为主，每 4 层土坯夹一层芦苇。坞和坞院连接在墩台东侧。根据现场调查情况推测坞院平面呈长方形，东西长 12.5、南北长 16.2 米，墙体基宽 2.1、高 2 米。墩台北 15 米处有 3 座附燧，均用砂石板垒砌而成，现为直径 5、高 0.02～0.3 米的石堆，间距依次为 16、10 米。遗址地表散落有灰陶片（彩图三四三、三四四）。

该烽燧东北约 2 千米处有 T133 烽燧，西北约 1.2 千米处有 T135 烽燧，西南约 1.4 千米处有 T136 烽燧，东约 53 米处有卅井塞天田 7 段。

（39）T135 烽燧（152923353201040064）

该烽燧位于达来呼布镇吉日嘎朗图嘎查西南约 53.9 千米的木吉湖盆地的木吉山顶。

烽燧由墩台和坞两部分组成。墩台大半坍塌成石堆状，底部东西长 6、南北长 7 米，顶部东西长 3、南北长 4.5、高 3 米。墩台局部可见清晰的石砌痕迹，当中夹芦苇和粗木棍；南侧基部保存较好。坞连接在墩台南壁，根据现场调查情况推测其平面呈半圆形，东西长 6.7、南北长 7.2 米，墙基宽 1、高 0.6 米。东南侧有一条上山小道，可能是遗址的一部分。遗址地表散落有灰陶片（彩图三四五）。

该烽燧东南约 1.2 千米处有 T134 烽燧，西南约 1.7 千米处有 T136 烽燧。

（40）T136 烽燧（152923353201040065）

该烽燧位于东风镇额肯查干嘎查东北约 44.1 千米的戈壁上。

烽燧由墩台、坞、附燧和蓄水池四部分组成。墩台和坞整体坍塌成土堆状，多为戈壁碎石覆盖，底部东西长 22、南北长 18、高 3.4 米。墩台部分露出，可见其建筑方式是以土坯垒砌为主，下部每 3 层土坯夹 1 层草，上部 1 层土坯夹 1 层草。坞连接在墩台南壁，东北侧有散落的羊头石，四周有墙体的痕迹，东侧 2 米处被挖开长 2.3、宽 1.4、深 0.5 米的坑，坑内填满沙砾。墩台附近有 6 座附燧，其中东北约 70 米处有间距约 15 米的 4 座，西 30 米处有并排分布、间距约 20 米的 2 座，均用砂石板垒砌而成，已坍塌，大体为直径 5、高 0.02～0.3 米的石堆。烽燧南 70 米处有一座蓄水池，东西长 50、南北长 25 米。遗址地表散落有灰陶片。

该烽燧东北约 1.7 千米处有 T135 烽燧，西南约 2.5 千米处有 T137 烽燧，东 45 米处有卅井塞天田 7 段。

（41）T137 烽燧（152923353201040066）

该烽燧位于东风镇额肯查干嘎查东北约 42.1 千米的戈壁上。

烽燧由墩台、坞、附燧、蓄水池和围墙五部分组成。墩台和坞坍塌，部分为戈壁碎石覆盖，整体分布在底部东西长 20、南北长 20、高 5 米的范围。墩台顶部有部分露出，可见其建筑方式是以土坯垒砌为主，下部 1 层土坯夹 1 层草，上部每 2 层土坯夹 1 层草，南 2.4 米处露出 2 根木桩，直径 0.2、间距 1.4 米。坞连接在墩台南壁，具体尺寸不详。周围有围墙痕迹。墩台东 60 米处有 4 座附燧，均用砂石板垒砌而成，现为直径 5、高 0.02～0.3 米的石堆，间距约 35 米。烽燧北约 18 米处有一个"十"字形蓄水池，东西长 45、南北长 42 米。遗址地表散落有灰陶片。墩台、坞、附燧和蓄水池的外围隐约似有东西长约 100、南北长约 110 米的围墙（图一〇）。

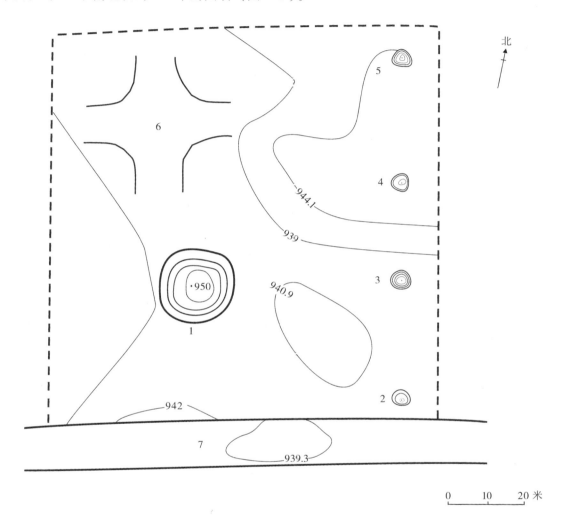

图一〇　T137 烽燧及附属设施平面图
1. 墩台和坞　2～5. 附燧　6. 蓄水池　7. 天田

该烽燧东北约 2.5 千米处有 T136 烽燧，西南约 2 千米处有 T138 烽燧，南约 40 米处有卅井塞天田 8 段。

（42）T138 烽燧（152923353201040067）

该烽燧位于东风镇额肯查干嘎查东北约 40.1 千米的戈壁上。

烽燧由墩台、坞、附燧、蓄水池和围墙五部分组成。墩台和坞整体坍塌成圆堆状，表面多被戈壁碎石覆盖，底部东西长 20、南北长 22、高 2.8 米；顶部露出 6 根细胡杨木棒。墩台局部露出，可见其建筑形式是以土坯垒砌为主（土坯尺寸无法测量），每4层土坯夹1层草。坞连接在墩台北壁，具体尺寸不详。墩台东60米处有4座附燧，均用砂石板垒砌而成，现为直径5、高0.02~0.3米的石堆，南北向排列，间距均为40米。墩台北50米处有"十"字形蓄水池，东西长50、南北长50米。墩台、坞、附燧和蓄水池的外围隐约似有边长约110米的正方形围墙。遗址地表散落有较多的灰陶片。

该烽燧东北约2千米处有T137烽燧，西南约1.9千米处有T139烽燧，南约15米处有卅井塞天田8段。

（43） T139 烽燧 （152923353201040068）

该烽燧位于东风镇额肯查干嘎查东北约39.2千米的戈壁上。

烽燧坍塌，仅见低矮的土堆，表面满布戈壁碎石，底部东西长20、南北长20、高2.5米。因多次遭盗掘，遗有盗坑3个，其中顶部盗坑东西长1.5、南北长2.1、深0.55米，西南部被挖开东西长4、南北长1.7、深0.4米的盗坑，露出抹有白灰的壁面和3根直径20厘米的木桩；东南部被挖开东西长3.1、南北长3.4、深0.4米的盗坑，露出抹泥的墙体。四周有墙体的痕迹，可与天田相连。烽燧东南50米、东北40米处各有2座附燧，均用砂石板垒砌而成，现为直径5、高0.02~0.3米的石堆；北40米处有一座蓄水池，东西长35、南北长31米。遗址地表散落有灰陶片。

该烽燧东北约1.9千米处有T138烽燧，西南约1.9千米处有P11烽燧，南约15米处有卅井塞天田8段。

（44） P11 烽燧 （152923353201040069）

该烽燧位于东风镇额肯查干嘎查东北约37.2千米的戈壁上。中瑞西北考察团作过调查，采集汉简4枚。

烽燧由墩台、坞、附燧和蓄水池四部分组成。墩台和坞均坍塌成圆堆状，表面多被戈壁碎石覆盖，底部东西最长22.2、南北最长20.6、高3.5米。墩台南壁露出，可见其建筑形式是以土坯垒砌为主，每4层土坯夹1层芦苇、芨芨草；顶部有2根直径18厘米的木桩。坞连接在墩台北壁。墩台北30米处有3座附燧，均用砂石板垒砌而成，现为直径5、高0.02~0.3米的石堆，间距分别为45、35米。墩台东北40米处有"十"字形蓄水池，东西长50、南北长55米。烽燧四周有围墙的痕迹，遗址地表散落有灰陶片。

该烽燧东北约1.9千米处有T139烽燧，西南约1.7千米处有A19烽燧，东南约40米处有卅井塞天田9段。

（45） A19 烽燧 （152923353201040070）

该烽燧位于东风镇额肯查干嘎查东北约35.6千米的戈壁上。

烽燧坍塌成低矮的圆堆状，表面多被戈壁碎石覆盖，东西最长15、南北最长17、高0.85米，仅有小部分露出，长3.7、高0.2~0.85米，据此可知其建筑形式可能是以土坯垒砌为主（土坯尺寸无法测量），每3层土坯夹1层芦苇。烽燧西30米处分布有4座附燧，均用砂石板垒砌而成，现为直径5、高0.02~0.3米的石堆，间距分别为55、30、28米。遗址地表散落有灰陶片和炼渣等遗物。

该烽燧东北约1.7千米处有P11烽燧，西南约1.9千米处有A20烽燧，东南45米处有卅井塞天田9段。

（46） T140 烽燧 （152923353201040071）

该烽燧位于东风镇额肯查干嘎查东北约33.7千米处的戈壁上。

烽燧由墩台、坞、附燧和蓄水池四部分组成。墩台和坞坍塌成圆丘状，依稀可辨形制，表面多被戈壁碎石覆盖，底部直径20、高3.7米。墩台局部露出，可见其建筑形式是以土坯垒砌为主，每3层土坯夹 1 层芦苇。坞连接在墩台北壁。墩台西北 6 米处有 4 座附燧，均用砂石板垒砌而成，现为直径 5、高 0.02～0.3 米的石堆，间距均为 35 米。墩台东北 30 米处有一座蓄水池，东西长 30、南北长 40 米；西 30 米处另有一座蓄水池，东西长 55、南北长 51 米。遗址地表散落有灰陶片。

该烽燧东北约 2 千米处有 A20 烽燧，西南约 1.8 千米处有 T141 烽燧，西北约 2.7 千米处有川吉淖尔烽燧，东南 55 米处有卅井塞天田 10 段。

（47）川吉淖尔烽燧（152923353201040156）

该烽燧位于东风镇额肯查干嘎查东北约 35.7 千米，坐落于额济纳河东岸的红柳沙丘中。

烽燧整体坍塌成低矮的土包，底部东西最长 14、南北最长 17.4、高 1.1 米。南侧及顶部遗有盗坑 3 处，尺寸分别为东西长 1.7、南北长 1.45、深 0.55 米，东西长 1.5、南北长 0.8、深 0.3 米，东西长 6.4、南北长 1.5、深 0.55 米。遗址地表散落有较多的灰陶片。

该烽燧东南约 2.7 千米处有 T140 烽燧、约 2.8 千米处有 A20 烽燧。

（48）A20 烽燧（152923353201040072）

该烽燧位于额济纳旗东风镇额肯查干嘎查东北 33.7 千米的戈壁上。

烽燧由墩台、坞、附燧和蓄水池四部分组成。墩台和坞坍塌成圆丘状，表面多被戈壁碎石覆盖，底部直径 21、高 3.7 米。墩台上半部分露出，据此大体可以推测其平面呈正方形，以长 40、宽 20、厚 13 厘米的土坯垒砌为主，每 3 层土坯夹 1 层芦苇。坞连接在墩台北壁，四周有围墙痕迹，可与天田相接。墩台东 50 米处有 4 座附燧，均用砂石板垒砌而成，南北向排列，现为直径 5、高 0.02～0.3 米的石堆，间距依次为 12、28、16 米。墩台南 22 米处有一处蓄水池，东西长 42、南北长 30 米。遗址地表散落有较多的灰陶片（彩图三四六）。

该烽燧东北约 1.9 千米处有 A19 烽燧，西南约 2 千米处有 T140 烽燧。

（49）T141 烽燧（152923353201040073）

该烽燧位于东风镇额肯查干嘎查东北约 29.9 千米的戈壁上。

烽燧由墩台、坞、附燧和蓄水池四部分组成。墩台和坞坍塌成圆丘状，表面多被戈壁碎石覆盖，底部东西最长 20、南北最长 21.4、高 5.2 米。墩台上半部分露出，以长 40、宽 21、厚 14 厘米的土坯垒砌为主，每 3 层土坯夹 1 层芨芨草，东北角有火道。坞连接在墩台东北壁，四周有围墙痕迹，可与天田相接。墩台西 40 米处有 4 座附燧，均用砂石板垒砌而成，现为直径 5、高 0.02～0.3 米的石堆，间距均为 30 米。墩台东北 60 米处有一座"十"字形蓄水池，东西长 50、南北长 50 米，有进水口和出水口。遗址地表散落有灰陶片。

该烽燧东北约 1.8 千米处有 T140 烽燧，西南约 1.8 千米处有 A21 烽燧。

（50）A21 烽燧（152923353201040074）

该烽燧位于东风镇额肯查干嘎查东北约 26.6 千米的戈壁上。中瑞西北考察团作过试掘，在墩台东北 8 米处发现 2 间相连的房址，出土遗物有约 250 枚简、1 枚五铢钱，以及木器、陶器、铜器、织物残片等。简的年代，早的是汉成帝元延二年（公元前 11 年），晚的是王莽始建国三年（公元 11 年）。

烽燧由墩台和坞两部分组成。墩台以长 40、宽 23、厚 18 厘米的土坯垒砌为主，当中夹以芨芨草、草绳，下部是每 2 层土坯夹 1 层芨芨草，上部是 1 层土坯夹 1 层草。墩台底部被戈壁碎石覆盖，具体尺寸不详。坞连接在墩台北壁，一起形成底部东西最长 26、南北最长 20.5、高 5.5 米的分布范围。遗址地表散落有灰陶片。

该烽燧西南约 1.7 千米处有 A22 烽燧，东北约 1.8 千米处有 T141 烽燧，东南 15 米处有卅井塞天田 11 段。

（51）A22 烽燧（152923353201040075）

该烽燧位于东风镇额肯查干嘎查东北约 26.7 千米的戈壁上。中瑞西北科学考察团曾作试掘，出土汉简 83 枚以及木器、竹器、石器、陶器、铁器、织物等，简文表明它是卅井塞最西端的一座烽燧。

烽燧由墩台、坞和附燧三部分组成。墩台和坞坍塌成圆堆状，表面多被戈壁碎石覆盖，底部东西最长 20、南北最长 22、高 3.8 米。墩台尚有小部分露出，可见其建筑形式是以土坯垒砌为主，当中夹以芨芨草、草绳等，每 3 ~ 5 层土坯夹 1 层芨芨草。坞连接在墩台东北壁，四周有围墙痕迹。东 30 米处起有 4 座附燧，均用砂石板垒筑而成，现为直径 5、高 0.02 ~ 0.3 米的石堆，间距均为 35 米。遗址地表散落有灰陶片。

该烽燧东北约 1.7 千米处有 A21 烽燧，东南 25 米处有卅井塞天田 11 段。

4. 居延屯田区

在居延都尉府所辖殄北、甲渠、卅井 3 个候官与古居延泽所形成的包围圈之内，还调查有 6 座古城、2 座障城、24 座烽燧。这些遗址集中分布在殄北塞以南、卅井塞以北、甲渠塞以东、居延泽以西的广大范围之内，大体与汉代居延屯田区域重合。此区域城障较多，烽燧林立，包含有居延都尉府、居延县、遮虏障、居延候官和居延屯田机构等多种遗址，可以说是居延地区的一个中心所在，也是殄北、甲渠、卅井三塞防御的重心。

该区域内的 6 座古城，分别为 K710 城、K688 城（雅布赖城）、K749 城（温都格城）、白城古城、绿城古城、K789 城（大同城）。2 座障城，分别为 F84 障（红城）、K797 障。24 座烽燧，主要可分为三条烽燧线。在甲渠塞以东，与甲渠塞大致平行，有一条烽燧线，由 9 座烽燧组成，从北向南依次为：A12 烽燧、A13 烽燧、温都格北 1 号烽燧、温都格北 2 号烽燧、K778 烽燧、陶来图 1 号烽燧、A15 烽燧、陶来图 2 号烽燧、T106 烽燧。在居延候官（F84 障）西南有一条烽燧线，由 7 座烽燧组成，由北向南依次为：A14 烽燧、T85 烽燧、T88 烽燧、T105 烽燧、T107 烽燧、T108 烽燧、T109 烽燧。绿城西南方向有一条烽燧线，由 5 座烽燧组成，从东北向西南依次为：A16 烽燧、A17 烽燧、A18 烽燧、T111 烽燧、T110 烽燧。以上三条烽燧线之间零散分布有 3 座烽燧，分别为拉力乌素烽燧、陶来图 3 号烽燧、陶来图 4 号烽燧。

有的研究者认为以上 24 座烽燧和 2 座障城属于居延都尉府之下一个独立的候官——居延候官。这种观点主要是根据出土简文中有"居延塞"、"居延候官"、"居延塞尉"的称谓而推定。"塞尉"往往简称"尉"，也称"障尉"，是候官长吏之一[1]。又如 2005 年出版的《额济纳汉简》中"……□请居延障候写移□□惊当□……（2000ES9SF3：4E)[2]，"障候"是候官的最高长官，这也是从简文中所见居延候官职官名称的角度考证居延候官存在的一个例子。如果居延候官真的存在的话，那么 F84 障当为候官治所。

此外，天鹅湖右侧丘陵上有 2 座烽燧，分别为奴德盖乌兰烽燧、乔宁塔塔拉烽燧；甲渠塞南端西侧 80 千米处也有 1 座烽燧，为白梁图烽燧。

各类遗存依次详述如下。

（1）A12 烽燧（152923353201040007）

该烽燧位于达来呼布镇乌苏荣贵嘎查东南约 4.1 千米的戈壁上，蒙古语为"敖木格夏拉川吉"。

---

〔1〕 沈刚：《居延汉简语词汇释》，第 270 页，科学出版社，2008 年。

〔2〕 魏坚：《额济纳汉简》，第 215 页，广西师范大学出版社，2005 年。

烽燧仅见墩台。墩台用土坯垒砌而成，坍塌严重，塌落的土坯堆积在底部，形成斜坡。坍塌范围底部直径约4.7、高6.3米。由顶部往下至4.7米处全部露出，可见土坯37层。遗址四周散落有灰陶片。

该烽燧东北约7.7千米有A10亭，西南约2.5千米处有A13烽燧。

（2）A13烽燧（152923353201040008）

该烽燧位于达来呼布镇乌苏荣贵嘎查东南约4.3千米的红柳丛中，坐落在平坦的胶泥滩上，蒙语为吉格德乌苏川吉。

烽燧仅见墩台。墩台坍塌成圆堆状，底部东西最长9、南北最长11、高2.3米。墩台只有上部露出，呈覆斗形，用土坯垒砌而成，东壁被挖开一个较大的盗洞。遗址四周散落有灰陶片。

该烽燧东北约2.5千米处有A12烽燧，西南约3.3千米处有K688城（雅布赖城）。

（3）K688城（152923353102040016）

该古城位于达来呼布镇吉日嘎朗图嘎查东南约4.9千米，处在荒漠红柳沙丘地带。又称"雅布赖城"，蒙古语"班登博勒格"。该古城为遮虏障西侧的护卫城，或可称之为"左遮虏障"。

古城平面略呈正方形，边长近130米。古城大部分被压在红柳沙丘之下，城墙或被掩埋，或已消失，仅见部分残留地段。墙体为夯土版筑，宽3、最高处4.4米。遗物仅见灰陶片（图一一；彩图三四七、三四八）。

该古城东南约8千米处为K710城，西南约6.8千米处为K749城。

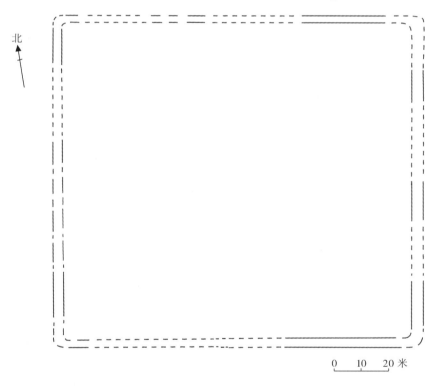

北

0　10　20 米

图一一　K688城平面图

（4）K710城（152923353102040014）

该古城位于达来呼布镇吉日嘎朗图嘎查东南约12.3千米的荒漠中。为遮虏障，有遮虏候官建制，天汉二年（公元前99年）李陵由此出兵匈奴。后来随着居延边塞防御系统的不断完善，遮虏障的军事防御功能减弱，演变为一座军事屯田城。

　　古城平面略呈正方形，边长近 130 米。墙体为夯土版筑，现已坍塌成土垄状，基宽 4、高 1.5 米，四角有角台。由于经年累月的风沙侵蚀，致使墙体保存差，北墙被风沙撕开锯齿状的豁口，东墙和西墙也有多处缺口。城门位于南墙中部，宽 6 米，门道处由青、红两色条砖铺设的排水设施依稀可见，外有方形瓮城（图一二；彩图三四九～三五四）。城内见有大小不等的方形坑，尺寸一般为 1.1 米×1.7 米，应为储粮窖穴。城西 50 米处原有一条南北走向的水渠，调查时已被风沙填埋。古城内外散布有丰富的遗物，残碎的灰陶片、青砖、石磨盘等遗物俯拾皆是，此外还有少量的铜片、铁渣等。

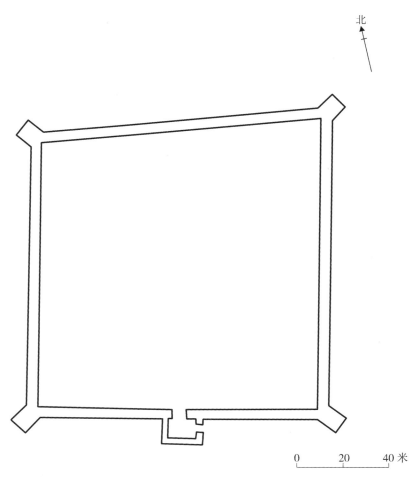

图一二　K710 城平面图

　　该古城东南约 13.5 千米处为白城古城，西南约 10.8 千米处为 K749 城。

（5）白城古城（152923353102040013）

　　该古城位于达来呼布镇吉日嘎朗图嘎查东南约 25.3 千米，地处额日古哈拉之中的荒漠红柳沙丘地带，蒙古语"查干博勒格"。该古城为遮虏障东侧的护卫城，或可称之为"右遮虏障"。

　　古城平面略呈正方形，边长近 130 米。古城遭流沙覆盖，但大部分城墙仍于地表之上清晰可辨，为夯土版筑，宽 4.5、最高处近 3 米。南墙中部开门，门址宽 8 米（图一三）。遗物有绳纹或素面灰陶片、三棱铜镞、铜铃等。

　　该古城西南约 8.5 千米处为绿城古城。

（6）K749 城（1529233531020400017）

该古城位于达来呼布镇吉日嘎朗图嘎查南约 10.6 千米的荒漠戈壁，又称"温都格城"，可能为西汉居延都尉府治所。

古城由内、外城组成。外城平面呈长方形，东西长 90、南北长 65 米。墙体版筑，基宽约 3 米。东墙残长 53.4、存高 5 米；南墙仅于西段可见部分基础，其他地段均已消失；西墙残长 7.5、存高 1.2 米；北墙残长 45、存高 4.6 米。内城位于外城中部，平面呈正方形，边长 28 米。内城城墙亦以夯筑为主，个别地段有土坯补修过的痕迹，基宽 2.4 米。东墙残存一段，长 2.5、存高 0.6 米；南墙残存两段，分别长 10、13、存高 3 米，中部有门址，宽 4 米；西墙残存一段，长 10、存高 3.5 米；北墙完全消失。古城内地表之上散布大量灰陶片（图一四；彩图三五五~三五八）。

该古城东北约 6.8 千米处为 K688 城，东北约 10.8 千米处为 K710 城。

（7）温都格北 1 号烽燧（152923353201040139）

该烽燧位于达来呼布镇吉日嘎朗图嘎查南约 8.4 千米处。

第三次全国文物普查时调查人员曾见坍塌处暴露有骨骼，误以为是人骨，据此将其认定为一座汉代墓葬。2015 年 9~10 月，内蒙古自治区文物考古研究所为配合 G9 高

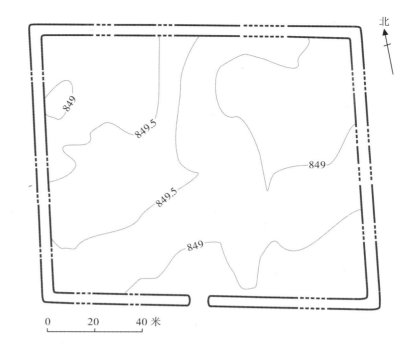

图一三 白城古城平面图

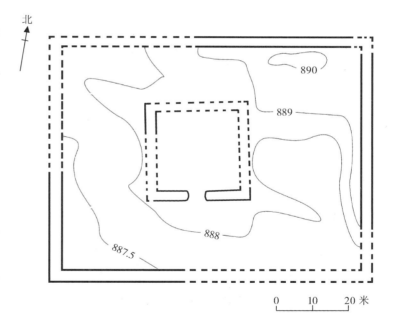

图一四 K749 城平面图

速公路的建设对其东侧和南侧进行了试掘，试掘并未发现墓道、人骨和随葬品，但在高台的周边发现有灰堆和积薪堆，且该遗存在空间分布上可与 A12、A13、K778 等烽燧首尾衔接，相互遥望，共同构成一条烽燧线。据此，我们将其性质重新认定为汉代烽燧。

仅见覆斗形墩台，为黄土夯筑而成。平面呈正方形，底部东西 7.2、南北 6、高 4.3 米，西南角坍

塌。四周散落有较多的灰陶片。

该烽燧东北距 K688 城约 5.8 千米，西南距温都格北 2 号烽燧约 1.3 千米。

（8）温都格北 2 号烽燧（152923353201040157）

该烽燧位于达来呼布镇吉日嘎朗图嘎查南 9.8 千米处。

第三次全国文物普查时将其认定为汉代墓葬，依据此次调查和温都格北 1 号烽燧的试掘情况及其与相邻烽燧城障的位置关系将其重新认定为汉代烽燧。

烽燧由墩台和院墙两部分组成。墩台为覆斗形，黄土夯筑而成，底部边长约 4.6、高 3 米。院墙位于墩台的东南侧，平面基本呈正方形，边长约 22 米，损毁较严重，现仅见东墙和南墙有残存的小段墙体，高约 0.5 米。周围散落有灰陶片和夹砂红陶片。

该烽燧东北约 1.3 千米处是温都格北 1 号烽燧，东南约 0.84 千米是 K749 城，西南约 1.54 千米是 K778 烽燧。

（9）K778 烽燧（152923353201040009）

该烽燧位于达来呼布镇吉日嘎朗图嘎查南约 11 千米的红柳丛中，坐落在平坦的胶泥滩上。中瑞西北科学考察团在此发现南北两座墩台。1976 年甘肃省文物工作队调查认为"该烽燧时代较晚，可能是西夏时期建筑"[1]。此次调查认为该烽燧始建于汉代，西夏时期将墩台内部掏空、外壁垒砌土坯，改用为房屋。

墩台整体形制为覆斗形，主体为黄土夯筑而成，外壁包砌土坯。底部东西长 13、南北长 12、西壁残高 5.5、南壁残高 4、北壁残高 5 米，东壁不存，内部填满沙砾。土坯为后期加固修补，痕迹明显。周围地表散落有青砖、灰陶片、黑釉和黄釉瓷片等遗物。

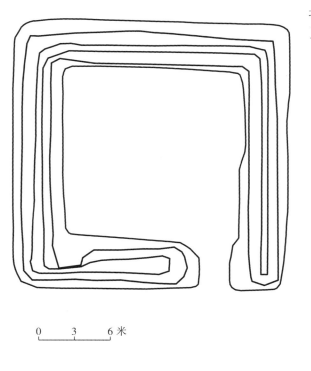

北

0　　3　　6 米

图一五　F84 障平面图

该烽燧东北约 1.3 千米处为 K749 城。

（10）F84 障（152923353102040002）

该障位于达来呼布镇吉日嘎朗图嘎查西南约 19.5 千米处的戈壁上。蒙古语称为"乌兰德日布井"，俗称"红城"。初步推断为居延候官（或称作小居延候官）治所，障名为小居延障。

障城平面呈正方形，边长 23 米。城墙为土坯砌筑，土坯的普遍规格为长 38、宽 18、厚 13 厘米，每 3 层土坯夹 1 层芦苇。墙体基本保存完好，基宽约 4、顶宽约 2.6、高约 7.6 米，墙体顶部残留约 0.6 米高的女墙。南墙近东墙处设门，宽约 3.2 米。东墙中部有一处后期开挖的通道，宽 2、高 4 米。障城四周散落有灰陶片（图一五；彩图三五九~三六一）。

该障城西南约 1.3 千米处为 A14 烽燧。

〔1〕　甘肃省文物工作队：《额济纳河下游汉代烽燧遗址调查报告》，《汉简研究文集》，甘肃人民出版社，1984 年。

（11）A14 烽燧（152923353201040011）

该烽燧位于达来呼布镇吉日嘎朗图嘎查西南约 21.2 千米的戈壁滩上。中瑞西北科学考察团曾经作过试掘，发现坞分布在墩台东、南两侧，有登台阶梯。坞墙抹白灰，并以红、黑彩绘装饰。得汉简 7 枚，有汉宣帝本始元年（公元前 73 年）及汉宣帝地节二年（公元前 68 年）年号；此外还出土了封泥残片、漆碗、漆箭杆、篓衣、织物和绳子等。

烽燧整体坍塌成低矮的圆丘状，表面多被戈壁碎石覆盖，底部东西最长 19、南北最长 15、高 2 米，局部露出土坯，东北部被挖开一个东西长 3、南北长 6 米的坑，坑内填满沙砾。遗址四周散落有灰陶片。

该烽燧东北约 1.3 千米处有 F84 障，西南约 1.4 千米处有 T85 烽燧。

（12）T85 烽燧（152923353201040012）

该烽燧位于达来呼布镇吉日嘎朗图嘎查西南约 22.7 千米的戈壁滩上。

烽燧整体坍塌成圆丘状，依稀可辨形制，表面多被戈壁碎石覆盖，底部东西最长 20、南北最长 21、高 3 米；西南角可见坞墙痕迹。西侧有雨水冲蚀的沟槽，其北部被推土机破坏。遗址四周散落有灰陶片。

该烽燧东北约 1.4 千米处有 A14 烽燧，西南约 3 千米处分别有 T88 烽燧和 K797 障。

（13）K797 障（152923353102040003）

该障城位于达来呼布镇吉日嘎朗图嘎查西南约 25.6 千米的戈壁滩上。

遗址由障城和院墙两部分组成。障城平面呈长方形，东西长 10、南北长 16 米。障墙用土坯砌筑而成，基宽 3.1、高 7.2 米。障城坍塌严重，东墙和南墙各存一小段；西墙保存较好，仅中部有一道裂缝，顶部保留有女墙，长 8.5、宽 0.4、残高 1.4 米；北墙消失。障城门位置不详。障外有院墙的痕迹，部分被沙丘掩埋，其余消失。障城东南 0.5 千米处有一个大胶泥块砌成的圆台，直径 2.5 米。遗址附近地表可见月黄釉和黑釉瓷片。

该障城东南约 1.3 千米处有 T88 烽燧，东约 5.1 千米处有陶来图 4 号烽燧，东北约 3 千米处有 T85 烽燧。

（14）T88 烽燧（152923353201040013）

该烽燧位于达来呼布镇吉日嘎朗图嘎查西南约 25.4 千米的戈壁滩上。

烽燧仅存覆斗形墩台。墩台底部东西长 8、南北长 9 米，顶部东西长 2、南北长 2.5 米，高 3 米。墩台以土坯垒砌为主，当中夹杂有柴棒和干草。墩台上遗有盗挖痕迹 4 处，最大的盗坑东西长 1.4、南北长 0.6、深 0.8 米。遗址四周散落有灰陶片（彩图三六二）。

该烽燧东北约 3 千米处有 T85 烽燧，西北约 1.3 千米处有 K797 障，南约 4.1 千米处有 T105 烽燧。

（15）T105 烽燧（152923353201040014）

该烽燧位于达来呼布镇吉日嘎朗图嘎查西南约 29.5 千米的戈壁滩上。

烽燧由墩台和坞两部分组成，整体坍塌成低矮的圆丘状，表面为戈壁碎石覆盖，底部东西最长 27、南北最长 22、高 2.5 米。根据现场调查情况来看，坞连接在墩台西南壁，平面呈正方形，墙体坍塌成土垄状，南墙设门。遗址周围散落有灰陶片。

该烽燧北约 4.1 千米处有 T88 烽燧，东南约 4.5 千米处有 T106 烽燧。

（16）T107 烽燧（152923353201040019）

该烽燧位于达来呼布镇吉日嘎朗图嘎查西南约 36.2 千米的荒漠戈壁滩上。

烽燧由墩台和坞两部分组成，整体坍塌成圆堆状，表面多被戈壁碎石覆盖，底部东西最长 32、南北最长 37、高 2.5 米。墩台局部可见土坯垒砌的痕迹，其西北角可辨认出坞的基本轮廓。坞东西长

24、南北长 22 米，坞墙基宽 2、高 1.3 米，坞门向南。遗址周围散落有灰陶片。

该烽燧西南约 3 千米处有 T108 烽燧。

（17）T108 烽燧（152923353201040020）

该烽燧位于达来呼布镇吉日嘎朗图嘎查西南约 38.2 千米的荒漠戈壁滩上。

烽燧由墩台和坞两部分组成，整体坍塌成圆丘状，依稀可辨形制，表面多被戈壁碎石覆盖，底部直径 12、高 2.5 米，局部可见土坯垒砌的痕迹。墩台设在坞的东北角，西南壁连接正方形坞。坞墙坍塌成土垄状，南墙设门。遗址周围散落有灰陶片。

该烽燧东北约 3 千米处有 T107 烽燧，西南约 4.3 千米处有 T109 烽燧。

（18）T109 烽燧（152923353201040021）

该烽燧位于达来呼布镇吉日嘎朗图嘎查西南约 43.5 千米，坐落于额木讷高勒下游东岸的戈壁砾石滩上，西距河岸 18 米。

烽燧仅存墩台。墩台平面呈长方形，剖面呈梯形，底部东西长 1.8、南北长 3.9 米，顶部东西长 1.6、南北长 3.5 米，高 5.5 米。墩台夯筑而成，夯层厚 6～9 厘米，每隔 1.2 米夹以红柳枝。遗址地表散落有灰陶片（彩图三六三、三六四）。

该烽燧东北约 4.3 千米处有 T108 烽燧。

（19）绿城古城（152923353102040015）

该古城位于达来呼布镇吉日嘎朗图嘎查东南约 26 千米，处在荒漠地带。

古城平面呈不规则的椭圆形，东西长 450、南北最长 280 米，周长约 1200 米。墙体损毁较严重，残存互不相连的数段，呈土垄状，构筑方式为土坯分段垒筑，每段长 2～3、基宽约 3.5、高 1.4～2.3 米。东南墙、东北墙各开一门，其中东北门外侧有一座近似椭圆形的瓮城（图一六）。南墙北侧 15 米处，有一座近似长方形的小城，仅存北、东、南三面墙体，东西长约 30、南北长约 15 米。墙体下部为夯土筑成，上部是土坯垒筑，当中夹以红柳枝条，残高 3.4 米。

2001 年，内蒙古文物考古研究所在瓮城西南清理青铜时代房址和墓葬各一座。房址平面呈圆角长方形，东西长 4.2、南北长 2.9 米，方向 250°。居住面用灰色黏土铺垫而成，距地表深 0.3 米。出土有夹砂红陶鬲、双耳罐和钵等陶器。

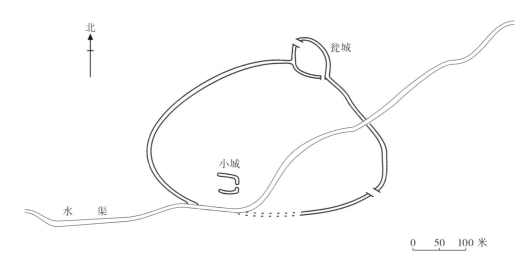

图一六　绿城古城平面图

古城内有一条水渠大体呈东北—西南穿城而过，打破古城的东墙和西墙。该条水渠全长 9400 米，大体呈西—东走向，西起黑城，东到额日古哈拉区域。水渠宽 9.3 米左右，两侧渠埂高出地表，现已坍塌成土垄状，残存最高处可达 1 米。两侧有数不清的分支渠道，纵横交错、四通八达。在水渠沿线分布着大面积的屯田遗址和众多房屋基址，以及佛塔、寺庙等。

此外，在城址的周围还分布着数量可观的夯土高台墓和土堆墓，时代绝大多数为汉代。2001 年，内蒙古文物考古研究所清理了其中的一座，揭露出一座长方形砖室墓，分前、中、后三室，总长 10 米，券顶，早期被盗（彩图三六五～三六八）。

绿城遗址包含了多个时期的遗存，遗迹丰富，叠压打破关系复杂。古城建于一处青铜时代的遗址之上，为西汉居延县县治，东汉时期沿用为张掖居延属国治城，东汉建安年间改为西海郡，该建制仍见于魏晋北朝时期。穿越古城的水渠是西夏到元代的屯田遗址群的一个组成部分，古城内的小城可能与水渠属于同一时期遗存。

该古城西南约 1 千米处为 A16 烽燧。

（20）A16 烽燧（152923353201040016）

该烽燧位于达来呼布镇吉日嘎朗图嘎查东南约 27 千米河谷荒漠地带的砾石梁高岗上。中瑞西北科学考察团作过清理，认为此处有一座长方形房址，出土汉简 7 枚，以及木件、织物等。1976 年，甘肃省文物工作队也作过调查，看法与前者一致。此次调查认为它是一座烽燧。

烽燧由墩台和坞两部分组成。墩台用砂石板垒砌而成，坍塌成长方形平台，东西长 3.8、南北长 4.1、高 0.8 米，顶部有一座敖包。坞在墩台西 5.6 米处，平面呈长方形，东西长 6.4、南北长 4.4 米。坞墙以土坯垒砌为主，1 层土坯夹 1 层芦苇，墙体基宽 1.1、高 1.5 米，南墙东端设门，宽 0.9 米。遗址周围散落有灰陶片。

该烽燧西南约 4.6 千米处有 A17 烽燧，东北约 1 千米处有绿城古城。

（21）A17 烽燧（152923353201040017）

该烽燧位于达来呼布镇吉日嘎朗图嘎查东南约 27.9 千米河谷荒漠地带的砾石梁高岗上。中瑞西北科学考察团作过清理，在墩台南数米处发现一长方形房址，出土一些木件。

烽燧由墩台、坞和坞院三部分组成。墩台呈覆斗形，底部东西长 7.2、南北长 7 米，顶部东西长 4.4、南北长 4.5 米，高 4.7 米。墩台以砂石板垒砌为主，每隔 0.5～1 米夹以芦苇和粗木棍。墩台南、北壁保存较好，东、西壁砂石板均塌落，散乱堆积在底部。坞和坞院在墩台南侧 7 米处，均用砂石板垒砌而成。坞平面呈长方形，东西长 11、南北长 5.3 米，墙体基宽 0.5、残高 0.3 米。坞院具体尺寸不详。墩台西南 25 米处有两处正方形房址，间距 7.5 米，具体尺寸不详。遗址周围散落有灰陶片（彩图三六九）。

该烽燧东北约 4.6 千米处有 A16 烽燧，西南约 4.4 千米处有 A18 烽燧。

（22）A18 烽燧（152923353201040018）

该烽燧位于达来呼布镇吉日嘎朗图嘎查东南约 30 千米的河谷荒漠地带，坐落在平坦的戈壁砾石滩上。当地牧民称为"穆仁川吉"，中瑞西北科学考察团译为"摩洛松治"，并在此作过清理，出土汉简 6 枚，以及木件、织物等。简文有"建昭二年"（公元前 37 年）年号，又称"灭寇隧"或"亭"，据此，考察团认为这里可能是灭寇燧。1976 年，甘肃省文物工作队译为"摩洛全吉"。

烽燧由墩台、坞和附燧三部分组成。墩台坍塌成圆堆状，表面多被戈壁碎石覆盖，底部东西最长 18.6、南北最长 17、高 3.9 米。上部露出，可见其东半部用砂石板垒砌而成；西半部底部夯筑而成，上部以大块土坯垒砌为主，当中夹以芦苇。坞连接在墩台东壁，东西长 16.5、南北长 10.8 米。墩台东北 21 米处有 3 座附燧，呈东北—西南排列，间距依次为 8、12 米，均坍塌，仅存地表痕迹，直径 5 米。遗址周围散落有灰陶片（彩图三七〇）。

该烽燧东北约 4.4 千米处有 A17 烽燧，西南约 7.6 千米处有 T111 烽燧，西北约 6.1 千米处有拉力乌素烽燧。

（23）T111 烽燧（152923353201040083）

该烽燧位于达来呼布镇吉日嘎朗图嘎查南约 32.8 千米的戈壁滩上。

烽燧由墩台、坞、和附燧三部分组成。墩台坍塌成圆丘状，依稀可辨形制，表面散布砂石板，底部东西长 11、南北长 12.5、高 3.5 米；顶部立有三角架。坞连接在墩台东北壁，坍塌成正方形平台，底部边长 10、高 1.7 米。坞外围有坞院，东西长 18.6、南北长 15 米。墩台和坞院外围还有长方形围墙，东西长 42、南北长 49 米，用砂石板垒筑而成，墙体宽约 1.2、残高 0.2 米。墩台周边共分布有 11 座附燧，其中北 30 米处起有 3 座，东西向排列，间距依次为 5、3 米，均坍塌，仅存地表痕迹，直径 5 米；南 7 米处有 2 排平行布列的附燧，每排 4 座，南北向排列，均坍塌，仅存地表痕迹，直径 4 ~ 5 米。遗址地表散落有灰陶片。

该烽燧东北约 7.6 千米处有 A18 烽燧，西约 5.8 千米处有 T110 烽燧，西北约 7.1 千米处有陶来图 3 号烽燧。

（24）T110 烽燧（152923353201040082）

该烽燧位于达来呼布镇吉日嘎朗图嘎查西南约 37.8 千米河谷地带的一座砾石梁岗上。

烽燧由墩台、坞和附燧三部分组成。墩台坍塌成石堆状，底部东西最长 8、南北最长 9 米，顶部东西最长 5.4、南北最长 4 米，高 5 米。根据局部残存的石砌痕迹判断，墩台平面呈长方形，以砂石板垒砌为主，当中夹以胡杨木棒。因栽立三角架墩台顶部被掘开，致使砌石散乱堆积在墩台表面。坞连接在墩台东北壁，坍塌成半圆台状，墙体用砂石板垒砌而成，宽 1.1 米，东侧留门，门旁有一根木桩。墩台东北 20 米处的砾石岗梁上有 3 座附燧，均坍塌，仅存地表痕迹，直径均为 5 米，间距均为 10 米。遗址地表散落有灰陶片。

该烽燧东约 5.8 千米处有 T111 烽燧，北约 4.3 千米处有陶来图 3 号烽燧。

（25）拉力乌素烽燧（152923353201040154）

该烽燧位于达来呼布镇吉日嘎朗图嘎查南约 24.2 千米的一座高台上。

烽燧仅存墩台。墩台用砂石板垒砌而成，根据现存情况判断，其平面呈长方形，剖面呈梯形，底部东西长 7.6、南北长 9.8、高 1.3 米。墩台上部被破坏不存，立有一块石砌路标。墩台北 2 米处有一处房屋基址，用砂石板垒砌而成，面积约 12.2 平方米。遗址周围散落有较多灰陶片（彩图三七一）。

该烽燧西北约 5.7 千米处有陶来图 1 号烽燧，东南约 6.1 千米处有 A18 烽燧。

（26）K789 城

该城位于达来呼布镇吉日嘎朗图嘎查西南 18.5 千米，坐落在干涸河床南岸的砾石平滩上。又称"大同城"，俗称"马圈城"，蒙古语称之为"呼钦浩特"。中瑞西北考察团在遗址地表采集到唐、宋钱及五铢钱，据此认为该城址为汉代以后增筑。1976 年甘肃省文物工作队根据内城里面地表多散布汉代陶片，内城外面地表多散布黑釉瓷片，以及外城城墙夯层内包含汉代绳纹陶片判断，外城的建筑时代可能与西夏、元代的黑城相当，内城为汉代的一座障城[1]。也有学者考证，内城始建于北周时期，为

---

〔1〕　甘肃省文物工作队：《额济纳河下游汉代烽燧遗址调查报告》，《汉简研究文集》，甘肃人民出版社，1984 年。

同城戍；隋代改置为大同城镇；唐代扩建了外城，先后为同城镇、安北都护府、同城守捉、宁寇军等军事机构所在[1]。该古城主体遗迹的时代，当以后说为是。

　　古城由外城和内城两部分组成，平面呈"回"字形。墙体夯筑而成，外城四面墙体均已倾圮坍塌成土垄状，东西长210、南北长180米。墙体基宽4、残高4米，东、西墙中部开设城门，外均筑长方形瓮城。西北角墙体遭河水冲刷，已消失，南城墙残存的一小段墙体坍塌，夯土块与墙体分离；除西北角外，其他三角均有角台残迹；东墙城门北侧有一座马面，南墙有三座马面，北墙有两座马面。内城平面略呈正方形，边长约80米。墙体残高7米，墙体上下有成排的洞孔，门设在南墙中部（图一七；彩图三七二～三七五）。

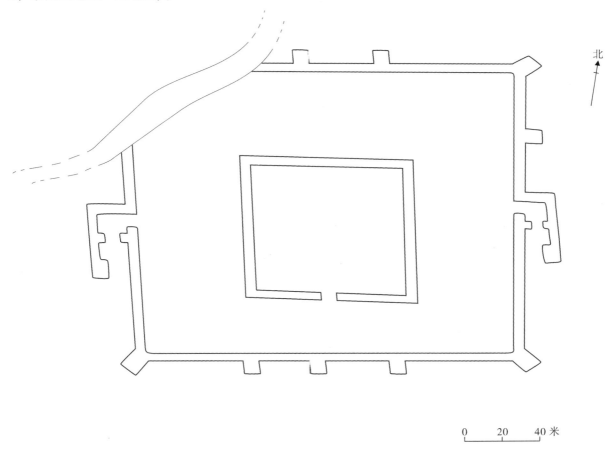

北

0　　20　　40 米

图一七　K789 城平面图

　　该城西南约3.1千米处为陶来图1号烽燧、约4.5千米处为A15烽燧。

(27) 陶来图1号烽燧（152923353201040153）

　　该烽燧位于达来呼布镇吉日嘎朗图嘎查西南约21.4千米处的戈壁石梁上。

　　烽燧仅存基址。从地表痕迹看，墩台应用砂石板垒砌而成，分布范围东西长6、南北长7、高0.5米。遗址地表散落有较多的灰陶片。

〔1〕 孟宪实：《从同城镇到宁寇军》，《黑水城人文与环境研究——黑水城人文与环境国际学术讨论会文集》，中国人民大学出版社，2007年。

该烽燧东南约 5.7 千米处有拉力乌素烽燧, 西约 2.4 千米处有 A15 烽燧。

（28） A15 烽燧（152923353201040010）

该烽燧位于达来呼布镇吉日嘎朗图嘎查西南约 22.7 千米处的戈壁石梁上。

烽燧由墩台和坞两部分组成。墩台坍塌损毁严重, 仅东北角尚存, 据此判断其平面呈正方形, 边长 5.3、残高 2.2 米, 土坯垒砌而成。墩台东南角铺有砖石, 北 9 米处有坞的痕迹。遗址周围散落有灰陶片和石磨残片。

该烽燧东约 2.4 千米处有陶来图 1 号烽燧, 西约 2.2 千米处有陶来图 4 号烽燧, 西南约 4 千米处有陶来图 2 号烽燧。

（29） 陶来图 4 号烽燧（152923353201040043）

该烽燧位于达来呼布镇吉日嘎朗图嘎查西南约 23 千米, 坐落于戈壁荒漠地带。

烽燧主体墩台为黄土夯筑而成, 外侧包砌土坯为西夏改筑遗迹。西夏时期, 将墩台台体掏空, 外侧包砌土坯, 改筑为房屋。墩台呈覆斗形, 底部东西长 11、南北长 9 米, 顶部东西长 5.8、南北长 5.3 米, 高 6.2 米。周围地表散见灰陶片、黑褐釉和黄白釉瓷片。

该烽燧东约 2.2 千米处为 A15 烽燧, 西约 4 千米处为 T88 烽燧。

（30） 陶来图 2 号烽燧（152923353201040149）

该烽燧位于达来呼布镇吉日嘎朗图嘎查西南约 28.4 千米的石梁上。

烽燧损毁严重, 仅存低矮的土台, 底部东西长 8.7、南北长 11.3 米, 顶部东西长 8、南北长 7.6 米, 高 1.5 米。墩台以土坯垒砌为主, 每 3 层土坯夹 1 层草。墩台南侧有房基痕迹, 整体坍塌成正方形土台。遗址周围散落有灰陶片。

该烽燧东北约 4 千米处有 A15 烽燧, 西南约 4 千米处有 T106 烽燧。

（31） T106 烽燧（152923353201040015）

该烽燧位于达来呼布镇吉日嘎朗图嘎查西南约 30.4 千米处的戈壁滩上。

烽燧由墩台、坞和附燧三部分组成。墩台和坞坍塌成土石堆, 底部东西长 15.5、南北长 12.5、高 2.1 米。墩台南壁内侧用砂石板垒砌, 宽 0.7、高 1 米; 外侧以土坯垒砌为主, 每 3 层土坯夹 1 层芦苇。东面有门, 宽 0.6 米, 可见两根胡杨木桩, 由此推断, 墩台近旁原应有坞。墩台东侧、西北侧共有 7 座石板块垒砌的附燧, 均坍塌, 仅存地表痕迹, 直径约 5 米。遗址周围散落有灰陶片（彩图三七六）。

该烽燧东北约 4 千米处有陶来图 2 号烽燧, 东南约 5.2 千米处有陶来图 3 号烽燧。

（32） 陶来图 3 号烽燧（152923353201040150）

该烽燧位于达来呼布镇吉日嘎朗图嘎查西南约 33.6 千米, 坐落在谷地中的一座砾石梁岗上。

烽燧由墩台、坞和附燧三部分组成。墩台和坞坍塌损毁成低矮的土台, 底部东西最长 13、南北最长 9.5 米。墩台多半坍塌, 底部是正方形土台, 东西长 4.4、南北长 4、高 1.5 米。墩台以土坯垒砌为主, 每隔 2 层土坯夹 1 层芦苇, 上部用砂石板垒砌。坞连接在墩台西北壁, 仅存基址, 南部有围墙痕迹。墩台西南 19 米处、西北 17 米处各有一座用砂石板垒砌而成的附燧, 均坍塌, 直径约 5、残高 0.2 米。遗址周围散落有灰陶片。

该烽燧西北约 5.2 千米处有 T106 烽燧, 南约 4.3 千米处有 T110 烽燧。

（33） 奴德盖乌兰烽燧（152923353201040145）

该烽燧位于达来呼布镇温图高勒嘎查西北约 58 千米的一座小山顶部。

烽燧由墩台和坞两部分组成, 整体坍塌成高大的石堆, 底部东西长 22、南北长 43、高 6 米, 顶部立有三角架。坞连接在墩台西壁，平面呈不规则长方形，东西最长 22、南北最长 8 米。坞由 5 间房址组成，第一间宽 1.1、进深 2.6、残高 0.8 米，门向东开，门宽 0.7 米；第二间宽 2.5、进深 2.5、残高 1.3、门宽 0.7 米；第三间宽 2、进深 3、墙体宽 0.7、门宽 0.7 米；第四间宽 1.9、进深 3、残高 0.8、墙体宽 0.7 米，门的位置不详；第五间宽 2、进深 3、残高 0.8、墙体宽 0.7、门宽 0.7 米。坞墙宽 0.7～1.2 米。通往墩台小路边的石壁上刻有岩画，石壁宽 1.5、高 2 米。墩台西侧有一处长 3、宽 2 米的遗址，顶部是人为的平台，时代可能早于烽燧。遗址周围散落有灰陶片、夹砂红陶片、青铜箭头、铁器残片等遗物。

该烽燧西南约 8.1 千米处有乔宁塔塔拉烽燧。

（34）乔宁塔塔拉烽燧（152923353201040146）

该烽燧位于达来呼布镇温图高勒嘎查西北约 56 千米的丘陵地带，坐落于小山顶部。

烽燧由墩台和坞两部分组成。墩台平面近圆形，石块垒砌而成，底部东西长 8.8、南北长 7.6、高 6 米。外围有一周圆形坞墙，东西最长 12.8、南北最长 11.6 米，与墩台之间有宽 1～1.4 米的夹道。坞墙用石块垒砌而成，宽 0.6、高 1.7 米；内侧有台阶，呈西—北—东走向，由东南可通往墩台顶部。坞门向东，宽 1 米。遗址周围散落有灰陶片（彩图三七七、三七八）。

该烽燧东北约 8.1 千米处有奴德盖乌兰烽燧。

（35）白梁图烽燧（152923353201040147）

该烽燧位于马鬃山苏木苏海图布拉格嘎查东南约 44.2 千米的戈壁丘陵地带，坐落在山顶上。

烽燧由墩台和坞两部分组成。墩台石砌而成，平面呈正方形，边长 7.4、残高 2.3 米。坞连接在墩台西壁，平面呈长方形，东西长 10.6、南北长 7.4 米；墙体石砌而成，宽 1～1.65、高 0.4～2 米；中间另有一道隔墙，将坞分为东、西两部分；南墙西侧设门。

（二）肩水都尉府

肩水都尉府辖区分布在额济纳河中游的居延边塞南部，陈梦家先生通过对邮程表的研究，推定肩水都尉府治所在 A35 城[1]。

A35 城（152923353102040011）

该古城位于东风镇宝日乌拉嘎查西南约 77.4 千米，坐落于额济纳河上游东岸的平地上。蒙古语称"太日亚音都日布井"，汉语又称"大湾城"（河东）。

中瑞西北科学考察团作过试掘，主要有以下两点收获。第一，初步了解了古城的建筑布局，主要由障城、内城、外城三部分组成。障城平面呈长方形，长 90、宽 70 米。墙体版筑而成，宽 4～6、高 8.5 米。东墙设门，两侧有向内凸出的短墙。在西南角及西墙靠北各有一座望楼。南墙上有一个小坛，试掘出土西夏文的印板文书及有西夏文的丝绸各一件。在障城东部、南部残存两重平行的土墙，与障墙的东墙之间有宽 7 米的壕。《居延汉简甲乙编》附录《额济纳河流域障遂述要》一文，综合障城形制、出土遗物两方面因素，认为它的年代较晚，应在西夏、元时期。内城试掘所见遗迹环卫在障城的东、北两侧，长 190、宽 140 米，与障城距离分别为 115、70 米。墙体版筑而成，基宽 2、高 1.65～2 米。北墙中部有门，东南角及东墙中部各有一座望楼，东北角有一座墩台，在其南侧发现一座小型房址，出土汉简及其他汉代遗物。内城区域内累计出土汉简五六百枚。外城试掘所见残迹环卫在内城的

---

[1]　陈梦家：《汉简考述》，《考古学报》1963 年第 1 期。

东、北两侧，东墙残长 350 米，墙体内侧有一道宽 5 米的浅壕，东南角有一座墩台，其东、南两侧各有房址，其中东侧房址出土汉简约 900 枚。第二，获得了丰富的遗物，出土汉简约 1500 枚，简的年号多属于西汉昭帝至王莽时期，还出土有木器、竹器、石器、陶器、铜器、铁器、皮革、织物、芦苇和葫芦制品等遗物。

此次调查所见外城平面呈长方形，东西长 240、南北长 360 米。墙体保存差，仅存断续残迹依稀可辨。障城位于外城内部偏西北，平面呈长方形，东西长 70、南北长 90 米。墙体高大，黄土夯筑而成，夯层厚 6～10 厘米，当中夹以圆木，基宽 4、残高 9 米。城墙西南角、西北角设有正方形角台，东墙北侧存有马面。东、南、北墙中部设门，南、北门宽均为 13 米，东门宽 5 米。东门外加筑瓮城，瓮城东西长 20.5、南北长 35 米，墙体基宽 2、残高 4 米。东城门墙体内侧北部建有登城斜坡马道，外侧墙体用土坯加固，下宽 2.2、上宽 1.6 米。城内中部有房屋遗迹。城外北侧东端 7 米处残存有一段羊马墙，墙体长 7、高 1.5 米。墙体外侧四周有壕堑残迹，宽约 8 米。城外东部有废弃的墙体和房屋残址，城外东北部有一座陶窑址，东南 100 米处和东北 75 米处各有一座夯筑烽燧（彩图三七九～三八九）。

该古城西南约 4.2 千米处有 F179 障，南约 5.4 千米处有 A36 烽燧。

1. 广地候官

广地候官位于肩水都尉府辖区的最北端，与所属障城、烽燧等统称广地塞，北接居延都尉府卅井塞，南接肩水都尉府橐它塞。其中，A24 障为广地候官治所[1]。下辖障城 1 座，为 K822 障；烽燧 22 座，由北向南依次为 T142 烽燧、T143 烽燧、塔本呼德格烽燧、A23 烽燧、K823 烽燧、夏日库列烽燧、瑙高陶来烽燧、A25 烽燧、T145 烽燧、T146 烽燧、巴彦宝格德 1 号烽燧、T147 烽燧、A26 烽燧、T148 烽燧、T149 烽燧、巴彦宝格德 2 号烽燧、巴彦宝格德 3 号烽燧、T150～T153 烽燧、A27 烽燧。这些障、燧遗址大体沿额济纳河中游东岸分布，全线绵延约 60 千米，未发现天田、塞墙痕迹。以 K823 烽燧为界，以北烽燧分布较少，间距较远，很可能部分已经消失或未被发现；以南烽燧分布较密集，间距 1～3 千米。

各类遗存依次详述如下。

（1）T142 烽燧（152923353201040084）

该烽燧位于东风镇额肯查干嘎查东北约 17.4 千米的戈壁上。

烽燧坍塌成圆丘状，底部东西最长 20、南北最长 18.4、高 3 米，局部可见土坯垒砌的痕迹。遗址地表散落有灰陶片等。

该烽燧西南约 4 千米处有 T143 烽燧。

（2）T143 烽燧（152923353201040085）

该烽燧位于东风镇额肯查干嘎查东北约 14 千米，建在戈壁沙丘中，又名"查干川吉"。

烽燧仅见墩台。墩台用黄土夯筑而成，根据现存状况判断，其平面呈长方形，剖面呈梯形，底部东西长 4、南北长 3.5、高 4.5 米，顶部数据无法测量。墩台因受风雨侵蚀，支离破碎，西南角残高仅 2.1 米，南壁形成一个宽 0.8、高 0.9 米的洞口，西北角坍塌形成宽 0.3、高 0.6 米的洞口，西壁有一个宽 0.6、高 1.3 米的洞口，南壁 3.3 米处有一排小洞。遗址地表散落有灰陶片（彩图三九〇）。

该烽燧东北约 4 千米处有 T142 烽燧，西南约 6 千米处有塔本呼德格烽燧。

---

〔1〕 陈梦家先生在《汉简考述》（见《考古学报》1963 年 1 期）中首次提出广地候官治所可能在 A24，也可能在 A27。根据后来的实地调查情况看，A27 只是一座烽燧，而 A24 无论规模还是布局都更接近候官治所。

（3）塔本呼德格烽燧

（152923353201040086）

该烽燧位于东风镇额肯查干嘎查东北约 8.5 千米，坐落在额济纳河中游东岸的荒漠上，周边是红柳沙丘地带。

烽燧由墩台和坞两部分组成，坍塌损毁成土堆状，部分为沙丘掩埋，底部东西最长 13、南北最长 16、高 3.5 米。墩台顶部有一个大坑，长 3、宽 4 米，露出砌墙土坯，土坯尺寸为长 41、宽 20、厚 16 厘米。东侧有围墙痕迹。遗址地表散落有灰陶片。

该烽燧东北约 6 千米处有 T143 烽燧，南约 2.9 千米处有 K822 障，西南约 4.5 千米处有 A23 烽燧。

（4）K822 障（1529233531020 40005）

该障城位于东风镇额肯查干嘎查东约 7.6 千米处的戈壁上，又名"大方城"。

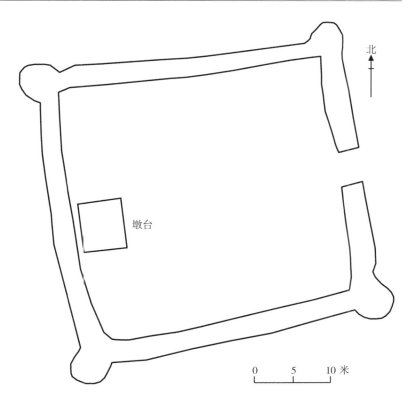

图一八 K822 障平面图

障城平面呈长方形，东西长 44、南北长 40 米。东南角、东北角各有一座角台（推测西北角、西南角也各有一座角台）。墙体夯筑而成，基宽 4、残高 4 米，多为流沙掩埋，夯层厚 8～13 厘米。东墙南部可见一段城墙，长 8、宽约 3.5 米；北墙部分为流沙掩埋，仅露出 1.7 米高的墙体；西墙全部为流沙掩埋；南墙仅中部见有残存长 2.6 米的墙基。据以往调查资料可知，东墙中部留门[1]。障内中部偏西有一座覆斗形墩台，底部东西长 6、南北长 6.5、高 6.2 米（图一八）。墩台以砂石板和草拌泥混筑为主，当中夹杂有胡杨木棒，南壁保存较好，其余三壁墙皮脱落。墩台底部散乱堆积塌落的泥土和砂石板，南侧有一根木桩。

该障城北约 2.9 千米处有塔本呼德格烽燧，西南约 1.7 千米处有 A23 烽燧。

（5）A23 烽燧（152923353201040087）

该烽燧位于东风镇额肯查干嘎查东北约 6.8 千米的戈壁上。

烽燧坍塌成低矮的圆丘状，表面多被戈壁碎石覆盖，底部直径约 19、残高 2 米。局部可见土坯垒砌的痕迹。南 2 米处、10 米处及东 2 米处各有一根木桩，东侧有围墙痕迹。遗址地表散落有灰陶片。

该烽燧东北约 4.5 千米处有塔本呼德格烽燧、约 1.7 千米处有 K822 障。

（6）K823 烽燧（152923353201040088）

该烽燧位于东风镇额肯查干嘎查东北约 6.5 千米的戈壁上。

烽燧坍塌损毁严重，呈不规则形，底部东西最长 13、南北最长 10、高 5.3 米。以土坯垒砌为主，

---

〔1〕 滕铭予：《额济纳古代遗址测量工作简报》，《边疆考古研究》（第七辑），科学出版社，2008 年。

当中夹杂有胡杨木棒，每2层土坯夹1层草。其中，西北部砌墙土坯较大，应为汉代的遗留；东南部砌墙土坯较小，尺寸为长36、宽19、厚11厘米，草拌泥抹壁，与前者之风格迥然有异，应是明代在汉代烽燧的基础上进行了维修、补筑，并加以沿用所致。遗址地表散落有黑釉瓷片、灰陶片、炼渣等遗物（彩图三九一）。

该烽燧东北约8.5千米处有A23烽燧，西南约3.4千米处有夏日库列烽燧。

（7）夏日库列烽燧（152923353201040089）

该烽燧位于东风镇额肯查干嘎查东北约6.8千米的戈壁上。

烽燧坍塌成圆形土堆，底部东西长12、南北长13、高2.3米。局部可见土坯垒砌的痕迹。遗址地表散落有灰陶片。

该烽燧东北约3.4千米处有K823烽燧，西南约3.2千米处有瑙高陶来烽燧。

（8）瑙高陶来烽燧（152923353201040090）

该烽燧位于东风镇额肯查干嘎查东北约6.8千米的戈壁上。

烽燧由墩台和坞两部分组成。墩台坍塌成土堆状，底部直径17、高3米。局部可见土坯垒砌的痕迹。坞连接在墩台南壁，仅痕迹可辨。遗址地表散落有灰陶片。

该烽燧东北约3.2千米处有夏日库列烽燧，西南约4.8千米处有A24障。

（9）A24障（152923353102040006）

该障城位于东风镇宝日乌拉嘎查西南约3.9千米处的戈壁上，西距伊肯河70米，又名小方城。中瑞西北科学考察团作过试掘，出土了一些木件和织物。

障城平面呈正方形，边长19米。墙体存高5.7米，下部夯筑而成，夯土部分高3.3米；上部高2.4米的部分以土坯垒砌为主，1层土坯夹1层草。障门朝南，宽3.3米（图一九；彩图三九二、三九三）。墙体外层土坯脱落，散乱堆积在底部；北墙有一个豁口，宽2.2、高1.2米，西墙有一个宽1.3米的豁口。障城东、南、西三面原有关厢墙体痕迹，东西长59、南北长80米。关厢门朝东，宽约7米。

该障城东北约4.8千米处有瑙高陶来烽燧，西南约3.6千米处有T145烽燧、约3.8千米处有A25烽燧。

（10）A25烽燧（152923353201040091）

该烽燧位于东风镇宝日乌拉嘎查东南约4.9千米的戈壁上。中瑞西北科学考察团作过试掘，出土8枚汉简以及一些木件。

烽燧坍塌成低矮的圆丘状，底部东西最长17、南北最长9、高1.5米，局部可见土坯垒砌的痕迹。遗址地表散落有灰陶片和丝绸残片等遗物。

该烽燧东北约3.8千米处有A24障，西北约0.8千米处有T145烽燧。

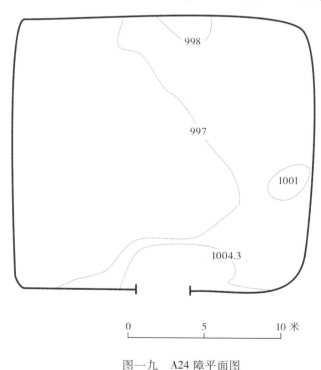

图一九　A24障平面图

（11）T145 烽燧（152923353201040092）

该烽燧位于东风镇宝日乌拉嘎查东南约 5.8 千米的戈壁上。

烽燧由墩台、坞和附燧三部分组成。墩台和坞坍塌成圆丘状，形制依稀可辨，表面多被戈壁碎石覆盖，底部东西最长 15、南北最长 16、高 2.5 米。局部可见其建筑方式是以土坯垒砌为主，每 3 层土坯夹 1 层草。墩台东南部墙皮脱落，露出墙体。坞连接在墩台南壁，墙体坍塌成土垄状，高约 1 米。墩台东南有两道墙基残迹，墙内有 2 座附燧，南北向排列，间距 30 米，均坍塌，仅存地表痕迹，直径 5 米。南 10 米处另有一座直径 5 米的附燧。遗址地表散落有灰陶片。

该烽燧东南约 0.8 千米处有 A25 烽燧，东北约 3.6 千米处有 A24 障。

（12）T146 烽燧（152923353201040093）

该烽燧位于东风镇宝日乌拉嘎查南约 6.6 千米的戈壁上。

烽燧坍塌成土堆状，部分为戈壁碎石覆盖，底部东西最长 18、南北最长 16、高 3.8 米。上部露出，由此判断墩台呈覆斗形，以土坯垒砌为主，当中夹杂有柴草、红柳、胡杨木等。遗址地表散落有灰陶片。

该烽燧东北约 2.6 千米处有 A25 烽燧、约 2.7 千米处有 T145 烽燧，东南约 1.6 千米处有巴彦宝格德 1 号烽燧，西南约 1.7 千米处有 T147 烽燧。

（13）巴彦宝格德 1 号烽燧（152923353201040155）

该烽燧位于东风镇宝日乌拉嘎查南约 8.9 千米的小山顶部。

烽燧由墩台和坞两部分组成。从外观来看，底部是石砌基础，东西长 14.4、南北长 12.2 米；上部是土筑的墩台和坞。其中，墩台为土坯垒砌，底部东西长 10.8、南北长 7.5 米，顶部东西长 4.5、南北长 3.1 米，东侧残高 2.5、西侧残高 2.7 米。坞连接在墩台北壁，东西长 8.9、南北长 4.8 米，墙体宽 1.2 米，以土坯垒砌为主，当中夹杂有胡杨木，坞门位置不详。西北部有一条向下的坡道，长 9、宽 1.9 米，两侧用大石块垒筑，中间填以碎石。与之相连有 3 座"十"字形附燧，仅存地表痕迹，第 1 座东西长 4.7、南北长 4.2 米；第 2 座在其西北 19 米处，东西长 4.2、南北长 4.3；第 3 座在第 2 座西北 30 米处，东西长 4.5、南北长 4.6 米。遗址周围散落有灰陶片（彩图三九四）。

该烽燧西北约 1.6 千米处有 T146 烽燧，西约 1.7 千米处有 T147 烽燧。

（14）T147 烽燧（152923353201040094）

该烽燧位于东风镇宝日乌拉嘎查南约 8.1 千米的戈壁上。

烽燧西侧因受伊肯河冲刷而损毁，仅部分墩台露出，底部东西最长 8、南北最长 7.4、高 4.5 米，用长 38、宽 20、厚 15 厘米的土坯垒砌而成，白灰抹面。东、南壁墙皮脱落，露出砌墙土坯。墩台东南 30 米处有 3 座附燧，东西向排列，间距 20 米，均坍塌，仅存地表痕迹，直径均为 5 米。遗址地表散落有灰陶片（彩图三九五）。

该烽燧东约 1.7 千米处有巴彦宝格德 1 号烽燧，西南约 1 千米处有 A26 烽燧。

（15）A26 烽燧（152923353201040095）

该烽燧位于东风镇宝日乌拉嘎查南约 8.6 千米的戈壁上。

烽燧坍塌成土堆状，表面部分为戈壁碎石覆盖，底部东西、南北最长 20 米，顶部东西最长 2.6、南北最长 3.1 米，高 3.5 米，墩台上部露出。由此判断其呈覆斗形，沙土夯筑而成，下部露出夯层，夯层厚约 0.1 米。遗址地表散落有灰陶片。

该烽燧东北约 1 千米处有 T147 烽燧，西南约 2 千米处有 T148 烽燧，东南约 2.6 千米处有巴彦宝格德 2 号烽燧。

（16）T148 烽燧（152923353201040096）

该烽燧位于东风镇宝日乌拉嘎查西南约 10.2 千米的戈壁上，西面紧邻额济纳河。

烽燧由墩台、坞和附燧三部分组成。墩台呈覆斗形，底部东西 5、南北 5、高 5 米。底部是 0.8 米厚的垫土层，主体部分以长 44、宽 22、厚 17 厘米的土坯垒砌为主，每 1~3 层土坯夹 1 层草。坞在墩台外围，平面呈长方形，东西长 32、南北长 20 米。坞墙坍塌成土垄状，底宽 2.4 米，东、南、北面有壕沟，宽 12.5、深 0.6 米；门在北墙靠西，宽 2.4 米。沟外有围墙，现呈土垄状，底宽 6 米。坞东 30 米处有 3 座附燧，呈东南—西北排列，间距依次为 15、18 米，均坍塌，仅存地表痕迹，直径约 5 米。遗址地表散落有灰陶片（彩图三九六）。

该烽燧东北约 2 千米处有 A26 烽燧，西南约 1 千米处有 T149 烽燧。

（17）T149 烽燧（152923353201170097）

该烽燧位于东风镇宝日乌拉嘎查西南约 11.1 千米戈壁地带的一座小山上，东面是狼心山，西面山脚下是额济纳河。

烽燧仅存覆斗形墩台。墩台底部边长 5.2 米，顶部东西长 3.1、南北长 3.6 米，高 5 米。墩台底部夯筑而成，夯层厚度不详；上部以土坯垒砌为主，每隔 0.7 米夹一层红柳枝。墩台西壁中部有宽 1.4 米的简易登台阶梯，中间可见 0.6 米厚的石砌层，由此可攀登至墩台顶部。墩台顶部有一个东西长 2.8、南北长 2.9、深 1.1 米的坑。墩台西侧 10 米处有一个土坯垒砌的正方形台子，边长 1、高 0.1 米（彩图三九七）。

该烽燧东北约 1 千米处有 T148 烽燧，东南约 1.3 千米处有巴彦宝格德 3 号烽燧。

（18）巴彦宝格德 2 号烽燧（152923353201040151）

该烽燧位于东风镇宝日乌拉嘎查南约 10.9 千米，坐落于巴彦宝格德山东北侧的一座山顶上。

烽燧由墩台和坞两部分组成。墩台平面呈正方形，底部边长 5.5、高 6.5 米，下部 2 米处用石块垒砌而成，以上 4.5 米以土坯垒砌为主，每隔 4 层土坯夹杂有红柳枝和木棍。坞连接在墩台东壁，东西长 6.3、南北长 9 米。坞墙坍塌，宽约 1.3 米，可见当中夹杂有竖立的红柳靶子和芦苇。遗址四周散落有灰陶片（彩图三九八）。

该烽燧西北约 2.6 千米处有 A26 烽燧，西南约 2.7 千米处有巴彦宝格德 3 号烽燧。

（19）巴彦宝格德 3 号烽燧（152923353201040152）

该烽燧位于东风镇宝日乌拉嘎查西南约 11.7 千米的小山上。

烽燧被改造成敖包，原貌尽失。遗址周边散落有灰陶片。

该烽燧东北约 2.7 千米处有巴彦宝格德 2 号烽燧，西北约 1.3 千米处有 T149 烽燧。

（20）T150 烽燧（152923353201040098）

该烽燧位于东风镇宝日乌拉嘎查西南约 10 千米的戈壁上。

烽燧坍塌成圆丘状，部分为戈壁碎石覆盖，底部直径 18、高 4.7 米。墩台上部露出，由此判断其原始形制呈覆斗形，以土坯垒砌为主，当中夹杂有草和木棒。墩台顶部有一个直径 0.5 米的盗坑。墩台东侧可见围墙残迹。墩台东 50 米处有 3 座附燧，南北向排列，间距均为 30 米，已坍塌，仅存地表痕迹，直径约 5 米。遗址周围散落有灰陶片。

该烽燧东北约 4.5 千米处有 T149 烽燧，西南约 1.2 千米处有 T151 烽燧。

（21）T151 烽燧（152923353201040099）

该烽燧位于东风镇宝日乌拉嘎查西南约 16.2 千米的戈壁上。

烽燧坍塌成圆丘状，依稀可辨形制，表面被戈壁碎石覆盖，底部东西最长 13、南北最长 15、高

3.5 米。局部可见其原始建筑方式是以土坯垒砌为主，当中夹杂有草和木棒。顶部有一个东西长 4、南北长 2.5、深 0.9 米的盗坑，北壁有一道宽 0.4 米的沟槽。遗址地表散落有灰陶片。

该烽燧东北约 1.2 千米处有 T150 烽燧，西南约 1.3 千米处有 T152 烽燧。

（22）T152 烽燧（152923353201040100）

该烽燧位于东风镇宝日乌拉嘎查西南约 17.3 千米的戈壁上。

烽燧坍塌成土丘状，底部东西最长 27、南北最长 20、高 2.2 米，局部露出夯土痕迹。东、南、北三侧被推土机挖过，西南角有一根木桩，顶部立有小木桩。遗址地表散落有灰陶片。

该烽燧东北约 1.3 千米处有 T151 烽燧，西约 1.2 千米处有 T153 烽燧。

（23）T153 烽燧（152923353201040101）

该烽燧位于东风镇宝日乌拉嘎查西南约 18 千米的戈壁上。

烽燧坍塌成土丘状，底部直径 16、高 4 米，局部可见土坯垒砌的痕迹。遗址地表散落有灰陶片。

该烽燧东约 1.2 千米处有 T152 烽燧，西南约 1.2 千米处有 A27 烽燧。

（24）A27 烽燧（152923353201040102）

该烽燧位于东风镇宝日乌拉嘎查西南约 18 千米的戈壁上。中瑞西北科学考察团作过试掘，在墩台西北发现几座相连的房址，出土包括"永元器物簿"在内的汉简约 90 枚，以及大泉五十、陶器、木器、角器、织物等。1942 年秋，在"永元器物簿"出土地又发现东汉的纸。

烽燧坍塌成土堆状，底部东西最长 15、南北最长 8.5、高 3.5 米。局部可见其原始建筑方式，下部为夯土筑造（夯层厚度不详），上部用土坯垒砌而成。墩台南壁有一个长 1.4、宽 0.5、深 1.2 米的盗坑，北壁有一个长 1.5、宽 1.5、深 0.6 米的盗坑。遗址地表散落有灰陶片。

该烽燧东北约 1.2 千米处有 T153 烽燧，西南约 4.3 千米处有 T155 烽燧。

2. 橐它候官

根据陈梦家先生对汉简邮程路线的研究，基本可以确定橐它候官及所辖烽燧处于肩水都尉府管辖区的中段，北接广地塞，南接肩水塞。其治所及所辖烽燧尚难确定。但是，从出土汉简中可以找到探索这个问题的些许线索，A27 出土简表明它属于广地候官。另据简文记载，T168 烽燧为橐它塞莫当燧，亦是橐它塞南部候长治所。由此，至少可以推测，A27 以南至 T168 以北的部分烽燧当属橐它塞无疑。因为橐它塞与其北部的广地塞、南部的肩水塞分界尚不明朗，所以我们暂时也只能将 A27 以南至 T168 以北的 17 座烽燧（含 T168）都放在这里描述。由北向南依次为 T155 烽燧、A28 烽燧、T157 烽燧、T158 烽燧、F159 烽燧、T160 烽燧、A29 烽燧、T161 ~ T165 烽燧、A30 烽燧、A31 烽燧、T166 ~ T168 烽燧。这些烽燧沿额济纳河东岸排列，绵延约 45 千米，沿线不见天田、塞墙痕迹。

当然，这其中可能北段混入了广地塞的部分烽燧，T168 烽燧以南可能还存在有橐它塞的遗迹，只是目前尚难以明确分辨。还有一个问题，就是在橐它塞沿线未发现任何规模相当的障城，这给探寻橐它候官治所带来了很大困难。

各类遗存依次详述如下。

（1）T155 烽燧（152923353201040103）

该烽燧位于东风镇宝日乌拉嘎查西南约 23.2 千米的戈壁上。

烽燧整体坍塌成低矮的土丘，底部东西长 11、南北长 9.6、高 1 米。建筑方式不详，顶部露出约 9 根木桩，皆有被火烧过的痕迹。遗址地表散落有灰陶片、动物骨骼等遗物。

该烽燧东北约 4.3 千米处有 A27 烽燧，西南约 6.5 千米处有 A28 烽燧。

（2）A28 烽燧（152923353201040104）

该烽燧位于东风镇宝日乌拉嘎查西南约 28.2 千米的戈壁上。中瑞西北科学考察团作过试掘，出土汉简 2 枚，《急就篇》木觚 2 枚，以及木件、钻火具、织物等。

烽燧由墩台和坞两部分组成。墩台坍塌成圆丘状，底部东西最长 17、南北最长 21、高 3 米，局部可见土坯垒砌的痕迹。坞连接在墩台南壁，残高 0.9 米，有一个东西长 2、南北长 3 米的盗坑。遗址地表散落有灰陶片。

该烽燧东北约 6.5 千米处有 T155 烽燧，西南约 2.2 千米处有 T157 烽燧。

（3）T157 烽燧（152923353201040105）

该烽燧位于东风镇宝日乌拉嘎查西南约 31.7 千米的戈壁上。

烽燧坍塌成圆丘状，依稀可辨形制，表面被戈壁碎石覆盖。底部东西长 15、南北长 16、高 4 米。局部可见土坯垒砌的痕迹，顶部露出草拌泥，东面被推土机破坏。遗址地表散落有灰陶片。

该烽燧东北约 2.2 千米处有 A28 烽燧，西南约 4.2 千米处有 T158 烽燧。

（4）T158 烽燧（152923353201170106）

该烽燧位于东风镇宝日乌拉嘎查西南约 35.9 千米的戈壁高岗上。

烽燧仅存墩台和附燧。墩台平面呈长方形，剖面呈梯形，底部东西长 8.2、南北长 7.8、高 9.6 米。经过二次修补，内部用长 38、宽 18、厚 12 厘米的大块土坯垒砌而成，当中夹杂有胡杨木，为汉代所建；外部用长 35、宽 17、厚 8 厘米的薄土坯加固，为明代补筑。西、北壁保存较好，东南角坍塌。东壁自上而下有一个凹缺，宽 1.7、深 1.3 米，由此可见 6 根木桩，间隔 1.1 米，推测是当时放置绳梯登顶之处；中间有一个洞口，长 0.9、宽 0.5、深 1.2 米，洞口底部横置一根木柱。南侧可见附燧的痕迹。遗址地表散落有灰陶片（彩图三九九）。

该烽燧东北约 4.2 千米处有 T157 烽燧，西南约 5 千米处有 F159 烽燧。

（5）F159 烽燧（152923353201040107）

该烽燧位于东风镇宝日乌拉嘎查西南约 40.8 千米的戈壁上。

烽燧由墩台和坞两部分组成。墩台坍塌成圆丘状，底部边长 11、高 1.5 米，局部可见土坯垒砌的痕迹。坞在墩台外围，平面呈长方形，东西长 31、南北长 34 米；坞墙坍塌，宽 7、残高 0.9 米；门向西开，宽约 3 米。遗址地表散落有灰陶片。

该烽燧东北约 5 千米处有 T158 烽燧，西南约 4 千米处有 T160 烽燧。

（6）T160 烽燧（152923353201040108）

该烽燧位于东风镇宝日乌拉嘎查西南约 42.7 千米的戈壁上。

烽燧仅存墩台。墩台残存部分东西长 6、南北长 6.1、高 1.7 米。墩台夯土筑造而成，夯层厚 10 厘米，南壁有东西长 2.6、南北长 1.76 米的盗坑。

该烽燧东北约 4 千米处有 F159 烽燧，西南约 1.5 千米处有 A29 烽燧。

（7）A29 烽燧（152923353201040109）

该烽燧位于东风镇宝日乌拉嘎查西南约 44.7 千米的戈壁上。中瑞西北科学考察团作过试掘，出土汉简约 30 枚，其中一简有汉桓帝永康三年年号，应当属于汉灵帝建宁二年（169 年）简，是居延地区出土的年代最晚的汉简。此外，还出土有木器、陶器、织物等。

烽燧坍塌成圆丘状，依稀可辨形制，表面多被戈壁碎石覆盖，底部东西最长 10、南北最长 14、高 3 米，局部可见土坯垒砌的痕迹。西部因河水冲蚀露出台体，南、北两侧呈斜坡状。东南 30 米处起分布有 3 座附燧，南北向排列，间距均为 20 米，已坍塌，仅存底部痕迹，直径约 5 米。遗址地表散落有灰陶片等。

该烽燧东北约 1.5 千米处有 T160 烽燧，西南约 2.6 千米处有 T161 烽燧。

（8）T161 烽燧（152923353201040110）

该烽燧位于东风镇宝日乌拉嘎查西南约 46.7 千米的戈壁上。

烽燧由墩台、坞和附燧三部分组成。墩台和坞坍塌成圆丘状，依稀可辨形制，表面多被戈壁碎石覆盖，底部东西最长 17、南北最长 16、高 3.5 米，局部可见土坯垒砌的痕迹。根据现存情况判断，墩台平面呈长方形，底部尺寸不详，顶部直径 2.5 米。坞连接在墩台东南壁，已坍塌，墙体残高 1.1 米。南 70 米处有一道石梁，长约 70 米；东 30 米也有一道石梁，可能是坞院围墙残迹。墩台东 40 米处起分布有 3 座附燧，东西向排列，间距依次为 25、30 米，已坍塌，仅存地表痕迹，直径约 5 米。遗址地表散落有灰陶片。

该烽燧东北约 2.6 千米处有 A29 烽燧，西南约 2 千米处有 T162 烽燧。

（9）T162 烽燧（152923353201040111）

该烽燧位于东风镇宝日乌拉嘎查西南约 50.2 千米的戈壁上。

烽燧由墩台和坞两部分组成，坍塌成低矮的圆丘状，底部东西最长 15、南北最长 14、高 4 米。屡遭盗掘，遗有盗坑多处。顶部有直径 6、深 0.7 米的盗坑。北部有长 3.2、宽 1.2、深 2.5 米的盗坑，该盗坑南另有一个东西长 3.4、南北长 2.2 米的盗坑。南部有两个盗坑，一个东西长 3.7、南北长 1.8、深 0.4 米，另一个东西长 1、南北长 2.3、深 0.9 米。东面底部被挖开两个盗坑，一个直径 0.5、深 0.4 米，另一个东西长 3、南北长 2.4、深 0.4 米。由此可见其原始建筑方式是以长 47、宽 23、厚 17 厘的土坯垒砌为主，当中夹杂有粗草绳。坞连接在墩台东南壁，具体情况不详。南 50 米处有灰坑。遗址地表散落有丝绸、麻布、灰陶片等遗物。

该烽燧东北约 2 千米处有 T161 烽燧，南约 3.8 千米处有 T163 烽燧。

（10）T163 烽燧（152923353201040112）

该烽燧位于东风镇宝日乌拉嘎查西南约 53.5 千米的戈壁上。

烽燧濒临消失，仅存地基痕迹，分布范围东西最长 15、南北最长 10、残存最高处 1.2 米。东 5 米处起分布有 3 座附燧，南北向排列，间距依次为 10、11 米，均坍塌，仅存地表痕迹，直径约 5 米。遗址地表散落有灰陶片。

该烽燧北约 3.8 千米处有 T162 烽燧，西南约 1.6 千米处有 T164 烽燧。

（11）T164 烽燧（152923353201040113）

该烽燧位于东风镇宝日乌拉嘎查西南约 55.6 千米的戈壁上。

烽燧由墩台、坞和附燧三部分组成。墩台和坞坍塌成土堆状，表面为戈壁碎石覆盖，底部东西最长 20、南北最长 18、高 2 米。根据局部露出的原始建筑痕迹判断，墩台用土坯垒砌而成。坞连接在墩台南壁。墩台东 45 米处起分布有 3 座附燧，东西向排列，间距均为 25 米，已坍塌，仅存地表痕迹，直径约 5 米。南 20 米处有灰坑。遗址地表散落有灰陶片。

该烽燧东北约 1.6 千米处有 T163 烽燧，南约 1.2 千米处有 T165 烽燧。

（12）T165 烽燧（152923353201040114）

该烽燧位于东风镇宝日乌拉嘎查西南约 55.1 千米的戈壁上。

烽燧整体坍塌，形状不规则，表面多被戈壁碎石覆盖，底部东西最长 7.4、南北最长 16、高 2 米，局部可见土坯垒砌的痕迹。西部受河水冲蚀消失，东南部被推土机破坏。遗址地表散落有灰陶片等。

该烽燧北约 1.2 千米处有 T164 烽燧，南约 1.8 千米处有 A30 烽燧。

（13） A30 烽燧（152923353201040115）

该烽燧位于东风镇宝日乌拉嘎查西南 56.6 千米的戈壁石梁上，西距额济纳河 50 米。中瑞西北科学考察团作过调查，在墩台东侧发现有坞的残迹，并采集到木件杂物等。

烽燧坍塌成低矮的圆丘状，表面为戈壁碎石覆盖，底部东西最长 18、南北最长 16、高 3 米，局部可见以长 48、宽 24、厚 16 厘米的土坯垒砌的痕迹。东南部和北部被铲车挖开，破坏范围东西最长 8、南北最长 8 米，东南部缺口长 5.1、宽 2.8 米，北部缺口长 3、宽 2.8 米，西南角缺口长 1.5、宽 1 米。东南 50 米处起分布有 3 座附燧，东西向排列，间距依次为 15、20 米，均坍塌，仅存地表痕迹，直径约 7 米。遗址地表散落有灰陶片。

该烽燧北约 1.8 千米处有 T165 烽燧，南约 4 千米处有 A31 烽燧。

（14） A31 烽燧（152923353201040116）

该烽燧位于东风镇宝日乌拉嘎查西南约 60.2 千米的戈壁石梁上。中瑞西北科学考察团调查时曾看到坞的残迹，采集汉简一枚以及封检等。

烽燧由墩台和坞两部分组成。整体坍塌，部分被土和碎石覆盖，形状不规则，分布范围东西最长 18、南北最长 16、高 3 米。墩台部分露出，夯土筑造而成，夯层厚 0.2 米。东南 70 米处起分布有 4 座附燧，东西向排列，间距依次为 20、15、20 米，均坍塌，仅存地表痕迹，直径约 7 米。遗址地表散落有灰陶片、黑釉瓷片等遗物。

该烽燧北约 4 千米处有 A30 烽燧，南约 2.3 千米处有 T166 烽燧。

（15） T166 烽燧（152923353201040117）

该烽燧位于东风镇宝日乌拉嘎查西南约 62.2 千米的戈壁石梁上。

烽燧由墩台、坞和附燧三部分组成。墩台部分坍塌成圆堆状，表面多被戈壁碎石覆盖，底部东西长 10、南北长 8 米，顶部东西长 2、南北长 1 米，高 4.5 米。西、南、北侧露出原初壁面，由此判断墩台原始形制呈覆斗形，以土坯垒砌为主，每隔 3 层土坯夹 1 层草和树枝。坞连接在墩台东南壁，东西长 21、南北长 32 米。坞墙坍塌成土垄状，宽 4、高 1 米。坞门向南开，宽 4 米。墩台南 60 米起分布有 3 座附燧，间距均为 20 米，已坍塌，仅存地表痕迹，直径约 6 米。遗址地表散落有灰陶片。

该烽燧北约 2.3 千米处有 A31 烽燧，南约 2.4 千米处有 T167 烽燧。

（16） T167 烽燧（152923353201040118）

该烽燧位于东风镇宝日乌拉嘎查西南 64.1 千米的戈壁石梁上。

烽燧由墩台和坞两部分组成。墩台坍塌成土堆状，表面部分被戈壁碎石覆盖，底部东西最长 10、南北最长 12 米，顶部东西最长 3、南北最长 3 米，高 3 米，局部可见土坯垒砌的痕迹。坞连接在墩台东南壁，具体形制和尺寸不详，仅可辨得它与墩台共同形成东西长 20、南北长 18 米的分布范围。遗址地表散落有灰陶片。

该烽燧北约 2.4 千米处有 T166 烽燧，西南约 1.4 千米处有 T168 烽燧。

（17） T168 烽燧（152923353201040119）

该烽燧位于东风镇宝日乌拉嘎查西南 67 千米的戈壁石梁上。20 世纪 70 年代，甘肃居延考古队试掘出土的简文表明，该处为橐它塞莫当燧，亦是该塞南部候长治所，并提出橐它、肩水二塞的分界，当在金关、莫当燧之间[1]。

烽燧坍塌成圆堆状，表面多被戈壁碎石覆盖，底部东西最长 15、南北最长 13、高 3.5 米，只顶部

---

〔1〕 甘肃居延考古队：《居延汉代遗址的发掘和新出土的简册文物》，《文物》1978 年 1 期。

东南角露出，可见其建筑方式为土坯垒砌。遗址地表散落有灰陶片、黑釉瓷片等遗物。

该烽燧东北约 1.4 千米处有 T167 烽燧，西南约 1.6 千米处有 A32 障。

3. 肩水候官

肩水候官位于居延都尉府辖区的南段，与所属烽燧等统称作肩水塞，北接橐它塞，向南进入甘肃省金塔县境内仍有部分遗迹。其中，A33 障为肩水候官治所，下辖塞墙 2 条（金关塞墙和肩水塞墙）、天田 2 条、关址 1 座（为肩水金关）、障城 2 座、古城 1 座（为 K824 城）、烽燧 23 座。

天田大体分布于额济纳河的两侧。位于其东侧的，暂称之为肩水天田河东支线，北起自东风镇宝日乌拉嘎查西南约 68.7 千米，南止于宝日乌拉嘎查西南约 91.1 千米，由并排的两条遗迹构成，各长 25908 米，总长 51816 米，大体呈东北—西南走向，基本与其西侧的烽燧线平行。这道天田位于戈壁平原地带，系扫取附近的沙土、小石子堆积而成，形似两道土垄，低矮、扁平，剖面呈梯形。每条遗迹底宽 1.7~5、高 0.02~0.5、内侧间距 5.5~8 米，依据保存状况的差异划分为 4 段。位于其西侧的，暂称之为肩水天田河西支线，此次未作全面调查。

肩水塞墙位于额济纳河西侧，北起自东风镇宝日乌拉嘎查西南约 68.5 千米，南止于宝日乌拉嘎查西南约 85.5 千米，总长 17083 米，大体呈东北—西南走向，基本与其西侧的烽燧线平行。这道塞墙位于戈壁平原地带，系扫取附近的沙土、小石子堆积而成，局部地段由小石块和沙土垒筑而成，形似一道土垄，低矮、扁平，剖面呈梯形，底宽 5.5~12、高 0.02~1.3 米。依据保存状况的差异划分为 4 段。

障城 2 座，分别为 F177 障、F179 障。

23 座烽燧由东北向西南排列，被额济纳河分为河东、河西两段，暂称为东部塞和西部塞。东部塞绵延约 25 千米，烽燧线西侧的天田（即肩水天田河东支线）可以较完整地连贯起来，T189 烽燧和 T193 烽燧之间有一小段天田与之平行。烽燧间距 1.7~3.2 千米，由北向南依次为 T174~T176 烽燧、T180~T182 烽燧、A36 烽燧、T186~T188 烽燧、T191 烽燧、T192 烽燧、T189 烽燧、T193 烽燧。西部塞绵延约 16 千米，烽燧之间有天田（即肩水天田河西支线）相连，受洪水冲蚀多处地段消失。北部烽燧间距较小，间距 1~2 千米，南部烽燧间距较大，间距 4~6 千米。具体烽燧由北向南依次为 T169~T171 烽燧、T173 烽燧、T172 烽燧、马力曾烽燧、P12 烽燧、T178 烽燧、T184 烽燧。西部塞以西 45 千米处另有 1 座汉代烽燧，为梧桐泉烽燧。

各类遗存依次详述如下。

（1）金关塞墙（152923354199040023）

该段墙体北起自东风镇宝日乌拉嘎查西南约 67.4 千米，南止于宝日乌拉嘎查西南约 68.7 千米。

塞墙位于戈壁平原地带，大体呈西北—东南走向，全长 2579 米，其中，保存较好 1800 米、消失 779 米，分别占该段塞墙长度的 70%、30%。为扫取附近的沙土、小石子堆积而成，形似一道土垄，剖面呈梯形，底宽 10~11、高 0.02~0.4 米（彩图四〇〇）。

该段塞墙西距 A32 障 50 米，东距 A33 障 115 米，有防止偷渡关口和屏护关城的作用。

（2）肩水天田河东支线 1 段（152923354199040024）

该段天田北起自东风镇宝日乌拉嘎查西南约 68.7 千米，南止于东风镇宝日乌拉嘎查西南约 73.2 千米。大体呈东北—西南走向，下连肩水天田河东支线 2 段。

天田由并排的两条遗迹构成，各长 4600 米，总长 9200 米，保存一般。每条遗迹底宽 1.7~3、高 0.02~0.2、内侧间距 5.5~6.5 米。

该段天田西 5 米处有 T174 烽燧、15 米处有 T175 烽燧、23 米处有 T176 烽燧。

（3）肩水天田河东支线 2 段（152923354199040025）

该段天田北起自东风镇宝日乌拉嘎查西南约 73.2 千米，南止于宝日乌拉嘎查西南约 82.7 千米。大体呈东北—西南走向，上接肩水天田河东支线 1 段，下连肩水天田河东支线 3 段。

天田由并排的两条遗迹构成，各长 9800 米，总长 19600 米，保存一般。每条遗迹底宽 1.7～3、高 0.02～0.2、内侧间距 5.5～6.5 米。

该段天田西约 15 米处有 T180 烽燧、约 19 米处有 T181 烽燧、约 23 米处有 T182 烽燧、约 31 米处有 T186 烽燧。

（4）肩水天田河东支线 3 段（152923354199040026）

该段天田北起自东风镇宝日乌拉嘎查西南约 82.7 千米，南止于宝日乌拉嘎查西南约 92.6 千米。大体呈东北—西南走向，上接肩水天田河东支线 2 段，向西南延伸至甘肃省金塔县境内。

天田由并排的两条遗迹构成，各长 7400 米，总长 14800 米，保存一般。每条遗迹底宽 1.7～3、高 0.02～0.2、内侧间距 5.5～6.5 米。

该段天田西 21 米处有 T187 烽燧、32 米处有 T188 烽燧、35 米处有 T191 烽燧、31 米处有 T192 烽燧，与其西侧肩水天田河东支线 4 段平行，相距 1.4 千米。

（5）肩水天田河东支线 4 段（152923354199040027）

该段天田北起自东风镇宝日乌拉嘎查西南约 89 千米，南止于宝日乌拉嘎查西南约 91.1 千米。大体呈东北—西南走向，向西南延伸进入甘肃省金塔县境内。

天田由并排的两条遗迹构成，各长 4108 米，总长 8216 米。其中，保存较好 7400 米、较差 816 米，分别占该段天田长度的 90%、10%。每条遗迹底宽 4.5～5、高 0.02～0.5、内侧间距 7～8 米（彩图四〇一）。

该段天田西约 65 米处有 T189 烽燧、约 45 米处有 T193 烽燧，与东侧的肩水天田河东支线 3 段平行，相距 1.4 千米。

（6）肩水塞墙 1 段（152923354199040028）

该段塞墙北起自东风镇宝日乌拉嘎查西南约 68.5 千米，南止于宝日乌拉嘎查西南约 72.1 千米。大体呈东北—西南走向，下连肩水塞墙 2 段。

塞墙全长 3629 米，其中，保存一般 2684 米、消失 945 米，分别占该段塞墙长度的 74%、26%。现存遗迹底宽 7.5～8、高 0.02～1.2 米。

该段塞墙西 35 米处有 T170 烽燧、25 米处有 T171 烽燧、31 米处有 T172 烽燧。

（7）肩水塞墙 2 段（152923354199040029）

该段塞墙北起自东风镇宝日乌拉嘎查西南约 72.1 千米，南止于宝日乌拉嘎查西南约 77.4 千米。大体呈东北—西南走向，上接肩水塞墙 1 段，下连肩水塞墙 3 段。

塞墙全长 6088 米，其中，保存较好 888 米、消失 5200 米，分别占该段塞墙长度的 15%、85%。现存遗迹底宽 5.5～6.5、高 0.2～0.6 米。

（8）肩水塞墙 3 段（152923354199040030）

该段塞墙北起自东风镇宝日乌拉嘎查西南约 77.4 千米，南止于东风镇宝日乌拉嘎查西南约 80 千米。大体呈东北—西南走向，上接肩水塞墙 2 段，下连肩水塞墙 4 段。

塞墙全长 2862 米，其中，保存较好 742 米、保存一般 1300 米、保存较差 820 米，分别占该段塞墙长度的 26%、45%、29%。现存遗迹底宽 6～7、高 0.02～1.3 米（彩图四〇二）。

该段塞墙在 T178 烽燧西侧以南，以西 5 米处另有两道较窄的天田（肩水天田河西支线）与之平行，在本段止点处消失，宽 1.6 ~ 2、高 0.02 ~ 0.15、内侧间距 3 ~ 4 米，偶有被水冲开的豁口。

（9）肩水塞墙 4 段（152923354199040031）

该段塞墙北起自东风镇宝日乌拉嘎查西南约 80 千米，南止于东风镇宝日乌拉嘎查西南约 85.5 千米。大体呈东北—西南走向，上接肩水塞墙 3 段，向西南延伸进入甘肃金塔县境内。

塞墙全长 4504 米，其中，保存较好 1440 米、消失 3064 米，分别占该段塞墙长度的 32%、68%。该段塞墙形似一道大土垄，上面有小石块，部分地段用小石块和沙土垒筑而成。现存遗迹底宽 7 ~ 12、高 0.2 ~ 1.1 米。长年的雨水冲刷致使塞墙大段消失，偶尔可见被水冲开的豁口。

（10）A32 障（152923353102040007）

该障城位于东风镇宝日乌拉嘎查西南约 67.2 千米，坐落于额济纳河东岸平坦的戈壁上。也称"肩水金关"。中瑞西北科学考察团将其编号为 A32，并试掘了其中 5 个地点，出简 850 余枚，以及竹器、木器、陶器、角器、铁器、皮革、货币、织物、芦苇和葫芦制品等。1972 年调查时曾在坞南扰灰中拾得一枚"元朔元年"残简。20 世纪 70 年代，由甘肃省博物馆、酒泉地区和人民解放军驻地部队等单位组成的居延考古队对该遗址进行了发掘，搞清了这座关城的基本建筑布局，出简 11000 余枚，器物 1300 余件[1]。此次发掘也出土了武帝元狩四年简。发掘者认为："金关地区早在武帝中期即有政治、军事活动。昭帝时，已称"金关"或"金关燧"，同时又名'通道厩'（见 73EJT10，元凤四年至六年（公元前 77 ~ 前 75 年）通道厩'财物出入'、'谷出入'等简册），这与金关地处交通要道、现存大量厩圈遗迹等情况相符。可见，当时这里至少有三个单位，兼有关卡、斥候、驿厩等多种职能。"

主体建筑关门在北，是两座对峙如阙的长方形楼橹，自西向东编号分别为 F2、F3，长 6.5、宽 5、最宽 1.2、最高 1.12 米，中间门道宽 5 米；在 F3 东侧窄间里出简 636 枚，关门周围发现有正方形排列的虎落尖桩。关厢在关门内西南侧，平面呈近长方形，关厢墙为夯土筑造，夯层厚 0.05 ~ 0.08 米，北墙长 36.5、南墙长 35.5、东墙存长 24、宽 0.7 ~ 0.8、最高 0.7 米。东南角未见墙体，发掘者认为可能关厢门就在这里。关厢墙经过维修，在西北角发现了被叠压的年代较早的关厢墙。关厢内房屋建筑也有年代上的差别，其中，F4 ~ F13 为晚期建筑，F14 年代相对较早。墩台及障在关厢的西南角。前者位置靠北，7.8×7.7 米，内部为夯筑，当中夹杂有斜插的小木棒，外壁用土坯包砌。其南侧连接长方形小障，东西长约 12.5、南北长约 13 米，北墙靠东留门；障墙为夯筑，宽 1.2 ~ 1.3 米。障内用窄墙分隔成若干相互连通的房间，依功能区分为居室、灶屋、仓库等。障内发现灶台遗迹，以及砚、印章、简册、木偶等遗物。在墩台和障的周围发现排列整齐的虎落尖桩，均呈正方形布设。值得注意的是，虎落打破了墩台北和障东的关厢墙。另外，在障门附近发现了一枚残破的转射（图二○；彩图四○三）。

该障城南约 0.6 千米处有 A33 障，西约 1.3 千米处有 T169 烽燧。

（11）A33 障（152923353102040008）

该障城位于东风镇宝日乌拉嘎查西南约 67.7 千米处的戈壁上。蒙古语称"乌兰都日布井"，又称"地湾城"。中瑞西北科学考察团作过试掘，收获颇丰。第一，对障的形制及规模有了初步的了解。障城呈正方形，边长 22.5 米，东北角有一高 1 米的小屋。障外有三重关厢院，第一重关厢墙在障西，其东墙直接连在障的西墙上；第二重关厢墙试掘见于障的东南部，其东墙接在障的东墙上，南墙则与第一重关厢平行；第三重关厢墙在第一重关厢北 20 米处，长约 100 米。第二，获得了大批珍贵的遗物，包括汉简 2000 余枚、帛书 3 件、毛笔 2 支，以及带字的纸张、木器、竹器、陶器、角器、料器、铁

---

〔1〕　甘肃居延考古队：《居延汉代遗址的发掘和新出土的简册文物》，《文物》1978 年第 1 期。

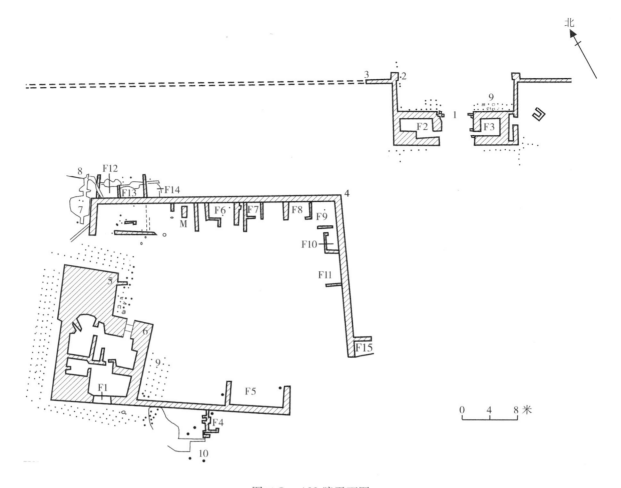

图二〇　A32 障平面图
1. 关门　2. 阙柱　3. 关墙　4. 关厢　5. 烽燧　6. 障　7. 畜栏　8. 篱笆　9. 虎落　10. 柱穴

器、铜器、皮革、织物、芦苇制品等。第三，《居延汉简甲乙编》附录《额济纳河流域障遂述要》一文，根据出土函检与簿检推断 A33 障为肩水候官治所。

　　遗址由障城和关厢两部分组成。障城平面呈正方形，边长 22.5 米；墙体以夯筑为主，夹以圆木，夯层厚 0.08～0.1 米，基宽 5、高 8 米；西墙设门，门洞下宽 2.7、高 5.6 米。障城西北和南侧有房址，墙体夯筑而成，残高 0.2 米；北、东墙外皆残留 4 排虎落，间距 0.75 米。关厢设在障城西侧，东西长 56、南北长 49 米；墙体坍塌成土垄状，基宽 1.5、残高 0.3 米；南墙中部设门。关厢外围可见墙体残迹（彩图四〇四、四〇五）。

　　该障城北约 0.6 千米处有 A32 障，西北约 1.5 千米处有 T169 烽燧，东南约 2.1 千米处有 T174 烽燧。

（12）T174 烽燧（152923353201040120）

该烽燧位于东风镇宝日乌拉嘎查西南约 68.7 千米的戈壁石梁上。

烽燧坍塌成圆丘状，依稀可辨形制，表面多被戈壁碎石覆盖，底部东西最长 14、南北最长 15、高 4.4 米。墩台东、南壁局部露出，由此可见其原始建筑方式是以土坯垒砌为主（土坯内含较多碎石），每隔 1 层土坯夹 1 层草。遗址地表散落有灰陶片。

该烽燧西北约 2.1 千米处有 A33 障，南约 2.2 千米处有 T175 烽燧，东 5 米处有肩水天田河东支线

1 段。

（13） T175 烽燧 （152923353201040121）

该烽燧位于东风镇宝日乌拉嘎查西南约 70.9 千米的戈壁石梁上。

烽燧坍塌成圆丘状，表面多被戈壁碎石覆盖，底部直径 17、高 4.5 米，仅顶部露出，可见土坯垒砌的痕迹。西南 14 米处起分布有 3 座附燧，东西向排列，间距依次为 16、18 米，均坍塌，仅存地表痕迹，直径约 5 米。遗址地表散落有夹砂红陶片、灰陶片等遗物。

该烽燧北约 2.2 千米处有 T174 烽燧，西南约 2.5 千米处有 T176 烽燧，东 15 米处有肩水天田河东支线 1 段。

（14） T176 烽燧 （152923353201040122）

该烽燧位于东风镇宝日乌拉嘎查西南约 73.2 千米的戈壁石梁上。

烽燧坍塌成圆丘状，表面多被戈壁碎石覆盖，底部直径 16、高 3.5 米，顶部尚有一小部分露出，可见建筑方式是土坯垒砌。西北 10 米处起分布有 3 座附燧，间距均为 15 米，已坍塌，仅存地表痕迹，直径约 5 米。遗址地表散落有灰、黑陶片。

该烽燧东北约 2.5 千米处有 T175 烽燧，西南约 3.3 千米处有 T180 烽燧，东 23 米处有肩水天田河东支线 1 段。

（15） T180 烽燧 （152923353201040123）

该烽燧位于东风镇宝日乌拉嘎查西南 76.6 千米的戈壁石梁上。

烽燧坍塌成圆丘状，依稀可辨形制，表面均被戈壁碎石覆盖，底部直径 16、高 2.5 米，局部可见土坯垒砌的痕迹。北、西、南三侧有围墙，与天田相接，北墙长 20、西墙长 51、南墙长 13 米，均坍塌成土垄状，墙体宽 5、高仅 0.4 米。墩台西北 40 米处起分布有 4 座附燧，东南向西北排列，间距均为 40 米，已坍塌，仅存地表痕迹，直径约 5 米。遗址地表散落有灰陶片。

该烽燧东北约 3.3 千米处有 T176 烽燧，西南约 1.5 千米处有 T181 烽燧，东 15 米处有肩水天田河东支线 2 段。

（16） T181 烽燧 （152923353201040124）

该烽燧位于东风镇宝日乌拉嘎查西南约 78 千米的戈壁石梁上。

烽燧坍塌成土堆状，底部东西最长 13、南北最长 13、高 2 米。顶部有一个东西长 2.3、南北长 4.2、深 0.9 米的坑，由此可见土坯垒砌的痕迹。与其距离约 30 米处可见一周围墙，坍塌成土垄状。遗址地表散落有灰陶片。

该烽燧东北约 1.5 千米处有 T180 烽燧，西南约 1.6 千米处有 T182 烽燧，东 19 米处有肩水天田河东支线 2 段。

（17） T182 烽燧 （152923353201040125）

该烽燧位于东风镇宝日乌拉嘎查西南约 79.6 千米的戈壁石梁上。

烽燧坍塌成圆丘状，依稀可辨形制，表面多被戈壁碎石覆盖，底部东西最长 19、南北最长 11、高 2.5 米，局部可见土坯垒砌的痕迹。四周有一圈石梁，坍塌成垄状，可能是围墙残址。其西北 23 米处起分布有 2 座附燧，东西向排列，间距 18 米，已坍塌，仅存地表痕迹，直径约 5 米。遗址地表散落有灰陶片。

该烽燧东北约 1.6 千米处有 T181 烽燧，西南约 1.6 千米处有 A36 烽燧，东 23 米处有肩水天田东支线 2 段。

（18） A36 烽燧 （152923353201040142）

该烽燧位于东风镇宝日乌拉嘎查西南约 80.7 千米的戈壁上。中瑞西北科学考察团作过试掘，出土

5 枚汉简以及木件等。

烽燧由墩台、坞和附燧三部分组成。墩台部分坍塌，塌落的泥土和戈壁碎石堆积在底部，形成斜坡状，上部有高 3.6 米的部分露出，由此可见其建筑方式是以土坯垒砌为主，每隔 3 层土坯夹 1 层芦苇。坞连接在墩台东壁，已坍塌，具体尺寸不详，仅可测得与墩台共同形成东西最长 15、南北最长 12 米的分布范围，高 6 米，东、南、北三面有围墙遗迹，东墙设门。墩台东南 60 米起分布有 3 座附燧，东西向排列，间距均为 30 米，已坍塌，仅存地表痕迹，直径约 6 米。遗址地表散落有灰陶片。

该烽燧东北约 1.6 千米处有 T182 烽燧，南约 2 千米处有 T186 烽燧。

（19）T186 烽燧（152923353201040126）

该烽燧位于东风镇宝日乌拉嘎查西南 82.8 千米的戈壁石梁上。

烽燧坍塌成低矮的圆丘状，表面多被戈壁碎石覆盖，底部直径 13、高 2.5 米。顶部有东西长 2.5、南北长 1.9、深 1.2 米的盗坑，由此可见土坯垒砌的痕迹。其西侧分布有 10 座附燧，可见平行的 3 排，最靠北的一排 4 座，其余 2 排均为 3 座，东西向排列，仅存地表痕迹，直径 4~5 米。遗址地表散落有灰陶片。

该烽燧北约 2 千米处有 A36 烽燧，西南约 2 千米处有 T187 烽燧，东 31 米处有肩水天田河东支线 2 段。

（20）T187 烽燧（152923353201040127）

该烽燧位于东风镇宝日乌拉嘎查西南约 84.7 千米的戈壁上。

烽燧坍塌成低矮的圆丘状，表面为戈壁碎石覆盖，底部东西最长 13、南北最长 16、高 2.5 米，局部可见土坯垒砌痕迹。西、北、南三面有围墙痕迹，坍塌成土垄状。其西 65 米处起分布有 3 座附燧，南北向排列，间距依次为 20、33 米，已坍塌，仅存地表痕迹，直径约 5 米。遗址地表散落有灰陶片。

该烽燧东北约 2 千米处有 T186 烽燧，西南约 2 千米处有 T188 烽燧，东 21 米处有肩水天田河东支线 3 段。

（21）T188 烽燧（152923353201040128）

该烽燧位于东风镇宝日乌拉嘎查西南约 88 千米的戈壁上。

烽燧坍塌成土堆状，表面多被戈壁碎石覆盖，底部东西最长 12、南北最长 12、高 2 米。顶部东南角有 1.1 米高的部分露出，由此可见土坯垒砌痕迹。其西北 50 米处起分布有 3 座附燧，间距均为 30 米，已坍塌，仅存地表痕迹，直径约 5 米。遗址地表散落有灰陶片。

该烽燧东北约 2 千米处有 T187 烽燧，西南约 1.6 千米处有 T191 烽燧，东 32 米处有肩水天田河东支线 3 段。

（22）T189 烽燧（152923353201040129）

该烽燧位于东风镇宝日乌拉嘎查西南约 89 千米的戈壁上。

烽燧坍塌成低矮的圆丘状，表面为戈壁碎石覆盖，底部东西最长 16、南北最长 14、高 1.2 米，局部可见土坯垒砌痕迹。顶部布有东西走向的铁丝网。遗址地表散落有灰陶片。

该烽燧东南约 1.5 千米处有 T191 烽燧，西南约 2.2 千米处有 T192 烽燧，东 65 米处有肩水天田河东支线 4 段。

（23）T191 烽燧（152923353201040130）

该烽燧位于东风镇宝日乌拉嘎查西南约 89.5 千米的戈壁上。

烽燧坍塌成低矮的圆丘状，表面被戈壁碎石覆盖，底部直径 13、高 1.5 米，局部可见土坯垒砌的痕迹，顶部西侧遭盗掘。南、北、西三面有围墙痕迹，坍塌成一圈低矮的石梁。遗址地表散落有灰陶片。

该烽燧东北约 1.6 千米处有 T188 烽燧，西南约 1.7 千米处有 T192 烽燧，西北约 1.5 千米处有 T189 烽燧，东 35 米处有肩水天田河东支线 3 段。

（24）T192 烽燧（152923353201040131）

该烽燧位于东风镇宝日乌拉嘎查西南约 92.6 千米的平地上。

烽燧坍塌成土堆状，底部东西最长 17、南北最长 13、高 2.5 米，局部可见土坯垒砌的痕迹，顶部立有水泥墩和三角架。遗址地表散落有灰陶片。

该烽燧东北约 1.7 千米处有 T191 烽燧、约 2.2 千米处有 T189 烽燧，西约 2.7 千米处有 T193 烽燧，东 31 米处有肩水天田河东支线 3 段。

（25）T193 烽燧（152923353201040132）

该烽燧位于东风镇宝日乌拉嘎查西南约 91.1 千米的戈壁上。

烽燧坍塌成低矮的圆丘状，表面被戈壁碎石覆盖，底部东西最长 14、南北最长 13、高 1.2 米，局部可见土坯垒砌的痕迹。其西北 20 米处起分布有 2 座附燧，呈东南—西北排列，间距 20 米，已坍塌，仅存地表痕迹，直径约 5 米。烽燧北 12 米处有灰坑。遗址地表散落有灰陶片。

该烽燧东约 2.7 千米处有 T192 烽燧，东 45 米处有肩水天田河东支线 4 段。

（26）T169 烽燧（152923353201040133）

该烽燧位于东风镇宝日乌拉嘎查西南约 67.8 千米的戈壁上。

烽燧坍塌成圆丘状，依稀可辨形制，表面多被戈壁碎石覆盖，底部东西最长 20、南北最长 18、高 3.5 米。顶部南侧有东西长 1.1、南北长 2.5、深 3.4 米的盗坑，由此可见用土坯垒砌的痕迹（土坯长 50、宽 20、厚 18 厘米，为草拌泥夹石子混制）。四周有围墙，东面有三道墙体的痕迹，可与额济纳河相连，南面有 5 道墙体，向南延伸。东南分布有 8 座附燧，已坍塌，仅存地表痕迹，直径 4～5 米，其中 7 座为南北向排列，间距均为 20 米，两侧各有一道南北走向的墙体，宽 1.5 米，另外一座在第 5 座东侧 4 米处。遗址地表散落有灰陶片。

该烽燧东 1.3 千米处有 A32 障，东南 1.5 千米处有 A33 障，东北 2.4 千米处有 T168 烽燧，西北 2 千米处有 T170 烽燧。

（27）T170 烽燧（152923353201040134）

该烽燧位于东风镇宝日乌拉嘎查西南约 68.5 千米的戈壁上。

烽燧坍塌成圆丘状，依稀可辨形制，表面被戈壁碎石覆盖，底部东西最长 20、南北最长 19、高 2 米，局部可见土坯垒砌的痕迹。遗址地表散落有灰陶片、夹砂红陶片等遗物。

该烽燧东南约 2 千米处有 T169 烽燧，西南 0.9 千米处有 T171 烽燧，东 35 米处有肩水塞墙 1 段。

（28）T171 烽燧（152923353201170135）

该烽燧位于东风镇宝日乌拉嘎查西南约 69.7 千米的山脊上，周边地势较低。

烽燧仅存覆斗形墩台。墩台底部东西长 6、南北长 7、高 9 米，由土坯、夯土混筑而成。土坯有大、小两种规格，大土坯长 40、宽 20、厚 12 厘米，为汉代的遗留；小土坯长 30、宽 13、厚 6 厘米，可能为明代增补。墩台外壁是后来增补，北壁为单层土坯垒砌，厚约 0.4 米，残存部分高 2.7 米；南壁全部为夯土筑造，厚 0.45 米；西壁后来增补的土坯全部塌落；东壁加筑约 1 米厚，与原墩台之间存有空隙，空隙中有木头。墩台底部有一个洞，长 0.8、宽 0.7、深 0.6 米。遗址地表散落有灰陶片。

该烽燧东北约 0.9 千米处有 T170 烽燧，西南约 1.7 千米处有 T172 烽燧，东南约 1.7 千米处有 T173 烽燧，东 25 米处有肩水塞墙 1 段。

（29）T172 烽燧（152923353201040136）

该烽燧位于东风镇宝日乌拉嘎查西南约 71.1 千米的戈壁上。

烽燧由墩台、坞和附燧三部分组成。墩台和坞坍塌成圆堆状，底部东西长 15、南北长 17、高 3.5 米。墩台顶部南壁露出，由此可见其以土坯垒砌为主，每 1 层土坯夹 1 层草，能看清 13 层草。坞连接在墩台东南壁，仅存痕迹。墩台东南 100 米处起分布有 3 座附燧，间距均为 30 米，已坍塌，仅存地表痕迹，直径约 5 米。遗址地表散落有灰陶片、夹砂红陶片和草绳等遗物。

该烽燧东约 1.9 千米处有 T173 烽燧，东北约 1.7 千米处有 T171 烽燧，西北约 2 千米处有马力曾烽燧，东 31 米处有肩水塞墙 1 段。

（30）T173 烽燧（152923353201040141）

该烽燧位于东风镇宝日乌拉嘎查西南约 70.3 千米的戈壁上。

烽燧仅见墩台。墩台部分坍塌，塌落的泥土堆积在底部，形成斜坡。上部仍有东西长 5.6、南北长 6、高 6 米的部分露出，由此可见其内部以夯筑为主，当中夹杂有木棒，外壁用长 36、宽 24、厚 8 厘米的土坯包砌。该墩台始建于汉代，明代经过增补修缮，历经风雨侵蚀，后来增补的土坯大部分已塌落。南壁仅存长 1.5、宽 0.8、高 2 米，西壁仅存长 1.5、宽 1.5、高 3.2 米，北壁底部坍塌脱落严重，东壁有一堆脱落的土坯块。遗址地表散落有灰陶片（彩图四○六）。

该烽燧西北约 1.7 千米处有 T171 烽燧，西约 1.9 千米处有 T172 烽燧。

（31）马力曾烽燧（152923353201040143）

该烽燧位于东风镇宝日乌拉嘎查西南 72.9 千米的山顶部。

烽燧由墩台和坞两部分组成，坍塌成石堆状，顶部有一座敖包。根据现存状况判断，墩台用石块垒砌而成，平面呈长方形，底部东西长 13、南北长 10 米，顶部东西长 3.5、南北长 4.6 米，通体高 4.5 米。坞连接在墩台南壁，石砌而成，平面呈半圆形，东西最长 4.5、南北最长 3.7 米。遗址地表散落有灰陶片等遗物。

该烽燧东南约 2 千米处有 T172 烽燧，东北约 3 千米处有 T171 烽燧。

（32）P12 烽燧（152923353201040137）

该烽燧位于东风镇宝日乌拉嘎查西南约 75.4 千米的戈壁上。中瑞西北科学考察团作过试掘，出土汉简 2 枚，有字楬 1 枚。

烽燧大部分坍塌，仅存摇摇欲坠的墩台，分布范围东西长 12、南北长 14 米。墩台残高 9 米，用长 40、宽 20、厚 13 厘米的土坯垒砌而成。遗址地表散落有灰陶片、夹砂红陶片和草绳等遗物。

该烽燧东南 0.9 千米处有 K824 城、约 2.6 千米处有 A35 城，东北约 4.3 千米处有 T172 烽燧。

（33）K824 城（152923353102040012）

该古城位于东风镇宝日乌拉嘎查西南约 75.5 千米，坐落于额济纳河上游西岸。

古城平面呈长方形，东西长 203、南北长 200 米。墙体以夯筑为主，当中夹杂有原木，基宽 6.7、高 9 米。城门设在南墙靠西处，宽 7.5 米。北、西、南墙上有多处缺口，墙基底部有淤沙堆积，东南角被河水冲毁。东墙存 95、南墙存 57 米。北墙靠西有一个宽 7 米的缺口，或是城门所在。城内分布有房屋遗迹，其中有些是现代所建。城内地表有雨水冲蚀形成的沟槽，形状不规则，长者约 40、最宽处 6、最深处约 2.5 米。城墙外侧 10 米处有护城壕的残迹（图二一；彩图四○七~四一二）。

该古城西北约 0.9 千米处有 P12 烽燧，东南约 1.7 千米处有 A35 城。

（34）F177 障（152923353102040010）

该障城位于东风镇宝日乌拉嘎查西南约 80 千米处的戈壁上，西距额济纳河 10 米。陈梦家根据对汉简的研究，认为庚候官是肩水都尉府下辖的候官，主治仓廪，并将该障城推定为庚候官治所[1]。

障城平面呈长方形，东西长 23、南北长 26 米。墙体用夯土筑造而成，坍塌成土垄状，高 1.6 米，底部夯层尚可辨识，夯层厚度不详。南面有瓮城痕迹，瓮城门向西。

该障城北约 3.5 千米处有 A35 城，西南约 4.1 千米处有 F179 障。

（35）F179 障（152923353102040009）

该障城位于东风镇宝日乌拉嘎查西南约 84 千米，坐落于额济纳河上游西岸。陈梦家认为，该障可能为仓石候官所在[2]，是肩水西部塞所属候官。

障城平面呈正方形，边长 21 米。墙体夯筑而成，基宽 5.5、顶宽 1.2、高 9.7 米，当中夹杂有圆木，夯层厚

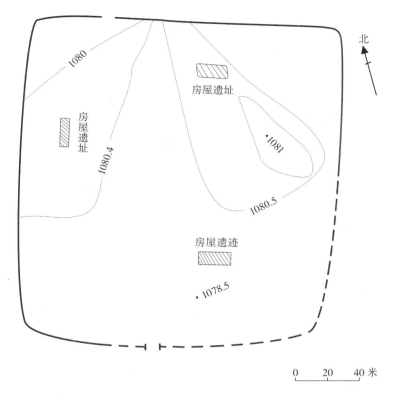

图二一　K824 城平面图

0.08～0.1 米。南墙中部设门，门宽 1.9 米。东墙外连接有一个长方形房址，东西长 8、南北长 11 米；房址墙体坍塌，残高 0.2 米。障城东南 80 米起分布有 3 座附燧，东西向排列，间距依次为 20、21 米。遗址地表散落有较多的灰陶片等遗物（彩图四一三）。

该障城东北约 4.1 千米处有 F177 障，西北约 1.8 千米处有 T178 烽燧。

（36）T178 烽燧（152923353201040138）

该烽燧位于东风镇宝日乌拉嘎查西南约 79.4 千米的戈壁石梁上，周边地势较低。

烽燧由墩台和坞两部分组成。墩台平面呈长方形，底部东西长 5.2、南北长 6.4、高 9 米。部分壁面墙皮脱落，由此可见墩台以长 43、宽 20、厚 13 厘米的土坯垒砌为主，每隔 6～7 层土坯夹 1 层木棒，共可见 4 层木棒，底部可见 1 层草。坞连接在墩台南壁，仅存地表痕迹。遗址地表散落有灰陶片等遗物（彩图四一四）。

该烽燧东北约 4.5 千米处有 P12 烽燧，东南约 1.8 千米处有 F179 障，西 45 米处有肩水塞墙 3 段。

（37）T184 烽燧（152923353201040140）

该烽燧位于东风镇宝日乌拉嘎查西南约 83 千米，坐落于地势较高的山岗上，又名"阿润陶海烽燧"。

烽燧仅见墩台。墩台平面呈正方形，底部边长 6、高 4.2 米。下部基础用石块垒砌而成，高 3 米；上部用土坯垒砌而成，残高 1.2 米。墩台东南角有一个长 1.2、宽 0.5、深 0.8 米的盗洞；西北壁露出

〔1〕　陈梦家：《汉简考述》，《考古学报》1963 年第 1 期。

〔2〕　同注〔1〕。

厚 0.5 米的柴草层；东壁顶部露出 6 层土坯。地表有散落的灰陶片等遗物（彩图四一五）。

该烽燧东约 5 千米处有 T178 烽燧。

（38）梧桐泉烽燧（152923353201040148）

该烽燧位于马鬃山苏木苏海图布拉格嘎查东南 70 千米的戈壁丘陵地带。

烽燧由墩台和坞两部分组成。现已坍塌损毁，整体呈东西长 17.7、南北长 15.9 米的石堆。墩台平面呈长方形，东西长 6.7、南北长 6.4、残高 5.3 米，北侧坍塌损毁，东侧有一石圈。坞连接在墩台西侧，平面呈长方形，东西长 11、南北长 9.5 米。坞墙宽 1.2、残高 1～2.9 米。坞门向北开，门宽 1.8 米。

第三章

阿拉善盟西夏长城

阿拉善盟境内的西夏长城在阿拉善左旗、阿拉善右旗和额济纳旗境内均有分布，主要分布在三旗北部地区，不见墙体，以烽燧、城障为主。在本次长城资源调查工作中，阿拉善盟共调查登记西夏时期的烽燧32座、障城16座、古城10座、居住址1座（参见地图一）。

此外，根据地表散布的遗物，初步推断部分汉代的烽燧亭障等遗迹为西夏所沿用。这样的遗迹，包括阿拉善左旗的乌西勒格古城（古城内发现西夏时期的庙址），以及贺兰山西麓列燧沿线的部分烽燧，阿拉善右旗的纳林哈勒乔吉烽燧、查呼勒太西烽燧等，额济纳旗的K778烽燧、陶来图4号烽燧等。为了避免重复统计，以上遗迹没有计入西夏长城的统计范围之内。

阿拉善盟三旗西夏长城的具体情况如下表（表二）。

表二　阿拉善盟西夏长城数据简表

行政区域	烽燧（座）	障城（座）	古城（座）	居住址（座）
阿拉善左旗	17	7	5	0
阿拉善右旗	0	4	2	0
额济纳旗	15	5	3	1
合计	32	16	10	1

一　阿拉善左旗西夏长城

阿拉善左旗境内的西夏长城主要分布在旗境北部乌力吉苏木，呈"V"形排列，基本呈东北—西南—西北走向，自东向西经查干扎德盖嘎查、达楞图如嘎查（老银根）、科泊嘎查、沙日扎嘎查、温都尔毛道嘎查，再向西北延伸进入阿拉善右旗境内（参见地图二）。

共调查烽燧17座、障城7座、古城5座，呈"V"形排列的有烽燧14座、障城2座、古城3座。在"V"形走向的烽燧城障之间，还有3座烽燧、4座障城、2座古城，依次为额肯希勃古城、呼热图障城、哈仁贵音全吉烽燧、都尔奔毛道古城、全吉音扎德盖烽燧、希勃特布克障城、嘎顺特布克希勃障城、嘎顺特布克烽燧和乌日根乃嘎顺障城。此外，在吉兰泰盐池附近有西勃图障城（地图八）。各类遗存依次详述如下。

（1）布格敖包烽燧（152921353201130001）

该烽燧位于乌力吉苏木查干扎德盖嘎查北约29.04千米的台地上，东约3.5千米为巴彦淖尔市乌拉特后旗巴音戈壁苏木地界。

烽燧仅见墩台。墩台平面呈正方形，底部边长3、顶部边长约1.6、高2.9米。墩台用灰色片状岩石错缝堆砌而成，自下而上每隔约0.7米内收0.2~0.3米，形成四级层状。墩台东北角由顶至底坍塌，石块滑落至底部，致使顶部残损；其余部分石砌痕迹清晰，石块风化、碎裂现象较为严重（彩图四一六）。

该烽燧西南约8.8千米处有乌兰海日亨烽燧。

（2）乌兰海日亨烽燧（152921353201130002）

该烽燧位于乌力吉苏木查干扎德盖嘎查西北约27.77千米的山丘顶部。

烽燧仅见墩台。墩台平面呈正方形，剖面呈梯形，底部边长7.2米，顶部残缺，形状不规则，保存较好的东南侧边长5.8米，高4米。墩台用片状石材错缝堆砌而成，自下而上略有收分，四壁外缘不平齐。墩台西南壁坍塌较严重，西北、东南壁有相对清晰的石砌痕迹，东北壁保存较完整，可见原始形制。在倒塌范围的南侧边缘有晚近时期堆砌的半圆形石圈（彩图四一七、四一八）。

该烽燧东北约8.8千米处有布格敖包烽燧，西南约5.1千米处有阿日格勒音夏日古城、10.6千米处有图勒根高勒障城、18.4千米处有全几烽燧。

（3）阿日格勒音夏日古城（152921353102130001）

该古城位于乌力吉苏木查干扎德盖嘎查西北约27.6千米，筑于东西向狭长山顶的东端。

古城平面呈不规则形，东西最长179、南北最长110米，占地面积约11245平方米，坐东朝西。东、南、北三侧依地势在山顶边缘筑墙，西、北墙相对平直，南、东墙曲折，导致整个古城西宽东窄，东端最窄处南北不足40米。墙体用石块堆砌而成，比较粗糙，底宽1~1.5、顶宽0.4~1、高0.4~1.3米。从周边散落的石块数量来看，墙体原本并不高大。西墙由北向南42米处有门址，宽2米（彩图四一九~四二一）。

该古城东北约5.1千米处有乌兰海日亨烽燧，西南约5.5千米处有图勒根高勒障城。

（4）图勒根高勒障城（152921353102130002）

该障城位于乌力吉苏木查干扎德盖嘎查西北约28.89千米，筑于山地之间相对平缓的台地上。

障城平面呈圆角长方形，东、南、北墙长均为86米，西墙略短，长81米，占地面积约6966平方米。墙体两侧多用黑灰色石块错缝垒砌而成，内部填充黄土、石块和细碎石粒，底宽3米，保存较好的墙体顶宽1.5、高1~3.5米。墙体有不同程度的坍塌，多呈垄状，有多处豁口，外侧砌石脱落，石块及内部填土塌落在两侧。东墙由北向南41米处有门址，宽3米。城门外加筑有瓮城，瓮城大体呈圆角长方形，东西11、南北12、墙体宽约3、高1~1.6米；西侧依城墙设门，宽2米。障城西北角和西南角筑有半圆形角台，坍塌成直径4米的圆形石土堆，高2米，外侧存有部分石砌痕迹。遗址地表散落有零星的西夏时期白釉瓷碗口沿及底部残片、瓷罐残片（彩图四二二~四二九）。

该障城东北约5.5千米处有阿日格勒音夏日古城，西南约10.7千米处有全几烽燧。

（5）全几烽燧（152921353201130003）

该烽燧位于乌力吉苏木查干扎德盖嘎查西北约23.2千米的山丘上。

烽燧由墩台和坞两部分组成。墩台平面近正方形，剖面呈梯形，底部边长5.6米，顶部残缺，高2.6米。墩台外侧用石块错缝垒砌而成，内部填充杂土碎石，北壁依山脊上凸起的岩石砌筑，自下而上有收分。墩台南、北壁坍塌成斜坡状，东、西壁存有石砌痕迹。坞连接在墩台东壁，平面呈不规则形，东墙长11、南墙长5.4米，墙体石砌而成，底宽约1、高0.3~1.2米，大部分仅残存底部石砌痕迹，门址不清。坞北墙外侧同墩台北壁平齐，长 6 米；西墙大部分被塌落的石块覆盖，仅南端有长 1.3 米的一段露出（彩图四三〇）。

该烽燧东北约 10.7 千米处有图勒根高勒障城、约 14.1 千米处有阿日格勒音夏日古城、约 18.4 米处有乌兰海日亨烽燧，南约 9.9 千米处有宝尔敖包烽燧。

（6）娜仁希勃古城（152921353102130003）

该古城位于乌力吉苏木查干扎德盖嘎查西北约 10.3 千米，依地势沿山脊及山体鞍部修筑。

古城平面形制不规则，略呈葫芦形，东西最长 241、南北最长 176 米，占地面积约 28400 平方米。墙体建造十分简单、粗糙，只是用石块堆垒墙体将两条山坳围起。墙体底宽 1~1.4、高 0.2~0.8 米。古城东南侧有两处山水沟出口，分别长 24、19 米，无墙体痕迹，初步推断其中一处应为门址所在（彩图四三一、四三二）。

该古城西北约 12.8 千米处有全几烽燧，西南约 12.3 千米处有宝尔敖包烽燧。

（7）宝尔敖包烽燧（152921353201130004）

该烽燧位于乌力吉苏木科泊嘎查东北约 8.24 千米的山顶上。

烽燧已损毁，后人在此基础上堆砌了一座敖包，原始面貌荡然无存。由敖包东、西两侧底部边缘可见墩台残存的底部痕迹，遗迹范围约 10 米见方。

该烽燧北约 9.9 千米处有全几烽燧，西北约 21.6 千米处有都尔奔毛道古城、约 30.3 千米处有哈仁贵音全吉烽燧，西南约 19.8 千米处有额肯希勃古城，东北约 12.3 千米处有娜仁希勃古城。

（8）哈布塔盖烽燧（152921353201130015）

该烽燧位于乌力吉苏木达楞图如嘎查（老银根）西北约 19.52 千米的山顶上。

烽燧坍塌损毁成一座散乱的土石堆，底部东西最长 10、南北最长 11、高不足 1.5 米。顶部有一座圆形敖包。

该烽燧西南约 14.4 千米处有阿布都荣太烽燧。

（9）阿布都荣太烽燧（152921353201130016）

该烽燧位于乌力吉苏木达楞图如嘎查（老银根）西南约 30.4 千米的山顶上。

烽燧由墩台和坞两部分组成。墩台平面呈长方形，剖面呈梯形，自下而上有收分。墩台底部东西长 4.8、南北长 6 米，顶部残存东西长 2.8、南北长 3 米，西北角坍塌严重。墩台外侧用较大石块错缝垒砌而成，内部填充杂土和碎石。墩台东侧补筑一座石台，东西长 1.6、南北长 6、通高 3.6 米，似为对台体的加固设施，又似登顶踏道。补筑的石台顶部铺有芨芨草根。坞连接在墩台北壁，平面呈不规则形，墙体石砌而成，已坍塌，宽 0.7~1、高 0.2~0.6 米。坞东墙长 2.7、北墙长 6、西墙长 5.5 米。坞西墙在距墩台 2.5 米处有门址，宽 1 米（彩图四三三~四三五）。

该烽燧东北约 14.4 千米处有哈布塔盖烽燧，西南约 9.1 千米处有全吉乌拉烽燧。

（10）全吉乌拉烽燧（152921353201130017）

该烽燧位于乌力吉苏木达楞图如嘎查（老银根）西南约 39.2 千米的山顶上。

烽燧仅见墩台。墩台平面呈长方形，剖面呈梯形，底部东西长 7.5、南北长 9 米，顶部残损，东西长 4、南北长 5 米，高 3.2 米。墩台外侧用石块垒砌而成，内部填充土石，自下而上有收分。墩台东、南壁由顶部至底部大面积坍塌成斜坡状。墩台顶部树立有一座三角架（彩图四三六）。

该烽燧东北约 9.1 千米处有阿布都荣太烽燧。

（11）沙日扎烽燧（152921353201130014）

该烽燧位于乌力吉苏木沙日扎嘎查北约 7.26 千米的山顶上。

　　烽燧由墩台和坞两部分组成。墩台大部分坍塌，石块散落，大体呈圆形石堆状。根据东侧露出的石砌痕迹判断，墩台平面呈正方形，剖面呈梯形，底部边长 7 米，顶部残存约 5 米见方，残高 2.3 米。墩台用石块错缝垒砌而成，自下而上有收分。坞连接在墩台南壁，平面呈不规则状，东墙长 3.5 米、南墙长 5 米、西墙长 2.5 米。坞墙石砌而成，已坍塌，宽 1、高约 1.2 米，门址不清。

　　该烽燧西北约 6.1 千米处有庆德门烽燧。

（12）庆德门烽燧（152921353201130013）

　　该烽燧位于乌力吉苏木沙日扎嘎查西北约 13.3 千米的山顶上。

　　烽燧由墩台和坞两部分组成。墩台坍塌呈石堆状，底部东西长 7.5、南北长 6 米，残高 3 米。根据墩台北侧和西南角露出的石砌痕迹判断，墩台平面呈长方形，剖面呈梯形，自下而上有收分，外侧用石块错缝垒砌而成，内部填充小石块。坞连接在墩台南壁，墙体石砌而成，已坍塌，现为东西长 6、南北长 4、高 0.8～1.2 米的平台，门址不清（彩图四三七）。

　　该烽燧西北约 5.2 千米处有希勃库仁烽燧，东南约 6.1 千米处有沙日扎烽燧。

（13）希勃库仁烽燧（152921353201130012）

　　该烽燧位于乌力吉苏木温都尔毛道嘎查东南约 8.2 千米的山脊上。

　　烽燧由墩台和坞两部分组成，墩台平面呈正方形，剖面呈梯形，自下而上有收分，底部长 8.5、宽 6.5 米，顶部缺失，残存约 4.5 米见方，高约 3.5 米。墩台外壁用石块错缝垒砌而成，内部填充杂土和碎石。墩台顶部坍塌，中间有一个直径 1.5、深 0.3 米的盗洞。坞连接在墩台西南壁，平面呈不规则状，长 5、宽 3 米；坞墙石砌而成，坍塌成垄状，宽约 0.6、高约 0.3 米；门址不清（彩图四三八）。

　　该烽燧东南约 5.2 千米处有庆德门烽燧，东北约 4.4 千米处有温都尔毛道希勃古城。

（14）温都尔毛道希勃古城（152921353102130011）

　　该古城位于乌力吉苏木温都尔毛道嘎查东南约 6.7 千米的戈壁丘陵地带，依地势筑于两山之间。

　　古城平面呈不规则状，东西最长 116、南北最长 84 米。墙体两侧用石块垒砌而成，内部填充杂土和碎石，向上略有收分。墙体大部分坍塌，底宽约 1.4 米，保存较好的墙体顶宽 1.2、高 0.2～2.3 米。古城东墙存有垛墙（女墙）痕迹，宽约 0.6、残高 0.4 米。古城北墙自东向西 47 米、南墙自东向西 70 米处分别有两处宽 3 米的缺口，成为小冲沟的出水口，由于其他位置未见城门，推测其中之一可能是门址所在（彩图四三九～四四二）。

　　该古城西南约 4.4 千米处有希勃库仁烽燧，西北约 15.3 千米处有阿德格艾然全吉烽燧。

（15）阿德格艾然全吉烽燧（152921353201130011）

　　该烽燧位于乌力吉苏木温都尔毛道嘎查北约 13 千米的山顶上。

　　烽燧由墩台和坞两部分组成。墩台底部为石砌基础，基础部分边长 8、高约 1.5 米。墩台用片状岩石错缝垒砌而成，平面呈长方形，剖面呈梯形，自下而上有收分，底部边长 7、顶部边长约 3.5、高 3 米。墩台西壁坍塌成斜坡状。坞连接在墩台南壁，依山脊走势而建，平面呈不规则状，东西最长 7、南北最长 4.7 米。坞墙用片状石材错缝垒砌而成，石料相对较小，砌筑不规整，宽约 0.6、高 0.3～0.8 米；坞西墙较长，南墙与东墙几乎平直，连接在墩台东南角；东南角设门址，宽 1 米（彩图四四三～四四六）。

　　该烽燧西北约 14.9 千米处有苏宏图烽燧，东南约 19.2 千米处有希勃库仁烽燧、约 15.3 千米处有温都尔毛道希勃古城，东北约 10.7 千米处有呼热图障城。

（16）苏宏图烽燧（152921353201130010）

　　该烽燧位于乌力吉苏木温都尔毛道嘎查西北 25.6 千米的山顶上。1986 年，第二次全国文物普查时曾对其进行过调查，当时残高 2 米多，后遭损毁。

烽燧仅存直径 10 米的圆形遗迹，原始形制不存。根据周边散落的石块看，可能为石砌墩台。似遭盗掘，形成直径 6、深约 1 米的圆坑，中心处露出原始地表，边缘堆有土石，宽约 2 米。东、西两侧存有 3 根竖立的木柱，直径均约 18 厘米（彩图四四七）。

该烽燧西北约 7.7 千米处有查干特格烽燧，东南约 14.9 千米处有阿德格艾然全吉烽燧。

（17）查干特格烽燧（152921353201130008）

该烽燧位于乌力吉苏木温都尔毛道嘎查西北约 33.3 千米的山丘顶部。

烽燧仅见墩台。墩台坍塌风化较为严重，石块散落，仅局部存有较为清晰的石砌痕迹，据此判断墩台由台基和台体两部分组成。台基平面呈近圆形，直径 12.5、高约 1 米。墩台平面呈圆形，剖面呈梯形，自下而上有收分，底部直径 5 米，顶部残损，高 1.5 米。墩台外侧用石块垒砌而成，内部填充土石，内部距台基 1.3 米处平铺一层梭梭枝。

该烽燧东北约 9.3 千米处有希勃特布克障城，东北约 16.7 千米处有嘎顺特布克希勃障城、约 19.1 千米处有嘎顺特布克烽燧，西北约 8.4 千米处有艾然全吉烽燧。

（18）艾然全吉烽燧（152921353201130009）

该烽燧位于乌力吉苏木温都尔毛道嘎查西北约 37.7 千米的山脊上。

烽燧仅见墩台。墩台平面呈长方形，剖面呈梯形，自下而上有收分，底部东西长 12、南北长 5、高 2.6 米。墩台外侧用石块错缝堆砌而成，内部填充杂土和碎石，向上每隔约 0.2 米平铺梭梭树干和枝条。墩台顶部残损严重，东、西壁严重坍塌成斜坡状，北壁砌石脱落，南壁保存相对较好，底部存有较为清晰的石砌痕迹（彩图四四八～四五〇）。

该烽燧东南约 8.4 千米处有查干特格烽燧，西北约 16.2 千米处有宗海尔汗障城，再向西北即进入阿拉善右旗境内。

（19）宗海尔汗障城（152921353102130010）

该障城位于乌力吉苏木温都尔毛道嘎查西北约 53.6 千米，筑于戈壁中的缓坡上。

障城平面呈近圆形，直径 15 米，坐北朝南，门址宽 1.1 米。墙体以土坯垒砌为主，基宽约 3 米，顶部多有缺失，保存较好处宽约 1、高 2.4～4.3 米。土坯长 43、宽 26、厚 8 厘米，黄土模制而成，夹碎石，质地坚硬。土坯之间用红黏土粘接，约距地表 0.7 米处起向上每隔 1～3 层土坯平铺 1 层梭梭枝干。根据自墙体内露出的梭梭树干和枝条长度以及现存墙体形制判断，障墙内壁垂直，外壁自下而上有收分。障城内被黄沙填埋，从内侧测得障墙高 0.4～1.9 米。障门外侧加筑小型瓮城，有东、南两道墙体相连，东墙长 3.5、南墙长 4.5 米。墙体用土坯垒砌而成，底宽 2.4、高约 1.5 米。由瓮城进入障城内的步道两侧立有木柱，步道宽 1.1 米，被塌落的泥土和黄沙覆盖。遗址地表散落有零星的炼渣等（彩图四五一～四五五）。

该障城东南约 16.2 千米处有艾然全吉烽燧，往西约 2 千米即进入阿拉善右旗地界，西南约 7.49 千米处有阿拉善右旗恩格尔乌苏嘎查境内的巴润海尔汗障城。

（20）额肯希勃古城（152921353102130005）

该古城位于乌力吉苏木科泊嘎查西北约 14.9 千米的山顶上。

古城依地势而建，平面呈不规则状，东墙长 135、北墙长 73、西墙长 119、南墙长 56 米，大体为坐东北朝西南向。墙体用石块错缝堆砌而成，已坍塌，底宽 2～2.3 米，保存较好地段顶宽 1.3、高 0.4～2.3 米。东墙中部地势较低，流水侵蚀造成 10 米长的断口，城门位于距南侧拐角 14 米处，门址宽 2.3 米。门址外侧加筑有小型瓮城，东西长 4.7、南北长 3.7 米，墙体石砌而成，宽 1.3、高 0.3～

0.8 米，距城墙 0.8 米处设瓮城门，门向东南，门址宽 1.6 米。古城西侧拐角处有一处石砌房址，东西长 4.2、南北长 5 米，墙体宽约 1.3 米，东墙东南角处设门，门址宽 0.5 米（彩图四五六~四五九）。

该古城西北约 18 千米处有哈仁贵音全吉烽燧，东北约 19.8 千米处有宝尔敖包烽燧、约 18.8 千米处有都尔奔毛道古城。

（21）呼热图障城（152921353102130006）

该障城位于乌力吉苏木温都尔毛道嘎查东北约 20.4 千米，筑于相对低缓的丘陵地带。

障城平面呈近圆角正方形，边长约 57 米，坐西北朝东南。墙体两侧用石块错缝堆砌而成，内部填充土石，自下而上有收分，向上每隔 0.2~0.4 米平铺白刺和梭梭枝干，大部分坍塌，底宽约 3 米，保存较好地段顶宽约 1.6、高 0.6~3 米。西南墙距城南墙拐角 20 米有一处车辆多次碾压形成的豁口。门距障城东墙拐角 18 米，门址宽 3 米。外侧筑长方形瓮城，东西长 10、南北长 11 米，墙体坍塌，宽约 2.5、残高 1.5 米，距障城东墙 6 米处设门，门址宽 2.5 米。城内正对城门距西北墙 4 米处有一处建筑基址，东西长 6、南北长 4.5 米，现为高 0.1~0.3 米的土石堆。遗址地表散落有零星的西夏时期黑釉和酱釉瓷片，多属罐、盆一类（彩图四六○~四六二）。

该障城东南约 12 千米处有哈仁贵音全吉烽燧，西北约 12 千米处有全吉音扎德盖烽燧，西南 10.7 千米处有阿德格艾然全吉烽燧。

（22）哈仁贵音全吉烽燧（152921353201130005）

该烽燧位于乌力吉苏木温都尔毛道嘎查东北约 28.2 千米的山顶上。

烽燧由墩台和坞两部分组成。墩台平面呈长方形，剖面呈梯形，自下而上有收分，底部长 8.4、宽 6.5、高 2.8 米。外侧使用砂质石块错缝垒砌而成，内部填充土石，由底部向上每隔约 1 米平铺一层梭梭枝。墩台顶部残损严重，顶部及四角均已坍塌，南侧底部尚存较为清晰的石砌痕迹，顶部有一个直径约 3、深 0.4 米圆形盗洞。坞连接在墩台东南壁，平面呈近长方形，长 8.4、宽 6 米。墙体石砌而成，残宽约 1.6、残高约 1 米，大部坍塌且多被风沙覆盖，门址不清（彩图四六三）。

该烽燧西北约 12 千米处有呼热图障城、约 21.3 千米处有全吉音扎德盖烽燧，东南约 30.3 千米处有宝尔敖包烽燧、约 18 千米处有额肯希勒古城，东北约 12 千米处有都尔奔毛道古城。

（23）都尔奔毛道古城（152921353102130004）

该古城位于乌力吉苏木科泊嘎查西北约 23.9 千米的山顶上。

古城依地势而建，平面呈不规则状，东西最长 147、南北最长 125 米，坐西朝东。墙体两侧用石块错缝堆砌而成，内部填充土石，向上有收分，已坍塌，底宽 2.5~3 米，保存较好地段顶宽 1.6~2、高 0.8~2.8 米。东墙大体居中处设门，门址宽 3 米，外侧加筑长方形瓮城，东西长 7.5、南北长 10 米，瓮城北侧依城墙处设门，门址宽 2 米。古城东南角设角台一座，已坍塌损毁，现约 5 米见方、残高近 3 米。古城西南角向外延伸出长 14 米的石砌墙体，宽 1.5、高 1~1.3 米。城内有建筑基址 10 余处，分布比较凌乱，仅存遗迹依稀可辨，多为方形，边长 5~8 米。遗址地表散落有零星的西夏时期白釉碗等残片（图二二；彩图四六四~四六六）。

该古城西南约 12 千米处有哈仁贵音全吉烽燧，东北约 19.9 千米处有图勒根高勒障城，东南约 17 千米处有全几烽燧。

（24）全吉音扎德盖烽燧（152921353201130006）

该烽燧位于乌力吉苏木温都尔毛道嘎查东北约 28.2 千米的高台地边缘。

烽燧由墩台和坞两部分组成。墩台平面呈正方形，剖面呈梯形，自下而上有收分，底部边长 5.5 米，顶部残损，南侧残存约 2.5 米见方、残高 3.8 米。墩台外侧用石块错缝堆砌而成，内部填夹红黏

土和石块，由底部向上每隔约 1 米平铺一层
梭梭树干枝条。墩台大部坍塌，除西南角存
有高 3.8、宽 4 米的石砌痕迹外，其余均已
坍塌成斜坡状。坞连接在墩台西壁，平面呈
近长方形，东西长 6、南北长 7.5 米。坞墙
石砌而成，底宽约 1、高 0.6 ~ 1 米，南、北
墙内侧与墩台南、北壁平齐，墙体坍塌严
重，门址不清（彩图四六七、四六八）

　　该烽燧东南约 12 千米处有呼热图障城、
约 21.3 千米处有哈仁贵音全吉烽燧，东北
约 6.5 千米处有嘎顺特布克希勃障城、约
7.1 千米处有嘎顺特布克烽燧，西北约 8.4
千米处有希勃特布克障城。

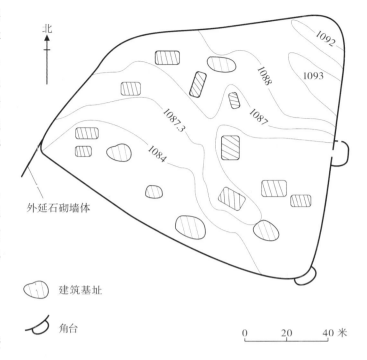

图二二　都尔奔毛道古城平面图

（25）希勃特布克障城

（152921353102130009）

　　该障城位于乌力吉苏木温都尔毛道嘎查
北约 32.4 千米，筑于丘陵中的一处缓坡上。

　　障城平面呈近圆形，直径 12 米，坐北
朝南，门址宽 1.2 米。墙体以红褐色石块垒
砌为主，内部零星可见铺设的梭梭枝干，已坍塌，宽约 1.7、高 1.7 ~ 2.1 米。障城内积满黄沙和塌落
的石块。

　　该障城东北约 7.5 千米处有嘎顺特布克希勃障城，西南 9.3 千米处有查干特格烽燧，东南约 8.4
千米处有全吉音扎德盖烽燧。

（26）嘎顺特布克希勃障城（152921353102130008）

　　该障城位于乌力吉苏木温都尔毛道嘎查东北约 34.6 千米的山脊上。

　　障城平面呈长方形，东西长 19、南北长 12 米，坐西北朝东南。墙体用石块错缝垒砌而成，夹杂梭
梭枝干。墙体部分坍塌，底宽约 2.8、高 1 ~ 2.3 米。东墙设门，门址距南侧拐角 6.7 米，宽 1 米（彩
图四六九、四七〇）。

　　该障城东约 2.4 千米处有嘎顺特布克烽燧，西南约 6.5 千米处有全吉音扎德盖烽燧、约 7.5 千米
处有希勃特布克障城。

（27）嘎顺特布克烽燧（152921353201130007）

　　该烽燧位于乌力吉苏木温都尔毛道嘎查东北约 34.9 千米的山丘顶部。

　　烽燧由墩台和坞两部分组成。墩台坍塌成圆丘状，底部直径 7、高 2.5 米。根据局部残存的石砌痕
迹判断，墩台平面呈长方形，剖面呈梯形，外侧用较大的石块错缝堆砌而成，内部填充土石，自下而
上有收分。据周边散落的石块数量看，墩台不十分高大。坞连接在墩台北壁，平面呈近长方形，东西
长 9.5、南北长 4.5 米，西墙同墩台西壁平齐，东墙与墩台相接处似为门址，宽约 1.5 米。墙体石砌而
成，宽 1、残高约 0.8 米，大部分坍塌，石块散落，仅南墙底部残存石砌痕迹（彩图四七一、四七
二）。

　　该烽燧西南约 7.1 千米处有全吉音扎德盖烽燧、约 9.8 千米处有希勃特布克障城、约 19.1 千米处

有查干特格烽燧，西约 2.4 千米处有嘎顺特布克希勃障城，东北约 14.6 千米处有乌日根乃嘎顺障城。

（28）乌日根乃嘎顺障城（152921353102130007）

该障城位于乌力吉苏木温都尔毛道嘎查东北 46.3 千米，筑于丘陵中的一处缓坡上。

障城平面近圆形，直径 12 米。墙体以红褐色易风化砂质石块垒砌为主，夹杂大量梭梭树干和枝条。墙体坍塌明显，宽约 1.7、高 0.8～2.2 米。东南侧设门，门址宽 1.5 米。障城内部积留大量黄沙，局部厚近 1 米。障城门南侧遗留有直径 0.3 米的半片残磨。遗址地表散落有零星的白釉瓷片等遗物。

该障城西南约 14.6 千米处有嘎顺特布克烽燧。

（29）西勃图障城（152921353102130012）

该障城位于阿拉善左旗吉兰泰镇希勃图嘎查西北约 16 千米，坐落在希勃图平川第四纪形成的红砂岩高台上。

障城由大、小城组成，平面均呈不规则长方形。墙体两侧用石板错缝叠砌而成，当中填充砂土和碎石。大城东西长 62、南北长 47 米，坐西向东。墙体基宽 0.7、高 0.6～1.8 米；东墙偏南和偏北各设一门，宽分别为 0.8、2.5 米。城中尚存一处长 13、宽 9.6 米的高台建筑，高台建筑靠西墙两侧各有一座 9 米×7 米的黄土台。城内东南角可见大小不等的石砌房屋基址 4 间，东北角和西北角外各有一间小型房址，以供瞭望之用，西北角的房址有小门可通往城外。东墙有宽 2.8 米的三级踏步。在大城南墙外部居中有石砌房屋基址 2 间。小城建在大城的西北角，东西长 28、南北长 24 米，坐北向南；门设在南墙东段，宽 1.2 米；南墙西段有一座高 1.5 米的正方形高台，供瞭望之用；东北角外可见石筑房址 2 间。小城东南的 2 座高台上各筑有大小石砌房址 2 间，面积分别为 50、16 平方米，高 0.6～1.8 米。遗址地表散落有典型的西夏和蒙元时期黑釉剔花、乳黄釉瓷片和陶器残片，器形有罐、碗、盆等，采集到北宋徽宗年间"崇宁通宝"一枚（彩图四七三～四七五）。

二　阿拉善右旗西夏长城

西夏长城由阿拉善左旗向西进入阿拉善右旗北部，相关遗迹多位于地势较高的山顶或台地上。

阿拉善右旗境内调查有西夏时期的障城 4 座、古城 2 座（地图九），未发现连续的烽燧线，仅汉代的纳林哈勒乔吉烽燧、查呼勒太西烽燧有被西夏时期继续沿用的迹象。具体遗迹详述如下。

（1）巴润海尔汗障城（152922353102130001）

该障城位于阿拉腾敖包镇恩格尔乌苏嘎查东北约 20.9 千米。

障城平面呈近长方形，东墙长 11.6、南墙长 8.2、西墙长 12.1、北墙长 8.4 米。墙体用石块、梭梭枝干垒砌而成，坍塌严重，石块散落，外壁残高 1.8～2.1、残宽 0.5～1.8 米。障城内部积满黄沙，内壁可见层层堆垒的梭梭枝干，部分被火烧致炭黑色。门址不清（彩图四七六、四七七）。

该障城东北约 7.49 千米处有位于阿拉善左旗境内的宗海尔汗障城，西南约 28.1 千米处有乌海希贝古城。

（2）恩格尔乌苏古城（152922353102130005）

该古城位于阿拉腾敖包镇恩格尔乌苏嘎查东北约 0.5 千米。

古城平面呈近长方形，北墙长 127、西墙长 111、南墙长 121、东墙长 108 米。墙体用石块、梭梭枝干混合垒砌而成，外缘不规整，整体坍塌，石块散落。墙体存宽 0.8～2.6、高 0.4～2.7 米。东墙居中有门址，宽 3 米，门口两侧坍塌严重。后来牧民在城墙基础上加砌石块，用以圈养骆驼，致使古城受到破坏（图二三；彩图四七八～四八〇）。

该古城北约 20.5 千米处有巴润海尔汗障城，西北约 19 千米处有乌海希贝古城。

（3）乌海希贝古城（152922353102130004）

该古城位于阿拉腾敖包镇恩格尔乌苏嘎查西北约 18.7 千米。

古城平面呈近长方形，东墙长 122、南墙长 87、西墙长 118、北墙长 92 米。墙体用石块间以梭梭枝干垒砌而成，外缘不规整，宽 1～2.6、高 0.5～3.3 米。墙体局部坍塌严重，有多处豁口。东墙中部留门，宽 1.8、高 2.8 米，门口南侧坍塌严重，有 5.6 米宽的豁口。城内北墙南 16 米处居中有一处石砌建筑基址，损毁严重，现为直径 6、残高 0.4 米的石堆（彩图四八一）。

该古城东南约 19 千米处有恩格尔乌苏古城，东北约 28.1 千米处有巴润海尔汗障城。

（4）宝斯格希贝障城（152922353102130006）

该障城位于阿拉腾敖包镇恩格尔乌苏嘎查西北约 31.7 千米。

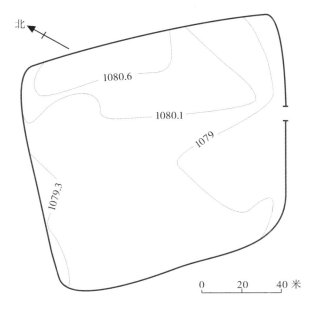

图二三　恩格尔乌苏古城平面图

障城平面呈近长方形，东墙长 10.2、南墙长 7.8、西墙长 9.8、北墙长 8 米。障墙用石块、梭梭枝干垒砌而成，外缘不规整，整体坍塌，石块散落，存宽 0.8～1、高 0.4～2 米，门址不清。与障城东南侧相连有一座小型石砌院落，长约 4.8、宽约 3.2、高 1.4 米。

该障城东南约 20.7 千米处有巴润海尔汗障城，西南约 24.4 千米处有乌海希贝古城。

（5）塔林拜兴障城（152922353102130002）

该障城位于阿拉腾敖包镇恩格尔乌苏嘎查西北约 84.4 千米。

障城平面呈圆角正方形，边长约 8 米。墙体用形状不甚规则的片状石材错缝垒砌而成，宽约 2.35、高约 4.74 米。西墙内侧分别设南、北斜坡式踏道，可通顶部，踏道宽约 1 米。墙体顶部沿外缘筑垛墙，垛墙宽约 1.35、高 0.6～1.4 米。障城南墙居中留有门洞，宽不足 1 米、高 1.7 米，门洞上方横置梭梭枝干和大石板。障城内门洞东侧有一处石砌建筑基址，损毁严重，约 5 米见方。障城保存较好，仅垛墙顶部少量砌石被拆取，北壁底部部分砌石脱落。障城东、南、西墙外侧加筑一道半圆形石墙，墙体宽 1.4、高 1.3～2.4 米，与障墙之间形成半周回廊，宽约 1.5～4.5 米，门向东南，宽 1 米余（图二四；彩图四八二～四八五）。

该障城东南约 54.4 千米处有宝斯格希贝障城、约 69.9 千米处有乌海希贝古城。

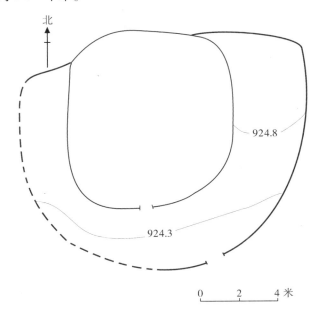

图二四　塔林拜兴障城平面图

（6）乌兰拜兴障城（152922353102130003）

该障城位于阿拉腾敖包镇恩格尔乌苏嘎查西北约 87.6 千米。

障城平面近方形，边长约 20 米，局部倾圮坍塌。墙体用石块垒砌而成，外缘不规整，宽 1、高 5 米。南墙居中留门，门址宽 2.8 米。障城内西北角有一处正方形石砌房址，边长 5 米，墙基宽 1.4、残高 5 米，内有一条可通往障墙顶部的踏道（彩图四八六）。

该障城东南约 3.2 千米处有塔林拜兴障城、约 57.6 千米处有宝斯格希贝障城。

三　额济纳旗西夏长城

西夏长城由阿拉善右旗再向西延伸进入额济纳旗境内，基本呈倒"V"字形分布在额济纳旗中部以北地区，相关遗迹一般分布于戈壁砾石梁和山丘顶部。

额济纳旗境内共调查有西夏时期烽燧 15 座、居住址 1 座、障城 5 座、古城 3 座，其中，10 座烽燧、1 座居住址和 5 座障城绵延相望，大致呈倒"V"形分布在旗境北部，障燧相连，向北到达中蒙边界后进入蒙古国境内。在倒"V"形走势的障燧之间还有 2 座烽燧、1 座古城，呈南北向分布，由南向北依次为敖勒苏台烽燧、查干德日布井烽燧和黑城古城。此外，在旗境中部偏东还有 3 座烽燧、2 座古城，基本呈东西走向，自东向西依次为乌兰川吉烽燧、达楞图如川吉烽燧、乌兰圈圙古城、乌兰圈圙烽燧和浩日海图布勒格古城（地图一〇）。

下面，将相关遗迹依次叙述如下。

（1）乌林白兴西泊障城（152923353102130001）

该障城位于达来呼布镇温图高勒嘎查东北约 63.7 千米的戈壁丘陵地带，坐落于山丘顶部。

遗址由障和关厢两部分组成，均用石块垒砌而成，已坍塌，坍塌范围东西长 12.7、南北长 10.5 米。障平面呈近圆形，东西最长 5.65、南北最长 4.3 米。障墙宽 2、高 3.8 米。西侧有通向障墙的台阶，宽 0.8 米。障墙顶部有女墙，宽 0.85、高 1.1 米。障内有 2 座房址，西侧房址东西长 2.6、南北长 1.7 米，东侧房址东西长 2、南北长 2.4 米；房址门道均向南，宽 0.5 米。障门设在东墙，宽 1.2 米。障门外东侧连接正方形关厢，坍塌成不规则状，东西最长 7.1、南北最长 4.3 米。关厢墙基宽 1.8、高 1.4 米。

该障城东南约 2.6 千米处有阿拉善右旗境内的乌兰拜兴障城，西北约 13 千米处有呼伦川吉障城。

（2）呼伦川吉障城（152923353102130002）

该障城位于达来呼布镇温图高勒嘎查东北约 55 千米的戈壁丘陵地带，坐落在山丘顶部。

遗址由障和关厢两部分组成，以石块垒砌为主，当中夹有红柳枝，已坍塌，坍塌范围边长约 15 米。障平面呈不规则状，墙体宽 0.8~2.6、高 0.7~2 米。障门向东，宽 0.9 米。障内有 2 座房址，东侧房址东西长 4.3、南北长 4.8 米（含台阶），西侧房址东西长 4.1、南北长 3 米（含台阶）。关厢连接在障东侧，东西长 4.4、南北长 3 米。关厢墙宽 1、高 1 米。关厢门向东，宽 1 米。

该障城东南约 13 千米处有乌林白兴西泊障城，西南约 6.8 千米处有乌哈西泊障城。

（3）乌哈西泊障城（152923353102130003）

该障城位于达来呼布镇温图高勒嘎查东北 56.9 千米，坐落在温图高勒戈壁丘陵地带的一座山丘顶部。

遗址由障和关厢两部分组成。障平面呈长方形，东西长 10.8、南北长 6.5、高 2.8 米。障墙和关厢墙均用毛石干垒而成，夹有梭梭和红柳柴棒，西墙角坍塌。障在关厢的西侧，东西长 3.5、南北长 6.8 米，障墙基宽 2 米。障门向东，宽 1.2 米。关厢连接在障东侧，东西长 2.2、南北长 3.3 米。关厢门向东，宽 2.5 米。

该障城东北约 6.8 千米处有呼伦川吉障城，西南约 29 千米处有库伦西泊障城、约 16.8 千米处有珠斯冷海勒很西泊障城。

（4）珠斯冷海勒很西泊障城（152923353102130004）

该障城位于达来呼布镇温图高勒嘎查东北约 40 千米的珠斯冷海勒很山顶。

障城依山势而筑，平面呈近正方形，东西长 11.1、南北长 10.3 米。墙体以石块垒砌为主，中间填土和碎石，宽 2.5、高 1.7 米。门向南开，宽 0.8 米。障城内有房屋基址，东西长 6.1、南北长 5.3 米，东侧有 5 层台阶，宽 0.5 米。

该障城东北约 16.8 千米处有乌哈西泊障城，西北约 24 千米处有库伦西泊障城。

（5）库伦西泊障城（152923353102130005）

该障城位于达来呼布镇温图高勒嘎查北约 41.6 千米的丘陵地带，坐落在小山丘的顶部。

障城平面呈马蹄形，东西最长 13、南北最长 8 米。障墙用石块垒砌而成，整体坍塌，基宽 1.7、高 1.8 米。南墙中部设门，宽 0.5 米。障城北侧连接长方形石台，长 2、宽 1 米，周壁用较大的石块垒砌而成，中间填以碎石。

该障城东南约 24 千米处有珠斯冷海勒很西泊障城，东北约 29 千米处有乌哈西泊障城，西北约 43 千米处有哈敦呼休居住址。

（6）哈敦呼休居住址（152923354107130001）

该居住址位于达来呼布镇温图高勒嘎查西北约 70.7 千米的戈壁丘陵地带，坐落在小山的顶部。

居住址坍塌损毁成石圈状，直径 4、高 1 米。

该居住址东南约 43 千米处有库伦西泊障城，西北约 25 千米处有哈日川吉烽燧。

（7）哈日川吉烽燧（152923353201130006）

该烽燧位于苏泊淖尔苏木策克嘎查东约 70 千米的戈壁丘陵地带，坐落在山顶。

烽燧由墩台和坞两部分组成。墩台平面呈长方形，东西长 5、南北长 5.7、高 4.3 米，石板垒筑而成。西侧有通向台顶的通道，通道口高 1.1 米，顶部用胡杨木棒搭建，东西长 0.64、南北长 0.63 米。坞连接在墩台西壁，平面呈长方形，片状石材垒筑而成，东西长 4.8、南北长 2.8 米。坞墙高 0.65～1.15 米，西墙设门。坞西侧有一座 4×4 米的小型平台。

该烽燧东南约 25 千米处有哈敦呼休居住址，西北约 25 千米处有查干松治烽燧。

（8）查干松治烽燧（152923353201130005）

该烽燧位于苏泊淖尔苏木策克嘎查东北约 53.6 千米的戈壁荒漠地带，坐落在高岗上。

烽燧由墩台和坞两部分组成，整体坍塌成圆丘状，东西最长 12.5、南北最长 11.9、高 5.5 米。局部可见其原始建筑痕迹，以砂石板垒筑为主，当中夹有梭梭木棍。顶部立有敖包。墩台平面呈长方形，底部东西长 8、南北长 11.96 米，顶部东西长 4.2、南北长 3.8 米。墩台南侧有一小平台，东西长 4.5、南北长 3.4 米。坞连接在墩台东壁，东西长 8.6、南北长 7.4 米，墙体高 0.2～0.8 米，东侧中部坍塌，有 1 米宽的缺口。

该烽燧东南约 25 千米处有哈日川吉烽燧，西北约 24 千米处有乌兰松治烽燧。

（9）乌兰松治烽燧（152923353201130004）

该烽燧位于苏泊淖尔苏木策克嘎查东北约 51.6 千米的中蒙边境，坐落在戈壁地带的砾石梁上。

烽燧仅见墩台。墩台平面呈长方形，底部东西长 8.5、南北长 11.9、高 3.3 米。墩台四壁用砂石板垒筑而成，中间夯土，当中夹以梭梭枝，宽 1.3 米。墩台东、南、北壁砂石板均已脱落，顶部立有敖包。遗址地表可见月白釉瓷片。

该烽燧东南约 24 千米处有查干松治烽燧，西南约 50 千米处有 K676 烽燧。

（10）K676 烽燧（152923353201130007）

该烽燧位于苏泊淖尔苏木策克嘎查东南约 5.7 千米的石梁上。

烽燧坍塌成高 2.3 米的土堆。其顶部有一个深 0.4 米的坑，东北侧有东西长 3.9、南北长 3.9、深 0.7 米的坑。周围有正方形围墙，东西长 18.8、南北长 18.7 米，夯土筑造而成，当中夹有草绳。围墙宽 1.5、高 0.7 米，受风雨侵蚀呈土垄状。遗址附近地表散落有少量的月白釉瓷片。

该烽燧东北约 50 千米处有乌兰松治烽燧，西南约 30 千米处有川吉图库勒烽燧。

（11）川吉图库勒烽燧（152923353201130010）

该烽燧位于赛汉陶来苏木赛汉陶来嘎查东北约 31.4 千米的平坦戈壁地带。

烽燧由墩台和坞两部分组成。墩台呈覆斗形，底部边长 7、高 3.3 米。局部可见以长 38、宽 18、厚 6 厘米的土坯垒砌的痕迹。墩台西侧有长 1.8、宽 0.5 米的孔洞。坞连接在墩台东北壁，平面呈长方形，东西长 1.6、南北长 4.8、高 1.2 米。门向东开，宽 0.7 米。

该烽燧东北约 30 千米处有 K676 烽燧，西南约 10 千米处有安东烽燧。

（12）安东烽燧（152923353201130011）

该烽燧位于赛汉陶来苏木赛汉陶来嘎查东约 23.1 千米的平坦戈壁地带。

烽燧坍塌成不规则状，底部东西最长 8、南北最长 10、高 3.9 米。局部可见土坯垒砌的痕迹，当中夹有 3 层胡杨木棒。

该烽燧东北约 10 千米处有川吉图库勒烽燧，西南约 8.7 千米处有宝都格烽燧。

（13）宝都格烽燧（152923353201130012）

该烽燧位于赛汉陶来苏木赛汉陶来嘎查东南约 18.4 千米的平坦戈壁地带。

烽燧仅见墩台。墩台平面呈正方形，空心，边长 5、高 4 米。以土坯垒砌为主，当中夹有芦苇和胡杨木。墩台西北壁坍塌成斜坡状。

该烽燧东北约 8.7 千米处有安东烽燧，西南约 8.6 千米处有陶来哈夏烽燧。

（14）陶来哈夏烽燧（152923353201130013）

该烽燧位于赛汉陶来苏木赛汉陶来嘎查东南约 18.7 千米的平坦戈壁地带。

烽燧由墩台和坞两部分组成。墩台平面呈长方形，东西长 8.6、南北长 6.2、高 4.7 米。墩台以长 38、宽 18、厚 6 厘米的土坯垒砌为主，当中夹有红柳和胡杨木棒。墩台南壁土坯脱落。坞连接在墩台东南壁，仅存基址。遗址地表散落有黑釉、乳黄釉瓷片、灰陶片及玛瑙石等遗物。

该烽燧东北约 8.6 千米处有宝都格烽燧，西南约 4.8 千米处有查干川吉烽燧。

（15）查干川吉烽燧（152923353201130014）

该烽燧位于赛汉陶来苏木孟格图嘎查东北约 23.4 千米的平坦戈壁地带。

烽燧仅见墩台。墩台平面呈长方形，东西长 8、南北长 9、高 3.5 米。墩台以长 38、宽 18、厚 6 厘米的土坯垒砌为主，每层土坯夹一层草，当中还夹有粗胡杨木棒。墩台西壁坍塌成斜坡状，东壁墙皮脱落，土坯外露。

该烽燧东北约 4.8 千米处有陶来哈夏烽燧，西南约 14.2 千米处有乌兰松吉烽燧。

（16）乌兰松吉烽燧（152923353201130015）

该烽燧位于赛汉陶来苏木孟格图嘎查东北约 12.3 千米的平坦戈壁地带。

烽燧坍塌成土堆状，底部约 16 米见方、高 6 米，北侧局部暴露出砌墙土坯，残高 1.4 米。遗址地表散落有少量的黑釉瓷片。

该烽燧东北约 14.2 千米处有查干川吉烽燧。

（17）　敖勒苏台烽燧（152923353201130009）

该烽燧位于达来呼布镇吉日嘎朗图嘎查西南约 31.8 千米的砾石梁上。

烽燧仅见墩台。墩台平面呈正方形，底部边长 4.7、高 4.2 米。墩台以长 40、宽 16、厚 8 厘米的土坯砌筑为主，每 3 层土坯夹以芦苇。外侧墙皮脱落，西、北壁有加固的痕迹。遗址地表散落有零星的灰陶片和黑釉瓷片等遗物。

该烽燧东北约 7.3 千米处有查干德日布井烽燧。

（18）　查干德日布井烽燧（152923353201160008）

该烽燧位于达来呼布镇吉日嘎朗图嘎查东南约 24.9 千米的戈壁砾石梁上。

烽燧由墩台和坞两部分组成。墩台平面呈正方形，底部东西长 6、南北长 6.4 米，顶部残损，高 3.9 米。墩台以夯土和土坯垒筑为主，经过后期修补，外侧加筑了一层土坯。墩台西壁顶部有一个向南的坡道。坞连接在墩台西北壁，平面呈长方形，东西长 17、南北长 10.2 米。坞墙坍塌成土垄状，宽 2、高 0.4 米。遗址四周散落有褐釉瓷片等遗物。

该烽燧西南约 7.3 千米处有敖勒苏台烽燧。

（19）　黑城古城（152923353102160006）

该古城位于达来呼布镇吉日嘎朗图嘎查南约 18 千米的戈壁荒漠上。蒙古语称为"哈拉浩特"。黑城遗址原来修筑于额济纳河下游的绿洲地带，通过开凿河渠，发展起来了绿洲农业。后来，由于河流改道，现今成为一条干涸的河床，沿岸的绿洲成为一片荒漠。黑城废弃后，为风沙所覆盖，许多遗存，尤其是大量的文书得以很好地保存下来，成为反映古代城址物质文化生活全貌的"活化石"。

1983～1984 年，内蒙古文物考古研究所会同阿拉善盟文物工作站，对黑城古城进行了科学发掘[1]，基本揭露了城内主要部分的建筑遗址，取得了这座城址建制沿革和城市布局的考古资料，出土了大量文书及其他文物。

古城分大、小城，小城位于大城的东北角。小城为西夏黑水镇燕军司驻地，大城即元亦集乃路故城。小城平面呈正方形，边长 240 米，南墙设门，有瓮城、马面、角台等设施，为典型的边防关堡类城址。元代修筑亦集乃路大城时，将小城的东、北垣当作大城东、北墙的基础，西、南垣包在大城中，在大城的城市建设中遭到破坏，断续残存，一些地段被利用为民居的墙体。

大城平面呈长方形，东西长 421、南北长 374 米，南北向布局。四周城垣皆夯筑而成，保存较好，基宽 12.5、顶宽约 4、均高 10 米以上。东、西墙设错对而开的城门，城门外拱卫正方形瓮城，瓮城门南向开。城四角设置向外凸出的圆形角楼，城垣外侧设 19 个马面，计北 6、南 5、东西各 4 个（原有 20 个，南墙西部被铲掉 1 个）。城墙上建女墙，系用土坯砌成的矮墙，无垛口。城垣内侧四角、城门两侧以及南墙正中有斜坡形蹬道 7 处，皆为双行道。城墙外还建有羊马城，随角楼、马面曲折而行，受破坏较严重，只在城外的西南部一带有明显遗迹，夯筑土墙，宽约 2、高约 2.4 米。

城址内有东西向主要大街 4 条，南北向经路 6 条，街道齐整，两侧不设排水沟。城址内的主要建筑包括总管府大院（Y1）、诸王府第（Y2、Y3）、司属"广积仓"遗迹（Y6）和佛教寺庙（Y4、Y5、Y7、F6）等。商业区集中在东街和正街之间一带，街道两旁店肆林立，有饭馆、酒店、杂货店、彩帛行、马具铺等，并有马市、柴市等农牧产品交换市场。居民区分布在城内和东门外。城内

---

〔1〕　内蒙古文物考古研究所、阿拉善盟文物工作站：《内蒙古黑城考古发掘纪要》，《文物》1987 年第 7 期。

划分为若干坊，坊间小巷便道多有曲折。东门外形成庞大的关厢，除有一条直通东门的大街外，还有几条纵横的街巷。此外，在城内和城墙上散见许多佛寺遗迹，西北角的城墙上耸立着 5 座覆钵式佛塔。城外西南隅现存有清真寺一座，附近为伊斯兰教信徒的墓葬区（图二五；彩图四八七～四八九）。

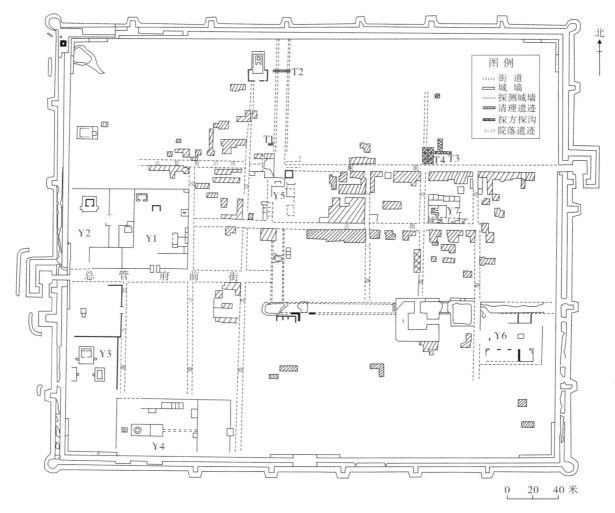

图二五　黑城古城平面图

　　1983～1984 年，在城内的发掘出土文化遗物甚丰，除了日常的铜、铁、陶、瓷器外，还有大量文书、宝钞和宗教用品等。文书包括汉文、西夏文、畏兀体蒙古文、藏文的写本和刊本，以写本世俗文献为主，包括了书籍、公文、诉状、契约、帐册和书信等，为研究蒙元时期该城及这一地区的政治、经济和文化状况提供了大量翔实的资料。

　　该古城西南约 8.4 千米处有查干德日布井烽燧。

（20）乌兰川吉烽燧（152923353201130001）

　　该烽燧位于达来呼布镇温图高勒嘎查东约 48.2 千米，坐落在拐子湖戈壁地带的砾石梁上。

　　烽燧坍塌成圆丘状，底部东西最长 11、南北最长 10、高 3 米。局部可见夯土痕迹，当中夹有木棍、梭梭枝和草绳等。遗址地表散落有黄釉瓷片。

　　该烽燧西北约 8.2 千米处有达楞图如川吉烽燧。

（21）达楞图如川吉烽燧（152923353201130002）

该烽燧位于达来呼布镇温图高勒嘎查东约40.6千米的戈壁地带。

20世纪60年代遭人为破坏，烽燧整体坍塌，仅存基址，分布范围东西最长7、南北最长6、高0.5米，其上可见竖立的木桩。

该烽燧东南约8.2千米处有乌兰川吉烽燧，西南约7.7千米处有乌兰圐圙烽燧、约7.4千米处有乌兰圐圙古城。

（22）乌兰圐圙古城（152923353102130007）

该古城位于达来呼布镇温图高勒嘎查东约32.9千米，坐落在拐子湖南岸的戈壁沙丘地带。

古城由大、小城组成。大城平面呈长方形，东西长86.4、南北长112米。墙体均为木骨泥墙，在栽立的梭梭木之间填抹红胶泥，宽4.5、高1.4米。由于经年累月的风雨侵蚀，泥土多已流失，只留有干枯的梭梭木桩。城墙四角设有角台，南墙设门，宽10米。小城偏居大城西南角，东西长14.5、南北长18米；城墙为木骨泥墙，墙体宽2.9米；东墙设门，宽1.7米。遗址地表散落有黑釉瓷片等遗物（彩图四九○）。

该古城东北约7.4千米处有达楞图如川吉烽燧，西南约0.35千米处有乌兰圐圙烽燧。

（23）乌兰圐圙烽燧（152923353201130003）

该烽燧位于达来呼布镇温图高勒嘎查东约32.8千米，坐落在拐子湖南岸的砾石梁上。

烽燧仅见墩台。墩台呈覆斗形，底部东西长7.7、南北长8、高3米。墩台以夯筑为主，当中夹有芦苇、胡杨木和梭梭枝等，夹层厚0.3～0.4米。墩台东侧有一座石梁通向乌兰圐圙古城，应为当时的道路所在。

该烽燧东北约7.7千米处有达楞图如川吉烽燧、约0.35千米处有乌兰圐圙古城，西南约26千米处有浩日海图布勒格古城。

（24）浩日海图布勒格古城（152923353102130008）

该古城位于达来呼布镇温图高勒嘎查东北约6.6千米，坐落在拐子湖北岸的芦苇地上。

古城平面呈长方形，东西长约120、南北长约90米。墙体坍塌成土垄状，基宽6、高0.8～1.1米，门址不清。古城内外长满芦苇，城东北角有一个泉眼，古驼道从城中穿过。遗址地表散落有黑釉和黄白釉瓷片等遗物。

该古城东北约26千米处有乌兰圐圙烽燧。

第四章

阿拉善盟明长城

阿拉善盟境内的明长城主要分布于阿拉善左旗，另在额济纳旗调查烽火台 2 座（参见地图一）。

一　阿拉善左旗明长城

阿拉善左旗的明长城分为两部分，一部分是 2007～2008 年阿拉善盟长城资源调查队调查部分，一部分是 2007～2008 年宁夏回族自治区长城资源调查队及 2013 年内蒙古自治区长城资源调查项目组调查部分。

对于第一部分明长城，在《内蒙古自治区长城资源调查报告·明长城卷》中已有详细叙述，本报告仅简单列表介绍。对于第二部分明长城，以 2013 年的调查资料为主，部分结合宁夏的调查资料，将相关遗存一一予以详细描述。同时，第二部分资料的简况也与第一部分资料统一放在列表中。

综合两部分调查资料，阿拉善左旗共调查登录明长城墙体（包括壕堑）154 段，总长 155505 米，其中，墙体 145687 米、壕堑 9818 米。155505 米的墙体（壕堑）中，有墙体存在部分长 149715 米、消失部分 5790 米。此外，还调查敌台、烽火台等单体建筑 66 处，其中，敌台 34 座、烽火台 32 座；另有居住址 1 处（地图一一）。

下面，先对第二部分资料予以详细描述，以墙体作统领排序，所有单体建筑皆置于其相邻的墙体段落之后。所有资料的列表附后（附录表二～五）。

（一）明长城大边

明长城大边墙体现为内蒙古自治区与宁夏回族自治区的界线，在阿拉善左旗境内，自北向南与宁夏回族自治区银川市永宁县、吴忠市、青铜峡市相交界。

（1）三关长城 1 段（152921382101170116）

该段墙体北起自巴润别立镇上海嘎查东约 10 千米，南止于上海嘎查东约 10.1 千米，大体呈北—南走向，下接三关长城 2 段。墙体长 389 米，其中，保存较好 122 米、差 200 米、消失 67 米，分别占该段墙体总长的 31.4%、51.4%、17.2%。

墙体多以原生砾石地表为基础，局部经过平整。墙体用黄土夹杂细小石片夯筑而成，夯层不清晰。墙体底宽 2.1～3、顶部存宽 0.4～0.6、大部分高 0.5～2.3 米。局部险峻之处是先砍削山体形成高 2.5

米的断壁，然后在断壁之上增筑墙体，通高约 6.5 米。该段墙体存在不同程度的坍塌，坍塌的土和碎石堆积在墙体两侧。

（2）三关长城 2 段（1529213382102170117）

该段墙体北起自巴润别立镇上海嘎查东约 10.1 千米，南止于上海嘎查东南约 10.1 千米，大体呈北—南走向，上接三关长城 1 段，下接三关长城 3 段。墙体长 70 米，其中，保存较好 30 米、一般 31 米、消失 9 米，分别约占该段墙体总长的 42.8%、44.3%、12.9%。

墙体以自然地表为基础，稍加平整，两侧用青灰色石块码边，内填小石块夹杂黄沙土，向上有收分。墙体底宽 7~11、顶宽 3、高 2~10.7 米。

（3）三关长城 3 段（152921382101170118）

该段墙体西北起自巴润别立镇上海嘎查东南约 10.1 千米，东南止于上海嘎查东南约 10.4 千米，大体呈西北—东南走向，上接三关长城 2 段，下接三关长城 4 段。墙体长 511 米，其中，保存较好 178 米、较差 213 米、差 97 米、消失 23 米，分别约占该段墙体总长的 34.8%、41.7%、19%、4.5%。

墙体以自然地表为基础，稍加平整。墙体用黄土夯筑而成，内夹杂有少量细小石片，夯层坚硬且较为清晰，夯层厚 0.15~0.2 米。个别地段是先对山体进行铲削，形成高约 2.6 米的断壁，然后在边沿断壁增筑土墙。墙体宽窄不一，顶部有缺失现象，底宽 2.2~6.8、顶部存宽 0.4~1.5、高 3.1~6.5 米，坍塌的黄土堆积在墙体两侧。

该段墙体上有三关 1 号敌台。

三关 1 号敌台（1529213352101170046）

该敌台位于巴润别立镇上海嘎查东南约 10.3 千米，西北距三关长城 3 段起点约 0.188 千米。地处头关北侧地势相对较高的"丁"字形山梁的交汇处，其北为一处陡坡，陡坡下是一道山间小冲沟，地势陡峻险要，视野开阔。

台体骑墙而建，平面呈近长方形，向上有收分，底部东西长 15、南北长 12 米，顶部不甚平整，顶部东西长 3.5、南北长 5.8 米，高约 8 米。台体以自然地表为基础，稍加平整。台体外侧用青灰色、赭红色石块垒砌而成，黄沙土勾缝，内部用黄沙土和小石块填充，每隔约 0.2 米平铺一层柠条，共可见 8 层，每隔一定厚度平铺一层直径 0.1~0.15 米的原木，共可见 3 层，上层距顶部 1.4 米，以下 1.6 米为中层，再向下 2 米为下层。台体整体保存一般，除东、南壁尚存部分砌石外，其他两壁坍塌成斜坡状，底部堆积有大量塌落的石块。就其材质、构筑方式等方面来看，这座敌台与墙体应不是同时修筑的，而属后期补建。

（4）三关长城 4 段（1529213382101170119）

该段墙体北起自巴润别立镇上海嘎查东南约 10.4 千米，南止于上海嘎查东南约 10.62 千米，大体呈北—南走向，上接三关长城 3 段，下接赤木口长城 1 段。墙体长 883 米，其中，保存较好 359 米、一般 359 米、消失 165 米，分别约占该段墙体总长的 40.7%、40.7%、18.6%。

墙体大多以自然地表为基础，稍加平整，部分地段先对自然山体进行铲削，形成高 7.5 米的陡峻断面。墙体用黄土夯筑而成，夹杂有少量细小石片，夯层厚 0.15~0.2 米。墙体底宽 2~2.6 米，顶部缺失现象明显，顶部存宽 0.4~1.5、高 0.5~5.5 米，塌落的黄土堆积在两侧。

该段墙体上有三关 2 号敌台。

三关 2 号敌台（1529213352101170047）

该敌台位于巴润别立镇上海嘎查东南约 10.7 千米，北距三关长城 4 段止点约 0.157 千米。地处山地，东临陡坡，坡下即为山前冲积扇台地，西南侧山下便是头关关口，地形险要，视野开阔。

　　台体骑墙而建，以自然地表为基础，稍加平整。墙体外壁用青灰色、赭红色等诸色石块垒砌而成，内部似用土填充。台体坍塌成隆起的石土堆，底部东西长 19、南北长 28 米，顶部不甚平整，顶部东西长 2.8、南北长 10.5 米，残高近 4 米。就其材质、构筑方式等方面来看，应不是与墙体同时修建，可能属后期补建。

（5）巴音朝格图长城 1 段（152921382101170120）

　　该段墙体北起自巴润别立镇巴音朝格图嘎查东南 23.44 千米，南止于巴音朝格图嘎查东南 23.8 千米，大体呈北—南走向，上接柳木高长城 19 段。墙体长 513 米，其中，保存较好 493 米、消失 20 米，分别占该段墙体总长的 96%、4%。

　　墙体以自然地表为基础，稍加平整。墙体用黄沙土夯筑而成，内含少量小石粒，夯层坚硬、清晰，夯层厚 0.15~0.2 米。墙体底宽约 4.5、顶宽 1.2~2.8、高 3.2~5.6 米。墙体顶部踏面平整，局部尚存宽 0.4、高 0.4 米的女墙。墙体夯土虽存在坍塌和剥离现象，但除受洪水冲击形成 20 米的断口外，其余地段形制高大、清晰。南距起点 151 米处、北距止点 33 米处各有一处排水设施，尺寸分别为宽 4.3、高 2.4 米，宽 3、高 1.6 米，底部均用大块条石铺设而成，上部呈半圆形。

（6）巴音朝格图长城 2 段（152921382101170121）

　　该段墙体西北起自巴润别立镇巴音朝格图嘎查东南 23.8 千米，东南止于巴音朝格图嘎查东南 24.6 千米，大体呈西北—东南走向，上接巴音朝格图长城 1 段，下接巴音朝格图长城 3 段。墙体长 894 米，其中，保存较好 457 米、一般 174 米、较差 149 米、消失 114 米，分别约占该段墙体总长的 51.1%、19.5%、16.7%、12.7%。

　　墙体多以自然地表为基础，稍加平整。墙体用黄沙土分段版筑而成，内夹杂有少量小石粒，保存较好地段可见每版大致 3.5~7 米，夯层坚硬、清晰，夯层厚 0.15~0.2 米。墙体底宽 3.5~4.5 米，顶部有缺失，顶宽 0.6~2.6、高 1.5~5.5 米。墙体存在不同程度的坍塌和夯土剥离现象，塌落的夯土堆积在墙体两侧，形成斜坡（彩图四九—）。西北距起点 442、477 米，东南距止点 265、118、34 米处各有一处排水设施，底宽 2.8~3.2、高 1.6~2 米，底部均用大块条石铺砌，上部呈半圆形（彩图四九—）。

（7）巴音朝格图长城 3 段（152921382101170122）

　　该段墙体西北起自巴润别立镇巴音朝格图嘎查东南 24.6 千米，东南止于巴音朝格图嘎查东南 25.6 千米，大体呈西北—东南走向，上接巴音朝格图长城 2 段，下接巴音朝格图长城 4 段。墙体长 1084 米，其中，保存较好 331 米、一般 266 米、较差 118 米、差 258 米、消失 111 米，分别约占该段墙体总长的 30.5%、24.5%、10.9%、23.8%、10.3%。

　　墙体以自然地表为基础，稍加平整。墙体用黄沙土分段版筑而成，夹杂小石粒，可见每版大致长 3.5~7 米，夯层坚硬、清晰，夯层厚 0.15~0.2 米。墙体底宽 3.2~4.5 米，顶部缺失现象明显，顶部存宽 0.5~1.6、高 1~5.4 米。墙体夯土剥离、坍塌现象较为普遍，损坏严重处，夯土倾倒，形成斜坡，部分地段被洪水冲毁。西北距起点约 483 米处有一处排水设施，底宽 3、高 1 米，底部用大块条石铺砌，上部呈半圆形。

（8）巴音朝格图长城 4 段（152921382101170123）

　　该段墙体西北起自巴润别立镇巴音朝格图嘎查东南 25.6 千米，东南止于巴音朝格图嘎查东南 26.6 千米，大体呈西北—东南走向，上接巴音朝格图长城 3 段，下接巴音朝格图长城 5 段。墙体长 1039 米，其中，保存较好 416 米、一般 279 米、差 344 米，分别约占该段墙体总长的 40%、27%、33%。

　　墙体以自然地表为基础，稍加平整。墙体用黄沙土分段版筑而成，内夹小石粒，可见每版大致长

3.5～4.5 米，夯层坚硬、清晰，夯层厚 0.15～0.2 米。墙体底宽 3～4.6 米，部分墙体顶部缺失现象明显，顶部存宽 0.8～1.6、高 2.5～5.4 米，部分地段坍落的夯土堆积在墙体两侧形成斜坡。西北距起点约 198 米处、东南距止点约 467 米处、401 米处各有一处排水设施，底部均用大块条石铺砌而成，上部现呈半圆形，底宽依次为 3、3.2、5 米，高约 1.6 米。

（9）巴音朝格图长城 5 段（152921382101170124）

该段墙体西北起自巴润别立镇巴音朝格图嘎查东南 26.6 千米，东南止于巴音朝格图嘎查东南 27.5 千米，大体呈西北—东南走向，上接巴音朝格图长城 4 段，下接巴音朝格图长城 6 段。墙体长 902 米，其中，保存较好 39 米、一般 67 米、较差 55 米、差 572 米、消失 169 米，分别约占该段墙体总长的 4.3%、7.4%、6.1%、63.5、18.7%。

墙体以自然地表为基础，稍加平整。墙体用黄沙土分段版筑而成，内夹杂小石粒，可见版长大致 3.5～4.5 米，夯层坚硬、清晰，夯层厚 0.15～0.2 米。墙体底宽 3.2～5.8 米，部分墙体顶部缺失现象明显，顶部存宽 0.9～1.6、高 3.2～5.5 米。墙体坍塌现象较普遍，塌落的夯土堆积在墙体两侧，形成斜坡，部分地段被洪水冲毁。

该段墙体上有巴音朝格图敌台。

巴音朝格图敌台（152921352101170048）

该敌台位于巴润别立镇巴音朝格图嘎查东南 27.5 千米，东南距巴音朝格图长城 5 段止点约 0.346 千米。

台体骑墙而建，实心，黄沙土夯筑而成，夯层厚约 0.15 米。台体平面呈长方形，剖面呈梯形，向上有收分。台体底部东西长 13.5、南北长 9 米，顶部缺失现象明显，顶部东西长 3.8、南北长 2.6 米，高 7 米。台体四壁夯土存在不同程度的坍塌和风化剥离现象，底部被塌落的沙土覆盖，西、南壁尤为严重，东壁中部由顶至底有一道明显的水冲沟。地表零星散落有明代缸、罐等生活用具残片。

该敌台东侧台地上东西向排列有 10 座石砌积薪台，间距多在 19～25 米，由于坍塌甚重，仅存 1～2 米见方的底部遗迹，呈隆起的石堆状。

（10）巴音朝格图长城 6 段（152921382101170125）

该段墙体西北起自巴润别立镇巴音朝格图嘎查东南 27.5 千米，东南止于巴音朝格图嘎查东南 28.1 千米，大体呈西北—东南走向，上接巴音朝格图长城 5 段，下接巴音朝格图长城 7 段。墙体长 570 米，其中，保存一般 134 米、较差 198 米、差 165 米、消失 73 米，分别约占该段墙体总长的 23.6%、34.7%、28.9%、12.8%。

墙体以自然地表为基础，稍加平整。墙体用黄沙土分段版筑而成，内含小石粒，可见每版大致长 3.5～7 米，夯层坚硬、清晰，夯层厚 0.15～0.2 米。墙体底宽 3.5～4.5 米，顶部缺失现象明显，顶部存宽 0.5～1.5、一般高约 1.5 米，个别地段较为高大，高近 5.6 米。墙体两侧及顶部的坍塌现象较普遍，塌落的夯土堆积在墙体两侧，形成斜坡，部分地段被洪水冲毁。

（11）巴音朝格图长城 7 段（152921382101170126）

该段墙体西北起自巴润别立镇巴音朝格图嘎查东南 28.1 千米，东南止于巴音朝格图嘎查东南 29.3 千米，大体呈西北—东南走向，上接巴音朝格图长城 6 段，下接巴音朝格图长城 8 段。墙体长 1241 米，其中，保存一般 717 米、较差 88 米、差 223 米、消失 213 米，分别约占该段墙体总长的 58%、7%、18%、17%。

墙体以自然地表为基础，稍加平整。墙体用黄沙土分段版筑而成，内夹杂小石粒，可见每版大致长 3.5～7 米，夯层坚硬、清晰，夯层厚 0.15～0.2 米。墙体底宽 3～4.2 米，顶部缺失现象明显，顶宽 0.8～1.5、高 2.1～4.2 米。墙体两侧及顶部的坍塌现象较普遍，塌落的夯土堆积在底部，形成斜坡，部分地段被洪水冲毁。

（12）巴音朝格图长城 8 段（152921382101170127）

该段墙体西北起自巴润别立镇巴音朝格图嘎查东南 29.3 千米，东南止于巴音朝格图嘎查东南 30.3 千米，大体呈西北—东南走向，上接巴音朝格图长城 7 段，下接巴兴图长城 1 段。墙体长 971 米，其中，保存一般 639 米、差 280 米、消失 52 米，分别约占该段墙体总长的 66%、29%、5%。

墙体以自然地表为基础，稍加平整。墙体用黄沙土分段版筑而成，内夹小石粒，可见每版大致长约 3.5 米，夯层坚硬、清晰，夯层厚 0.15～0.2 米。墙体底宽 3.1～4.6 米，顶部缺失现象明显，顶宽 1.2～1.5、高 2.8～6.4 米。塌落的夯土堆积在墙体底部，形成斜坡，部分地段被洪水冲毁。

（13）巴兴图长城 1 段（152921382101170128）

该段墙体西北起自嘉尔格勒赛汉镇巴兴图嘎查东北 17.2 千米，东南止于巴兴图嘎查东北 17.3 千米，大体呈西北—东南走向，上接巴音朝格图长城 8 段，下接巴兴图长城 2 段。墙体长 1018 米，其中，保存较好 204 米、一般 466 米、较差 283 米、消失 65 米，分别约占该段墙体总长的 20%、45.8%、27.8%、6.4%。

墙体以自然地表为基础，稍加平整。墙体用黄沙土分段版筑而成，内含小石粒，每版大致长 3.5～4 米，夯层坚硬、清晰，夯层厚 0.15～0.2 米。墙体底宽 2.3～3.5、顶部存宽 0.7～1.2、高 2.4～3 米。墙体大都存在坍塌现象，部分地段垮塌严重，夯土堆积在底部，形成斜坡，个别地段墙体被水冲沟冲毁。

（14）巴兴图长城 2 段（152921382101170129）

该段墙体西北起自嘉尔格勒赛汉镇巴兴图嘎查东北 17.3 千米，东南止于巴兴图嘎查东北 17.5 千米，大体呈西北—东南走向，上接巴兴图长城 1 段，下接巴兴图长城 3 段。墙体长 1135 米，其中，保存一般 394、较差 671 米、消失 70 米，分别约占该段墙体总长的 34.7%、59.1%、6.2%。

墙体以自然地表为基础，稍加平整。墙体用黄沙土夯筑而成，内夹杂小石粒，夯层坚硬、清晰，夯层厚 0.15～0.2 米，局部分段版筑的接缝较为清晰。墙体底宽 3.5～3.9 米，顶部有缺失，顶部存宽 0.9～1.5、高 1.5～4 米。墙体大部分存在坍塌现象，部分垮塌严重，塌落的夯土堆积在底部形成斜坡，部分地段被水冲沟冲毁。

该段墙体上有巴兴图 1 号敌台，附近有巴兴图烽火台。

巴兴图 1 号敌台（152921352101170049）

该敌台位于嘉尔格勒赛汉镇巴兴图嘎查东北 17.5 千米，东南距巴兴图长城 2 段止点约 0.473 千米处。

台体骑墙而建，实心。台体用黄沙土夯筑而成，夯层厚约 0.2 米。台体平面呈长方形，剖面呈梯形，向上有收分。台体底部东西长 14.4、南北长 14 米，顶部缺失，顶部东西长 3.6、南北长 2.8 米，存高 9 米。台体四壁夯土均有不同程度的坍塌和风化剥离现象，底部被塌落的夯土覆盖，形成斜坡。

巴兴图烽火台（152921353201170058）

该烽火台位于嘉尔格勒赛汉镇巴兴图嘎查东北 17.1 千米，西侧是山间丘陵，地势起伏，东侧临坡，坡下是山前冲积台地。

台体骑山脊而建，实心，平面呈长方形，剖面呈梯形，向上有收分。台体底部边长 8.5 米，顶部缺失现象明显，东西长 6.7、南北长 5 米，高 4 米。台体外侧用青灰色砂岩块错缝堆砌而成，内部用土石填充。台体整体保存一般，除南壁坍塌成斜坡状外，其余三壁石砌痕迹较为清晰。地表零星散落有少量瓮、罐等瓷残片。

该烽火台东 0.16 千米处有巴兴图长城 2 段。

（15）巴兴图长城 3 段（152921382101170130）

该段墙体西北起自嘉尔格勒赛汉镇巴兴图嘎查东北 17.5 千米，东南止于巴兴图嘎查东北 17.7 千米，大体呈西北—东南走向，上接巴兴图长城 2 段，下接巴兴图长城 4 段。墙体长 1036 米，其中，保存较差 978 米、消失 58 米，分别约占该段墙体总长的 94.4%、5.6%。

墙体以自然地表为基础，稍加平整。墙体用黄沙土夯筑而成，内夹小石粒，夯层坚硬，夯层厚 0.15~0.2 米，局部可见分段版筑的接缝。墙体底宽 3.2~3.6 米，顶部缺失严重，顶部存宽约 0.8、高者约 3 米，部分仅存底部痕迹。墙体大部分存在较为严重的坍塌现象，塌落的夯土堆积在两侧，形成斜坡，部分地段被水冲沟冲毁。

（16）巴兴图长城 4 段（152921382101170131）

该段墙体北起自嘉尔格勒赛汉镇巴兴图嘎查东北 17.7 千米，南止于巴兴图嘎查东偏北 17 千米，大体呈北—南走向，上接巴兴图长城 3 段，下接巴兴图长城 5 段。墙体长 1452 米，其中，保存较好 72 米、一般 48 米、较差 165 米、差 991 米、消失 176 米，分别约占该段墙体总长的 5%、3.3%、11.3%、68.3%、12.1%。

墙体以自然地表为基础，稍加平整。墙体用黄沙土分段版筑而成，内夹小石粒，版长 3.5~4.5 米，夯层坚硬、清晰，夯层厚 0.15~0.2 米。墙体底宽 2.4~4.9 米，顶部缺失，顶部存宽 0.5~2.3、高 1.1~5.5 米。墙体坍塌较严重，塌落的夯土堆积在两侧，形成斜坡，个别地段被水冲沟冲毁。

该段墙体上有巴兴图 2 号敌台。

巴兴图 2 号敌台（152921352101170050）

该敌台位于嘉尔格勒赛汉镇巴兴图嘎查东偏北 17.7 千米处，南距巴兴图长城 4 段起点约 0.329 千米。

台体骑墙而建，实心，黄沙土夯筑而成，夯层厚约 0.2 米。台体平面呈长方形，剖面呈梯形，向上有收分。台体底部东西长 14、南北长 14 米，顶部缺失现象明显，顶部东西长 3.6、南北长 2.9 米，存高约 8 米。台体四壁夯土风化剥离严重，塌落的夯土堆积在底部，形成斜坡。

（17）巴兴图长城 5 段（152921382101170132）

该段墙体东北起自嘉尔格勒赛汉镇巴兴图嘎查东偏北 17 千米，西南止于巴兴图嘎查东偏北 16 千米，大体呈东北—西南走向，上接巴兴图长城 4 段，下接巴兴图长城 6 段。墙体长 1259 米，保存差。

墙体以自然地表为基础，稍加平整。墙体用黄沙土分段版筑而成，内夹小石粒，夯层厚 0.15~0.2 米。墙体底宽 3.2 米，上部严重缺失，残高 0.6 米。墙体大部分呈尖脊状隆起于地表，部分地段坍塌严重，塌落的夯土堆积在底部，形成斜坡。

该段墙体上有巴兴图 3 号敌台。

巴兴图 3 号敌台（152921352101170051）

该敌台位于嘉尔格勒赛汉镇巴兴图嘎查东北 16 千米，建在巴兴图长城 5 段止点处。

台体骑墙而建，实心，黄沙土夯筑而成，夯层厚 0.2~0.25 米。台体整体保存差，原始形制无法辨识，坍塌范围底部东西长 9、南北长 13 米，顶部缺失现象明显，整体呈锥状，存高约 5 米。

（18）巴兴图长城 6 段（152921382101170133）

该段墙体东北起自嘉尔格勒赛汉镇巴兴图嘎查东北 16 千米，西南止于巴兴图嘎查东略偏北 14.6

千米，大体呈东北—西南走向，上接巴兴图长城 5 段，下接巴兴图长城 7 段。墙体长 1939 米，其中，保存差 1916 米、消失 23 米，分别约占该段墙体总长的 98.8%、1.2%。

墙体以自然地表为基础，稍加平整。墙体用黄沙土分段版筑而成，内夹小石粒，夯层厚 0.15~0.2 米。墙体底宽 3.2 米，上部严重缺失，残高一般不足 1 米，多呈尖脊状垄起于地表。墙体坍塌严重，塌落的夯土堆积在两侧，形成斜坡，部分地段被水冲沟冲毁。

该段墙体上有巴兴图 4 号敌台。

巴兴图 4 号敌台（152921352101170052）

该敌台位于嘉尔格勒赛汉镇巴兴图嘎查东略偏北 14.9 千米，西南距巴兴图长城 6 段止点 0.466 千米。

台体骑墙而建，实心，黄沙土夯筑，夯层厚 0.2~0.24 米。台体平面呈长方形，剖面呈梯形，向上有收分。台体底部东西长 8、南北长 11.5 米，顶部缺失现象明显，顶部东西长 1.5、南北长 4.4 米，存高约 9 米。台体整体保存一般，四壁夯土风化剥离现象严重，大块夯土崩塌，底部被淤土覆盖。台体附近共分布有 10 座石砌积薪台，均用赭红色石块垒砌而成，其中东北侧有 3 座，东西向排列，间距 11 米，现为直径 5、高 1 米的石堆；东侧有 7 座，南北向排列，间距 11~31 米，现为底部边长 4~5、高 0.6~0.8 米的石堆。

（19）巴兴图长城 7 段（152921382101170134）

该段墙体东北起自嘉尔格勒赛汉镇巴兴图嘎查东略偏北 14.6 千米，西南止于巴兴图嘎查东略偏北 14 千米，大体呈东北—西南走向，上接巴兴图长城 6 段，下接巴兴图长城 8 段。墙体长 1151 米，其中，保存差 1068 米、消失 83 米，分别约占该段墙体总长的 93%、7%。

墙体以自然地表为基础，稍加平整。墙体用黄沙土夯筑而成，内夹小石粒，夯层厚 0.15~0.2 米。墙体底宽约 3.4 米，上部严重缺失，高多不足 1 米，多呈尖脊状垄起于地表。墙体坍塌严重，塌落的夯土堆积在底部，形成斜坡，个别地段被水冲沟冲毁。

（20）巴兴图长城 8 段（152921382101170135）

该段墙体东北起自嘉尔格勒赛汉镇巴兴图嘎查东略偏北 14 千米，西南止于巴兴图嘎查东略偏北 12.9 千米，大体呈东北—西南走向，上接巴兴图长城 7 段，下接巴兴图长城 9 段。墙体长 1099 米，其中，保存较好 201 米、较差 163 米、差 398 米、消失 337 米，分别约占该段墙体总长的 18.3%、14.8%、36.2%、30.7%。

墙体以自然地表为基础，稍加平整。墙体用黄沙土夯筑而成，内夹小石粒，夯层厚 0.15~0.2 米。墙体底宽 3.2~5.2 米，顶部缺失严重，顶部存宽 1~1.8 米，高 1.5~5.5 米。墙体两侧夯土大都存在较为严重的坍塌，塌落的夯土堆积在底部，形成斜坡，部分地段被水冲沟冲毁。

该段墙体上有巴兴图 5 号敌台。

巴兴图 5 号敌台（152921352101170053）

该敌台位于嘉尔格勒赛汉镇巴兴图嘎查东略偏北 13.8 千米，东北距巴兴图长城 8 段起点约 172 米处。

台体骑墙而建，实心，黄沙土夯筑，夯层厚 0.2~0.24 米。台体平面呈长方形，剖面呈梯形，向上有收分。台体底部东西长 7.4、南北长 8 米，顶部有缺失现象，顶部东西长 3.4、南北长 3.6 米，高 5.5 米。台体四壁夯土风化剥离严重，塌落的夯土堆积在底部。

（21）巴兴图长城 9 段（152921382101170136）

该段墙体北起自嘉尔格勒赛汉镇巴兴图嘎查东略偏北 12.9 千米，南止于巴兴图嘎查东 13.1 千米，大体呈北—南向，上接巴兴图长城 8 段，下接阿格坦乌素长城 1 段。墙体长 1523 米，其中，保存较好 252 米、一般 94 米、较差 82 米、差 1019 米、消失 76 米，分别约占该段墙体总长的 17%、6%、5%、67%、5%。

墙体以自然地表为基础，稍加平整。墙体用黄沙土分段版筑而成，内夹小石粒，版长 3.5～4.5 米，夯层坚硬、清晰，夯层厚 0.15～0.2 米。墙体底宽多 2.4～4.5 米，顶部缺失严重，顶部存宽 0.4～1.2 米，高 1.4～4 米。墙体多呈尖脊状隆起于地表，大都存在较为严重的坍塌和夯土剥离现象，塌落的夯土堆积在底部，形成斜坡，部分地段被水汊沟冲毁（彩图四九二）。

南距起点约 0.29 千米处，发现该段墙体叠压在石墩子长城二边 2 段上。

（22）阿格坦乌素长城 1 段（152921382101170137）

该段墙体北起自嘉尔格勒赛汉镇阿格坦乌素嘎查东北 17.9 千米，南止于阿格坦乌素嘎查东北 17.3 千米，大体呈北—南走向，上接巴兴图长城 9 段，下接阿格坦乌素长城 2 段。墙体长 1737 米，其中，保存较好 91 米、一般 901 米、差 14 米、消失 731 米，分别约占该段墙体总长的 5.2%、51.9%、0.8%、42.1%。

墙体以自然地表为基础，稍加平整。墙体用黄沙土分段版筑而成，内夹小石粒，版长约 4.5 米，夯层坚硬、清晰，夯层厚 0.15～0.2 米。墙体底宽 4.2～5.6 米，局部损毁严重处底宽仅 2.4 米；顶部有缺失现象，顶部存宽 1.8～3.2 米，高 1.5～5 米。墙体存在比较严重的夯土风化和剥离现象，塌落的夯土堆积在底部，形成斜坡，起点处墙体位于大型冲沟（井沟）内，被洪水冲毁。

（23）阿格坦乌素长城 2 段（152921382101170138）

该段墙体北起自嘉尔格勒赛汉镇阿格坦乌素嘎查东北 17.3 千米，南止于阿格坦乌素嘎查东北 16.7 千米，大体呈北—南走向，上接阿格坦乌素长城 1 段，下接阿格坦乌素长城 3 段。墙体长 1279 米，其中，保存较好 87 米、一般 852 米、差 340 米，分别约占该段墙体总长的 6.8%、66.6%、26.6%。

墙体以自然地表为基础，稍加平整。墙体用黄沙土分段版筑而成，内夹小石粒，版长约 4.5 米，夯层坚硬、清晰，夯层厚 0.15～0.2 米。墙体底宽 4.2～5 米，顶部有缺失现象，顶部存宽 1.4～2.2 米，高 3.5～5.5 米。墙体大部分夯土存在比较严重的风化和剥离现象，塌落的夯土堆积在两侧，形成斜坡，部分地段坍塌严重，呈土垄状。

（24）阿格坦乌素长城 3 段（152921382101170139）

该段墙体北起自嘉尔格勒赛汉镇阿格坦乌素嘎查东北 16.7 千米，南止于阿格坦乌素嘎查东北 16.5 千米，大体呈北—南走向，上接阿格坦乌素长城 2 段，下接阿格坦乌素长城 4 段。墙体长 1882 米，其中，保存一般 150 米、较差 1404 米、差 328 米，分别约占该段墙体总长的 8%、75%、17%。

墙体以自然地表为基础，稍加平整。墙体用黄沙土分段版筑而成，内夹小石粒，夯层厚 0.15～0.2 米。墙体底宽 4.5～5.5 米，顶部有缺失现象，顶部存宽 0.5～1.5 米，高 1.5～2.5 米。墙体大都存在比较严重的夯土风化和剥离现象，塌落的夯土堆积在底部，形成斜坡，有些地段墙体缺失，形成多个锯齿状豁口，有些地段坍塌严重，呈土垄状。

（25）阿格坦乌素长城 4 段（152921382101170140）

该段墙体北起自嘉尔格勒赛汉镇阿格坦乌素嘎查东北 16.5 千米，南止于阿格坦乌素嘎查东 16.8 千米，大体呈北—南走向，上接阿格坦乌素长城 3 段，下接阿格坦乌素长城 5 段。墙体长 1448 米，其中，保存差 1325 米、消失 123 米，分别约占该段墙体总长的 91.5%、8.5%。

墙体以自然地表为基础，稍加平整。墙体用黄沙土分段版筑而成，内夹小石粒，夯层厚 0.15～0.2 米。墙体底宽 3.4 米，上部缺失严重，残高多不足 1 米。墙体两侧堆积着塌落的夯土，形成斜坡，局部处在冲沟内，被水冲毁。

（26）阿格坦乌素长城 5 段（152921382101170141）

该段墙体北起自嘉尔格勒赛汉镇阿格坦乌素嘎查东 16.8 千米，南止于阿格坦乌素嘎查东 17 千米，大体呈北—南走向，上接阿格坦乌素长城 4 段，下接阿格坦乌素长城 6 段。墙体长 1146 米，其中，保存一般 734 米、差 265 米，消失 147 米，分别约占该段墙体总长的 64%、23%、13%。

墙体以自然地表为基础，稍加平整。墙体用黄沙土夯筑而成，内夹小石粒，夯层厚 0.15~0.2 米。墙体底宽约 4.5 米，顶部有缺失现象，顶部存宽 0.5~1.2 米，高 2.5~4 米。墙体存在比较严重的夯土风化和剥离现象，塌落的夯土堆积在底部，形成斜坡。有些地段墙体坍塌严重，呈土垄状。个别地段墙体受洪水冲击，形成断口。

（27）阿格坦乌素长城 6 段（152921382101170142）

该段墙体北起自嘉尔格勒赛汉镇阿格坦乌素嘎查东 17 千米，南止于阿格坦乌素嘎查东南 17.2 千米，大体呈北—南走向，上接阿格坦乌素长城 5 段，下接阿格坦乌素长城 7 段。墙体长 1832 米，其中，保存一般 1762 米、消失 70 米，分别占该段墙体总长的 96%、4%。

墙体以自然地表为基础，稍加平整。墙体夯筑而成，夯层厚 0.15~0.2 米。墙体底宽 4.2~4.5 米，顶部有缺失现象，顶部存宽 0.5~1.5 米，高 3.5~5 米。墙体存在比较严重的夯土坍塌、风化和剥离现象，塌落的夯土堆积在底部，形成斜坡。个别地段墙体处在冲沟内，受洪水冲击，形成断口。

（28）阿格坦乌素长城 7 段（152921382101170143）

该段墙体东北起自嘉尔格勒赛汉镇阿格坦乌素嘎查东南 17.2 千米，西南止于阿格坦乌素嘎查东南 16.9 千米，大体呈东北—西南走向，上接阿格坦乌素长城 6 段，下接阿格坦乌素长城 8 段。墙体长 1768 米，其中，保存一般 1632 米、消失 136 米，分别约占该段墙体总长的 92%、8%。

墙体以自然地表为基础，稍加平整。墙体用黄沙土夯筑而成，内夹小石粒，夯层厚 0.15~0.2 米。墙体坍塌面宽 7.5~8 米，顶部有缺失现象，顶部存宽 0.6~1.2 米，高 2.5~4 米。墙体存在比较严重的夯土坍塌、风化和剥离现象，塌落的夯土堆积在底部，形成斜坡。部分地段墙体处在冲沟内，受洪水冲击，形成断口。

（29）阿格坦乌素长城 8 段（152921382101170144）

该段墙体东北起自嘉尔格勒赛汉镇阿格坦乌素嘎查东南 16.9 千米，西南止于阿格坦乌素嘎查东南 16.3 千米，大体呈东北—西南走向，上接阿格坦乌素长城 7 段，下接阿格坦乌素长城 9 段。墙体长 1865 米，其中，保存一般 1158 米、较差 21 米、消失 686 米，分别占该段墙体总长的 62.1%、1.1%、36.8%。

墙体以自然地表为基础，稍加平整。墙体用黄沙土夯筑而成，内夹小石粒，夯层厚 0.15~0.2 米。墙体底宽约 4.5 米，顶部有缺失现象，顶宽 0.5~1.4 米，高 2.5~4.5 米。墙体存在比较严重的夯土坍塌、风化和剥离现象，塌落的夯土堆积在底部，形成斜坡。部分地段墙体处在冲沟内，受洪水冲击，局部形成断口。

（30）阿格坦乌素长城 9 段（152921382101170145）

该段墙体东北起自嘉尔格勒赛汉镇阿格坦乌素嘎查东南 16.3 千米，西南止于阿格坦乌素嘎查东南 16 千米，大体呈东北—西南走向，上接阿格坦乌素长城 8 段，下接阿格坦乌素长城 10 段。墙体长 1879 米，其中，保存一般 1707 米、消失 172 米，分别占该段墙体总长的 90.8%、9.2%。

墙体以自然地表为基础，稍加平整。墙体用黄沙土夯筑而成，内夹小石粒，夯层厚 0.15~0.2 米。墙体底宽约 4.8 米，顶部有缺失现象，顶部存宽 0.5~1.2 米，高 2.5~3.5 米。墙体存在比较严重的夯土坍塌、风化和剥离现象，塌落的夯土堆积在底部，形成斜坡。部分地段墙体处在冲沟内，受洪水冲击，形成断口。

该段墙体附近有碳井子湾烽火台。

碳井子湾烽火台（152921353201170062）

该烽火台位于嘉尔格勒赛汉镇阿格坦乌素嘎查东南15.2千米，东侧是山前冲积台地，西侧是山间丘陵地带。

台体筑于山坡上，严重坍塌，塌落的石块和沙土堆积在底部，坍塌范围东西长17、南北长17.5、高约5.6米。从残存的原始建筑痕迹判断，台体为实心，平面呈正方形，剖面呈梯形，向上有收分。台体外侧用石块错缝堆砌，用沙土勾缝，内部用石块和沙土填充，当中有桁木结构，自下而上可见3层，间隔约1.8米，为木柱平铺，其间夹有柠条层，厚约0.05米。台体整体保存一般，南壁坍塌严重，呈斜坡状，其余三壁顶部有不同程度的坍塌现象。地表零星散落有瓮、罐等容器残片。

该烽火台东南约0.82千米处有阿格坦乌素长城9段。

（31）阿格坦乌素长城10段（152921382101170146）

该段墙体北起自嘉尔格勒赛汉镇阿格坦乌素嘎查东南16千米，南止于阿格坦乌素嘎查东南16.5千米，大体呈北—南走向，上接阿格坦乌素长城9段，下接阿格坦乌素长城11段。墙体长1697米，其中，保存较好187米、一般1235米、消失275米，分别占该段墙体总长的11%、73%、16%。

墙体以自然地表为基础，稍加平整。墙体用黄沙土分段版筑而成，内夹小石粒，版长约4.5米，夯层坚硬、清晰，厚0.15~0.2米。墙体底宽2.9~5.3米，顶部有缺失现象，顶部存宽0.4~1.4米，高3.2~5.4米。墙体存在夯土坍塌、风化和剥离现象，塌落的夯土堆积在底部，形成斜坡。部分地段墙体处在冲沟内，受洪水冲击，形成断口。

（32）阿格坦乌素长城11段（152921382101170147）

该段墙体北起自嘉尔格勒赛汉镇阿格坦乌素嘎查东南16.5千米，南止于阿格坦乌素嘎查东南17.4千米，大体呈北—南走向，上接阿格坦乌素长城10段。墙体长1940米，其中，保存较好266米、一般402米、差1134米、消失138米，分别占该段墙体总长的14%、21%、58%、7%。

墙体以自然地表为基础，稍加平整。墙体用黄沙土分段版筑而成，内夹小石粒，版长约4.5米，夯层坚硬、清晰，厚0.15~0.2米。墙体底宽2.8~5.3米，顶部有缺失现象，顶部存宽0.4~1.2米，高2.2~4.5米。墙体存在不同程度的夯土坍塌和剥离现象，塌落的夯土堆积在底部，形成斜坡。有些地段墙体断续缺失，形成多个锯齿状豁口，有些地段墙体坍塌严重，呈土垄状，个别地段墙体处在冲沟内，受洪水冲击，形成断口。

该段墙体上有阿格坦乌素敌台。

阿格坦乌素敌台（152921352101170054）

该敌台位于嘉尔格勒赛汉镇阿格坦乌素嘎查东南17千米，南距阿格坦乌素长城11段距起点约0.93千米。

台体骑墙而建，实心。台体用黄沙土夯筑而成，夯土内含有较多的小石块，夯层厚0.2米。台体平面呈长方形，剖面呈梯形，向上有收分。台体底部东西长5.8、南北长9.5米，顶部缺失现象明显，顶部东西长5、南北长6.4米，高近7米。台体四壁夯土风化剥离严重，布满风蚀形成的洞孔和带状的凹槽；塌落的夯土堆积在底部，形成斜坡。除北壁较为平齐外，其余三壁夯土大面积崩塌。地表零星散落有少量明代缸、罐等生活用具残片等。

（二）明长城二边

二边处于大边西侧，两道墙体在这一区域内走向大体一致，总体上是由北向南延伸，相距多在1～2千米，最远者约4.8千米，在两个地点发现二边墙体被大边叠压。

（1）柳木高长城二边13段（152921382106170148）

该段墙体西北起自嘉尔格勒赛汉镇巴兴图嘎查东北18.1千米，东南止于巴兴图嘎查东北17.5千米，大体呈西北—东南走向，上接柳木高长城二边12段，下接双石河子长城二边。墙体长2490米。

墙体利用陡峭、难以攀登的山体构成一段天然屏障，属贺兰山脉。

（2）双石河子长城二边（152921382105170149）

该段墙体北起自嘉尔格勒赛汉镇巴兴图嘎查东北17.5千米，南止于巴兴图嘎查东北14.3千米，大体呈北—南走向，上接柳木高长城二边13段，下接石墩子长城二边1段。墙体长7667米，其中，保存一般7507米、消失160米，分别占该段墙体总长的97.9%、2.1%。

墙体依蜿蜒曲折的山势而建，多在西侧的山腰处进行铲削、开凿，形成断面，以增加垂直高度。部分地段在断面上补筑石墙。铲削痕迹最高处可达3米，最宽处2米。在两山相连的低缓鞍部修筑少量石墙，距起点3000米和3800米处用不规则的石块错缝堆砌，底宽2.5、顶宽1.5、高2米。因长年的风雨侵蚀，断面顶部坍塌，部分地段不甚明显，补筑的石墙存在坍塌现象。部分地段墙体处于冲沟内，形成两处断口。

该段墙体附近有双石河子烽火台、青石圈1～2号烽火台。

双石河子烽火台（152921353201170055）

该烽火台位于巴润别立镇巴音朝格图嘎查东南26.2千米，东侧为山前台地，西侧是连绵起伏的低矮山丘。

台体骑山脊而建，坍塌成隆起的石堆，底部东西长26.4、南北长21.2米，顶部东西长2.3、南北长7.5米，高约7米。根据局部残存的石砌痕迹判断，台体为实心，外侧用大块朱红色和青灰色砂岩块堆砌而成。台体东北侧分布有5座积薪台，呈西南—东北排列，间距约1米。积薪台外侧用大块朱红色和青灰色砂岩石块堆砌，内部用小石块等填充。积薪台规格大致相同，边长约3、高0.6米。靠近台体的两座积薪台被塌落的石块掩埋大半，仅露出北壁。地表散落有瓮、罐等瓷器残片。

该烽火台东约0.33千米处有双石河子长城二边。

青石圈1号烽火台（152921353201170056）

该烽火台位于巴润别立镇巴音朝格图嘎查东南29.4千米，东侧是山前台地，西面为连绵起伏的低矮山丘，地势较高，视野开阔。

台体筑于山顶上，坍塌成隆起的石土堆，东西长33.5、南北长29米，顶部不甚平整，顶部东西长11.2、南北长16米，高约5米。台体原始形制难以辨识。台体西3米处有一座积薪台，外侧用石块堆砌，内部用沙土和碎石填充，边长2.1、高0.6米。

该烽火台西约0.09千米处有双石河子长城二边，南0.075千米处有青石圈2号烽火台。

青石圈2号烽火台（152921353201170057）

该烽火台位于巴润别立镇巴音朝格图嘎查东南29.4千米，东侧是山前台地，西面为连绵起伏的低矮山丘，地势较高，视野开阔。

台体筑于山顶上，除西壁石砌痕迹较为清晰外，其余三壁大片坍塌，坍塌范围底部东西长21.2、南北长 24.6 米，顶部缺失现象明显，顶部东西长 5、南北长 6.6 米，高约 7 米。根据残存的石砌痕迹判断，台体为实心，平面呈长方形，剖面呈梯形，向上有收分。台体外侧用大块朱红色和青灰色砂岩错缝堆砌而成，内部用黄土和碎石填充。台体当中有桁木结构，为直径约 15 厘米的原木和柠条平铺，间隔约 0.5 米，厚约 0.03 米。台体南侧 13 米处自东向西分布有 5 座积薪台，间距均约 2 米。积薪台外侧用大块朱红色和青灰色的砂岩块堆砌而成，内部用小石块填充，底部 3 米见方、高约 0.6 米。地表散落有少量瓮、罐类瓷器残片。

该烽火台西约 0.02 千米处有双石河子长城二边，北 0.075 千米处有青石圈 1 号烽火台。

（3）石墩子长城二边 1 段（152921382106170150）

该段墙体东北起自嘉尔格勒赛汉镇巴兴图嘎查东北 14.3 千米，西南止于巴兴图嘎查东北 13 千米，大体呈东北—西南走向，上接双石河子长城二边，下接石墩子长城二边 2 段。墙体长 1600 米。

墙体因山为险，无人为加工痕迹，由起点向西南约至 800 米处山体为东北—西南走向，其余为东—西走向。山体虽然不高，但山脊西、北两侧大都是自然形成的断崖，高多在 20～40 米，难以攀登，构成一道天然屏障。

该段墙体附近有石墩子烽火台。

石墩子烽火台（152921353201170059）

该烽火台位于嘉尔格勒赛汉镇巴兴图嘎查东北 13.3 千米，北侧为平坦开阔的大沙沟。

台体筑于山丘上，实心，平面呈长方形，剖面呈梯形，向上有收分。台体底部东西长 10.5、南北长 12.2 米，顶部有缺失现象，顶部约 7.6 米见方，高 7.2 米。台体外侧用青灰色砂岩块错缝堆砌而成，内部用土石填充，当中有桁木结构，为原木和柠条平铺，共 4 层，上下间隔 0.8～1.3 米。台体整体保存较好，除南壁坍塌外，其余三壁保存较好。紧靠台体北侧有一处石砌长方形基址，仅存底部痕迹，东西长 6.8、南北长 5.2、高 0.3 米。

该烽火台西约 0.04 千米处有石墩子长城二边 1 段。

（4）石墩子长城二边 2 段（152921382105170151）

该段墙体北起自嘉尔格勒赛汉镇巴兴图嘎查东北 13 千米，南止于巴兴图嘎查东南 13.2 千米，大体呈北—南走向，上接石墩子长城二边 1 段，下接井沟长城二边。墙体长 7100 米，其中，保存较差 6114 米、消失 986 米，分别约占该段墙体总长的 86.1%、13.9%。

墙体地处贺兰山南端余脉，依蜿蜒曲折的山势而建，多在西侧的山腰处和山脊顶部进行铲削、开凿，以增加垂直高度，现可见高约 1 米的断面。低洼处有挖沟堆土筑墙的残迹，部分地段土墙相对高大，呈宽约 3、高不足 1 米的土垄。在山体的鞍部存有少量石墙，损毁严重，宽不足 1.5 米，散乱的石块堆于地表。因长年的风雨侵蚀，断面顶部坍塌，部分地段痕迹不甚明显，补筑的土墙和石墙存在严重的坍塌现象。部分墙体处于冲沟内，受流水冲蚀形成两处断口。

该段墙体在距止点约 1.8 千米处被巴兴图长城 9 段（大边）叠压，二边由此进入宁夏回族自治区青铜峡镇界内，至止点处，二边又出现在阿拉善左旗境内。

（5）井沟长城二边（152921382105170152）

该段墙体北起自嘉尔格勒赛汉镇阿格坦乌素嘎查东北 17.8 千米，南止于阿格坦乌素嘎查东南 15 千米，大体呈北—南走向，上接石墩子长城二边 2 段，下接口子门长城二边 1 段。墙体长 13700 米，其中，保存较差 13298 米、消失 402 米，分别约占该段墙体总长的 97.1%、2.9%。

墙体依山势蜿蜒曲折，多在西侧的山腰处和山脊顶部进行铲削、开凿，形成"L"形断面，断面高一般约 1 米。部分地段挖沟取土，并在西侧堆土筑墙，有些土墙相对高大，宽约 3、高不足 1 米。因长年的风雨侵蚀，断面顶部坍塌，部分地段痕迹不甚明显，补筑的土墙存在严重的坍塌现象，多呈土垄状。受流水冲击，墙体形成多处断口。

该段墙体附近有肩膀敦 1~2 号烽火台。

肩膀敦 1 号烽火台（152921353201170060）

该烽火台位于嘉尔嘎勒赛汉镇阿格坦乌素嘎查东南 15.8 千米，西侧为低矮宽阔的贺兰山山间台地，地势较高，视野开阔。

台体筑于山脊上，坍塌成隆起的石土堆。台体底部东西长 27、南北长 32 米，顶部缺失现象明显，顶部东西长 7、南北长 9 米，高约 6.5 米。根据局部残存的原始建筑痕迹判断，台体为实心，平面呈长方形，剖面呈梯形，向上有收分。台体外侧用青灰色和赭红色石块错缝堆砌而成，内部填充碎石和沙土。台体整体保存较差，除西壁存有石砌痕迹外，其余三壁坍塌严重，塌落的土、石堆积在底部。台体南 13 米处的一道山脊上由西北向东南排列有 5 座积薪台，间距约 4 米。积薪台外侧均用青灰色和赭红色石块堆砌而成，内部填以碎小石块填充，边长约 4、高 0.2~1.2 米。

该烽火台西 0.1 千米处有井沟长城二边，东约 1.5 千米处有阿格坦乌素长城 7 段，东南 0.115 千米处有肩膀敦 2 号烽火台。

肩膀敦 2 号烽火台（152921353201170061）

该烽火台位于嘉尔格勒赛汉镇阿格坦乌素嘎查东南 15.9 千米，西侧为低矮宽阔的贺兰山山间台地，地势较高，视野开阔。

台体筑于山脊上，实心，平面呈长方形，剖面呈梯形，向上有收分。台体底部东西长 10.3、南北长 10 米，顶部 5 米见方，高 7.5 米。台体用黄土夯筑而成，夯土内含有细碎石粒，夯层厚 0.18~0.2 米。台体东北壁及南壁底部尚存石砌痕迹，周边散落较多石块，由此判断其外侧原来可能用石块包砌。台体整体保存一般，四壁存有不同程度的夯土坍塌和风化剥离现象，南壁相对严重，底部因风蚀等原因向里凹进。地表零星散落有罐、瓮等瓷器残片。

该烽火台西 0.16 千米处有井沟长城二边，西北 0.115 千米处有肩膀敦 1 号烽火台，东约 1.44 千米处有阿格坦乌素长城 7 段。

（6）口子门长城二边 1 段（152921382105170153）

该段墙体东北起自嘉尔格勒赛汉镇阿格坦乌素嘎查东南 15 千米，西南止于阿格坦乌素嘎查东南 14.4 千米，大体呈东北—西南走向，上接井沟长城二边，下接口子门长城二边 2 段。墙体长 1400 米，其中，保存一般 1201 米、消失 199 米，分别约占该段墙体总长的 86%、14%。

墙体依山脊走势而建，在相对平缓处对山体进行铲削，形成断面，在断面上沿边缘处补筑石墙，最高者近 3 米。另外，在山鞍处发现三段补筑石墙。石墙用石块错缝堆砌而成，每段长 7~40 米，底宽 1.4~1.9 米，顶部有缺失现象，顶宽 1.2~1.9 米，存高约 1.4 米。因长年的风雨侵蚀、铲削形成断面使顶部坍塌，部分地段不甚明显，补筑的石墙存在坍塌现象。有些地段墙体处于冲沟内，被冲毁（彩图四九三）。

该段墙体附近有口子门烽火台。

口子门烽火台（152921353201170063）

该烽火台位于嘉尔格勒赛汉镇阿格坦乌素嘎查东南 15.1 千米，东侧是低缓的山地丘陵，西、南两侧均与山体相连，北侧是沟谷。

台体筑于山顶上，实心，平面呈正方形，剖面呈梯形，向上有收分。台体底部边长 6.6 米，顶部缺失现象明显，约 6.3 米见方，高不足 1 米。台体外侧用石块错缝堆砌而成，内部用土、石填充。台体整体保存较差，大部坍塌，东、南、西壁存有较为明显的石砌痕迹，北壁损毁严重。

该烽火台西 0.16 千米处有口子门长城二边 1 段。

（7）口子门长城二边 2 段（152921382106170154）

该段墙体东北起自嘉尔格勒赛汉镇阿格坦乌素嘎查东南 14.4 千米，西南止于阿格坦乌素嘎查东南 15 千米，大体呈东北—西南走向，上接口子门长城二边 1 段。墙体长 2800 米。

墙体因山为险，无人为加工痕迹，呈东北—西南走向，两侧不易攀登，形成一道天然屏障。向南进入宁夏回族自治区青铜峡市地界。

二　额济纳旗明长城

在额济纳旗仅发现 2 座明代新筑的烽火台，为晓林川吉烽火台和 T183 烽火台（地图一二）。此外 K823、T158、T171、T173 四座汉代烽燧均发现有明代维修沿用的迹象。为了避免重复统计，4 座沿用烽燧均不统计在明长城的数据内。

晓林川吉烽火台（152923353201170001）

该烽火台位于赛汉陶来苏木赛汉陶来嘎查西北约 20.3 千米的平坦戈壁地带。

台体平面呈正方形，剖面呈梯形，底部边长 5、高 7 米。台体以土坯垒筑为主，土坯尺寸为长 36、宽 12、厚 8 厘米，土坯中间夹有梧桐木棍。台体西南角损毁，南壁中部从上到下有一道沟槽，应该是放置绳梯登顶之处。地表散见少量的黄釉瓷片等遗物。

T183 烽火台（152923353201170002）

该烽火台位于东风镇宝日乌拉嘎查西南 85.5 千米的戈壁石梁上。

烽火台仅见墩台。墩台平面呈长方形，底部东西长 10.2、南北长 9、高 10.6 米。墩台以长 38、宽 19、高 9 厘米的土坯垒砌为主，壁面抹草拌泥。台体底宽 1.5、顶宽 0.66 米。台体顶部有垛口，东墙保存最好，4 个垛口尚存，垛口宽 0.45、高 0.7 米。台体内部有 3 间房屋痕迹，四周有正方形围墙残迹，边长 22 米。遗址地表有散落的灰陶片（彩图四九四）。

第五章

结　语

通过此次系统的长城资源调查工作，掌握了阿拉善盟境内汉代、西夏、明代的长城本体与相关遗存的总体分布情况。经统计，阿拉善盟境内以上三个时代的长城，在本次调查中共划分了 182 个长城墙体（壕堑）段落，长城墙体（包括塞墙、壕堑）总长 237138 米，其中墙体长 185821 米、壕堑长 51317 米。在 237138 米的墙体（壕堑）中，有墙体存在的部分 231348 米、消失 5790 米。还调查单体建筑共 563 座，包括敌台 34 座、烽火台 529 座；相关遗存 59 座，包括城障（关堡）53 座、居住址 6 座。另调查天田 5 道，划分为 39 段，总长 562204 米。

一　对阿拉善盟汉长城的认识

汉长城在内蒙古自治区通辽市、赤峰市、乌兰察布市、呼和浩特市、包头市、巴彦淖尔市、鄂尔多斯市、阿拉善盟等盟市均有分布。与其他盟市的汉长城有所不同，阿拉善盟境内的汉长城不是以墙体为主的防御体系，而是以亭障为主构成的防御体系。阿拉善盟汉长城的墙体很少，加上壕堑，总计 81633 米。而全盟境内的汉代亭障绵延可达 1000 余千米，其中包括烽燧 465 座、居住址 4 座、城障 27 座，还有天田遗迹绵延达 560 余千米。

在这种广袤的沙漠环境下，如果修筑绵延的墙体，显然不利于防御。那么，因山、水之便，有山凭山、有水靠水是阿拉善盟汉长城选址和分布的一个突出特点。阿拉善左旗境内的长城防御体系基本是沿哈鲁乃山南北两侧和贺兰山西麓布设；阿拉善右旗境内的长城防御体系基本是沿笋布日乌拉山东西两侧、雅布赖山，以及旗境西南部的龙首山—桃花山—狼娃山走势分布；额济纳旗长城防御体系主要是沿额济纳河布设。这些山水便是天然的防御屏障，其功能相当于长城墙体，而亭障则依托于这些山水来布设。从这个意义上来讲，阿拉善盟汉长城的主要功能还是在于防御；如果把这些列燧仅仅理解为一种通讯设施，则便显得狭隘多了。

烽燧一般建于地势较高、位置险要、视野开阔的山顶、坡地、高岗或石梁上，少数由于地形所限，只能建在戈壁或平地上。因地形不同，烽燧间距离远近不一。阿拉善左旗境内哈鲁乃山沿线列燧排列比较规则，约半数以上间距在 1～2 千米，少数几座间距不足 1 千米，另有约 16% 间距在 2～4 千米，约 22% 间距超过 4 千米。而贺兰山西麓列燧的排列则相对不规则，距离也较远，约 65% 间距在 4 千米以外，间距在 2 千米以内的约占 15%，间距在 2～4 千米的约占 20%。

阿拉善右旗汉代列燧主要沿三条山脉布设，其地形高低起伏，复杂多变。受这个因素影响，烽燧的分布和排列都不是很规律，距离远近不一，从不足 0.5 千米到 20 余千米，总体相距偏远。间距在 2 千米以内的约占 21%，间距在 2~4 千米的约占 38%，间距在 4 千米以上的约占 46%。

额济纳旗汉代居延边塞的烽燧，由于多数建于额济纳河两侧，地形简单、地势平坦，所以分布比较规律，基本呈直线形排列，且距离较近。间距在 2 千米以内的约占 50% 以上，间距在 2~4 千米的约占 35%，间距在 4 千米以上的约占 13%。

综合阿拉善盟汉代列燧的分布情况，烽燧间距以 1~2 千米居多，2~4 千米的次之，4~6 千米又次之，而 1 千米以内者实属个例，10 千米以外的也为数不多。烽燧作为长城沿线的一种军事信息传递设施，其间距把握的首要原则，就是相邻的两座之间要在正常视野所及范围之内。之所以表现出或远或近，主要取决于地形、地势的差异。沿山系而建的列燧，如哈鲁乃山沿线列燧、贺兰山西麓列燧、笋布日乌拉山列燧、雅布赖山列燧、龙首山列燧，所处地势较高，故烽燧间距较远。沿水系而建的列燧，以居延边塞中的甲渠塞为典型代表，由于其所处地形平坦，地势起伏不大，所以，烽燧间距基本约 1.3 千米。至于个别间距在 10 千米以上者，推测可能是在二者之间原有烽燧，历经 2000 余年各种因素的破坏已经荡然无存；也可能是残存的基址被淹没在流沙之下，尚未被发现。此外，贺兰山西麓列燧之所以间距较远，也可能与其修建的历史背景有关，而且该列燧所辖烽燧构筑相对简单，多不见坞。

完整的烽燧设施由墩台、坞和附燧三部分组成，卅井塞烽燧往往伴有 1~2 座蓄水池。现存的遗迹中，墩台和坞大部分已坍塌，大量沙土在此积留，表面又多为戈壁碎石覆盖，看上去更像是一座大体呈圆形的土堆或石堆。墩台因为较坞要高，所以从现场调查情况来看，顶部往往依然暴露在外，由此，基本可见墩台的原始建筑方式。附燧数量不等，基本坍塌成石堆状，或仅存地表痕迹。

就墩台的建筑材质来看，往往就地取材。总体来看，额济纳旗殄北塞、甲渠塞、居延屯田区所辖烽燧多处于额济纳河沿岸滩地，或额济纳河水系所滋养的沙漠绿洲当中，石材缺乏，这些烽燧的构筑以土坯垒砌为主；而卅井塞烽燧多建于戈壁石梁、高岗、山顶或山坡之上，石料相对丰富，则多以石砌为主，少数为土坯垒砌。阿拉善左旗、阿拉善右旗境内的烽燧也多建于山丘、坡地、山岗或石梁上，周边石材丰富，所以墩台、坞和附燧均以石砌为主，仅个别为土筑。同为土筑，也有区别。额济纳旗汉代边塞依托的是水源之利，乃至距额济纳河最远的卅井塞也可见为数不少的蓄水池遗迹，相对充沛的水源可以先打制出规整、坚实的土坯，再以土坯为基本建筑材料垒砌墩台。而阿拉善左旗、阿拉善右旗并没有充分的水源可以利用，所以在石料缺乏之处也只能是以夯土或堆土筑就。上述土筑所采取的不同方法，实质也为就地取材的一种体现。

如上文所述，墩台的构筑方式有石砌和土筑两大类。其中，石砌又可分为毛石干垒和包石两种。毛石干垒，石块是建造墩台的唯一材料，此类墩台约占总数的 45%。包石，外观为石砌，内部或填土石，或是夯土，或是土坯砌筑，此类墩台约占总数的 11%。土筑，是从外观到内部均是以土为主要建筑材料，夹以胡杨、梭梭、芦苇等。根据具体建造方法的不同，又可细分为夯土筑、堆土筑和土坯砌筑三大类。据此次调查结果统计，夯土筑 13 座，约占总数的 3%；堆土筑仅 1 座，为阿拉善左旗长流水 2 号烽燧；土坯筑 83 座，约占总数的 18%。也有少数墩台是夯土和土坯混筑的，如额济纳旗 A2 烽燧；或土坯、石块混筑的，如额济纳旗 T134、T184、A18 等烽燧；或夯土和石块混筑的，如阿拉善右旗必鲁图 2 号烽燧。

关于墩台的规模，讨论起来更为困难，因为历经 2000 余年的历史变迁，它们之中的绝大多数或被风沙掩埋过半，或保存状况并不理想。这里，在全盟发现的 465 座汉代烽燧的墩台中，挑选出其中保存最为完整、最为接近原貌的 22 座，列表统计如下（表三）。

表三　阿拉善盟保存较为完好汉代烽燧（墩台）形制统计表

序号	名　称	建筑方式	形　制	尺寸		规模
				长、宽	高	
1	布日格斯太2号烽燧	石砌，夹梭梭枝条	平面呈长方形，剖面呈梯形	底部长12.5、宽11.3米，顶部长4.8、宽4.6米	7~9米	大型
2	阿门乌素烽燧	夯土筑	平面呈长方形，剖面呈梯形	底部长7、宽6米	5.8米	中型
3	夏布日全吉烽燧	夯土筑	平面呈正方形，剖面呈梯形	底部边长6.5米	5.5米	中型
4	哈拉曾浩尼图烽燧	石砌	平面呈长方形，剖面呈梯形	底部长8.2、宽7.6米，顶部长6.2、宽5.2米	2.6米	中型
5	阿门乌苏烽燧	包石，内部以梭梭搭建，填以草、碎石、土	平面呈圆形，剖面呈梯形	底部直径28.6~30.2米，顶部直径4.2~5.3米	6.4米	大型
6	赛呼都格烽燧	石砌，内部以碎石、梭梭枝填充	平面呈正方形，剖面呈梯形	底部边长4.8米，顶部边长3.6米	3.8米	小型
7	娃子山烽燧	石砌	平面呈长方形，剖面呈梯形	底部长13、宽7.1米	5.2米	大型
8	墩根阿木烽燧	包石，内部填充碎石、土、草	平面呈长方形，剖面呈梯形	底部长8.6、宽8米，顶部长5、宽4.8米	9.2米	中型
9	红山墩烽燧	夯土筑	平面呈长方形，剖面呈梯形	底部长9.2、宽8.8米	14米	中型
10	芦泉烽燧	包石，内部为木材、土、碎石、草层	平面呈正方形，剖面呈梯形	边长6.8米	6.2米	中型
11	T9烽燧	土坯垒砌	平面呈长方形	底部长4.5、宽3米	1.2~2.2米	小型
12	T10烽燧	土坯垒砌	平面呈长方形	底部长9.3、宽7.6米	不详	中型
13	T13烽燧	土坯垒砌，石灰抹面	平面呈正方形	底部边长7.5米	5米	中型
14	T14烽燧	土坯垒砌	平面呈长方形	底部长9.3、宽8.9米	不详	中型
15	P1烽燧	夯土筑	平面略呈正方形	底部长8、宽7.7米	3.4米	中型
16	T116烽燧	土坯垒砌	覆斗形	底部长7.5、宽6米，顶部长4.25、宽4米	4.25米	中型
17	T109烽燧	夯土筑	平面呈长方形，剖面呈梯形	底部长3.9、宽1.8米，顶部长3.5、宽1.6米	5.5米	小型
18	T149烽燧	底部夯筑，上部以土坯垒砌为主	覆斗形	底部边长5.2米，顶部长3.6、宽3.1米	5米	中型
19	T158烽燧	土坯垒砌	平面呈长方形，剖面呈梯形	底部长8.2、宽7.8米	9.6米	中型
20	T171烽燧	土坯和夯土混筑	覆斗形	底部长7、宽6米	9米	中型
21	T178烽燧	以土坯垒砌为主	平面呈长方形	底部长6.4、宽5.2米	9米	中型
22	T184烽燧	下部为石砌，上部为土坯垒砌	平面呈正方形	底部边长6米	4.2米	中型

从上表可以看出，规模最小的墩台是额济纳旗 T109 烽燧的墩台，夯土筑造，平面呈长方形，剖面呈梯形，长不足 4、宽不足 2、残高 5.5 米。规模最大的墩台当属阿拉善右旗阿门乌苏烽燧的墩台，内部为土、碎石、梭梭等搭建，外侧包石，平面呈圆形，剖面呈梯形，底部直径 28.6～30.2、高 6.4 米。就平面呈正方形的墩台来说，无论是石砌还是土筑，以底部边长 6～7.5、高 5～6.2 米占多数；较小的底部边长也接近 5 米，高近 4 米，虽存在一定的差别，但不是很大。就平面呈长方形的墩台来说，以底部长 6～9、宽 5～9、高 5～9 米的居多，较大者边长 12～13、最高 14 米，规模存在一定的差别。在此，把底部长度或边长在 5 米以下者归入小型墩台，底部长度或直径超过 10 米者归入大型墩台。那么上表列出的 22 座烽燧可分为小型 3 座，约占总数的 14%；中型 16 座，占总数的 72%；大型 3 座，约占总数的 14%。即中型墩台在数量上占据明显优势，而大型和小型均属少数。从这个不完全统计数据来看，汉代修筑墩台的规格总体是以底部边长 6～7.5、高 5～6.2 米，或底部长 6～9、宽 5～9、高 5～9 米为基本参照。

从实地调查情况来看，坞的保存状况往往比墩台差。这里通过 T9、T10、T13、T14、P1、T116 等 6 座经过正式发掘的烽燧[1]，初步探讨坞的建筑方式、平面形制、规模、布局等问题。详见下表（表四）。

表四　阿拉善盟汉代烽燧附属设施坞形制不完全统计表

名称	墩台			坞					
	建筑方式	形制	尺寸	与墩台的位置关系	建筑方式	平面形制	尺寸	布局	坞门朝向
T9 烽燧	土坯垒砌	平面呈长方形	长 4.5、宽 3、高 1.2～2.2 米	连接在墩台南壁	土坯垒砌	长方形	长 14、宽 11 米	由门厅、过道和 5 间房址组成	东
T10 烽燧	土坯垒砌	平面呈长方形	长 9.3、宽 7.6 米	连接在墩台南壁	土坯垒砌	不详	不详	由台阶和 6 间房址组成	东
T13 烽燧	土坯垒砌，石灰抹面	平面呈正方形	边长 7.5、高 5 米	连接在墩台东壁	土坯垒砌	不详	长 9.6、宽 6.3 米	由 4 间房址组成	东
T14 烽燧	土坯垒砌	平面呈长方形	长 9.3、宽 8.9 米	连接在墩台西南壁	土坯垒砌	不详	不详	由台阶、过道和 3 间房址组成	东
P1 烽燧	夯土筑	平面略呈正方形	长 8、宽 7.7、高 3.4 米	连接在墩台南壁	夯土筑	不规则	最长 21、最宽 15.2 米	由 5 间房址组成	不详
T116 烽燧	土坯垒砌	覆斗形	底部长 7.5、宽 6、顶部长 4.25、宽 4、高 4.25 米	连接在墩台北壁	土坯垒砌	不规则	最长 11.3、最宽 5.3 米	由 2 间房址组成	不详

通过上表可以看出，坞与墩台相连，建筑材质和方式往往与墩台一致。一般由门厅、台阶、过道和相互连通的几间房址组成，门设在东侧。其平面或呈长方形，或者形状并不规则，长度从约 10 米到

---

〔1〕 T10、T13、T14 于 1999 年经内蒙古自治区文物考古研究所发掘，资料尚未发表，坞的尺寸均以本次调查资料为准。

20 余米，宽 5～15 米。其中规模最大的是 P1 烽燧，即甲渠塞第四燧，亦是第四部候长治所。部是高于燧的上一级组织机构，大小不等，部吏少者 7 人，多者 10 余人；部卒少者 10 余人，多者数十人。各部所辖燧的数目不等，少者三四燧，多者达 8 燧，其中有一燧为部的治所。

　　附燧是指墩台周边，一般在百米的范围之内发现的有一定排列规律的小石堆。根据此次调查情况来看，这种附燧主要有两种形制。最为常见的是一种或圆或方的小石堆；而另外一种建筑形式较为特别，数量相对较少，是在 3～6 米见方的范围内分别于四角筑起一座 1.5～2 米见方的石台，存高一般不到 1 米。据甲渠候官遗址出土的"塞上蓬火品约"可知，汉代各燧卒会根据匈奴入侵的时间、地点、人数等军事情况的差别，发出不同的军事信号，或举烽，或燔薪，或举坞上苣火，或坞上大表[1]。这些附燧当与燔薪有关，是堆放积薪垛的设施，或可称之为"积薪台"。

　　那么，对于一个烽燧来说，墩台、坞和附燧这三类遗迹是如何布局的呢？20 世纪 30 年代以来，在额济纳河流域的考古发掘工作清楚地揭示了墩台和坞的平面位置关系（图七、九）。由于附燧距墩台相对较远，遗迹很小，保存状况不佳，一直没有引起足够的重视。此次调查，这类遗迹发现较多，额济纳旗卅井塞 T137 烽燧的平面图清楚地向我们展示了这类设施与整个烽燧的位置关系（图一〇）。此外，在某些墩台、坞和附燧的外围，另筑有一圈围墙。

　　天田是一种线性遗迹，它作为汉代长城防御体系的一种配套设施，是燧卒候望的一种辅助手段。在额济纳旗居延都尉府所辖殄北塞、甲渠塞、卅井塞，肩水都尉府所辖肩水塞，以及阿拉善右旗雅布赖山列燧，都发现有天田。以往的调查工作多将其归入塞墙，但此次调查发现，此类遗迹与塞墙还是有区别的。天田一般并行于烽燧一侧，与烽燧线距离很近，多在 5～50 米，最远者不过 100 余米，系扫取附近细沙、小石子堆积而成，通常两道或三道并行。现存遗迹保存差，一般底宽 1.7～3.5、高 0.01～0.4 米，相互内侧间距 5～6.5 米。阿拉善右旗雅布赖天田的细沙均已流失，仅存断续相连的 3 道列石，将其分为宽、窄并行的两路；两路天田宽分别为 7.5～8.3、3.8～6.5 米，现存列石宽 0.1～1.6、高 0.1～0.8 米。

　　天田这种极其简单的建筑方式，并不足以构筑起高大、坚固的塞墙，而恰与《汉书·晁错传》苏林注相符合："以沙布其表，旦视其迹，知匈奴来入。"[2]。额济纳旗汉代障燧遗址出土汉简也不乏与天田有关的记载，燧卒要承担画天田、巡视天田的任务，并将巡查结果记入"日迹簿"，上报候官，以备核查。

　　塞墙仅发现 3 条，分别为古居延泽塞墙、金关塞墙和肩水塞墙，均分布在额济纳旗境内，总长 36262 米。与天田相比，塞墙更宽、更高，或呈一道土垄状，或两道并行，底宽 10 余米，最高处可达 1.5 米，多为堆土筑就，局部地段由小石块和沙土垒筑而成。

　　壕堑只发现 1 条，分布于阿拉善右旗与甘肃省山丹县的交界地带，其中由阿拉善右旗长城资源调查队负责调查的段落总长 41499 米，多依山体走势而建，大体呈东南—西北走向，一般为单壕双墙式，也有双壕三墙式。具体构筑方式为，中间挖土成壕，两侧堆土成墙，现已部分被淤土填埋，原始尺寸不详。本次调查所见，壕口大底小，口宽 3.8～12、底宽 2.2～7、深 0.1～2.5 米，墙体宽 1.8～5.6、高 0.2～1.5 米，部分地段已与地表平齐。壕堑走势虽大体与龙首山列燧一致，但与烽燧的距离却远近不一，近者直线距离在 100 米之内，远者可达 4～5 千米。

　　关于障城，居延边塞的几座候官治所最具代表性，即殄北候官治所 A1 障、甲渠候官治所 A8 障、

---

〔1〕薛英群：《居延〈塞上烽火品约〉册》，《考古》1979 年第 7 期。
〔2〕（汉）班固：《汉书》，中华书局点校本，1962 年。

卅井候官治所 P9 障、广地候官治所 A24 障、肩水候官治所 A33 障。除 A1 障外,其他四座障城都是由障、关厢两部分组成,平面呈正方形或长方形,总面积基本在 1000 平方米以上,5000 平方米以下。居延边塞几个候官治所的间距,大体在 44~95 千米。扩展到整个阿拉善盟的汉长城,障城平面形状以正方形和长方形占据绝大多数,也有少数平面呈椭圆形。就建筑方式而言,分布在阿拉善左旗、阿拉善右旗境内的障城墙体全部为石砌或外侧包石;而额济纳旗的障城都是夯土或土坯砌筑。阿拉善左旗的乌兰布拉格障城位于哈鲁乃山南麓—亚玛雷克列燧的中段,方圆不到 2 千米的范围内有两座烽燧与之相望,障墙高大坚实,石质壁面垒砌相当整齐,障内房址、踏道齐全。该障城已考证为西河郡眩雷塞候官治所[1]。

阿拉善盟汉长城沿线的汉代古城发现不多,其中 K710、K688、K749、白城古城、绿城古城、K789、K824、A35 八座古城集中分布在额济纳河沿岸平坦的荒漠戈壁地带。这片戈壁在汉王朝的苦心经营下,迅速发展起来居延和驿马两个重要的屯田区,充足的水源、可靠的后勤补给正是这里能够建立起众多边城的客观条件。而阿拉善左旗、阿拉善右旗的汉长城沿线多山,缺乏充足的水源,后勤保障也相当困难,并不适合建造大规模的古城。

除上述烽燧、天田、塞墙、壕堑、障城、关址、古城外,额济纳旗境内还分布有两个屯田区,一个是居延屯田区,大体处于珍北塞以南、甲渠塞以东、卅井塞以北;另一是驿马屯田区,大体处于肩水塞河东支线与河西支线列燧之间。这两个屯田区是汉代张掖郡居延都尉和肩水都尉后勤补给的重要来源,曾对汉代西北的军事防务起到至关重要的作用。

二 对阿拉善盟西夏长城的认识

由于史料的缺乏,没有关于西夏修筑长城的相关记载。关于西夏长城,俄罗斯学者科瓦列夫与蒙古国学者额尔德涅巴特尔合作的《蒙古国南戈壁省西夏长城与汉受降城有关问题的再探讨》一文[2],目前在考古学界影响较大。他们通过对蒙古国境内所谓的"成吉思汗边墙"的调查,认为该段长城与中国境内的所谓"汉外长城北线"相连接,但并不是中国学者所普遍认为的汉武帝太初三年光禄卿徐自为所筑光禄塞,而是 13 世纪初西夏修筑的抵御蒙古人入侵的长城防线;西夏长城南面的所谓"汉外长城南线",则正是光禄塞,但它的西北止点并没有像中国学者所说的那样延伸到蒙古国境内的翁金河流域,而是在乌拉特后旗朝鲁库伦古城西 7 千米处终止。对于西夏长城的考证,作者使用了长城沿线障城所发现木质样品的一系列碳十四测年数据,将其年代断定为 13 世纪初。

在本次全区性的长城资源调查工作中,证实了上文的个别观点是正确的,如汉外长城南线的西北止点在乌拉特后旗朝鲁库伦古城西 7 千米处终止。但是,他们将汉外长城北线完全定义为西夏长城则是有问题的。通过调查,可以确认汉外长城南线、北线的始筑年代均为西汉时期,并推测北线进入蒙古国后,再转入额济纳旗大体可与居延边塞衔接起来。在南线、北线的沿线障城中,除发现有汉代的陶片等遗物外,还发现了西夏的瓷片、钱币等遗物,但西夏是否利用汉外长城作为防御线,尚需进一步探究。

经调查,汉外长城北线现存墙体或土筑,或石砌,均保存较差,在地表多呈土垄、石垄状。汉外

---

〔1〕 张文平:《西汉眩雷塞小考》,《北方民族考古》第 2 辑,科学出版社,2015 年。
〔2〕 А·А·科瓦列夫、Д·额尔德涅巴特尔:《蒙古国南戈壁省西夏长城与汉受降城有关问题的再探讨》,《内蒙古文物考古》2008 年第 2 期。

长城北线的保存状况，远远不及金界壕的保存状况，这种差别在一定程度上说明，汉外长城北线的修筑年代要早于西夏时期。

阿拉善盟境内的西夏长城遗迹均分布于汉外长城北线以南一带，遗迹以烽燧、城障为主，不见长城墙体。在阿拉善左旗、阿拉善右旗、额济纳旗境内，都沿用了部分汉代障燧。

阿拉善盟西夏的长城防御与汉代存在明显的共性。一是在选址上，同样看重山和水的重要性。阿拉善左旗的西夏障隧几乎全部建在山顶、山脊、台地、丘陵或缓坡上，额济纳旗除分布在额济纳河下游的川吉图库勒烽燧—乌兰松吉烽燧一线障隧建于平坦的戈壁地带以外，其余障隧也均建在砾石梁、山顶或高岗上。

二是在障燧的建筑方式和材料的运用上，都是遵循因地制宜、就地取材的原则。阿拉善左旗境内的烽燧凡是能辨识出建筑方式的，墩台基本都是石砌的，区别是有的为单纯使用石块垒砌，有的是外侧包石，内部以土、石填充。阿拉善左旗的城障遗址，除宗海尔汗障城以外，其他6座障城、5座古城都是石砌或以石砌为主，或外侧包石。阿拉善右旗的城障遗址也都是石砌或以石砌为主，或是石块和梭梭枝干混合砌筑。而额济纳旗川吉图库勒烽燧—乌兰松吉烽燧一线的障燧，因位于平坦戈壁地带，加之距离额济纳河较近，其建筑材料都离不开土坯，查干德日布井烽燧和敖勒苏台烽燧亦是如此。城障遗址则因处于山丘顶部，石材丰富，所以多是石砌或外侧包石。

三是就烽燧的布局和构成来看，大部分由墩台和坞两部分组成。墩台平面多呈正方形或长方形，剖面形制有所不同，一类是自下而上渐收，呈梯形；一类是自下而上分层内收，此为个例。坞一般连接在墩台一侧，按形制可分为矩形和不规则形两类。

阿拉善盟西夏长城的障燧遗址数量不多，偏居于盟境北部，规模无法与汉长城相较。分布相对稀疏是阿拉善盟西夏长城障燧遗迹分布的一大特点。即便把烽燧、障城、古城放在一起考虑，阿拉善左旗西夏长城遗存间距最近的约2.2千米，最远的可达30千米，其中间距在10千米以内的约占37%，间距在10~20千米的约占55%，间距在20千米以外的约占8%。阿拉善右旗仅见零星的几座城障，分布更为稀疏，间距最近的也要3千多米，一般约20千米，甚至更远，而偏居在旗境西部的乌兰拜兴和塔林拜兴2座障城与东部宝斯格希贝等4座城障更是难以衔接。额济纳旗西夏长城障燧遗迹间距最近的是0.35千米，一般在5~30千米，其中间距在10千米以内的约占48%，间距在10~20千米的约占13%，间距在20千米以上的约占39%，同是分布在额济纳河下游的川吉图库勒烽燧—乌兰松吉烽燧一线，其间距是其东侧的汉代甲渠塞列燧间距的3.6倍还多。

西夏障城的规模普遍比汉代要小，面积多数在100~400平方米。障城平面形状以长方形、正方形、圆形居多，个别为马蹄形。障门能分辨出位置的多设在南侧或东南侧，个别门外加筑瓮城。少数与障相连，还筑有很小的关厢。

西夏古城的规模以面积约10000平方米的居多，少数较大，如作为黑水镇燕军司驻地的黑水城小城边长为240米。此外，阿拉善左旗的娜仁希勒古城的规模也不小，只是建造得比较粗陋。古城平面形状多不规则，少数为正方形或长方形。关于古城的朝向，凡是能分辨出城门位置的，以朝南者略多，但也存在朝东或朝西的。在调查所见的10座古城中，其中3座设有瓮城。

通过对西夏长城遗存和大致分布于同一区域内的汉长城的对比，可以认识到，西夏对居延地区乃至整个今阿拉善盟地区国防上的重视和投入程度大不如汉代，或许这就是中央一统帝国和地方性政权之间的差异吧。当然，仅凭调查，难以把西夏沿用汉代的全部遗迹分辨清楚，对阿拉善盟的西夏遗存还需要作进一步的研究。

三 对阿拉善盟明长城的认识

阿拉善盟境内的明代长城集中分布于阿拉善左旗，尤其是长城墙体，仅见于阿拉善左旗境内。类别有土墙、石墙、山险墙、山险、壕堑五种。

土墙，有夯筑和堆筑两种建造方法，但以夯筑为主，只二边存有极少量的堆筑土墙。夯筑土墙夹以细碎的石粒，坚固持久。在墙体断口处可见明显的石砌基础，多用自然石块码砌，与墙体同宽，如赤木口长城1段。部分地段有二次加筑痕迹，如赤木口长城2段。在山水汇集之处，墙体底部留有正方形石砌排水设施，如赤木口长城1段、北岔口长城6段。保存较好地段的墙体顶部存有垛墙或女墙，如赤木口长城2段，北岔口长城5段、6段。

石墙，多见于二边墙体，比较低矮、单薄。一般两侧用石块错缝堆砌，内填土石，全部用石块垒砌者很少，极少量的墙体有使用白灰勾缝的痕迹。

山险墙，大边和二边都见有此类墙体，先对山体进行铲削形成断壁，险峻之处高约10米，在断壁的边沿或地势低缓之处往往增筑土墙或石墙，形成更为有效的防御。

山险，则完全利用危崖绝壁，在绝壁两端辅建墙体，从而构筑起一道不可逾越的天险。

壕堑，一般处于平缓开阔地带，挖土为壕，堆土筑墙，属于壕、墙相结合的一种防御体系。

敌台是依附于墙体而建的一种长城附属设施。阿拉善左旗明长城墙体沿线共发现敌台34座，其中，27座依大边而建、7座依二边而建。敌台均为实心建筑，形制基本相同，平面呈长方形，剖面呈梯形。就材质和构筑方法而言，有土筑和石砌两种。土筑敌台，夹以细碎石粒，夯层清晰，坚固结实，顶部筑有垛墙。石砌敌台数量较少，周壁为石块错缝垒砌，内部填充土石。许多敌台带有围院，周围还分布有数量不等的石砌积薪台，使其兼具烽火预警功能。根据敌台的建筑材质及其与墙体结合处的特征来看，有些敌台为后期补建，与墙体不是一次性修筑的。如赤木口3号敌台，西侧倚墙，与墙体之间存有明显的缝隙；磨石口6号敌台，建筑材料与其所依附的墙体有别。大边沿线的敌台间距较大，没有固定规律，直线距离0.7~4.6千米，但以相距1.5~2.7千米居多。二边沿线的敌台只修筑于磨石口段和北岔口段，直线距离0.3~1千米，虽然数量较少，但地理位置险要，均设置于沟谷通道地带和山顶视野开阔之处。

四 结 语

阿拉善盟长城的重点在于额济纳旗，额济纳旗的额济纳河流域因为出土汉简和西夏、元代的文书而闻名于世。

居延汉简虽然只是整个汉代屯戍时期文书总量的一小部分，但其内容特别丰富。自出土汉简陆续公布以来，各类研究论文和著作不断问世，涉及历史学、考古学、古文字学、文献学、文书档案学、中医药学、数学、天文历法、法律、军事、经济和交通等多个方面，是简牍学研究极其重要的一个领域。汉代居延边塞的边防军事管理系统，也通过出土汉简得以有了一个较为明确的认识，为研究汉代的边疆军事管理体制提供了重要的参考。

1983~1984年期间，内蒙古自治区文物考古研究所等单位，对额济纳旗黑城遗址的发掘是一项具有突破意义的工作。黑城为西夏黑水镇燕军司驻地、元代亦集乃路治所，20世纪初期，俄国人科兹洛夫和英籍匈牙利人斯坦因数次盗掘，曾出土大量西夏文、汉文文书和唐卡等珍贵文物。内蒙古自治区文物考古研究所通过对黑城的科学发掘，取得了多项重要收获，其中之一是出土了大量文书、纸币及其他重要文物。

黑城遗址发掘出土的文书共有 3000 余件，其中汉文文书 2200 件（包括印刷品 760 件），除少量属于西夏时期的佛经外，其余都是元朝至北元时期的遗物。其他文种依次为西夏文、畏兀儿体蒙古文、八思巴文、藏文、亦思替非文、古阿拉伯文。汉文文书经发掘工作的主持者李逸友先生整理研究，于 1991 年由科学出版社出版了《黑城出土文书·汉文文书卷》一书[1]。黑城出土的汉文文书中，属于公文方面的有卷宗、人事、民籍、礼仪、军政事务、农牧、钱粮、站赤、词讼、票据、儒学和封签等几大类。其中钱粮类文书数量较大，又可分为钱粮、俸禄、诸王妃子分例、军用钱粮、官用钱粮等五类。属于民间文书的有契约、书信、帐单、习字、包封、束贴、印本书籍及其抄本等。属于佛教方面的有佛徒习诵本、经咒的抄本和印本等。黑城出土文书使用了三种文体，分别为硬译体、口语体和书面体。根据黑城出土的元代汉文文书的记录，对于了解元代亦集乃路的社会结构，具有重大的史料价值。

在这种特殊的沙漠环境下，古代的各类遗存都得以相对较好地保存下来，遗迹类型丰富，遗物价值巨大。前人虽然做了很多考古调查与发掘工作，但很多资料没有公开发表，对这一地区的考古学文化的认识仍有很多模糊不清之处。在汉代、唐代，居延地区均是保障丝绸之路畅通的前沿阵地；到元代，经过亦集乃路的驿道东南通中兴府，东北连接哈剌和林。居延地区的考古学遗存本身意义重大，而且，它的一部分遗存属于世界文化遗产长城的组成部分。当然，它的一部分遗存也应该成为丝绸之路的重要组成部分。

---

〔1〕　李逸友：《黑城出土文书·汉文文书卷》，科学出版社，1991 年。

附　录

表一　额济纳旗汉代、西夏长城以往调查和发掘情况简表

名称	20 世纪 30 年代中瑞西北科学考察团	1973 ～ 1974 年甘肃居延考古队	1976 年甘肃省文物工作队等单位	1998 ~2002 年内蒙古自治区文物考古研究所	2009 ～ 2010 年长城资源调查	备注
A1 障	发现、编号并试掘，出简 50 枚		复查		复查	
哈敦呼休烽燧					新发现	
A1a 烽燧			发现、编号并调查		复查	
A2 烽燧（甲渠候官第卅五隧）	发现、编号并试掘，出简 6 枚		复查		复查	
T3 烽燧	发现、编号并调查		未找到		复查，已消失	
T4 烽燧	发现、编号并调查		复查，仅存东侧残迹		复查，已消失	
T5 烽燧	发现、编号并调查		复查		复查，已消失	
A3 烽燧	发现、编号并试掘，出简 4 枚		复查		复查	
A4 烽燧	发现、编号并调查		复查，因基建施工遭挖毁		复查，已消失	
T6 烽燧	发现、编号并调查		复查，因基建施工遭挖毁		复查，已消失	
T7 烽燧	发现、编号并调查		复查		复查	
T8 烽燧	发现、编号并调查		复查		复查	
T9 烽燧（甲渠候官第十六燧）	发现、编号并试掘		复查	1999 年发掘	复查	
A5 烽燧	发现、编号并调查		复查		复查	
T10 烽燧	发现、编号并调查		复查	1999 年发掘	复查	
T11 烽燧	发现、编号并调查		复查		复查	
A6 烽燧	发现、编号并试掘，出简 6 枚以上		复查		复查	
T12 烽燧	发现、编号并调查		复查		复查	
T13 烽燧	发现、编号并调查		复查	1999 年发掘	复查	

名称	20世纪30年代中瑞西北科学考察团	1973 ～ 1974年甘肃居延考古队	1976年甘肃省文物工作队等单位	1998～2002年内蒙古自治区文物考古研究所	2009 ～ 2010年长城资源调查	备注
A7 烽燧	发现、编号并试掘，出简9枚		复查		复查	
A8 障	发现、编号并试掘，出简5000余枚	发掘	复查		复查	
T14 烽燧	发现、编号并调查		复查，出简1枚	1999年发掘	复查	
T15 烽燧	发现、编号并调查		复查		复查	
T16 烽燧	发现、编号并调查		复查		复查	
P1 烽燧（甲渠候官第四燧）	发现、编号并调查，采集汉简1枚	发掘	复查		复查	
A9 烽燧	发现、编号并调查，采集汉简1枚		复查		复查	
T17 烽燧	发现、编号并调查		复查		复查	
T18 烽燧	发现、编号并调查		复查		复查	
T19 烽燧	发现、编号并调查		未找到		复查，已消失	
T20 烽燧	发现、编号并调查		未找到		复查	
T21 烽燧	发现、编号并调查		复查		复查	
F84 障	发现、编号并调查		复查		复查	
陶来图4号烽燧					新发现	
K797 障	发现、编号并调查		复查，并命名为拜辛拜纳障址		复查	
绿城古城			复查		复查	科兹洛夫发现于1908年
A14 烽燧	发现、编号并试掘，出简7枚		复查		复查	
T85 烽燧	发现、编号并调查		复查		复查	
T88 烽燧	发现、编号并调查		复查		复查	
T105 烽燧	发现、编号并调查		复查		复查	
拉力乌素烽燧					新发现	
陶来图1号烽燧					新发现	
陶来图2号烽燧					新发现	
陶来图3号烽燧					新发现	
T106 烽燧	发现、编号并调查		复查		复查	
奴德盖乌兰烽燧					新发现	
乔宁塔塔拉烽燧					新发现	
白梁图烽燧					新发现	
T107 烽燧	发现、编号并调查		未找到		复查	
T108 烽燧	发现、编号并调查		复查		复查	
T109 烽燧	发现、编号并调查		未找到		复查	

名称	20世纪30年代中瑞西北科学考察团	1973 ～ 1974年甘肃居延考古队	1976年甘肃省文物工作队等单位	1998～2002年内蒙古自治区文物考古研究所	2009 ～ 2010年长城资源调查	备注
P9 障	发现、编号并试掘，出简约350枚		复查		复查	
T117 烽燧	发现、编号并调查		复查		复查	
T118 烽燧	发现、编号并调查		复查		复查	
P10 烽燧	发现、编号并调查		复查		复查	
T119 烽燧	发现、编号并调查		复查，采集汉简3枚		复查	
T120 烽燧	发现、编号并调查		复查		复查	
T121 烽燧	发现、编号并调查		复查		复查	
T122 烽燧	发现、编号并调查		未到达		复查	
T123 烽燧	发现、编号并调查		复查		复查	
T124 烽燧	发现、编号并调查		复查		复查	
T125 烽燧	发现、编号并调查		复查		复查	
T126 烽燧	发现、编号并调查，采集朽简1枚		复查		复查	
T127 烽燧	发现、编号并调查		复查		复查	
浑德冷音乌素烽燧					新发现	
T128 烽燧	发现、编号并调查		复查		复查	
T129 烽燧	发现、编号并调查		复查		复查	
T130 烽燧	发现、编号并调查		复查，采集汉简156枚		复查	
T131 烽燧	发现、编号并调查		复查		复查	
T132 烽燧	发现、编号并调查		复查，采集汉简1枚		复查	
T133 烽燧	发现、编号并调查		复查，1958年在此建石灰窑厂时拆除，仅存基座		复查	
T134 烽燧	发现、编号并调查		复查		复查	
T135 烽燧	发现、编号并调查		复查		复查	
T136 烽燧	发现、编号并调查		复查		复查	
T137 烽燧	发现、编号并调查		复查		复查	
T138 烽燧	发现、编号并调查		复查		复查	
T139 烽燧	发现、编号并调查		复查		复查	
P11 烽燧	发现、编号并调查，采集汉简4枚		复查		复查	
A19 烽燧	发现、编号并调查		复查		复查	
T140 烽燧	发现、编号并调查		复查		复查	
川吉淖尔烽燧					新发现	
A20 烽燧	发现、编号并调查				复查	
T141 烽燧	发现、编号并调查		复查		复查	
A21 烽燧	发现、编号并试掘，出简约250枚		复查		复查	

续表

名称	20 世纪 30 年代中瑞西北科学考察团	1973 ～ 1974 年甘肃居延考古队	1976 年甘肃省文物工作队等单位	1998～2002 年内蒙古自治区文物考古研究所	2009 ～ 2010 年长城资源调查	备注
A22 烽燧	发现、编号并试掘，出简 83 枚		复查		复查	
T112 烽燧	发现、编号并调查		复查		复查	
P8 烽燧	发现、编号并试掘，出简 3 枚		复查		复查	
T113 烽燧	发现、编号并调查		复查		复查	
T114 烽燧	发现、编号并调查		复查		复查	
T114a 烽燧			发现、编号并调查		未找到	
T115 烽燧	发现、编号并调查		复查		复查	
T116 烽燧	发现、编号并调查		复查	2002 年发掘	复查	
T110 烽燧	发现、编号并调查				复查	
T111 烽燧	发现、编号并调查				复查	
A16 烽燧	发现、编号并试掘，出简 7 枚		复查		复查	
A17 烽燧	发现、编号并试掘		复查		复查	
A18 烽燧	发现、编号并试掘，出简 6 枚		复查		复查	
T103 烽燧	发现、编号并调查		复查		未找到	
T104 烽燧	发现、编号并调查		复查		未找到	
T28 烽燧	发现、编号并调查		未找到		复查	
T29 烽燧	发现、编号并调查		未找到		复查	
A11 烽燧	发现、编号并调查		复查		复查	
K681 烽燧	发现、编号并调查				复查	
A10 亭	发现、编号并试掘，出简 270 枚		复查，出简 1 枚		复查	
F30 障	发现、编号并调查		复查		未找到	
A12 烽燧	发现、编号并调查		复查		复查	
A13 烽燧	发现、编号并调查		复查		复查	
K688 城（雅布赖城）	发现、编号并调查		复查		复查	
亚布热烽燧	发现、编号并调查		复查		未找到	
K710 城	发现、编号并试掘		复查		复查	
K749 城（温都格城）	发现、编号并试掘		复查		复查	
K778 烽燧	发现、编号并调查		复查		复查	
K789 城（大同城）	发现、编号并调查		复查		复查	
A15 烽燧	发现、编号并调查				复查	
白城古城					新发现	

名称	20 世纪 30 年代中瑞西北科学考察团	1973 ~ 1974 年甘肃居延考古队	1976 年甘肃省文物工作队等单位	1998 ~ 2002 年内蒙古自治区文物考古研究所	2009 ~ 2010 年长城资源调查	备注
K799 城（黑城）	复查并编号		复查		复查	发现于 1886 年；1983 ~ 1984 年内蒙古文物考古研究所发掘
T142 烽燧	发现、编号并调查				复查	
T143 烽燧	发现、编号并调查				复查	
塔本呼德格烽燧					新发现	
A23 烽燧	发现、编号并调查				复查	
K823 烽燧	发现、编号并调查				复查	
夏日库列烽燧					新发现	
瑙高陶来烽燧					新发现	
A24 障	发现、编号并试掘				复查	
K822 障	发现、编号并调查				复查	
T144 烽燧	发现、编号并调查				复查，已消失	
A25 烽燧	发现、编号并试掘，出简 8 枚				复查	
T145 烽燧	发现、编号并调查				复查	
T146 烽燧	发现、编号并调查				复查	
巴彦宝格德 1 号烽燧					新发现	
T147 烽燧	发现、编号并调查				复查	
A26 烽燧	发现、编号并调查				复查	
T148 烽燧	发现、编号并调查				复查	
T149 烽燧	发现、编号并调查				复查	
巴彦宝格德 2 号烽燧					新发现	
巴彦宝格德 3 号烽燧					新发现	
T150 烽燧	发现、编号并调查				复查	
T151 烽燧	发现、编号并调查				复查	
T152 烽燧	发现、编号并调查				复查	
T153 烽燧	发现、编号并调查				复查	
A27 烽燧	发现、编号并试掘，出简 90 枚				复查	
T154 烽燧	发现、编号并调查				复查，已消失	
T155 烽燧	发现、编号并调查				复查	
T156 烽燧	发现、编号并调查				复查，已消失	
A28 烽燧	发现、编号并试掘，出简 2 枚				复查	
T157 烽燧	发现、编号并调查				复查	
T158 烽燧	发现、编号并调查				复查	
F159 障	发现、编号并调查				复查	
T160 烽燧	发现、编号并调查				复查	

名称	20世纪30年代中瑞西北科学考察团	1973 ～ 1974年甘肃居延考古队	1976年甘肃省文物工作队等单位	1998～2002年内蒙古自治区文物考古研究所	2009 ～ 2010年长城资源调查	备注
A29 烽燧	发现、编号并试掘，出简约30枚				复查	
T161 烽燧	发现、编号并调查				复查	
T162 烽燧	发现、编号并调查				复查	
T163 烽燧	发现、编号并调查				复查	
T164 烽燧	发现、编号并调查				复查	
T165 烽燧	发现、编号并调查				复查	
A30 烽燧	发现、编号并调查				复查	
A31 烽燧	发现、编号并调查，出简1枚				复查	
T166 烽燧	发现、编号并调查				复查	
T167 烽燧	发现、编号并调查				复查	
T168 烽燧	发现、编号并调查				复查	
A32 障（肩水金关）	发现、编号并试掘，出简850枚以上	发掘			复查	
A33 障	发现、编号并试掘，出简约2000枚				复查	
T174 烽燧	发现、编号并调查				复查	
T175 烽燧	发现、编号并调查				复查	
T176 烽燧	发现、编号并调查				复查	
T180 烽燧	发现、编号并调查				复查	
T181 烽燧	发现、编号并调查				复查	
T182 烽燧	发现、编号并调查				复查	
T186 烽燧	发现、编号并调查				复查	
T187 烽燧	发现、编号并调查				复查	
T188 烽燧	发现、编号并调查				复查	
T191 烽燧	发现、编号并调查				复查	
T192 烽燧	发现、编号并调查				复查	
T193 烽燧	发现、编号并调查				复查	
T169 烽燧	发现、编号并试掘				复查	
T170 烽燧	发现、编号并调查				复查	
T171 烽燧	发现、编号并调查				复查	
T172 烽燧	发现、编号并调查				复查	
马力曾烽燧					新发现	
P12 烽燧	发现、编号并试掘，出简2枚、有字楬1枚				复查	
T178 烽燧	发现、编号并调查				复查	
T183 烽燧	发现、编号并调查				复查	
T184 烽燧	发现、编号并调查				复查	

续表

名称	20世纪30年代中瑞西北科学考察团	1973 ～ 1974年甘肃居延考古队	1976年甘肃省文物工作队等单位	1998～2002年内蒙古自治区文物考古研究所	2009 ～ 2010年长城资源调查	备注
T173 烽燧	发现、编号并调查				复查	
K824 城	发现、编号并调查				复查	
F179 障	发现、编号并调查				复查	
A34 烽燧	发现、编号并调查				复查，已消失	
F177 障	发现、编号并调查				复查	
A35 城	发现、编号并试掘，出简1500枚				复查	
A36 烽燧	发现、编号并试掘，出简5枚				复查	
T189 烽燧	发现、编号并调查				复查	
F99 小堡	发现、编号并调查				复查，重新认定为汉代墓葬	

表二　阿拉善盟明长城墙体数据简表

序号	名称	编码	位置	类别	长度（米）	构筑方式	保存程度	备注
1	赤木口长城1段	1529213821011700001	起点：巴润别立镇上海嘎查东10.62千米 止点：上海嘎查东10.56千米	土墙	114	夯筑	一般	
2	赤木口长城2段	1529213821011700002	起点：巴润别立镇上海嘎查东10.56千米 止点：上海嘎查东11.94千米	土墙	1743	夯筑	较好	
3	赤木口长城3段	1529213821011700003	起点：巴润别立镇上海嘎查东11.94千米 止点：上海嘎查东南12.62千米。	土墙	1112	夯筑	一般	
4	赤木口长城4段	1529213821051700004	起点：巴润别立镇上海嘎查东南12.62千米 止点：上海嘎查东南13.53千米	山险墙	1342	对山体进行铲削，一侧或顶部补筑夯土墙。	一般	
5	赤木口长城5段	1529213821051700005	起点：巴润别立镇上海嘎查东南13.53千米 止点：上海嘎查东南14.35千米	山险墙	973	对山体进行铲削，一侧或顶部补筑夯土墙。	差	
6	赤木口长城6段	1529213823011700006	起点：巴润别立镇上海嘎查东南14.35千米 止点：上海嘎查东南14.46千米	土墙	155	不详	消失	
7	赤木口长城7段	1529213821011700007	起点：巴润别立镇上海嘎查东南14.46千米 止点：上海嘎查东南14.55千米	土墙	118	夯筑	一般	

续表

序号	名称	编码	位置	类别	长度（米）	构筑方式	保存程度	备注
8	赤木口长城8段	152921382301170008	起点：巴润别立镇上海嘎查东南14.55千米 止点：上海嘎查东南14.70千米	土墙	160	不详	消失	
9	赤木口长城9段	152921382101170009	起点：巴润别立镇上海嘎查东南14.70千米 止点：上海嘎查东南15.54千米	土墙	1100	夯筑	一般	
10	赤木口长城10段	152921382301170010	起点：巴润别立镇上海嘎查东南15.54千米 止点：上海嘎查东南15.72千米	土墙	201	不详	消失	
11	磨石口长城1段	152921382101170011	起点：巴润别立镇上海嘎查东南15.72千米 止点：上海嘎查东南15.80千米	土墙	113	夯筑	一般	
12	磨石口长城2段	152921382301170012	起点：巴润别立镇上海嘎查东南15.80千米 止点：上海嘎查东南15.86千米	土墙	164	不详	消失	
13	磨石口长城3段	152921382101170013	起点：巴润别立镇上海嘎查东南15.86千米 止点：上海嘎查东南15.98千米	土墙	458	夯筑	一般	
14	磨石口长城4段	152921382301170014	起点：巴润别立镇上海嘎查东南15.98千米 止点：上海嘎查东南15.98千米	土墙	86	不详	消失	
15	磨石口长城5段	152921382101170015	起点：巴润别立镇上海嘎查东南15.98千米 止点：上海嘎查东南15.97千米	土墙	291	夯筑	较差	
16	磨石口长城6段	152921382102170016	起点：巴润别立镇上海嘎查东南15.97千米 止点：上海嘎查东南15.98千米	石墙	73	石砌	一般	

续表

序号	名称	编码	位置	类别	长度（米）	构筑方式	保存程度	备注
17	磨石口长城7段	1529213821101170017	起点：巴润别立镇上海嘎查东南15.98千米 止点：上海嘎查东南16.02千米	土墙	284	夯筑	差	
18	磨石口长城8段	1529213821101170018	起点：巴润别立镇上海嘎查东南16.02千米 止点：上海嘎查东南16.29千米	土墙	757	夯筑	一般	
19	磨石口长城9段	1529213823301170019	起点：巴润别立镇上海嘎查东南16.29千米 止点：上海嘎查东南16.32千米	土墙	94	不详	消失	
20	磨石口长城10段	1529213821101170020	起点：巴润别立镇上海嘎查东南16.32千米 止点：上海嘎查东南16.41千米	土墙	211	夯筑	较差	
21	磨石口长城11段	1529213821101170021	起点：巴润别立镇上海嘎查东南16.41千米 止点：上海嘎查东南16.78千米	土墙	1174	夯筑	一般	
22	磨石口长城12段	1529213823301170022	起点：巴润别立镇上海嘎查东南16.78千米 止点：上海嘎查东南16.81千米	土墙	87	不详	消失	
23	磨石口长城13段	1529213821101170023	起点：巴润别立镇上海嘎查东南16.81千米 止点：上海嘎查东南16.83千米	土墙	43	夯筑	一般	
24	磨石口长城14段	1529213821101170024	起点：巴润别立镇上海嘎查东南16.83千米 止点：上海嘎查东南16.98千米	土墙	419	夯筑	较差	
25	磨石口长城15段	1529213823301170025	起点：巴润别立镇上海嘎查东南16.98千米 止点：上海嘎查东南17.10千米	土墙	69	不详	消失	
26	磨石口长城16段	1529213821101170026	起点：巴润别立镇上海嘎查东南17.10千米 止点：上海嘎查东南17.29千米	土墙	869	夯筑	一般	
27	磨石口长城17段	1529213823301170027	起点：巴润别立镇上海嘎查东南17.29千米 止点：上海嘎查东南17.36千米	土墙	103	不详	消失	

续表

序号	名称	编码	位置	类别	长度（米）	构筑方式	保存程度	备注
28	磨石口长城18段	1529213821011170028	起点：巴润别立镇上海嘎查东南17.36千米 止点：上海嘎查东南17.39千米	土墙	38	夯筑	一般	
29	磨石口长城19段	1529213821011170029	起点：巴润别立镇上海嘎查东南17.39千米 止点：上海嘎查东南17.44千米	土墙	112	夯筑	较差	
30	磨石口长城20段	1529213823011170030	起点：巴润别立镇上海嘎查东南17.44千米 止点：上海嘎查东南17.55千米	土墙	268	不详	消失	
31	磨石口长城21段	1529213821011170031	起点：巴润别立镇上海嘎查东南17.55千米 止点：上海嘎查东南17.73千米	土墙	411	夯筑	较差	
32	磨石口长城22段	1529213823011170032	起点：巴润别立镇上海嘎查东南17.73千米 止点：上海嘎查东南18.00千米	土墙	361	不详	消失	
33	磨石口长城23段	1529213821011170033	起点：巴润别立镇上海嘎查东南18.00千米 止点：上海嘎查东南13.03千米	土墙	50	夯筑	差	
34	磨石口长城24段	1529213823011170034	起点：巴润别立镇上海嘎查东南18.03千米 止点：上海嘎查东南18.20千米	土墙	305	不详	消失	
35	磨石口长城25段	1529213821011170035	起点：巴润别立镇上海嘎查东南18.20千米 止点：上海嘎查东南18.55千米	土墙	950	夯筑	一般	
36	北岔口长城1段	1529213821011170036	起点：巴润别立镇上海嘎查东南18.55千米 止点：上海嘎查东南18.69千米	土墙	480	夯筑	一般	
37	北岔口长城2段	1529213823011170037	起点：巴润别立镇上海嘎查东南18.69千米 止点：上海嘎查东南18.72千米	土墙	106	不详	消失	
38	北岔口长城3段	1529213821011170038	起点：巴润别立镇上海嘎查东南18.72千米 止点：上海嘎查东南18.93千米	土墙	891	夯筑	一般	

序号	名称	编码	位置	类别	长度（米）	构筑方式	保存程度	备注
39	北岔口长城4段	1529213823011170039	起点：巴润别立镇上海嘎查东南18.93千米 止点：上海嘎查东南18.96千米	土墙	70	不详	消失	
40	北岔口长城5段	1529213821011170040	起点：巴润别立镇上海嘎查东南18.96千米 止点：上海嘎查东南18.62千米	土墙	840	夯筑	较好	
41	北岔口长城6段	1529213821011170041	起点：巴润别立镇巴音朝格图嘎查东南17.45千米 止点：巴音朝格图嘎查东南15.14千米	土墙	2721	夯筑	较好	
42	北岔口长城7段	1529213823011170042	起点：巴润别立镇巴音朝格图嘎查东南15.14千米 止点：巴音朝格图嘎查东南15.09千米	土墙	65	不详	消失	
43	北岔口长城8段	1529213821011170043	起点：巴润别立镇巴音朝格图嘎查东南15.09千米 止点：巴音朝格图嘎查东南14.69千米	土墙	364	夯筑	一般	
44	柳木高长城1段	1529213821011170044	起点：巴润别立镇巴音朝格图嘎查东南14.69千米 止点：巴音朝格图嘎查东南15.03千米	土墙	1655	夯筑	一般	
45	柳木高长城2段	1529213823011170045	起点：巴润别立镇巴音朝格图嘎查东南15.03千米 止点：巴音朝格图嘎查东南15.05千米	土墙	61	不详	消失	
46	柳木高长城3段	1529213821011170046	起点：巴润别立镇巴音朝格图嘎查东南15.05千米 止点：巴音朝格图嘎查东南15.87千米	土墙	2360	夯筑	一般	
47	柳木高长城4段	1529213823011170047	起点：巴润别立镇巴音朝格图嘎查东南15.87千米 止点：巴音朝格图嘎查东南15.91千米	土墙	102	不详	消失	
48	柳木高长城5段	1529213821011170048	起点：巴润别立镇巴音朝格图嘎查东南15.91千米 止点：巴音朝格图嘎查东南16.02千米	土墙	245	夯筑	较差	
49	柳木高长城6段	1529213823011170049	起点：巴润别立镇巴音朝格图嘎查东南16.02千米 止点：巴音朝格图嘎查东南16.19千米	土墙	355	不详	消失	

序号	名称	编码	位置	类别	长度（米）	构筑方式	保存程度	备注
50	柳木高长城7段	152921382101170050	起点：巴润别立镇巴音朝格图嘎查东南16.19千米 止点：巴音朝格图嘎查东南16.38千米	土墙	245	夯筑	较差	
51	柳木高长城8段	152921382301170051	起点：巴润别立镇巴音朝格图嘎查东南16.38千米 止点：巴音朝格图嘎查东南16.45千米	土墙	145	不详	消失	
52	柳木高长城9段	152921382101170052	起点：巴润别立镇巴音朝格图嘎查东南16.45千米 止点：巴音朝格图嘎查东南18.46千米	土墙	3564	夯筑	较差	
53	柳木高长城10段	152921382301170053	起点：巴润别立镇巴音朝格图嘎查东南18.46千米 止点：巴音朝格图嘎查东南18.61千米	土墙	145	不详	消失	
54	柳木高长城11段	152921382101170054	起点：巴润别立镇巴音朝格图嘎查东南18.61千米 止点：巴音朝格图嘎查东南18.66千米	土墙	74	夯筑	差	
55	柳木高长城12段	152921382301170055	起点：巴润别立镇巴音朝格图嘎查东南18.66千米 止点：巴音朝格图嘎查东南18.79千米	土墙	230	不详	消失	
56	柳木高长城13段	152921382101170056	起点：巴润别立镇巴音朝格图嘎查东南18.79千米 止点：巴音朝格图嘎查东南19.10千米	土墙	478	夯筑	差	
57	柳木高长城14段	152921382301170057	起点：巴润别立镇巴音朝格图嘎查东南19.10千米 止点：巴音朝格图嘎查东南19.13千米	土墙	64	不详	消失	
58	柳木高长城15段	152921382101170058	起点：巴润别立镇巴音朝格图嘎查东南19.13千米 止点：巴音朝格图嘎查东南19.18千米	土墙	101	夯筑	差	
59	柳木高长城16段	152921382101170059	起点：巴润别立镇巴音朝格图嘎查东南19.18千米 止点：巴音朝格图嘎查东南20.90千米	土墙	1804	夯筑	差	
60	柳木高长城17段	152921382101170060	起点：巴润别立镇巴音朝格图嘎查东南20.90千米 止点：巴音朝格图嘎查东南21.90千米	土墙	1090	夯筑	一般	

续表

序号	名称	编码	位置	类别	长度（米）	构筑方式	保存程度	备注
61	柳木高长城 18 段	1529213823011170061	起点：巴润别立镇巴音朝格图嘎查东南 21.90 千米 止点：巴音朝格图嘎查东南 22.11 千米	土墙	226	不详	消失	
62	柳木高长城 19 段	1529213821011170062	起点：巴润别立镇巴音朝格图嘎查东南 22.11 千米 止点：巴音朝格图嘎查东南 23.44 千米	土墙	1403	夯筑	一般	
63	赤木口长城 二边 1 段	1529213821011170063	起点：巴润别立镇上海嘎查东 7.31 千米 止点：上海嘎查东 8.10 千米	土墙	815	夯筑	差	
64	赤木口长城 二边 2 段	1529213821051170064	起点：巴润别立镇上海嘎查东 9.40 千米 止点：上海嘎查东 9.23 千米	山险墙	438	对山体进行铲削，在低缓处补筑石墙。	较差	
65	赤木口长城 二边 3 段	1529213821021170065	起点：巴润别立镇上海嘎查东 9.23 千米 止点：上海嘎查东 9.02 千米	石墙	816	石砌	较差	
66	赤木口长城 二边 4 段	1529213821051170066	起点：巴润别立镇上海嘎查东南 12.34 千米 止点：上海嘎查东南 9.65 千米	山险墙	3695	对山体进行铲削，在低缓处补筑石墙。	较差	
67	磨石口长城 二边 1 段	1529213821011170067	起点：巴润别立镇上海嘎查东南 17.72 千米 止点：上海嘎查东南 17.61 千米	土墙	125	夯筑	一般	
68	磨石口长城 二边 2 段	1529213821051170068	起点：巴润别立镇上海嘎查东南 17.61 千米 止点：上海嘎查东南 17.26 千米	山险墙	435	对山体进行铲削，在低缓的山腰处筑有土墙。	较差	
69	磨石口长城 二边 3 段	1529213821061170069	起点：巴润别立镇上海嘎查东南 17.26 千米 止点：上海嘎查东南 17.10 千米	山险	191	山体两侧多自然形成陡崖作为屏障。		
70	磨石口长城 二边 4 段	1529213821011170070	起点：巴润别立镇上海嘎查东南 17.10 千米 止点：上海嘎查东南 17.07 千米	土墙	33	夯筑	较好	

序号	名称	编码	位置	类别	长度（米）	构筑方式	保存程度	备注
71	磨石口长城二边5段	152921382105170071	起点：巴润别立镇上海嘎查东南17.07千米 止点：上海嘎查东南16.66千米	山险墙	500	对山体进行铲削，在低洼处使用石块堆砌。	差	
72	磨石口长城二边6段	152921382106170072	起点：巴润别立镇上海嘎查东南16.66千米 止点：上海嘎查东南15.98千米	山险	685	利用山体作为屏障		
73	磨石口长城二边7段	152921382101170073	起点：巴润别立镇上海嘎查东南15.98千米 止点：上海嘎查东南15.92千米	土墙	110	夯筑	较差	
74	磨石口长城二边8段	152921382105170074	起点：巴润别立镇上海嘎查东南15.92千米 止点：上海嘎查东南15.99千米	山险墙	502	对山体进行开凿、铲削	较好	
75	磨石口长城二边9段	152921382101170075	起点：巴润别立镇上海嘎查东南15.99千米 止点：上海嘎查东南16.06千米	土墙	112	夯筑	较差	
76	磨石口长城二边10段	152921382106170076	起点：巴润别立镇上海嘎查东南16.06千米 止点：上海嘎查东南16 59千米	山险	685	完全利用山体作为屏障		
77	磨石口长城二边11段	152921382105170077	起点：巴润别立镇上海嘎查东南16.59千米 止点：上海嘎查东南16.14千米	山险墙	897	对山体进行铲剥、开凿，并在部分低缓处补筑石墙。	一般	
78	磨石口长城二边12段	152921382101170078	起点：巴润别立镇上海嘎查东南16.14千米 止点：上海嘎查东南16.18千米	土墙	255	夯筑	差	

序号	名称	编码	位置	类别	长度（米）	构筑方式	保存程度	备注
79	磨石口长城二边13段	152921382105170079	起点：巴润别立镇上海嘎查东南16.18千米 止点：上海嘎查东南15.22千米	山险墙	1767	对山体稍加铲削，在山鞍部有少量石墙。	一般	
80	磨石口长城二边14段	152921382106170080	起点：巴润别立镇上海嘎查东南15.22千米 止点：上海嘎查东南15.18千米	山险	598	利用山体作为屏障		
81	磨石口长城二边15段	152921382101170081	起点：巴润别立镇上海嘎查东南15.18千米 止点：上海嘎查东南15.47千米	土墙	336	夯筑	一般	
82	磨石口长城二边16段	152921382101170082	起点：巴润别立镇上海嘎查东南16.33千米 止点：上海嘎查东南16.36千米	土墙	35	夯筑	较好	
83	磨石口长城二边17段	152921382105170083	起点：巴润别立镇上海嘎查东南16.53千米 止点：上海嘎查东南16.53千米	山险墙	116	在自然形成的断壁边沿、山脊低缓处砌筑石墙；有少量夯筑土墙。	较差	
84	北岔口长城二边1段	152921382105170084	起点：巴润别立镇巴音朝格图嘎查东13.12千米 止点：巴音朝格图嘎查东13.15千米	山险墙	490	对山体进行铲削，低缓处进行补石。	一般	
85	北岔口长城二边2段	152921382101170085	起点：巴润别立镇巴音朝格图嘎查东13.15千米 止点：巴音朝格图嘎查东13.18千米	土墙	98	夯筑	一般	
86	北岔口长城二边3段	152921382105170086	起点：巴润别立镇巴音朝格图嘎查东13.18千米 止点：巴音朝格图嘎查东13.44千米	山险墙	479	对山体进行铲削、开凿，并在断壁顶端外缘、低缓处堆筑有石墙。	一般	

序号	名称	编码	位置	类别	长度（米）	构筑方式	保存程度	备注
87	北岔口长城二边4段	152921382101170087	起点：巴润别立镇巴音朝格图嘎查东13.44千米 止点：巴音朝格图嘎查东13.60千米	土墙	54	夯筑	较好	
88	北岔口长城二边5段	152921382102170088	起点：巴润别立镇巴音朝格图嘎查东13.60千米 止点：巴音朝格图嘎查东13.62千米	石墙	42	石砌	较差	
89	北岔口长城二边6段	152921382101170089	起点：巴润别立镇巴音朝格图嘎查东13.62千米 止点：巴音朝格图嘎查东14.07千米	土墙	472	夯筑	较好	
90	北岔口长城二边7段	152921382106170090	起点：巴润别立镇巴音朝格图嘎查东14.07千米 止点：巴音朝格图嘎查东14.15千米	山险	180	利用山体作为屏障		
91	北岔口长城二边8段	152921382102170091	起点：巴润别立镇巴音朝格图嘎查东14.15千米 止点：巴音朝格图嘎查东13.88千米	石墙	773	石砌	一般	
92	北岔口长城二边9段	152921382105170092	起点：巴润别立镇巴音朝格图嘎查东13.34千米 止点：巴音朝格图嘎查东13.76千米	山险墙	970	对山体进行铲削、开凿，在此基础上修筑夯土墙，并在低缓处补筑石墙。	较差	
93	北岔口长城二边10段	152921382102170093	起点：巴润别立镇巴音朝格图嘎查东14.17千米 止点：巴音朝格图嘎查东14.46千米	石墙	757	石砌	一般	
94	北岔口长城二边11段	152921382101170094	起点：巴润别立镇巴音朝格图嘎查东14.46千米 止点：巴音朝格图嘎查东南14.69千米	土墙	652	夯筑	较差	

序号	名称	编码	位置	类别	长度（米）	构筑方式	保存程度	备注
95	北岔口长城二边12段	1529213821021 70095	起点：巴润别立镇巴音朝格图嘎查东14.46千米 止点：巴音朝格图嘎查东南14.69千米	石墙	932	石砌	较差	
96	柳木高长城二边1段	1529213821991 70096	起点：巴润别立镇巴音朝格图嘎查东南14.69千米 止点：巴音朝格图嘎查东南15.83千米	壕堑	3770	挖掘壕沟，堆筑	一般	
97	柳木高长城二边2段	1529213823011 70097	起点：巴润别立镇巴音朝格图嘎查东南15.83千米 止点：巴音朝格图嘎查东南16.18千米	壕堑	780	不详	消失	
98	柳木高长城二边3段	1529213821991 70098	起点：巴润别立镇巴音朝格图嘎查东南16.18千米 止点：巴音朝格图嘎查东南16.33千米	壕堑	310	挖掘壕沟，堆筑	一般	
99	柳木高长城二边4段	1529213823011 70099	起点：巴润别立镇巴音朝格图嘎查东南16.33千米 止点：巴音朝格图嘎查东南16.68千米	壕堑	670	不详	消失	
100	柳木高长城二边5段	1529213821991 70100	起点：巴润别立镇巴音朝格图嘎查东南16.68千米 止点：巴音朝格图嘎查东南18.43千米	壕堑	3080	挖掘壕沟，堆筑	较差	
101	柳木高长城二边6段	1529213823011 70101	起点：巴润别立镇巴音朝格图嘎查东南18.43千米 止点：巴音朝格图嘎查东南18.85千米	壕堑	718	不详	消失	
102	柳木高长城二边7段	1529213821991 70102	起点：巴润别立镇巴音朝格图嘎查东南18.85千米 止点：巴音朝格图嘎查东南18.95千米	壕堑	490	挖掘壕沟，堆筑	较差	
103	柳木高长城二边8段	1529213821021 70103	起点：巴润别立镇巴音朝格图嘎查东南18.95千米 止点：巴音朝格图嘎查东南19.29千米	石墙	216	石砌	一般	
104	柳木高长城二边9段	1529213821051 70104	起点：巴润别立镇巴音朝格图嘎查东南19.25千米 止点：巴音朝格图嘎查东南19.33千米	山险墙	257	对山体进行铲削，在低缓山鞍部及部分地段补筑石墙。	较差	

序号	名称	编码	位置	类别	长度（米）	构筑方式	保存程度	备注
105	柳木高长城二边10段	1529213 82105170105	起点：巴润别立镇巴音朝格图嘎查东北19.29千米 止点：巴音朝格图嘎查东北21.45千米	山险墙	2910	对山体进行铲削，在低缓处筑有石墙。	较差	
106	柳木高长城二边11段	1529213 82101170106	起点：巴润别立镇巴音朝格图嘎查东北21.45千米 止点：巴音朝格图嘎查东北21.76千米	土墙	320	夯筑	较差	
107	柳木高长城二边12段	1529213 82106170107	起点：巴润别立镇巴音朝格图嘎查东北21.76千米 止点：巴音朝格图嘎查东北23.30千米	山险	1200	利用山体作为屏障		
108	围沟长城二边1段	1529213 82102170108	起点：巴润别立镇巴音朝格图嘎查东北10.27千米 止点：巴音朝格图嘎查东北10.59千米	石墙	859	石砌	一般	
109	围沟长城二边2段	1529213 82105170109	起点：巴润别立镇巴音朝格图嘎查东北10.59千米 止点：巴音朝格图嘎查东北13.20千米	山险墙	3870	对山体进行开凿、铲削，沿断壁顶部外缘及低缓处补筑石墙。	一般	
110	围沟长城二边3段	1529213 82105170110	起点：巴润别立镇巴音朝格图嘎查东北13.20千米 止点：巴音朝格图嘎查东北15.58千米	山险墙	3514	对山体进行开凿、铲削，可见石墙及补石痕迹。	一般	
111	围沟长城二边4段	1529213 82102170111	起点：巴润别立镇巴音朝格图嘎查东北15.58千米 止点：巴音朝格图嘎查东北16.09千米	石墙	793	石砌	差	
112	围沟长城二边5段	1529213 82105170112	起点：巴润别立镇巴音朝格图嘎查东北16.09千米 止点：巴音朝格图嘎查东北16.32千米	山险墙	336	对山体进行铲削，山鞍部筑有石墙。	一般	

续表

序号	名称	编码	位置	类别	长度（米）	构筑方式	保存程度	备注
113	乌兰库特勒长城二边1段	1529213821021701 13	起点：巴润别立镇巴音朝格图嘎查东8.47千米 止点：巴音朝格图嘎查东8.52千米	石墙	92	石砌	一般	
114	乌兰库特勒长城二边2段	1529213821051701 14	起点：巴润别立镇巴音朝格图嘎查东9.07千米 止点：巴音朝格图嘎查东9.11千米	山险墙	1322	对山体开凿、铲削，筑有石墙，采用自然石错缝堆砌，部分地段有堆土墙痕迹。	较差	
115	乌兰哈夏长城二边	1529213821021701 15	起点：巴润别立镇巴音朝格图嘎查东北7.43千米 止点：巴音朝格图嘎查东北7.54千米	石墙	352	石砌	较好	
116	三关长城1段	1529213821011701 16	起点：巴润别立镇上海嘎查东约10千米 止点：上海嘎查东约10.1千米	土墙	389	夯筑	较差	6401213821011700 03三关口1段土墙
117	三关长城2段	1529213821021701 17	起点：巴润别立镇上海嘎查东约10.1千米 止点：上海嘎查东南约10.1千米	石墙	70	石砌	一般	6401213821021700 04三关口石墙
118	三关长城3段	1529213821011701 18	起点：巴润别立镇上海嘎查东南约10.1千米 止点：上海嘎查东南约10.4千米	土墙	511	夯筑	较差	6401213821011700 05三关口2段土墙
119	三关长城4段	1529213821011701 19	起点：巴润别立镇上海嘎查东南约10.4千米 止点：上海嘎查东南约10.62千米	土墙	883	夯筑	一般	6401213821011700 06三关口3段土墙
120	巴音朝格图长城1段	1529213821011701 20	起点：巴润别立镇巴音朝格图嘎查东南23.44千米 止点：巴音朝格图嘎查东南23.8千米	土墙	513	夯筑	较好	6403813821011700 01甘泉村1段土墙
121	巴音朝格图长城2段	1529213821011701 21	起点：巴润别立镇巴音朝格图嘎查东南23.8千米 止点：巴音朝格图嘎查东南24.6千米	土墙	894	夯筑	较好	6403813821011700 02甘泉村2段土墙

序号	名称	编码	位置	类别	长度（米）	构筑方式	保存程度	备注
122	巴音朝格图长城3段	152921382101170122	起点：巴润别立镇巴音朝格图嘎查东南24.6千米 止点：巴音朝格图嘎查东南25.6千米	土墙	1084	夯筑	一般	640381382101170003 甘泉村3段土墙
123	巴音朝格图长城4段	152921382101170123	起点：巴润别立镇巴音朝格图嘎查东南25.6千米 止点：巴音朝格图嘎查东南26.6千米	土墙	1039	夯筑	一般	640381382101170004 蒋西村1段土墙
124	巴音朝格图长城5段	152921382101170124	起点：巴润别立镇巴音朝格图嘎查东南26.6千米 止点：巴音朝格图嘎查东南27.5千米	土墙	902	夯筑	较差	640381382101170005 蒋西村2段土墙
125	巴音朝格图长城6段	152921382101170125	起点：巴润别立镇巴音朝格图嘎查东南27.5千米 止点：巴音朝格图嘎查东南28.1千米	土墙	570	夯筑	较差	640381382101170006 蒋西村3段土墙
126	巴音朝格图长城7段	152921382101170126	起点：巴润别立镇巴音朝格图嘎查东南28.1千米 止点：巴音朝格图嘎查东南29.3千米	土墙	1241	夯筑	一般	640381382101170007 蒋西村4段土墙
127	巴音朝格图长城8段	152921382101170127	起点：巴润别立镇巴音朝格图嘎查东南29.3千米 止点：巴音朝格图嘎查东南30.3千米	土墙	971	夯筑	一般	640381382101170008 蒋西村5段土墙
128	巴兴图长城1段	152921382101170128	起点：嘉尔格勒赛汉镇巴兴图嘎查东北17.2千米 止点：巴兴图嘎查东北17.3千米	土墙	1018	夯筑	一般	640381382101170009 蒋西村6段土墙
129	巴兴图长城2段	152921382101170129	起点：嘉尔格勒赛汉镇巴兴图嘎查东北17.3千米 止点：巴兴图嘎查东北17.5千米	土墙	1135	夯筑	较差	640381382101170010 蒋西村7段土墙

序号	名称	编码	位置	类别	长度（米）	构筑方式	保存程度	备注
130	巴兴图长城 3 段	1529213821011701 30	起点：嘉尔格勒赛汉镇巴兴图嘎查东北 17.5 千米 止点：巴兴图嘎查东北 17.7 千米	土墙	1036	夯筑	较差	6403813821011701 0011 蒋西村 8 段土墙
131	巴兴图长城 4 段	1529213821011701 31	起点：嘉尔格勒赛汉镇巴兴图嘎查东北 17.7 千米 止点：巴兴图嘎查东北 17 千米	土墙	1452	夯筑	较差	6403813821011701 0012 滑石沟村 1 段土墙
132	巴兴图长城 5 段	1529213821011701 32	起点：嘉尔格勒赛汉镇巴兴图嘎查东北 17 千米 止点：巴兴图嘎查东北 16 千米	土墙	1259	夯筑	差	6403813821011701 0013 滑石沟村 2 段土墙
133	巴兴图长城 6 段	1529213821011701 33	起点：嘉尔格勒赛汉镇巴兴图嘎查东北 16 千米 止点：巴兴图嘎查东北 14.6 千米	土墙	1939	夯筑	差	6403813821011701 0014 滑石沟村 3 段土墙
134	巴兴图长城 7 段	1529213821011701 34	起点：嘉尔格勒赛汉镇巴兴图嘎查东北 14.6 千米 止点：巴兴图嘎查东北 14 千米	土墙	1151	夯筑	差	6403813821011701 0015 高桥村 1 段土墙
135	巴兴图长城 8 段	1529213821011701 35	起点：嘉尔格勒赛汉镇巴兴图嘎查东北 14 千米 止点：巴兴图嘎查东北 12.9 千米	土墙	1099	夯筑	较差	6403813821011701 0016 高桥村 2 段土墙
136	巴兴图长城 9 段	1529213821011701 36	起点：嘉尔格勒赛汉镇巴兴图嘎查东北 12.9 千米 止点：巴兴图嘎查东 13.1 千米	土墙	1523	夯筑	差	6403813821011701 0017 青铜峡镇 1 段土墙
137	阿格坦乌素长城 1 段	1529213821011701 37	起点：嘉尔格勒赛汉镇阿格坦乌素嘎查东北 17.9 千米 止点：阿格坦乌素嘎查东北 17.3 千米	土墙	1737	夯筑	一般	6403813821011701 0018 青铜峡镇 2 段土墙

序号	名称	编码	位置	类别	长度（米）	构筑方式	保存程度	备注
138	阿格坦乌素长城2段	152921382101170138	起点：嘉尔格勒赛汉镇阿格坦乌素嘎查东北17.3千米 止点：阿格坦乌素嘎查东北16.7千米	土墙	1279	夯筑	一般	640381382101170019 青铜峡镇3段土墙
139	阿格坦乌素长城3段	152921382101170139	起点：嘉尔格勒赛汉镇阿格坦乌素嘎查东北16.7千米 止点：阿格坦乌素嘎查东北16.5千米	土墙	1882	夯筑	较差	640381382101170020 青铜峡镇4段土墙
140	阿格坦乌素长城4段	152921382101170140	起点：嘉尔格勒赛汉镇阿格坦乌素嘎查东北16.5千米 止点：阿格坦乌素嘎查东16.8千米	土墙	1448	夯筑	差	640381382101170021 旋风槽村1段土墙
141	阿格坦乌素长城5段	152921382101170141	起点：嘉尔格勒赛汉镇阿格坦乌素嘎查东16.8千米 止点：阿格坦乌素嘎查东17千米	土墙	1146	夯筑	一般	640381382101170022 旋风槽村2段土墙
142	阿格坦乌素长城6段	152921382101170142	起点：嘉尔格勒赛汉镇阿格坦乌素嘎查东17千米 止点：阿格坦乌素嘎查东南17.2千米	土墙	1832	夯筑	一般	640381382101170023 旋风槽村3段土墙
143	阿格坦乌素长城7段	152921382101170143	起点：嘉尔格勒赛汉镇阿格坦乌素嘎查东南17.2千米 止点：阿格坦乌素嘎查东南16.9千米	土墙	1768	夯筑	一般	640381382101170024 旋风槽村4段土墙
144	阿格坦乌素长城8段	152921382101170144	起点：嘉尔格勒赛汉镇阿格坦乌素嘎查东南16.9千米 止点：阿格坦乌素嘎查东南16.3千米	土墙	1865	夯筑	一般	640381382101170025 旋风槽村5段土墙
145	阿格坦乌素长城9段	152921382101170145	起点：嘉尔格勒赛汉镇阿格坦乌素嘎查东南16.3千米 止点：阿格坦乌素嘎查东南16千米	土墙	1879	夯筑	一般	640381382101170026 三趟墩村1段土墙

序号	名称	编码	位置	类别	长度（米）	构筑方式	保存程度	备注
146	阿格坦乌素长城10段	152921382101170146	起点：嘉尔格勒赛汉镇阿格坦乌素嘎查东南16千米 止点：阿格坦乌素嘎查东南16.5千米	土墙	1697	夯筑	一般	640381382101170027三趟墩村2段土墙
147	阿格坦乌素长城11段	152921382101170147	起点：嘉尔格勒赛汉镇阿格坦乌素嘎查东南16.5千米 止点：阿格坦乌素嘎查东南17.4千米	土墙	1940	夯筑	差	640381382101170028三趟墩村3段土墙
148	柳木高长城二边13段	152921382106170148	起点：嘉尔格勒赛汉镇巴兴图嘎查东北18.1千米 止点：巴兴图嘎查东北17.5千米	山险	2490	利用山体作为屏障		
149	双石河子长城二边	152921382105170149	起点：嘉尔格勒赛汉镇巴兴图嘎查东北17.5千米 止点：巴兴图嘎查东北14.3千米	山险墙	7667	对山体进行开凿、铲削，补筑石墙。	一般	
150	石墩子长城二边1段	152921382106170150	起点：嘉尔格勒赛汉镇巴兴图嘎查东北14.3千米 止点：巴兴图嘎查东北13千米	山险	1600	利用山体作为屏障		
151	石墩子长城二边2段	152921382105170151	起点：嘉尔格勒赛汉镇巴兴图嘎查东北13千米 止点：巴兴图嘎查东南13.2千米	山险墙	7100	对山体进行开凿、铲削，低洼处有挖沟堆土筑墙。	较差	
152	井沟长城二边	152921382105170152	起点：嘉尔格勒赛汉镇阿格坦乌素嘎查东北17.8千米 止点：阿格坦乌素嘎查东南15千米	山险墙	13700	对山体进行开凿、铲削，有挖沟取土筑墙的残迹。	较差	
153	口子门长城二边1段	152921382105170153	起点：嘉尔格勒赛汉镇阿格坦乌素嘎查（马夫峡子）东南15千米 止点：阿格坦乌素嘎查（马夫峡子）东南14.4千米	山险墙	1400	在山腰处和山脊顶部进行铲削、开凿，形成断面，局部在断面边缘补筑石墙。	一般	

序号	名称	编码	位置	类别	长度（米）	构筑方式	保存程度	备注
154	口子门长城二边2段	152921382106170154	起点：嘉尔格勒赛汉镇阿格坦乌素嘎查（马夫峡子）东南14.4千米 止点：阿格坦乌素嘎查（马夫峡子）东南15千米	山险	2800	利用山体作为天然屏障		

表三　阿拉善盟明长城敌台数据简表

名称	编码	位置	敌台			积薪台	其他附属设施	与相邻墙体或其他设施的关系
			建筑方式	形制	尺寸			
赤木口1号敌台	152921352101170001	阿拉善左旗巴润别立镇上海嘎查东10.55千米	黄土夯筑	实心。平面呈长方形，剖面呈梯形。	底部东西长8、南北长6米，顶部东西长5、南北长2.5米，存高6米。	无	无	倚赤木口长城1段而建
赤木口2号敌台	152921352101170002	阿拉善左旗巴润别立镇上海嘎查东11.94千米	黄土夯筑	实心。平面呈长方形，剖面呈梯形。	底部东西长12、南北长11米，顶部东西长5.5、南北长4米，存高6.5米。	周边共分布7座石砌积薪台，其中敌台东南16.5米处由西向东排列3座，间距分别为11、15米，尺寸为2.3×2.7、高0.1~0.6米；敌台正北50米转而向东19米处起排列4座，间距分别为17、10.5、12米，尺寸为2.5×2.4、高0.2~0.8米。	无	倚赤木口长城2段而建
赤木口3号敌台	152921352101170003	阿拉善左旗巴润别立镇上海嘎查东11.94千米	黄土夯筑	实心。平面呈方形，剖面呈梯形。	底部边长9.5、顶部边长5、存高8米。	无	无	倚赤木口长城3段而建

名称	编码	位置	敌台			积薪台	其他附属设施	与相邻墙体或其他设施的关系
			建筑方式	形制	尺寸			
磨石口1号敌台	152921352 101170004	阿拉善左旗巴润别立镇上海嘎查东16.02千米	黄土夯筑	实心。平面呈长方形，剖面呈梯形。	底部东西长14、南北长16米，顶部东西最长8.6、南北最长9.2米，存高8.6米	周边共分布11座石砌积薪台，其中敌台东北29.8米处2座，间距20.77米，尺寸分别为东西长5.2、南北长4、高1米和东西长3.8、南北长4.3、高1米；敌台东68米处起由东向西排列9座，间距依次为14.82、13.77、7.83、22.11、24.74、36.11、36.82、32.31米，尺寸分别为①东西长3.8、南北长4.3、高0.8米，②东西长4.3、南北长2.6、高1米，③东西长3.2、南北长3.5、高0.7米，④北侧基础宽0.6、东西长3.3米，⑤东西长2.9、南北长3.5、高0.7米，⑥东西长2、南北长3、高1.1米，⑦东西长3.8、南北长3.7、高1.4米，⑧东西长3.4、南北长3、高0.8米，⑨东西长4、南北长2.9、高0.5米。	无	倚磨石口长城7段而建
磨石口2号敌台	152921352 101170005	阿拉善左旗巴润别立镇上海嘎查东16.41千米	黄土夯筑	实心。平面呈长方形，剖面呈梯形。	底部东西长6.1、南北长8.3米，顶部东西长3.1、南北长6.4米，存高5米	无	无	倚磨石口长城10段而建
磨石口3号敌台	152921352 101170006	阿拉善左旗巴润别立镇上海嘎查东南16.81千米	黄土夯筑	实心。平面呈长方形，剖面呈梯形。	底部东西长10、南北长14米，顶部东西长5、南北长7米，存高6米	台体南81.5米处起呈半圆形排列9座积薪台，均呈土石堆，直径1~2、高0.5~1.5米，间距分别为27、30、23、38、23、28、35.6、31.7米。	台体外围有围墙，东西长23、南北长30米。东墙中部有门，宽5米。台体和积薪台的外围有壕沟	倚磨石口长城13段而建

名称	编码	位置	敌台			积薪台	其他附属设施	与相邻墙体或其他设施的关系
			建筑方式	形制	尺寸			
磨石口4号敌台	152921352101170007	阿拉善左旗巴润别立镇上海嘎查东南17.39千米	黄土夯筑	实心。平面呈长方形,剖面呈梯形。	底部东西长7、南北长8.3米,顶部东西长3、南北长4米,存高8米	台体东南88.6米处起由北向南依次排列10座积薪台,均已坍塌成土石堆,高0.8~1米,间距分别为3.5、2.6、3.1、2.8、3.3、2.8、3.1、2.8、3米,尺寸分别为,①东西长2.7、南北长3.5米,②东西长2.9、南北长3.4米,③东西长3.5、南北长3米,④东西长3.5、南北长3.9米,⑤东西长3.4、南北长3.5米,⑥东西长3.2、南北长3.9米,⑦东西长3.6、南北长3.8米,⑧东西长3.4、南北长3.7米,⑨东西长3.3、南北长3.6米,⑩东西长3、南北长3.7米	台体外围有围墙,东西长21、南北长14米,东墙正中留门,宽2米。	倚磨石口长城18段而建
磨石口5号敌台	152921352101170008	阿拉善左旗巴润别立镇上海嘎查东南17.72千米	黄土夯筑	实心。平面呈长方形,剖面呈梯形。		台体东南33米处起由西北向东南排列8座石砌积薪台,间距分别为22、22、39、20、14、15、14米,底部边长均约4、高0.5~0.8米。	台体东侧有围院,东西长12、南北长15米,东墙正中有门,宽1米。	倚磨石口长城21段而建
磨石口6号敌台	152921352101170009	阿拉善左旗巴润别立镇上海嘎查东南18.55千米	红土夯筑	实心。平面呈长方形,剖面呈梯形。	台体坍塌范围东西长9、南北长13、高5米	周边共分布有10座积薪台,其中东3米处起由东向西排列5座,间距分别为5、4、4、3米,第5座起为由北向南排列,间距分别为5、6.5、6.5、12米。积薪台外侧为石砌,内填土石,尺寸均为东西长3、南北长3.6、高1~1.6米。	无	倚磨石口长城25段而建

名称	编码	位置	敌台			积薪台	其他附属设施	与相邻墙体或其他设施的关系
			建筑方式	形制	尺寸			
北岔口1号敌台	152921352101170010	阿拉善左旗巴润别立镇上海嘎查东南18.5千米	黄土夯筑	实心。平面呈长方形，剖面呈梯形。	敌台底部东西长11、南北长13米，顶部东西长10.5、南北长8.5米，高5.5米。	围院西南角9米处起由南向北排列10座积薪台，间距4.5～5米，平面呈正方形，边长3、高0.7～1.2米。	敌台南侧有围院，东西长12、南北长9米。南墙中部似有门，宽1米。	倚北岔口长城5段而建
北岔口2号敌台	152921352101170011	阿拉善左旗巴润别立镇上海嘎查东南18.5千米	黄土夯筑	实心。平面呈方形，剖面呈梯形。	敌台底部边长10、顶部边长5、存高7米	围院南墙4.5米处起由北向南排列10座积薪台，间距分别为6.5、4.5、3.5、6.5、3.5、2.5、2.5、2.5、2.5米，均为土石混筑，底部边长2.5、高0.1～1米。	台体南侧有围院，东西长11、南北长9米。	倚北岔口长城8段而建
柳木高1号敌台	152921352101170012	阿拉善左旗巴润别立镇巴音朝格图嘎查东14.73千米	黄土夯筑	实心。平面呈方形，剖面呈梯形。	敌台底部边长10、顶部边长5、存高7米	周边共分布有9座积薪台，其中围院东北角东45米处起由东向西排列4座积薪台，间距分别为13、5.5、6.8米，第1座南23米处起由东向西另筑5座，间距分别为5.5、2、2.3、2.3米。均为土石混筑，边长3、高0.5～1.1米。	台体东侧有院落，东西长15、南北长20.5米。东墙正中有门，宽3米。台体外围有围院。	倚柳木高长城1段而建

名称	编码	位置	敌台			积薪台	其他附属设施	与相邻墙体或其他设施的关系
			建筑方式	形制	尺寸			
柳木高2号敌台	152921352 101170013	阿拉善左旗巴润别立镇巴音朝格图嘎查东南15.29千米	黄土夯筑	实心。平面呈方形，剖面呈梯形。	底部边长24、存高5米	周边共分布有10座积薪台，其中围院东墙东3米处起由东向西排列5座，间距分别为1、3、3、3米，围墙东南角由西向东排列5座，间距分别为1、3、3、3米。均已坍塌成底部直径3、高0.2～0.5米的圆形土堆。	台体外围有围墙，东西长38、南北长47米。	倚柳木高长城3段而建
柳木高3号敌台	152921352 101170014	阿拉善左旗巴润别立镇巴音朝格图嘎查东南16.17千米	黄土夯筑	实心。平面呈方形，剖面呈梯形。	底部边长8米，顶部东西长4.5、南北长6米，存高3米。	无	台体外围有围墙。围墙外侧东北角另筑附属设施，边长30米。	倚柳木高长城7段而建
柳木高4号敌台	152921352 101170015	阿拉善左旗巴润别立镇巴音朝格图嘎查东南16.53千米	黄土夯筑	实心。平面呈方形，剖面呈梯形。	底部边长11米，顶部东西长9、南北长7米，存高6米。	无	无	倚柳木高长城9段而建
柳木高5号敌台	152921352 101170016	阿拉善左旗巴润别立镇巴音朝格图嘎查东南18.23千米	黄土夯筑	实心。具体形制不详。	底部直径13米，顶部东西长4、南北长2.5米，存高4米。	台体东南角东50米处起由西向东排列8座积薪台，间距约12米，只存底部痕迹。	无	倚柳木高长城9段而建
柳木高6号敌台	152921352 101170017	阿拉善左旗巴润别立镇巴音朝格图嘎查东南19.98千米	黄土夯筑	实心。平面呈长方形，剖面呈梯形。	底部东西长10、南北长8米，顶部东西长4.5、南北长3米，存高7米。	附属设施东南角16米处起由东向西排列10座积薪台，间距7米，外侧为石砌，内部填土，已坍塌，边长2、高0.5～0.8米。	台体东侧有附属设施，东西长10、南北长8米。	倚柳木高长城16段而建

名称	编码	位置	敌台			积薪台	其他附属设施	与相邻墙体或其他设施的关系
			建筑方式	形制	尺寸			
柳木高 7 号敌台	152921352 101170018	阿拉善左旗巴润别立镇巴音朝格图嘎查东南 22.41 千米	黄土夯筑	实心。平面呈长方形，剖面呈梯形。	底部东西长 11.5、南北长 9 米，顶部东西长 8.5、南北长 5 米，存高 5 米。	敌台中部东 12 米处起由东向西排列 9 座积薪台，间距 8 米，土石混筑，现呈直径 2.5、高 0.5~1.2 米的石堆。	无	倚柳木高长城 19 段而建
磨石口长城二边 1 号敌台	152921352 101170019	阿拉善左旗巴润别立镇上海嘎查东南 15.91 千米	黄土夯筑	实心。平面呈方形，剖面呈梯形。	底部边长 10、顶部边长 4.5、存高 6~8 米。	无	无	倚磨石口长城二边 8 段而建
磨石口长城二边 2 号敌台	152921352 101170020	阿拉善左旗巴润别立镇上海嘎查东南 15.91 千米	黄土夯筑	实心。平面呈方形，剖面呈梯形。	底部边长 9、顶部东西长 3.5、南北长 6 米，存高 2.7 米。	敌台东南 23 米处起由北向南排列 4 座石砌积薪台，间距分别为 2、2、3 米，除其中一座长 2、宽 1.8 米以外，其余边长分别为 1、2、2.5、高 0.5~1 米。	无	倚磨石口长城二边 9 段而建
磨石口长城二边 3 号敌台	152921352 101170021	阿拉善左旗巴润别立镇上海嘎查东南 16.53 千米	黄土夯筑	实心。平面呈长方形，剖面呈梯形。	底部东西长 15、南北长 8 米，顶部东西长 6.5、南北长 4.5 米，存高 7.5 米。	无	无	倚磨石口长城二边 17 段而建
磨石口长城二边 4 号敌台	152921352 101170022	阿拉善左旗巴润别立镇上海嘎查东南 16.14 千米	黄土夯筑	实心。具体形制不详。	底部东西长 16.5、南北长 11 米，顶部东西长 5、南北长 3 米，存高 10 米。	无	无	倚磨石口长城二边 11 段而建
北岔口长城二边 1 号敌台	152921352 101170023	阿拉善左旗巴润别立镇上海嘎查东南 13.72 千米	黄土夯筑	实心。平面呈长方形，剖面呈梯形。	底部东西长 10、南北长 12 米，顶部东西长 6.5、南北长 8.5 米，存高 8 米。	无	无	倚北岔口长城二边 6 段而建

名称	编码	位置	敌台			积薪台	其他附属设施	与相邻墙体或其他设施的关系
			建筑方式	形制	尺寸			
北岔口长城二边2号敌台	152921352101170024	阿拉善左旗巴润别立镇上海嘎查东南13.73千米	黄土夯筑	实心。平面呈方形，剖面呈梯形。	底部边长15、顶部边长10、存高10米。	台体东南0.115千米处排列5座积薪台，间距分别为3.8、12、20、8米，外侧石砌，内填土石，尺寸分别为，①东西长2.5、南北长2.4、高1.7米，②东西长2、南北长2.5、高1.8米，③东西长2、南北长2.1、高2.1米，④东西长2.4、南北长2.1、高1.7米，⑤东西长2、南北长2.1、高1米。	无	倚北岔口长城二边9段而建
北岔口长城二边3号敌台	152921352101170025	阿拉善左旗巴润别立镇上海嘎查东南14.23千米	黄土夯筑	实心。具体形制不详。	底部边长17、顶部边长5、存高4米。	无	无	倚北岔口长城二边10段而建
三关1号敌台	152921352101170046	阿拉善左旗巴润别立镇上海嘎查东南约10.3千米	外侧石砌，内填土、石	实心。平面呈长方形。	底部东西长15、南北长12米，顶部东西长3.5、南北长5.8米，存高8米。	无	无	倚三关长城3段而建
三关2号敌台	152921352101170047	阿拉善巴润别立镇上海嘎查东南约10.7千米	外侧石砌，内部填土	不详	底部南北长28、东西长19米，顶部南北长10.5、东西长2.8米，存高4米。	无	无	倚三关长城4段而建
巴音朝格图敌台	152921352101170048	阿拉善左旗巴润别立镇巴音朝格图嘎查东南27.5千米	黄沙土夯筑	实心。平面呈长方形，剖面呈梯形。	底部东西长13.5、南北长9米，顶部东西长3.8、南北长2.6米，存高7米。	敌台由东向西排列10座石砌积薪台，间距19~25米，已坍塌成1~2米见方的石堆。	无	倚巴音朝格图长城5段而建
巴兴图1号敌台	152921352101170049	阿拉善左旗嘉尔格勒赛汉镇巴兴图嘎查东北17.5千米	黄沙土夯筑	实心。平面呈长方形，剖面呈梯形。	底部东西长14.4、南北长14米，顶部东西长3.6、南北长2.8米，存高9米。	无	无	倚巴兴图长城2段而建

名称	编码	位置	敌台			积薪台	其他附属设施	与相邻墙体或其他设施的关系
			建筑方式	形制	尺寸			
巴兴图2号敌台	152921352101170050	阿拉善左旗嘉尔格勒赛汉镇巴兴图嘎查东偏北17.7千米	黄沙土夯筑	实心。平面呈长方形,剖面呈梯形。	底部南北长14、东西长14米,顶部东西长3.6、南北长2.9米,存高约8米	无	无	倚巴兴图长城4段而建
巴兴图3号敌台	152921352101170051	阿拉善左旗嘉尔格勒赛汉镇巴兴图嘎查东北16千米	黄沙土夯筑	实心。具体形制不详。	现为底部东西长9、南北长13米,高5米的土堆。	无	无	倚巴兴图长城5段而建
巴兴图4号敌台	152921352101170052	阿拉善左旗嘉尔格勒赛汉镇巴兴图嘎查东略偏北14.9千米	黄沙土夯筑	实心。平面呈长方形,剖面呈梯形。	底部东西长8、南北长11.5米,顶部东西长1.5、南北长4.4米,存高9米。	台体附近共分布有10座石砌积薪台,其中东北侧由西向东排列3座,间距11米,现呈直径5、高1米的石堆;东侧南北向排列7座,间距11~31米,现为底部边长4~5、高0.6~0.8米的石堆。	无	倚巴兴图长城6段而建
巴兴图5号敌台	152921352101170053	阿拉善左旗嘉尔格勒赛汉镇巴兴图嘎查东略偏北13.8千米	黄沙土夯筑	实心。平面呈长方形,剖面呈梯形。	底部东西长7.4、南北长8米,顶部东西长3.4、南北长3.6米,高5.5米。	无	无	倚巴兴图长城8段而建
阿格坦乌素敌台	152921352101170054	阿拉善左旗嘉尔格勒赛汉镇阿格坦乌素嘎查东南17千米	黄沙土夯筑	实心。平面呈长方形,剖面呈梯形。	底部东西长5.8、南北长9.5米,顶部东西长5、南北长6.4米,残高近7米。	无	无	倚阿格坦乌素长城11段而建

表四　阿拉善盟明长城烽火台数据简表

名称	编码	位置	烽火台			积薪台	其他附属设施	与相邻墙体或其他设施的关系
			建筑方式	形制	尺寸			
三关口烽火台	152921353 201170026	阿拉善左旗巴润别立镇上海嘎查东10.43千米	沙土夯筑	实心，平面呈长方形，剖面呈梯形。	底部东西长11、南北长12米，顶部东西长6~8、南北长1~3.5米，南侧高11、北侧高4.5米	无	无	位于长城墙体西侧，东距赤木口1号敌台0.131千米
红井沟烽火台	152921353 201170027	阿拉善左旗巴润别立镇上海嘎查东12.4千米	黄土夯筑，内夹大量碎石	实心，平面呈长方形，剖面面呈梯形	底部东西长16、南北长17.3米，顶部东西长7.5、南北长6米，南侧高11、北侧高10.5、中心处高6.5米	无	无	东距赤木口长城3段0.1千米
夹子沟2号烽火台	152921353 201170028	阿拉善左旗巴润别立镇上海嘎查东南15.86千米	黄土夯筑，内有细碎石粒	实心，平面呈长方形，剖面呈梯形	底部边长11、顶部边长9、高8米	无	无	东距磨石口长城4段0.13千米
磨石口2号烽火台	152921353 201170029	阿拉善左旗巴润别立镇上海嘎查东南17.66千米	沙土夯筑，内有细碎石粒。	实心，平面呈长方形，剖面呈梯形。	底部东西长12、南北长13.5米，顶部东西长6、南北长6.5米，高8米（含垛墙）	无	无	东距磨石口长城21段0.06千米，西0.15千米有磨石口3号烽火台，东南0.25千米有磨石口1号烽火台
磨石口3号烽火台	152921353 201170030	阿拉善左旗巴润别立镇上海嘎查东南17.58千米	沙土夯筑，内有细碎石粒。	实心，平面呈长方形，剖面呈梯形。	底部边长10、顶部边长4、高7米	台体东16米处起，依山脊由西向东排列10座石砌积薪台，间距分别为4.5、6、4.5、4.5、4、4、3、2.5、3米。尺寸均为底部边长2、高约1米。	无	东距磨石口长城20段0.18千米，东0.15千米有磨石口3号烽火台，东南0.374千米有磨石口1号烽火台
营子山烽火台	152921353 201170031	阿拉善左旗巴润别立镇巴音朝格图嘎查东14.42千米	外侧石砌，内填土石。	实心，整体坍塌呈圆形土石堆。	底部直径28米，顶部东西长3、南北长6米，高9米。	台体周边共分布有13座石砌积薪台，其中东北3米处起由东北向西南排列5座，间距分别为3、4、2、7米，尺寸为底部东西长1.8~2.8、南北长1.7~3、高0.6~1.2米；南侧自坍塌缘处起，南北排列8座石砌积薪台，间距分别为5、5、4、0.9、0.7、1.2、2.9米，底部边长约2.5、高1~1.3米。	无	西侧与北岔口长城二边11段、12段相邻

名称	编码	位置	烽火台			积薪台	其他附属设施	与相邻墙体或其他设施的关系
			建筑方式	形制	尺寸			
小口子烽火台	152921353 201170032	阿拉善左旗巴润别立镇巴音朝格图嘎查东北19.16千米	外侧石砌，内填土石	实心，整体坍塌成隆起的土石堆	底部东西长30、南北长25米，顶部边长10米，高9米	台体周边共分别有15座石砌积薪台，其中南20米处起南北排列6座，间距分别为15、10、4、2、2米，直径1.2、高0.6~0.8米；北10米处由北向南排列9座，间距分别为4、3、3、3、2、3、3、4米，前4座底部边长均为2.8、高1~1.2米，后5座底部边长1.2、高0.5~0.7米	无	西距柳木高长城二边9段0.054千米
二关1号烽火台	152921353 201170033	阿拉善左旗巴润别立镇上海嘎查东8.29千米	黄土夯筑	实心，平面呈长方形，剖面呈梯形	底部边长12、顶部边长6、高6~9米	无	无	西距赤木口长城二边1段0.238千米
二关2号烽火台	152921353 201170034	阿拉善左旗巴润别立镇上海嘎查东7.9千米	黄土夯筑	实心，平面呈长方形，剖面呈梯形	底部东西长12、南北长8米，顶部东西长9.7、南北长6.5米，高6~9米	无	无	东北距赤木口长城二边1段0.78千米
头关烽火台	152921353 201170035	阿拉善左旗巴润别立镇上海嘎查东9.23千米	土石混筑	实心，平面呈长方形，剖面面呈梯形	底部东西长9、南北长15米，顶部东西长2、南北长4米，高3~5米	无	无	南距赤木口长城二边2段起点0.34千米
乌兰全吉1号烽火台	152921353 201170036	阿拉善左旗巴润别立镇上海嘎查东6.8千米	外侧石砌，内填土石	实心，平面呈长方形，剖面面呈梯形	坍塌为底部东西长14、南北长32米，顶部东西长3、南北长11米，高13米的土石堆	无	无	东距赤木口长城二边1段0.53千米
乌兰全吉2号烽火台	152921353 201170037	阿拉善左旗巴润别立镇上海嘎查东6.83千米	外侧石块垒砌，内填土石	实心，平面呈圆形，剖面呈梯形	直径10、高4米	无	无	与乌兰全吉1号烽火台同在一道山脊上，间隔0.2千米

名称	编码	位置	烽火台			积薪台	其他附属设施	与相邻墙体或其他设施的关系
			建筑方式	形制	尺寸			
磨石口4号烽火台	152921353201170038	阿拉善左旗巴润别立镇上海嘎查东南16.26千米	外侧石砌，内填土石	实心，已坍塌成石土堆，形制不详	底部直径18米，顶部东西长8.6、南北长4.5米，高6米	台体周边共分布有9座石砌积薪台，其中院落东侧5座，间距均2.5米，直径约3、高1米。台体东北30米处起，在宽2、长11米的石堆上东西排列4座石砌积薪台，间距约0.5米，底部边长约2、高约1.8米	台体东南角有一座小院，东西长8、南北长4米，石砌院墙宽1.2、高0.8米。门向东，宽0.5米	东北与磨石口长城二边6段相邻
磨石口5号烽火台	152921353201170039	阿拉善左旗巴润别立镇上海嘎查东南16.38千米	黄土夯筑	实心，平面呈方形，剖面呈梯形	底部边长11米，顶部东西长6、南北长4.3米，高8米	台体东5米有石砌长方形建筑基址，东西长10、南北长3、高0.2~0.6米，上面有4座石砌小台，已坍塌。台体东20米处起，东西向排列6座石砌积薪台，间距约1.5米，底部边长约2、高约0.5米	无	西距磨石口长城二边16段0.05千米
独疙瘩烽火台	152921353201170040	阿拉善左旗巴润别立镇上海嘎查东北14.03千米	外侧石砌，内填黄沙土	实心，已坍塌成圆形石土堆	底部直径30、高8米	无	台体北5米处有两道黄土堆筑的墙体，已坍塌，南北向墙体长14米，东西向墙体长10米，高2.5米，间距6米	东距柳木高长城1段1.2千米

名称	编码	位置	烽火台			积薪台	其他附属设施	与相邻墙体或其他设施的关系
			建筑方式	形制	尺寸			
昆都伦烽火台	152921353201170041	阿拉善左旗巴润别立镇巴音朝格图嘎查东北8.72千米	外侧石砌，内填土石	实心，已坍塌成石土堆	底部东西长17、南北长17米，顶部东西长7、南北长7米，高4米	台体南18米处起，南北向排列3座石砌积薪台，间距依次为21、18米，均为4米见方，第1、2座高1.5米，第3座高1米	台体北47米处有1座石砌房址，东西长6、南北长9米；墙体宽0.9,残存最高处0.6米	南距围沟长城二边1段1.9千米
红碴子烽火台	152921353201170042	阿拉善左旗巴润别立镇巴音朝格图嘎查东北16.32千米	外侧石砌，内填土石	实心，平面呈正方形，剖面呈梯形	底部边长11、顶部边长7、高5米	台体周边共分布有6座石砌积薪台，其中东北角向东8.5米处起东西排列3座，间距约9米，只存底部痕迹，均为24米见方；东南36米处起东西向排列3座，间距分别为13、22米，均约12米见方、高0.5~1米	台体东南角向东6米处有一处建筑基址，石块堆砌而成，边长4米。墙体大部分倒塌，底宽0.5、最高1米,西北角处留门,门宽0.6米	基本位于围沟长城二边的止点处

名称	编码	位置	烽火台			积薪台	其他附属设施	与相邻墙体或其他设施的关系
			建筑方式	形制	尺寸			
钻洞子3号烽火台	152921353201170043	阿拉善左旗巴润别立镇巴音朝格图嘎查东北14.73千米	外侧石砌，内填土石	实心，坍塌成石土堆	底部直径17、顶部直径6、高8米	无	无	西距围沟长城二边3段1.1千米
乌兰哈夏烽火台	152921353201170044	阿拉善左旗巴润别立镇巴音朝格图嘎查东北7.63千米	石砌	实心，平面呈正方形，剖面呈梯形	底部边长10、顶部边长9、残存最高2.5米	无	台体东南3米有一石砌建筑基址，东西长4、南北长5米，墙体底宽0.7米，北侧留门，门宽0.5米	北距乌兰哈夏长城二边0.256千米
小柳木高烽火台	152921353201170045	阿拉善左旗巴润别立镇巴音朝格图嘎查东南16.65千米	外侧石砌，内填土石	实心，平面呈正方形，剖面呈梯形	底部边长18、顶部边长8.5、高10米	无	无	东北1千米处有红碴子烽火台
色日音夏布日全吉烽火台	152921353201170046	阿拉善左旗巴润别立镇巴音朝格图嘎查东南22.1千米	土石混筑	实心，平面呈正方形，剖面呈梯形	底部边长12、顶部边长7、高5米	无	无	北0.23千米处有柳木高长城二边11段止点
双石河子烽火台	152921353201170055	阿拉善左旗巴润别立镇巴音朝格图嘎查东南26.2千米	石砌	实心，原始形制不详	坍塌范围底部东西长26.4、南北21.2米，顶部东西长2.3、南北长7.5米，高约7米	台体东北侧由西南向东北排列5座石砌积薪台，间距约1米，边长约3、高0.6米	无	东约0.33千米处有双石河子长城二边
青石圈1号烽火台	152921353201170056	阿拉善左旗巴润别立镇巴音朝格图嘎查东南29.4千米	石砌	实心，原始形制不详	坍塌范围底部东西长33.5、南北长29米，顶部东西长11.2、南北长16米，高约5米	台体西侧距坍塌散落的石块3米处有一座石砌积薪台，边长2.1、高0.6米	无	西约0.09千米处有双石河子长城二边，南0.075千米处有青石圈2号烽火台

名称	编码	位置	烽火台			积薪台	其他附属设施	与相邻墙体或其他设施的关系
			建筑方式	形制	尺寸			
青石圈2号烽火台	152921353201170057	阿拉善左旗巴润别立镇巴音朝格图嘎查东南29.4千米	外侧石砌，内填土石	实心，平面呈长方形，剖面呈梯形	坍塌范围底部东西长21.2、南北长24.6米，顶部东西长5、南北长6.6米，高约7米	台体南侧13米处东西向排列5座石砌积薪台，间距约2米，底部3米见方、高0.6米	无	西约0.02千米处有双石河子长城二边，北0.075千米处有青石圈1号烽火台
巴兴图烽火台	152921353201170058	阿拉善左旗嘉尔格勒赛汉镇巴兴图嘎查东北17.1千米	外侧石砌，内填土石	实心，平面呈长方形，剖面呈梯形	底部边长8.5米，顶部东西长6.7、南北长5米，高4米	无	无	东0.16千米处有巴兴图长城2段
石墩子烽火台	152921353201170059	阿拉善左旗嘉尔格勒赛汉镇巴兴图嘎查东北13.3千米	外侧石砌，内填土石	实心，平面呈长方形，剖面呈梯形	底部东西长10.5、南北长12.2米，顶部7.6米见方，高7.2米	无	紧贴台体北侧有一处长方形石砌基址，东西长6.8、南北长5.2、高0.3米	西约0.04千米处有石墩子长城二边、1段
肩膀敦1号烽火台	152921353201170060	阿拉善左旗嘉尔格勒赛汉镇阿格坦乌素嘎查东南15.8千米	外侧石砌，内填土石	实心，平面呈长方形，剖面呈梯形	坍塌范围底部东西长27、南北长32米，顶部东西长7、南北长9米，高6.5米	台体南侧13米处的一道山脊上由西北向东南排列5座石砌积薪台，间距约4米，边长约4、高0.2~1.2米	无	西0.1千米处有井沟长城二边
肩膀敦2号烽火台	152921353201170061	阿拉善左旗嘉尔格勒赛汉镇阿格坦乌素嘎查东南15.9千米	黄土夯筑	实心，平面呈长方形，剖面呈梯形	底部东西长10.3、南北长10米，上部5米见方，高7.5米	无	无	西约0.16千米处有井沟长城二边
碳井子湾烽火台	152921353201170062	阿拉善左旗嘉尔格勒赛汉镇阿格坦乌素嘎查东南15.2千米	外侧石砌，内填土石	实心，平面呈正方形，剖面呈梯形	坍塌范围东西长17、南北长17.5、高约5.6米	无	无	东南约0.82千米处有阿格坦乌素长城9段

名称	编码	位置	烽火台			积薪台	其他附属设施	与相邻墙体或其他设施的关系
			建筑方式	形制	尺寸			
口子门烽火台	152921353 201170063	阿拉善左旗嘉尔格勒赛汉镇阿格坦乌素嘎查东南15.1千米	外侧石砌，内填土石	实心，平面呈正方形，剖面呈梯形	底部边长6.6、顶部约6.3米见方、高不足1米	无	无	西0.16千米处有口子门长城二边1段
晓林川吉烽火台	152923353 201170001	额济纳旗赛汉陶来苏木赛汉陶来嘎查西北20.3千米	以土坯垒砌为主	平面呈正方形，剖面呈梯形	底部边长5、高7米	无	无	
T183烽火台	152923353 201170002	额济纳旗东风镇宝日乌拉嘎查西南85.5千米的戈壁石梁上	土坯垒砌	空心，平面呈长方形	底部东西长10.2、南北长9米、高10.6米	无	台体四周有正方形围墙残迹，边长22米	

表五　阿拉善盟明长城相关遗存数据简表

名称	编码	位置	建筑方式	形制	尺寸	与相邻墙体或其他设施的关系
小口子居住址	152921354107170001	阿拉善左旗巴润别立镇巴音朝格图嘎查东北 15.8 千米	石砌	不详	院落东西长 12、南北长 13 米。墙体宽 1、高 0.7 米。东墙居中开门，门宽 3 米。东侧墙角相连一处房址，东西长 4、南北长 5.5 米	西距围沟长城二边 4 段 0.014 千米

参考文献

一 古 籍

（西汉）司马迁：《史记》，中华书局点校本，1959 年。

（西汉）班固：《汉书》，中华书局点校本，1962 年。

（南朝·宋）范晔：《后汉书》，中华书局点校本，1965 年。

（明）宋濂：《元史》，中华书局点校本，1976 年。

《明实录》，台北中央研究院历史语言研究所影印本，1962 年。

（清）胡汝砺：《嘉靖宁夏新志》，宁夏人民出版社，1982 年。

（清）张廷玉：《明史》，中华书局点校本，1974 年。

二 考古报告、工具书、专著与论文集

劳榦：《居延汉简考释·释文之部》，四川南溪石印本，1943 年。

劳榦：《居延汉简考释·考证之部》，四川南溪石印本，1944 年。

Bo Sommarstrom, *Archaeological Researches in the Edsen－gol* Region Inner Mongolia, Stackholm, 1956 – 1958.

劳榦：《居延汉简考释·图版之部》，台湾研究院历史语言研究所，1957 年。

劳榦：《居延汉简·考释之部》，台湾研究院历史语言研究所，1960 年。

张维华：《中国长城建置考》，中华书局，1979 年。

中国社会科学院考古研究所编：《居延汉简甲乙编》，中华书局，1980 年。

陈梦家：《汉简缀述》，中华书局，1980 年。

谭其骧主编：《中国历史地图集》第二册《秦·西汉·东汉时期》，中国地图出版社，1982 年。

谭其骧主编：《中国历史地图集》第六册《宋·辽·金时期》，中国地图出版社，1982 年。

谭其骧主编：《中国历史地图集》第七册《元·明时期》，中国地图出版社，1982 年。

甘肃省文物工作队、甘肃省博物馆：《汉简研究文集》，甘肃人民出版社，1984 年。

谢桂华、李均明、朱国炤：《居延汉简释文合校》，文物出版社，1987 年。

（英）斯坦因：《斯坦因西域考古记》，向达汉译本，中华书局、上海书店联合出版，1987 年。

华夏子：《明长城考实》，档案出版社，1988 年。

甘肃省文物考古研究所编，薛英群、何双全、李永良注：《居延新简释粹》，兰州大学出版社，1988 年。

甘肃省文物考古研究所、甘肃省博物馆、文化部古文献研究室、中国社会科学院历史研究所：《居延新简——甲渠候官与第四燧》，文物出版社，1990 年。

黄文弼遗著、黄烈整理：《黄文弼蒙新考察日记（1927～1930)》，文物出版社，1990 年。

李逸友编著：《黑城出土文书·汉文文书卷》，科学出版社，1991 年。

（瑞典）斯文·赫定：《亚洲腹地探险八年》（1927～1935)，徐十周等汉译本，新疆人民出版社，1992 年。

王国维、罗振玉：《流沙坠简》（据 1934 年修订本重印），中华书局，1993 年。

周清澍主编：《内蒙古历史地理》，内蒙古大学出版社，1994 年。

李逸友：《北方考古研究（一)》，中州古籍出版社，1994 年。

甘肃省文物考古研究所、甘肃省博物馆、中国文物研究所、中国社会科学院历史研究所：《居延新简——甲渠候官》，中华书局，1994 年。

台北中央研究院历史语言研究所简牍整理小组：《居延汉简补编》，文渊企业有限公司，1998 年。

甘肃省文物考古研究所编，薛英群、何双全、李永良注：《居延新简释粹》，兰州大学出版社，1988 年。

沈卫荣、中尾正义、史金波主编：《黑水城人文与环境研究—黑水城人文与环境国际学术讨论会文集》，中国人民大学出版社，2007 年。

（德）傅海波、（英）崔瑞德编：《剑桥中国辽西夏金元史》（907～1368 年），中国社会科学出版社，1998 年。

（俄）彼·库·柯兹洛夫：《蒙古、安多和死城哈喇浩特》，王希隆等汉译本，兰州大学出版社，2002 年。

国家文物局主编：《中国文物地图集·内蒙古自治区分册》（上、下册），西安地图出版社，2003 年。

魏坚主编：《额济纳汉简》，广西师范大学出版社，2005 年。

孙家洲主编：《额济纳汉简释文校本》，文物出版社，2007 年。

任美锷主编：《中国自然地理纲要》（修订第三版），商务印书馆，2009 年。

薄音湖、于默颖编辑点校：《明代蒙古汉籍史料汇编》第六辑，内蒙古大学出版社，2009 年。

三　考古简报与论文

陈梦家：《汉简考述》，《考古学报》1963 年第 1 期。

陈梦家：《汉简所见奉例》，《文物》1963 年第 5 期。

陈梦家：《汉简所见居延边塞与防御组织》，《考古学报》1964 年第 1 期。

甘肃居延考古队：《居延汉代遗址的发掘和新出土的简册文物》，《文物》1978 年第 1 期。

甘肃省居延考古队简册整理小组：《"塞上烽火品约"释文》，《考古》1979 年第 4 期。

薛英群：《居延〈塞上烽火品约〉册》，《考古》1979 年第 4 期。

徐苹芳：《居延、敦煌发现的〈塞上蓬火品约〉——兼释汉代的蓬火制度》，《考古》1979 年第5 期。

内蒙古自治区文物考古研究所、阿拉善盟文物工作站：《内蒙古黑城考古发掘纪要》，《文物》1987 年第 7 期。

鲍桐：《兀剌海城地望和成吉思汗征西夏军事地理析》，《宁夏社会科学》1994 年第 6 期。

李并成：《汉居延县城新考》，《考古》1998 年第 5 期。

李逸友：《中国北方长城考述》，《内蒙古文物考古》2001 年第 1 期。

于振波：《近三十年大陆及港台简帛发现、整理与研究综述》，《南都学坛》2002 年第 1 期。

孙危：《内蒙古阿拉善汉边塞碑铭调查记》，《北方文物》2006 年第 3 期。

马顺平：《北元"宣光二年甘肃等处行中书省亦集乃分省咨文"考释》，《内蒙古大学学报》2008 年第 2 期。

А·А·科瓦列夫、Д·额尔德涅巴特尔：《蒙古国南戈壁省西夏长城与汉受降城有关问题的再探讨》，《内蒙古文物考古》2008 年第 2 期。

张文平：《西汉眩雷塞小考》，《北方民族考古》第 2 辑，科学出版社，2015 年。

张多勇：《西夏白马强镇监军司地望考察》，《西夏学》第十一辑，上海古籍出版社，2015 年。

张多勇、张志扬：《西夏京畿镇守体系蠡测》，《历史地理》第三十一辑，上海人民出版社，2015 年。

魏燕利：《汉"塞天田"新探》，《池州师专学报》2003 年第 6 期。

吴超：《天田与土河》，《敦煌研究》2004 年第 5 期。

初师宾：《汉代边塞守御器备考略》，《汉简研究文集》，甘肃人民出版社，1984 年。

吉林大学边疆考古研究中心、内蒙古自治区文物考古研究所：《额济纳古代遗址测量工作简报》，《边疆考古研究》第 7 辑，科学出版社，2008 年。

后　记

　　《内蒙古自治区长城资源调查报告·阿拉善卷》初稿中长城本体部分的编撰由三旗的调查人员分别完成，阿拉善左旗撰稿人为巴戈那、张震洲，阿拉善右旗撰稿人为范荣南、邱军旭、范永龙，额济纳旗撰稿人为傅兴业、杜庆军。胡春柏做了最后的统稿工作，并完成了概述和结语两部分内容；张文平负责全面的指导和最终的校稿、定稿等工作。在统稿的过程中，结合发现的部分疑问，同时为了增加资料的完整性，于2013年10月间，又对阿拉善盟长城中的部分城障遗址运用GPS－RTK全球定位系统作了测绘，参加人员有张文平、胡春柏、马登云、李化冰、张震洲、范荣南、傅兴业、乌日图那生、巴戈那等。

　　此外，内蒙古自治区长城资源调查的合作单位内蒙古自治区航空遥感测绘院，绘制了本报告中所有长城本体及单体建筑等的分布图。主要绘制人员有杜斌、张桂莲、赵海霞、杨晓燕、包东妍、张利娜等。

　　长城资源调查工作是国家文物局领导下的大型文化遗产调查项目，从调查工作的开展到调查报告的编写、出版，都得到了国家文物局相关领导以及文物保护与考古司的大力支持。设在中国文化遗产研究院的国家长城资源调查项目组的领导和专家，一直从业务方面对我区的长城调查工作进行着不遗余力的指导，内蒙古自治区长城资源调查工作所取得的每一份成就，都离不开他们的心血与汗水。最后，感谢内蒙古自治区文化厅、文物局、内蒙古博物院、内蒙古自治区文物考古研究所的领导和同仁们对长城资源调查工作的关心与支持。

　　由于编写时间仓促，加之水平有限，本报告难免存在诸多问题，敬请广大同行、读者批评指正。

编者

2016 年 9 月

地图·彩图

图 例

⊓⊔⊓⊔⊓⊔	土墙	∣	长城分隔符
▪▪▪▪▪	石墙	△	烽火台
⊓⊔⊓⊔⊓	砖墙	⊡	敌台
⊓⊔⊓⊔	消失的墙体	⊕	营堡
∧∧∧∧∧	山险	⊖	挡马墙
⌢⌢⌢⌢	河险	⊠	城楼
∿∿∿∿	山险墙	⋒	砖瓦窑
▲▬▲▬▲	界壕	⊙	题记刻碑
▲▬▬▲▬▬▲	壕堑	◰	居住址
▬▬▬▬▬	其他墙体	⬚	其他相关遗存、遗迹

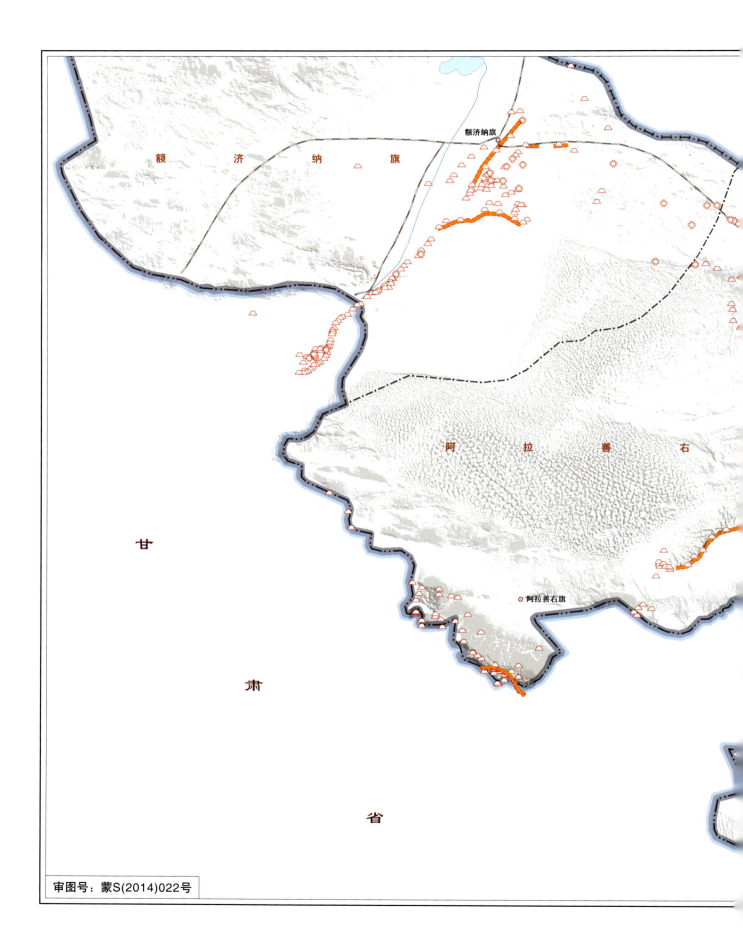

额济纳旗

额 济 纳 旗

阿 拉 善 右

阿拉善右旗

甘

肃

省

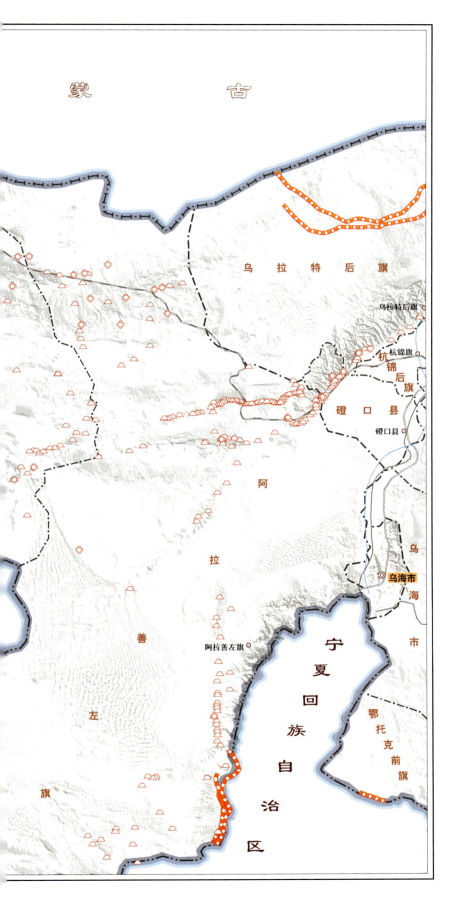

蒙　古

乌　拉　特　后　旗

乌拉特后旗 ◦

杭锦旗 ◦
杭
锦
后
旗

磴　口　县

磴口县 ◦

阿

乌
海
市

拉

乌海市

善

阿拉善左旗 ◦

左

宁
夏
回
族
自
治
区

鄂
托
克
前
旗

旗

地图一　阿拉善盟长城总分布图

0　　25.0　　50.0　　75.0　　100.0　125.0千米

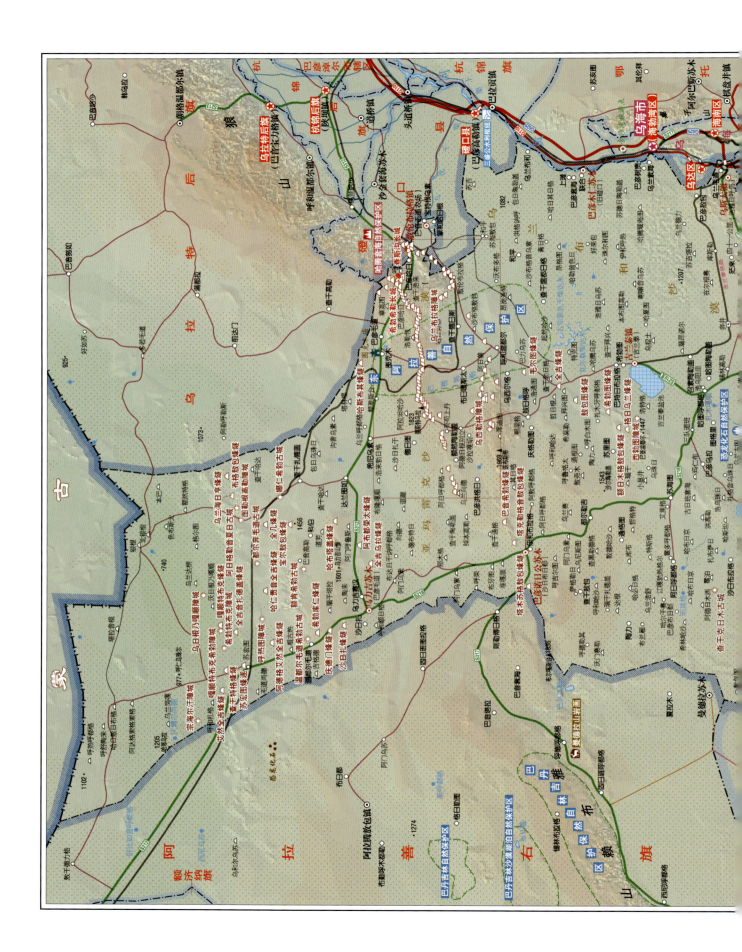

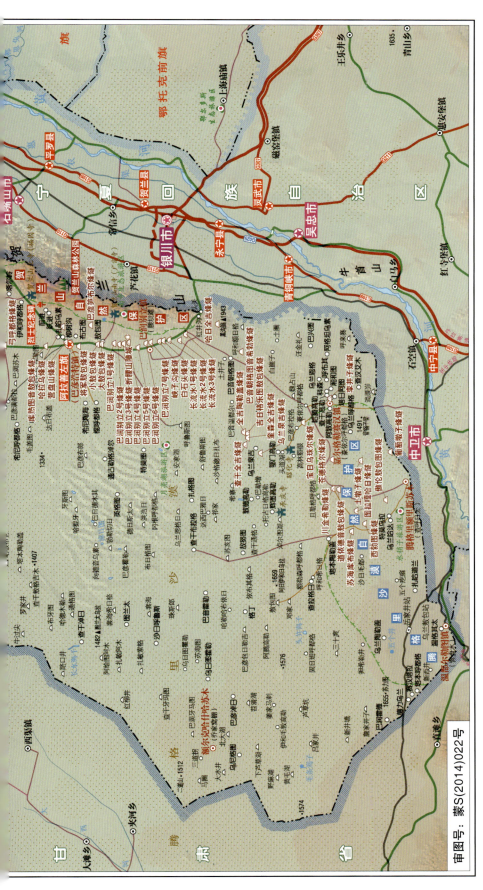

地图二 阿拉善左旗长城总分布图

审图号：蒙S(2014)022号

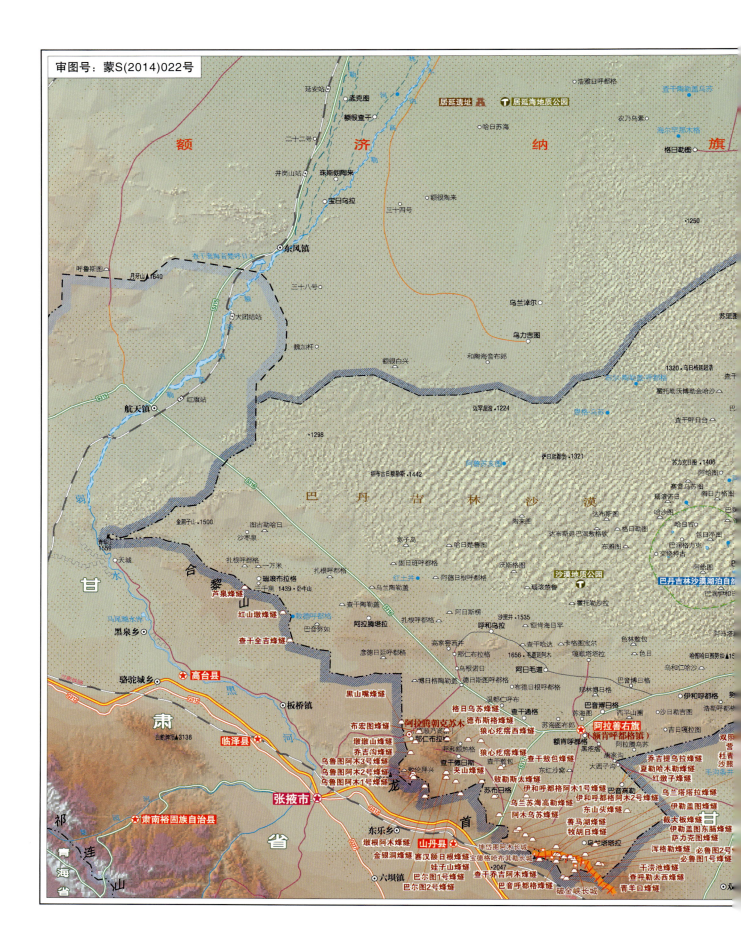

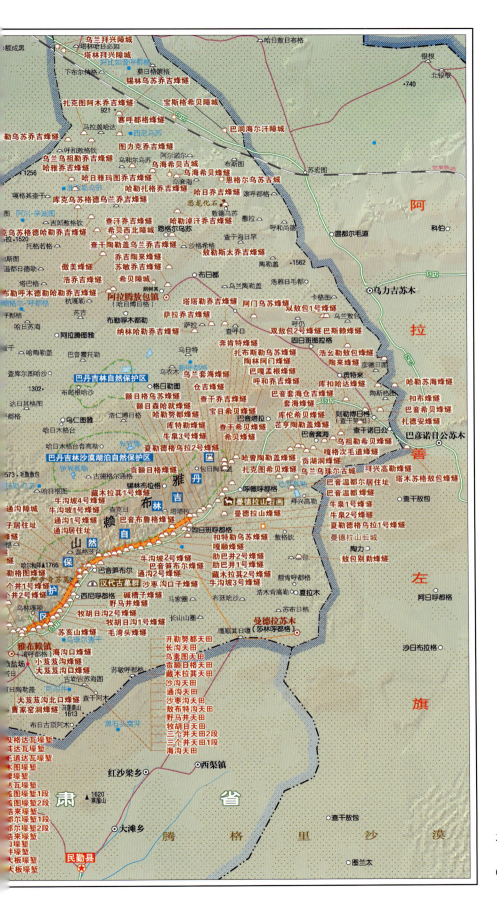

地图三　阿拉善右旗长城总分布图

0　　　3.0　　　6.0　　　9.0　　　12.0　　　15.0千米

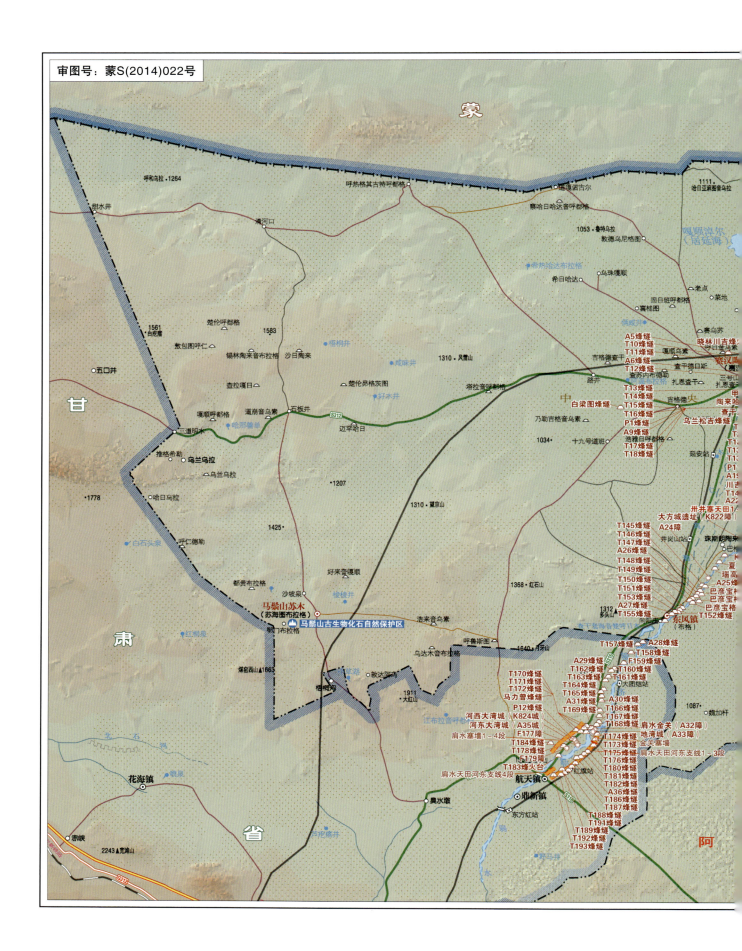

蒙

甘

肃

省

中

阿

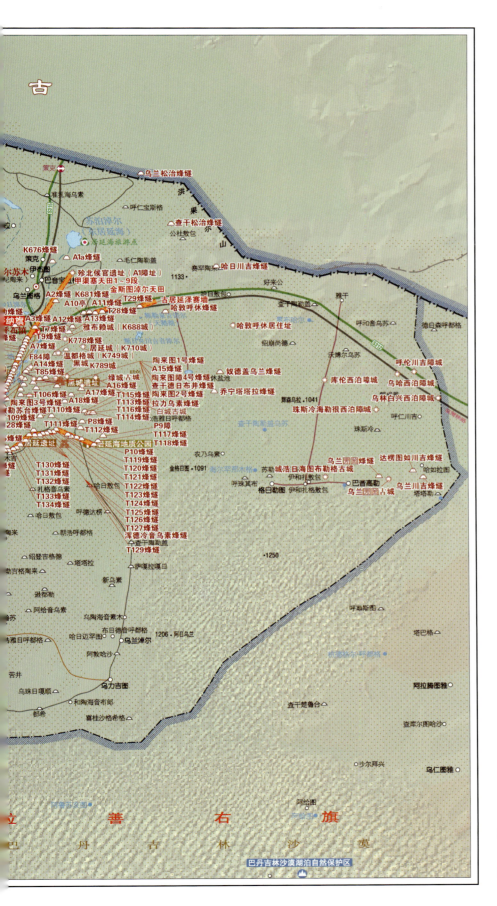

地图四　额济纳旗长城总分布图

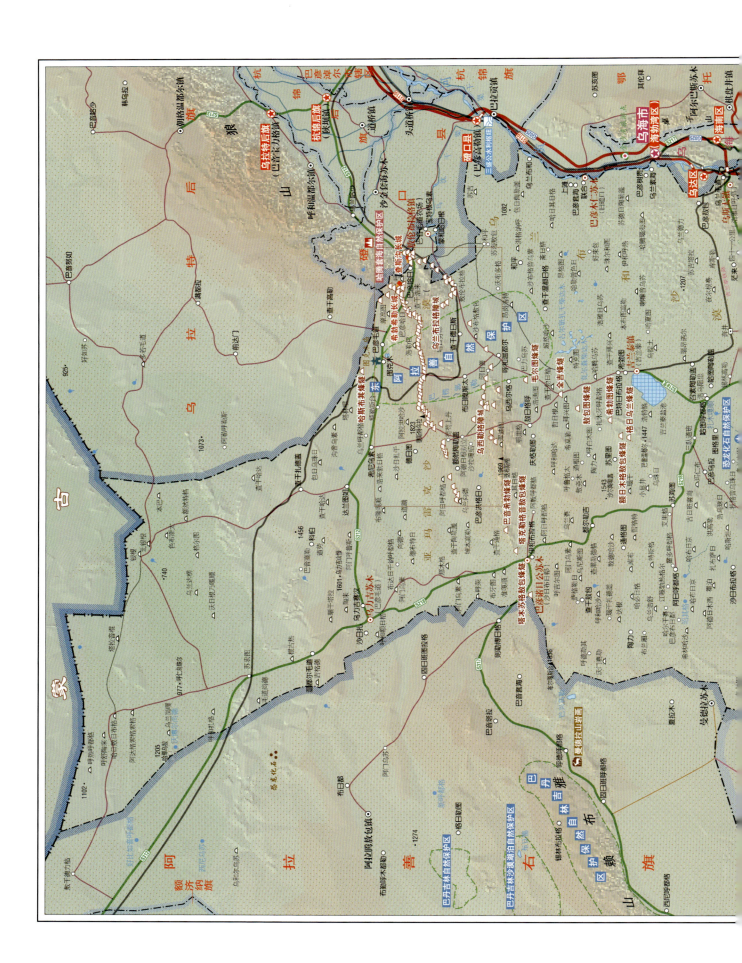

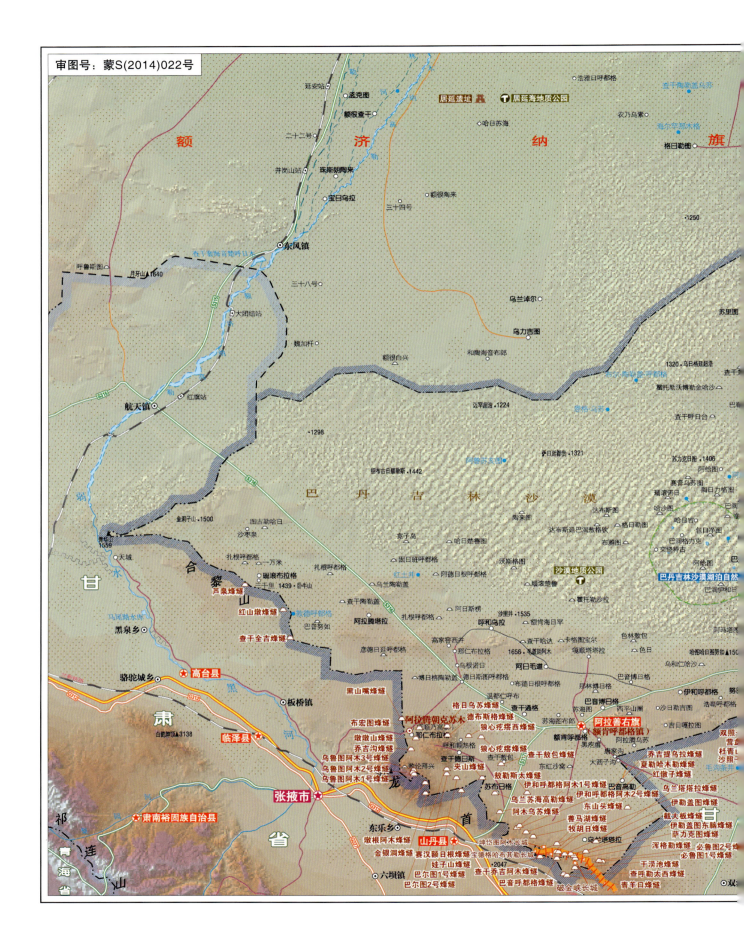

审图号：蒙S(2014)022号

额　　　　　济　　　　　纳　　　　旗

居延遗址　　居延海地质公园

淖雅日呼都格
查干陶勒盖鄂木苏
农乃乌素
海尔华淞木格

延安站
孟克图
额根查干
二十二号
井岗山站
珠斯朗陶来
宝日乌拉

哈日苏海
额很陶来
三十四号
·1250
格日勒图

呼鲁斯图
月牙山▲1640
东风镇
三十八号
乌兰淖尔
苏里图

大团结站
魏加杆
乌力吉图

航天镇
红旗站
翻很白兴
和陶海音布郎
1320·乌日格廷super
查干呼日台

·1298
迈平超淖·1224
萨日延都贵·1321
哈沙图
苏力克日图·1406
阿给图

巴　丹　吉　林　沙　漠
查干呼日台

邓布古旦黎勒斯·1442
阿德苏亥图
达布斯图
格日勒图
巴河
哈日吉
包日淖日图
阿给图

金刚子山·1500
图古勒哈日
沙枣泉
扎根呼都格
一万米
达布斯延巴润敖格钦
布雅图
交格特古

青华山▲1559
天城
瑞滚布拉格
二千里·1439·卧牛山
图日班呼都格
红土井
阿德日根呼都格
稻滚楚鲁
沙漠地质公园
巴丹吉林沙漠湖泊自然

甘　合　黎　山
芦泉烽燧
红山墩烽燧
查干全吉烽燧
巴音务如
阿拉腾塔拉
扎根呼都格
呼和乌拉
沙山·1535
额肯海日早
卡格图宝尔
色林敖包
色日

黑泉乡
马匹勒水库
骆驼城乡
高台县
板桥镇
彦德高勒盖
高家窑西井
那仁布拉格
1656·毛盆延特木
嘎顺塔拉
巴音博日格
哈图哈日图务如·150

肃
白腹峰▲3138
临泽县
黑山嘴烽燧
布宏图烽燧
墩墩山烽燧
乔图沟烽燧
乌鲁图阿木3号烽燧
乌鲁图阿木2号烽燧
乌鲁图阿木1号烽燧
阿拉腾朝克苏木
那仁布拉
呼和额热格
博日格高勒盖
德日斯图呼都格
格日乌苏烽燧
德布斯格烽燧
狼心疙瘩西烽燧
狼心疙瘩烽燧
查干通格
阿德日根呼都格
温都仁哈布
那木博日格
西平山嘴
沙日敖吉图
浩绕呼都格
伊和呼都格
阿拉善右旗
（额肯呼都镇）
阿日腾乌苏
黑疙瘩
苏海图
额肯呼都格
沙日敖日格
伊和呼都格
努
乔吉提乌拉烽燧
夏格哈木勒烽燧
红墩子烽燧

张掖市
龙
首
东乐乡
山丹县
墩根阿木烽燧
金银洞烽燧
娃子山烽燧
赛汉额日根烽燧
巴尔图1号烽燧
巴尔图2号烽燧
六坝镇
查干德日斯
夹山烽燧
敖勒斯太烽燧
伊和呼都格阿木1号烽燧
乌兰苏海高勒烽燧
阿木乌苏烽燧
苏布日格
东红沙窝
乌兰塔拉
坤悦图阿术长城
宝德格哈布其勒长城
·2047
查干乔吉阿木烽燧
巴音呼都格烽燧
巴音高勒
善马湖烽燧
牧胡日烽燧
乌兰塔拉
干涝池烽燧
破金峡长城
青羊日烽燧
阿木乌苏烽燧
乌兰塔拉烽燧
伊勒盖图烽燧
载夫板烽燧
伊勒盖图东脑烽燧
萨力克图烽燧
浑格勒烽燧
必鲁图2号烽燧
必鲁图1号烽燧
查呼都太西烽燧
乔吉提乌拉烽燧
阿木乌苏烽燧
双

肃南裕固族自治县

祁　连　山

青海省

甘　肃　省

阿拉善左旗汉长城局部展开图

巴音乌拉17号烽燧
巴音乌拉14号烽燧
查干沟口1号烽燧
呼和敖包长城
宝日卓海图烽燧
希勃希音烽燧
哈勃希音包烽燧
乌努根敖包烽燧
巴音乌拉19号烽燧
查斯沟长城
查斯沟1号烽燧
哈日库布烽燧
布日音苏木烽燧
查干杜贵烽燧
将军敖包长城
查斯沟2号烽燧
查斯沟口2号烽燧

和平

哈斯布其烽燧
宝尔放包希勒长城
巴嘎敖包烽燧
阿日敖包烽燧

定鲁1号烽燧
定鲁2号烽燧
定鲁3号烽燧
夏日放包1号烽燧
夏日放包2号烽燧
夏日放包3号烽燧
伊苏音希音烽燧
阿尔善敖包希勃劲烽燧

巴彦毛道
图克木

乌兰布拉格2号烽燧
乌兰布拉格1号烽燧
别立哈哈拉其烽燧
乌兰敖包希其烽燧
乌兰拜兴烽燧
宝日敖包希其烽燧
布日格斯太2号烽燧
布日格斯太1号烽燧

巴嘎查干楚鲁图烽燧
查干楚鲁图烽燧
巴音放包1号烽燧
巴音放包2号烽燧
哈登希勃劲烽燧
萨格勒勒日放包烽燧
夏布尔全吉烽燧
蒙勒放包烽燧

豪统陶勒盖夏布日吉烽燧
塔音陶勒盖夏音希勃劲烽燧
呼和图音宗希勃劲烽燧
呼和陶音巴润希勃劲烽燧
呼和陶勒盖呼都希勃劲烽燧
勃日格呼都希勃劲烽燧
乌兰陶勒盖烽燧
哈德呼1号烽燧
哈德呼2号烽燧
乌门乌斯烽燧
阿门乌素烽燧

额勒斯台
查干敖包
乌兰敖包烽燧

额热烽燧
呼和温都尔
呼和温都尔
嘎顺尚丹
巴力乌苏

阿日善
乌力布德烽燧
阿日善

希尼乌素
乌兰呼都格
豪龙滚
沙拉扎干

夏布克1号烽燧
夏布克2号烽燧
铁布克1号烽燧
铁布克2号烽燧
夏尔希勃劲烽燧
哈日苏吉德烽燧
阿日西勃劲烽燧
阿日尚德烽燧
恩格尔勃勒盖烽燧

德日图
乌蓝放包烽燧
温都尔希勃劲烽燧
哈日希沿烽燧

德日图陶勒盖烽燧
塔拉音放包烽燧
玛宁放包烽燧
乌兰楚鲁
乌兰楚鲁
哈敖包烽燧

勾勾上昂
阿德日根日别立

乌兰布拉格3号烽燧
博日音苏木烽燧
苏木太高勒2号烽燧
查干呼德1号烽燧
苏木太高勒1号烽燧

全吉浩来烽燧
夏布日音全吉烽燧
哈拉曾浩尼图烽燧
哈日勒格烽燧
乌西勃劲烽燧
乌西拉格烽燧
特布克城
平乌拉格
乌西尔格

沙拉嘎绍
浑迪图

川吉烽燧
额森陶勒盖烽燧

夏日希音全吉烽燧
宝日陶勒盖陶音全吉烽燧
额里森陶勒盖烽燧
乌兰陶勒盖希勃劲烽燧
巴彦洪格日
夯乌敖拉烽燧
塔拉音陶拉希勃劲烽燧

豪依尔哈日撒拉烽燧
呼和希勃劲烽燧

浩来勃日格
沙日扎干

鄂里格
其日格

阿拉善左旗汉长城局部展开图

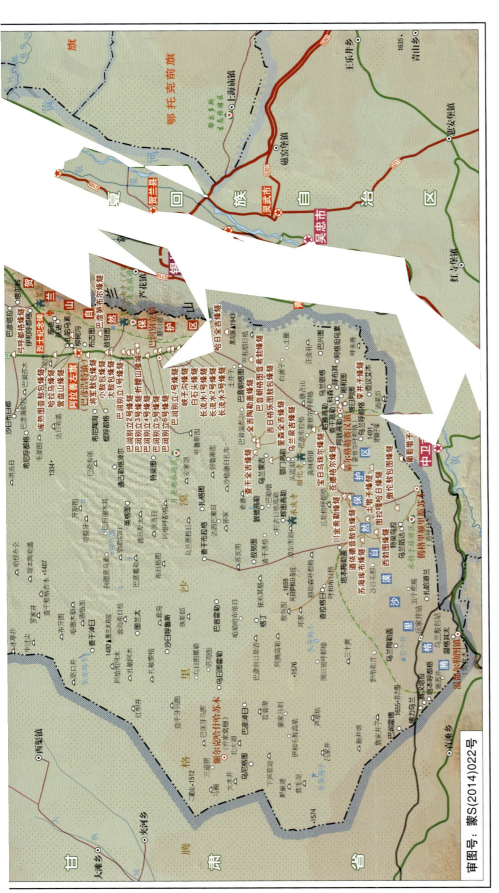

地图五　阿拉善左旗汉长城分布图

0　15.5　31.0　46.5　62.0　77.5千米

审图号：蒙S(2014)022号

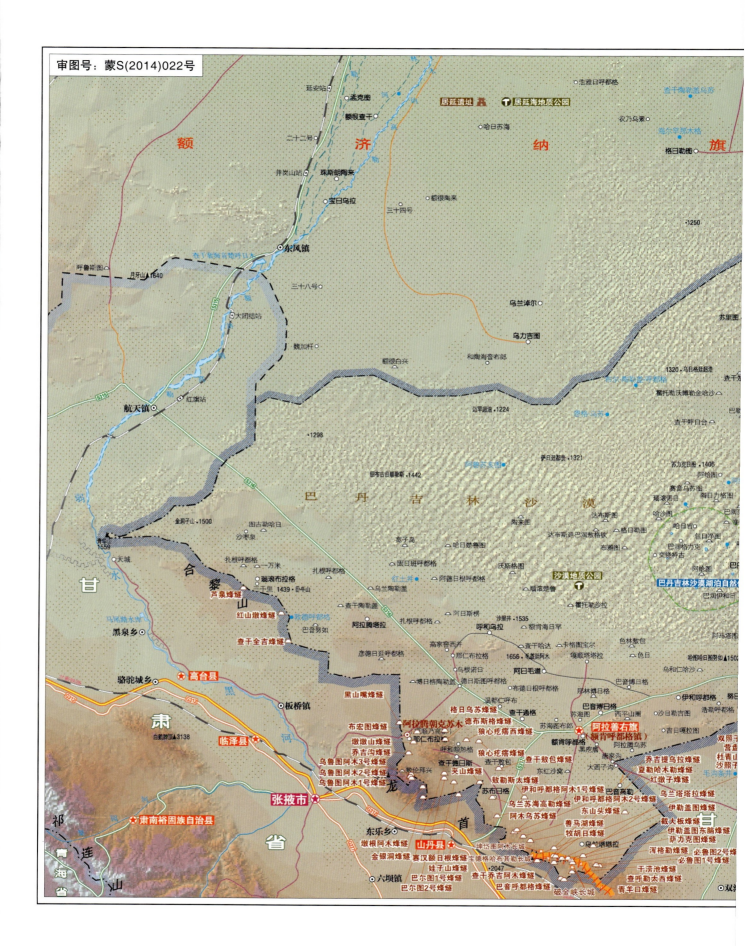

审图号：蒙S(2014)022号

额 济 纳 旗

居延遗址　居延海地质公园

浩雅日呼都格

查干陶勒盖乌苏

农乃乌素

海尔罕郭木格

格日勒图

苏里图

延安站

孟克图

额根查干

二十二号

哈日苏海

井岗山站

珠斯胡陶来

额很陶来

宝日乌拉

三十四号

·1250

东风镇

呼鲁斯图

月牙山▲1640

查干察海哲音德呼日木

大团结站

乌兰淖尔

乌力吉图

1320·乌日格延延浩

布尔陶海音呼都格

蒙托勒沃博勒金哈沙

查干羔

魏加杆

额很白兴

和陶海音布郎

苏力克图 ·1406

阿绘图

赛音乌苏图

海日力格图

查干呼日台

恩格·乌苏

·1298

达来都贵·1321

·1321

阿德苏玄图

哈沙图

查干呼日台

巴丹 吉 林 沙 漠

细布古日黎黎斯·1442

达布斯图

红格日图

格日勒图

哈日古

包日淖尔

巴润格力克

交绕特古

金洞子山·1500

图古勒哈日

陶来图

布雅图

沙枣泉

袁子岛

哈日楚鲁图

红土井

图日班呼都格

达布斯延巴润敖格尔

沃斯格图

沙漠地质公园

巴丹吉林沙漠湖泊自然

甘

弱水

天城

扎根呼都格

一万米

扎根呼都格

乌兰陶勒盖

阿德日根呼都格

瑞滚楚鲁

蟾托勒沙拉

巴润伊和日

芦泉烽燧

磁滚布拉格

查干陶勒盖

阿日斯桥

沙里井 ·1535

红山墩烽燧

敦德呼都格

扎根呼都格

呼和乌拉

额肯海日罕

黑泉乡

马尾湖水库

巴音努如

彦德日延呼都格

高家窝于图

查干哈达·1656·毛盖延阿木

卡格图宝尔

色林敖包

查干全吉烽燧

那仁布拉格

嘎顺呼都格塔拉

色日

哈日毛道

黎山

骆驼城乡

高台县

黑

博日格陶勒盖呼都格

德布斯图呼都格

温都仁呼布

阿德日根呼都格

那林毛日格

哈日哈日图务仰·1502

乌日仁哈沙

板桥镇

黑山嘴烽燧

河

伊和呼都格

巴音博日格

沙日勒吉图

浩勒图呼都格

肃

布宏图烽燧

阿拉腾朝克苏木

格日乌苏烽燧

狼心疙瘩西烽燧

苏海图

东平川圈

阿拉善右旗（额肯呼都格镇）

伊勒呼都格

白鹳滩▲3138

墩墩山烽燧

那仁布拉

狼心疙瘩烽燧

额肯呼都格镇

黑疙瘩

大西子沟

双照井

临泽县

乔吉沟烽燧

呼和额热格

阿拉腾乌苏

营盘

杜青山

乌鲁图阿木3号烽燧

查干德日斯

查干敖包

查干敖包烽燧

东红沙窝

乔吉提乌拉烽燧

沙照开

乌鲁图阿木2号烽燧

嘎仑拜兴

夹山烽燧

夏勒哈木勒格烽燧

红墩子烽燧

乌鲁图阿木1号烽燧

龙

苏布日格

乌兰塔拉格烽燧

张掖市

伊和呼都格阿木1号烽燧

巴音高勒

肃南裕固族自治县

首

乌兰苏海高勒烽燧

伊和呼都格阿木2号烽燧

东山头烽燧

戴夫板呼烽燧

阿木乌苏烽燧

伊和盖图东脑呼烽燧

东乐乡

墩根阿木烽燧

山丹县

鲁马湖烽燧

萨力克图烽燧

坤份图阿木长城

牧胡日烽燧

伊勒盖图烽燧

省

金银洞烽燧

赛汉额日根烽燧

宝德格哈布其勒长城

浑格勒图烽燧

伊勒图2号烽燧

青

娃子山烽燧

·2047

查干乔吉阿木烽燧

干涝池烽燧

海

巴尔图2号烽燧

巴音呼都格烽燧

破金峡长城

必鲁图1号烽燧

连

六坝镇

查干太西烽燧

双

山

青羊口烽燧

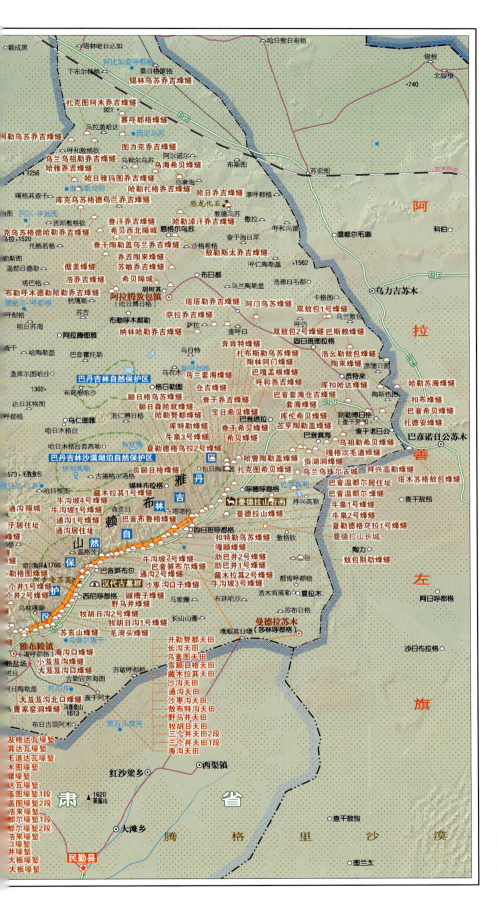

地图六　阿拉善右旗汉长城分布图

0　　3.0　　6.0　　9.0　　12.0　　15.0千米

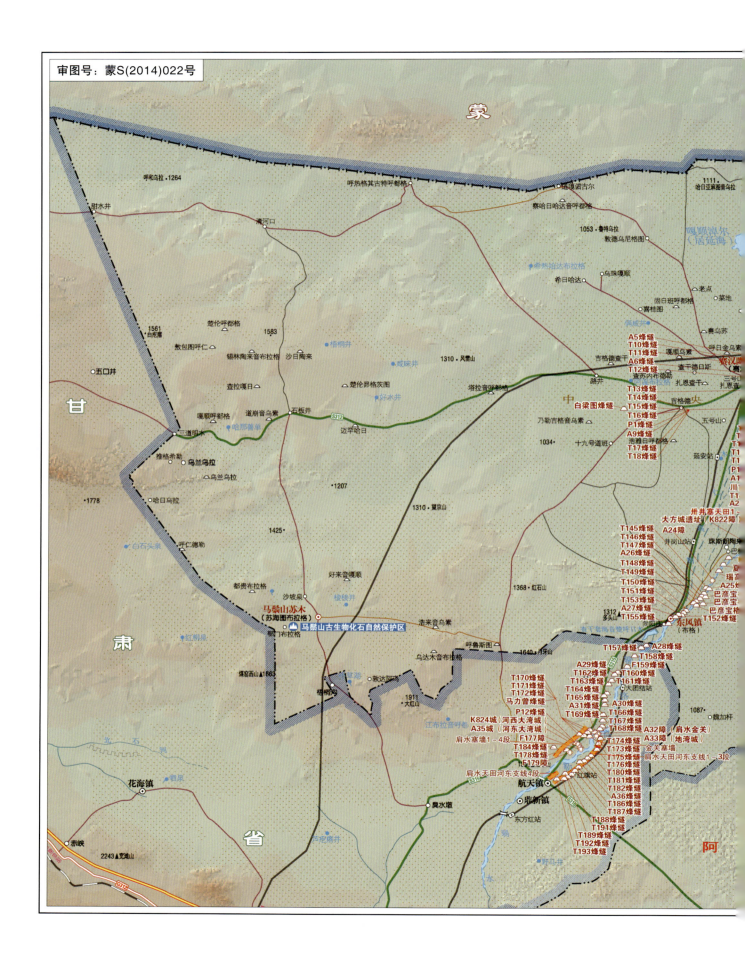

蒙

甘

肃

省

阿

中

呼和乌拉·1264
甜水井
渭河口
呼热格其古特呼都格
噶顺诺古尔
蔡哈日哈达音呼都格
1053·鲁特乌拉
敖德乌尼格图
1111·
哈日亚廉图音乌格

噶顺淖尔
(居延海)

希热贻达布拉格
乌珠嘎顺
老点
菜地

希热哈达
固日班呼都格
赛乌苏
襄桂图

1561
白龙墩
楚伦呼都格
1583
敖包图呼仁
锡林陶来音布拉格
沙日陶来

五口井
查拉嘎日

俄威井

A5烽燧
T10烽燧
T11烽燧
A6烽燧
T12烽燧
嘎顺乌素
呼日金乌素
查干德日斯
查苏内布德勒

蔡汉

吉格德查干
路计
扎恩查

梧桐井
咸珠井
1310·风雷山
塔拉音呼都格

T13烽燧
T14烽燧
T15烽燧
T16烽燧
P1烽燧

吉格德

五号山
五号山

A9烽燧

甘

肃

省

嘎顺呼都格格
道崩音乌素
石板井
迈罕哈日
楚伦郭格芡图
好水井
1034·
乃勒吉格音乌素

三道明水
推格希勒
乌兰乌拉
乌兰乌拉

哈那善单

浩雅日呼都格
延安站

T17烽燧
T18烽燧

·1778
白石头泉
哈日乌拉

1425·
呼仁德勒
·1207

1310·蔥京山

T13
T14
P1
A1
川
T1
A2

卅井塞天田1
大方城遗址
(K822障)
T145烽燧
T146烽燧
T147烽燧
A24障
A26烽燧
T148烽燧
T149烽燧
T150烽燧
T151烽燧
T153烽燧
A27烽燧
T155烽燧

井岗山站

珠斯朗陶来
巴
夏瑞
瑞
A25障
巴彦宝
巴彦宝
巴彦宝格
T152烽燧

1368·红石山

1312
多头山

马鬃山苏木
(苏海图布拉格)
红柳泉
都贵布拉格
沙坡泉
梭梭井
好来音嘎顺
浩来音乌素

马鬃山古生物化石自然保护区

东风镇
(布格)

呼鲁斯图
1640·月牙山
乌达木音布拉格

T157烽燧
T158烽燧
F159烽燧
T160烽燧
T161烽燧
T163烽燧
T164烽燧
T165烽燧
A30烽燧
T166烽燧
T167烽燧
A32障(肩水金关)
A33障(地湾城)
金关塞墙

A28烽燧
A29烽燧

煤窑西山▲1663
梧桐沟
敖达阿玛
1911·
大红山

T170烽燧
T171烽燧
T172烽燧
马力曾烽燧
P12烽燧
K824城(河西大湾城)
A35城(河东大湾城)
肩水塞墙1~4段
F177障
T184烽燧
T178烽燧
F179障
肩水天田河东支线4段

T162烽燧
大团结站

T169烽燧
T168烽燧

T173烽燧
T174烽燧
T175烽燧
T176烽燧
肩水天田河东支线1~3段
T180烽燧
T181烽燧
T182烽燧
A36烽燧
T186烽燧
T187烽燧

A31烽燧

江布拉音呼都
花海镇

赤峡
2243▲克滩山

臭水墩

东方红站

弱斯镇
红旗站
航天镇

T188烽燧
T191烽燧
T192烽燧
T189烽燧
T193烽燧

1087·
魏加杆

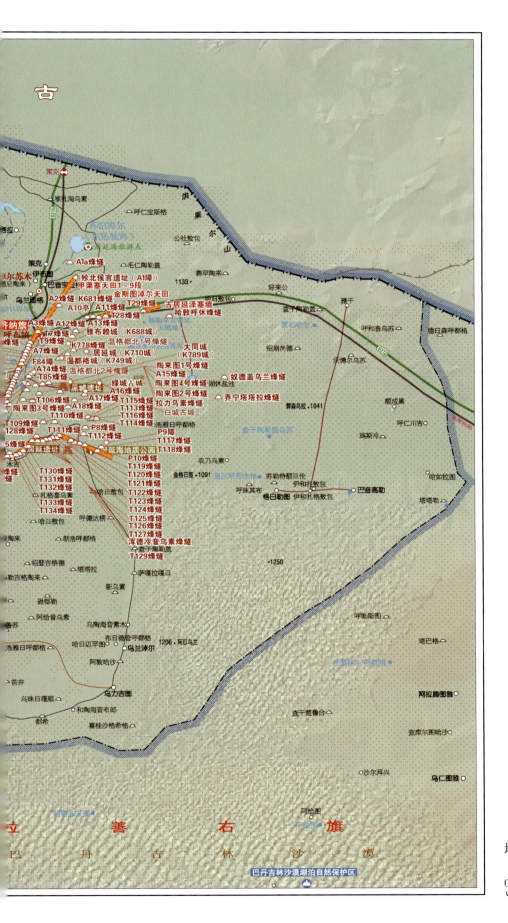

地图七　额济纳旗汉长城分布图

0　　15.0　　30.0　　45.0　　60.0　　75.0千米

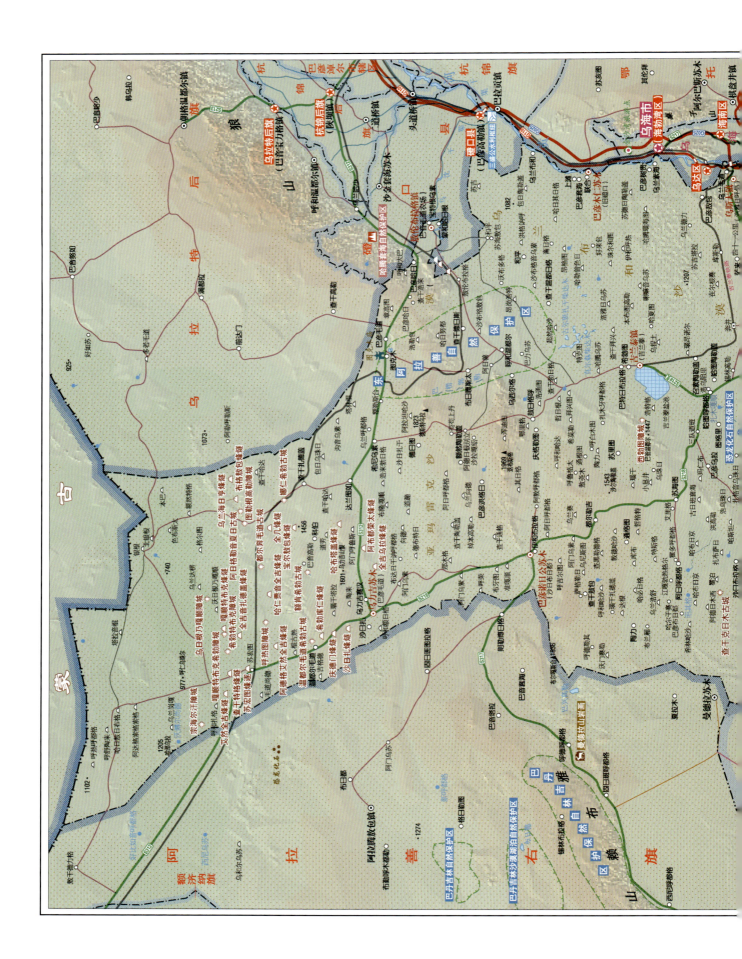

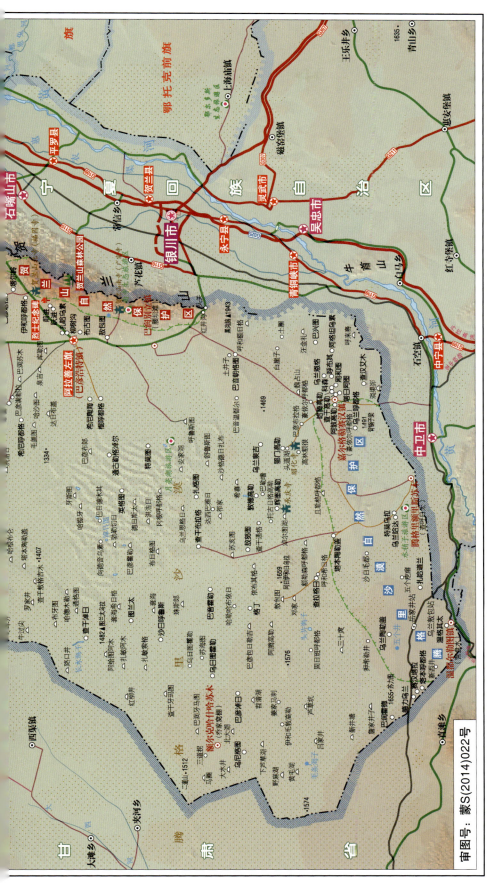

审图号：蒙S(2014)022号

地图八　阿拉善左旗西夏长城分布图

0　15.5　31.0　46.5　62.0　77.5千米

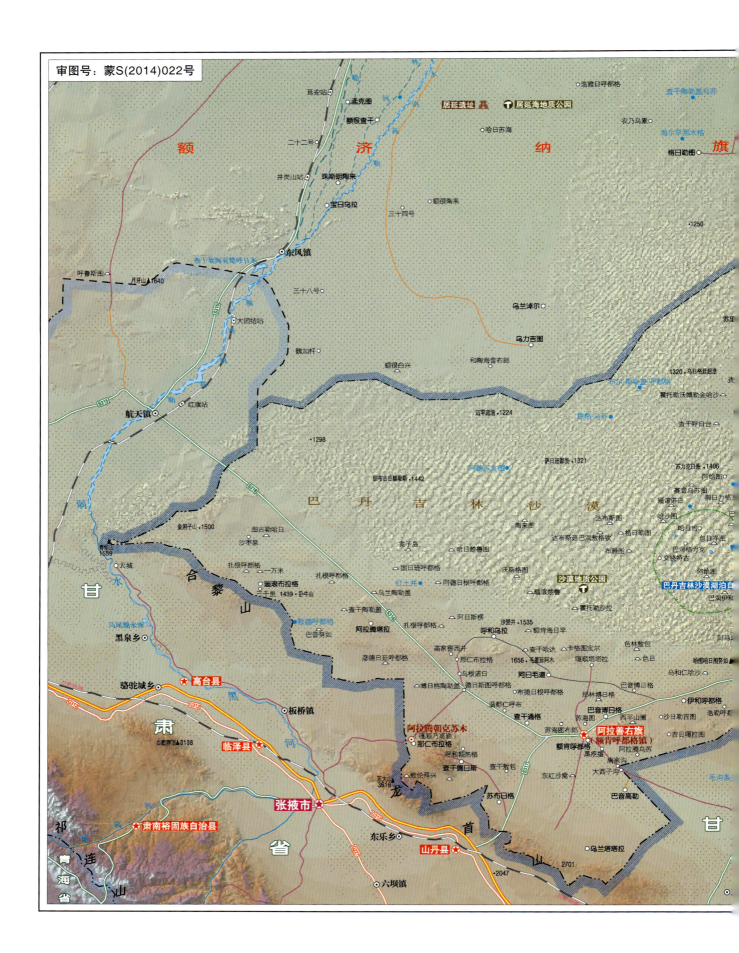

额   济   纳   旗

延安站
孟克图
额根查干
二十二号
井岗山站
珠斯朗陶来
宝日乌拉

居延遗址
居延海地质公园
浩雅日呼都格
查干陶勒盖乌苏
农乃乌素
海尔苏乌苏木格
格日勒图圈
哈日苏海
额很陶来
·1250

东风镇
三十八号
乌兰淖尔

月牙山▲1640
呼鲁斯图
乌力吉图

大团结站
魏加杆
额很白兴
和陶海音布郎
苏里
1320·乌日格延起浩

航天镇
红旗站
迈平超浩·1224
意希·乌井
蓁托勒沃博勒金哈沙
查干呼日台
布水乌苏·呼都格

·1298
·1321
阿德苏友图
苏力宏日图·1406
阿哈图
赛嘉乌苏图
瑞浪诺日
阿日力格图
哈沙图

巴   丹   吉   林   沙   漠
细布古日蒙黎斯·1442
萨日延都素·1321
达布斯图
格日勒图
哈沙日布
包日浮图

金潮子山·1500
图古勒哈日
陶来图
达布斯延巴润敖格钦
布雅图
巴润格力克
交缘特古

1559
沙枣泉
亮子岛
哈日楚图
沃斯格图
沙漠地质公园
阿绘图

天城
扎根呼都格
一万米
固日班呼都格
扎根日根呼都格
瑞浪楚鲁

甘
合
黎
山
三千里·1439·卧牛山
红土井
阿德日根呼都格
扎根呼都格

马尾湖水库
滚滚布拉格
敖德呼都格
查干陶勒盖
阿日斯楞
阿里井·1535
呼和乌拉
额肯海日平
霍托勒沙拉

黑泉乡
巴务务如
高家察西井
那仁布拉格
查干哈达
卡格图宝尔
色林敖包

骆驼城乡
彦德日延呼都格
阿根淖日
1656·毛墩延阿木
德日斯延呼都格
和德日根呼都格
戈顿塔塔拉
包日
哈德哈日图敖如

高台县
博日格陶勒盖
阿日毛道
那林博日格
巴音博日格
乌和仁哈沙

板桥镇
阿拉腾朝克苏木
(魏颈乃德勒)
那仁布拉格
温都仁阿布
查干哈格
苏海图
苏海图布郎
巴音博日格
伊和呼都格
沙日吉图
浩勒图吉格

肃
河
临泽县
白菖原顶▲3138
呼和额热格
和德日根呼都格
额肯呼都格郎
西平山圈
阿拉腾乌苏
吉日嘎拉图

阿拉善右旗
(额肯呼都格镇)

敖伦拜兴
查干德日斯
查干敖包
熏疙瘩
广家沟
毛沟条

张掖市
苏大山
3616
龙
东红沙窝
大西子沟

肃南裕固族自治县
省
东乐乡
山丹县
首
乌兰塔拉
甘

祁
连
山
六坝镇
山
·2047
·2701

青
海
省

地图九　阿拉善右旗西夏长城分布图

0　　3.0　　6.0　　9.0　　12.0　　15.0千米

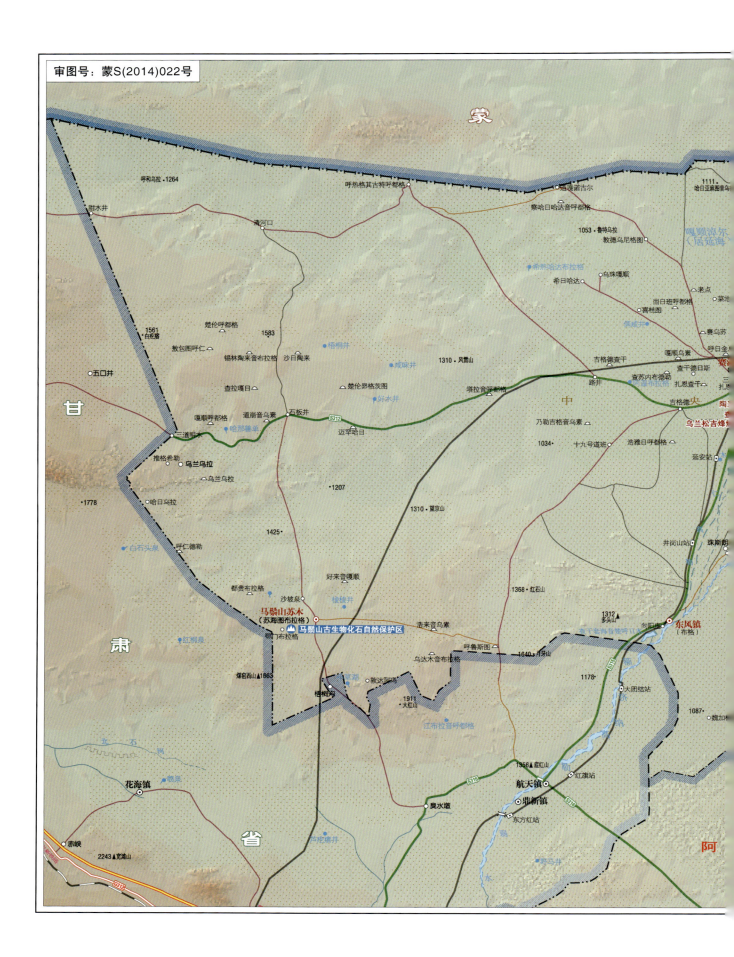

蒙

呼和乌拉·1264

甜水井

清河口

呼热格其古特呼都格

暗嘎若古尔

1111·

蔡哈日哈音呼都格

哈日亚麻图音音

1053·鲁特乌拉

敦德乌尼格图

嘎顺淖尔
（居延海）

希热陶达布拉格

乌珠嘎顺

希日哈达

固日班呼都格

喜桂图

老点

菜地

赛乌苏

楚伦呼都格

1583

梧桐井

咸味井

1310·凤雷山

偶威井

嘎顺乌素

呼日金

1561
·白疙瘩

敖包图呼仁

锡林陶来音布拉格

沙日陶来

塔拉音呼都格

吉格德查干

查干德日斯

扎恩查干

三

甘

五口井

查拉嘎日

楚伦郭格茨图

好水井

查苏内布德勒

吉格德

央

陶

乌兰松吉烽

嘎顺呼都格

道崩音乌素

石板井

S312

中

路井

·1778

哈日乌拉

1207

乃勒吉格音乌素

1034·

十九号道班

浩雅日呼都格

延安站

肃

白石头泉

呼仁德勒

1425·

1310·莫京山

井岗山站

珠斯朗

都贵布拉格

沙坡泉

好来音嘎顺

1368·红石山

1312▲
多头山

东风镇
（布格）

马鬃山苏木
（苏海图布拉格）

梭梭井

浩来音乌素

马鬃山古生物化石自然保护区

呼鲁斯图

1640·月牙山

句阳庙

1178·

大团结站

红桐泉

乌达木音布拉格

1087·

魏加站

煤窑西山▲1663

敦达阿玛

1911
大红山

江布拉音呼都格

S315

1956·底红山

S310

红旗站

花海镇

慨泉

航天镇

甜斯镇

东方红站

赤峡

2243▲宽滩山

臭水墩

石疙瘩井

骆驼井

省

阿

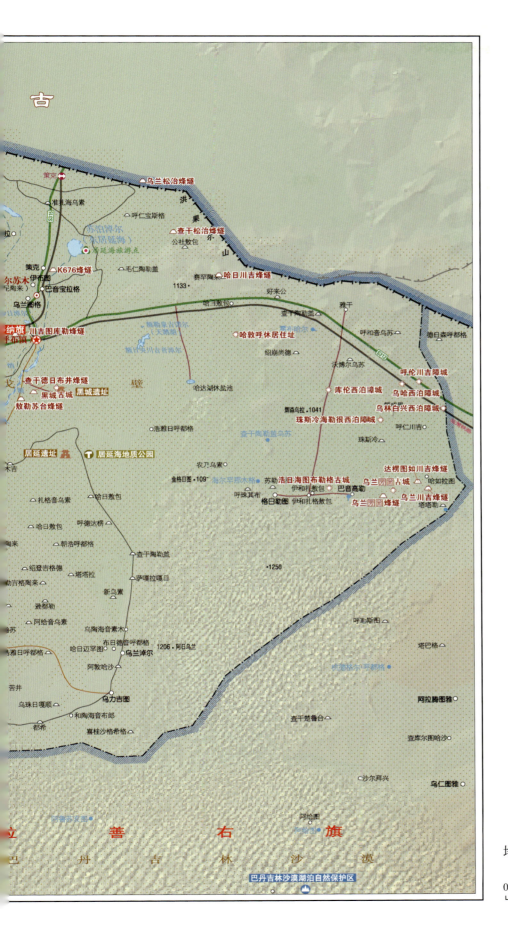

地图一〇　额济纳旗西夏长城分布图

| 0 | 15.0 | 30.0 | 45.0 | 60.0 | 75.0千米 |

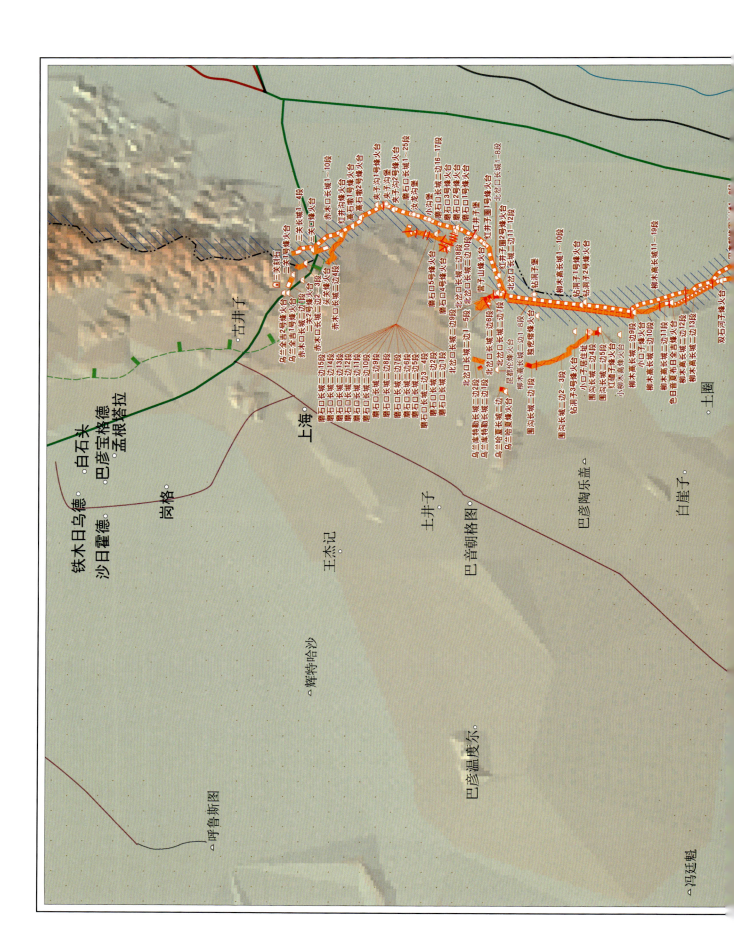

铁木日乌德

沙日霍德

白石头

巴彦宝格德

孟根塔拉

岗格

古井子

三关口长城2号烽火台
乌兰全吉2号烽火台
乌兰全吉1号烽火台
三关口长城1号烽火台
赤木口长城一边
赤木口长城二边2~3段
赤木口长城一边1~4段

赤木口长城一~10段
红石墩1号烽火台
高石墩2号烽火台
高石墩1号烽火台
夹子沟1号烽火台
夹子沟2号烽火台
夹子沟烽火台
磨石口长城1~25段
磨石口长城16~17段
磨石口3号烽火台
磨石口2号烽火台
磨石口1号烽火台
井子堡
小沟堡
女龙沟堡
红柳口堡
红柳口长城1~8段
北兰口长城11~12段
钻洞子堡

上海

三关口山
磨石口长城15段
磨石口长城14段
磨石口长城13段
磨石口长城12段
磨石口长城11段
磨石口长城10段
磨石口长城二边9段
磨石口长城二边8段
磨石口长城二边7段
磨石口长城二边6段
磨石口长城二边5段
磨石口长城二边3~4段
磨石口长城二边2段
磨石口长城二边1段
磨石口5号烽火台
磨石口4号烽火台
北兰口长城二边9段
北兰口长城二边1~5段
北兰口长城二边8段
北兰口长城二边10段
官子山1号烽火台
独修落烽火台
北兰口长城二边2段
北兰口长城二边1段
北兰口长城二边
乌兰库特勒长城二段
乌兰库特勒长城1段
乌兰哈夏长城二段
乌兰哈夏长城1段
昆都伦烽火台
乌兰哈夏烽火台

双石河长城11~13段
柳木高长城11~19段
柳木高长城1~10段
钻洞子1号烽火台
红柳口圈2号烽火台
红柳口长城11~12段

小口子堡
小口子长城二边9段
柳木高长城二边10段
柳木高长城二边11段
色日音夏布吉长城二边12段
柳木高长城二边13段
围沟长城二边4段
小柳木高长城二边
钻洞子长城二边3段
围沟3号烽火台
围沟长城二边5段
红道子烽火台
钻洞子长城二边2~3段

土圈

小口子居延址
小口子长城二边

王杰记

土井子

巴音朝格图

巴彦陶乐盖

白崖子

辉特哈沙

巴彦温度尔

呼鲁斯图

冯廷魁

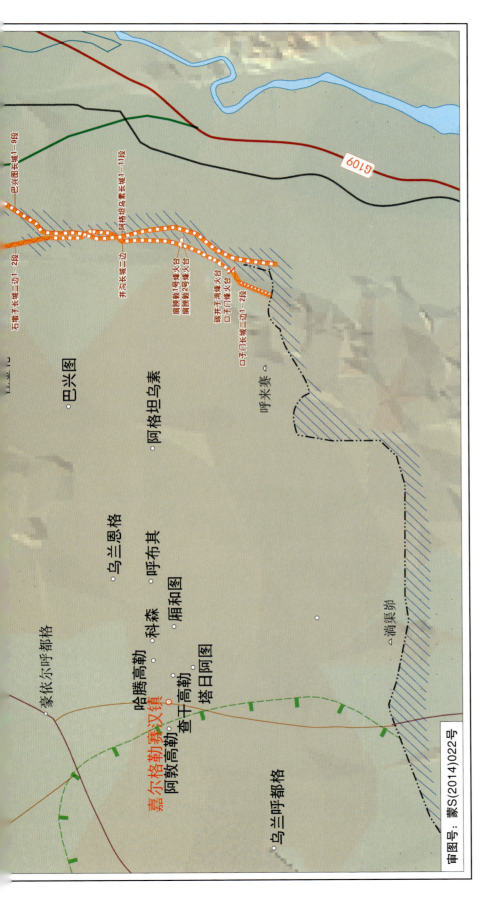

地图——一　阿拉善左旗明长城分布图

巴兴图长城1～9段

石墩子长城二边1～2段

阿格坦乌素长城1～11段

井沟长城二边1～2段

肩腾敖1号烽火台
肩腾敖2号烽火台

碳井子湾烽火台
口子门长城二边1～2段

G109

呼来赛

巴兴图

阿格坦乌素

乌兰恩格

呼布其

科森　陌和图

蒙依尔呼都格

哈腾高勒

喜尔格勒赛汉镇

查干高勒　塔日阿图

阿敦高勒

乌兰呼都格

滴渠卯

0　　3.0　　6.0　　9.0　　12.0　　15.0千米

审图号：蒙S(2014)022号

251

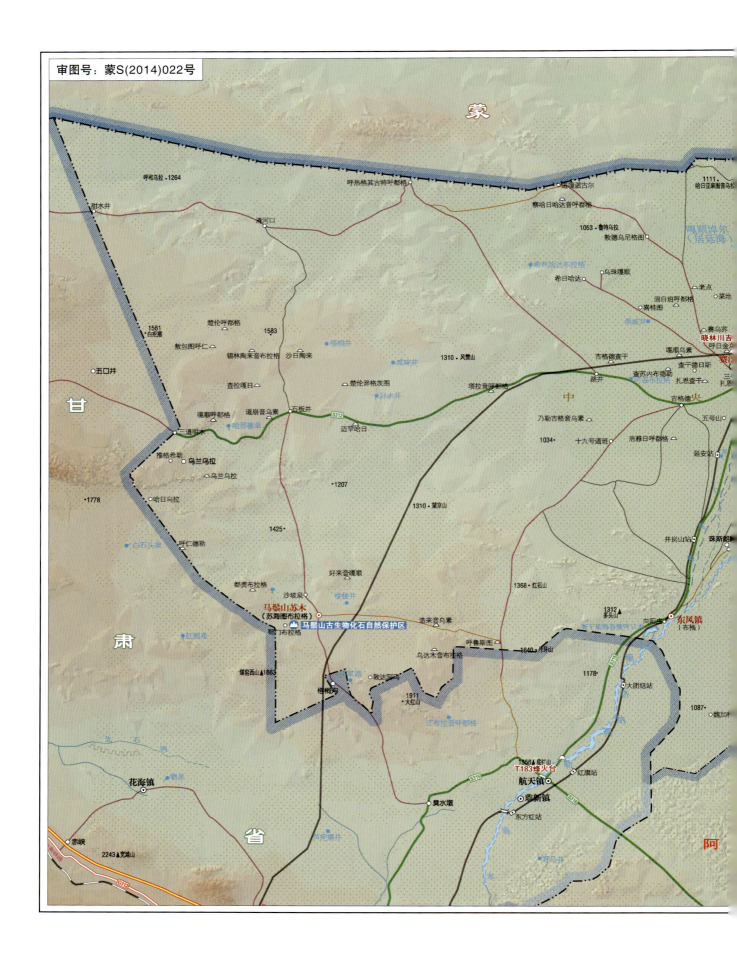

審图号：蒙S(2014)022号

蒙

甘

肃

省

中

阿

呼和乌拉·1264
甜水井
清河口
呼热格其古特呼都格
迪坡诺古尔
蔡哈日哈达音呼都格
1111·
哈日亚麻图音乌拉
嘎顺淖尔
（居延海）
1053·鲁特乌拉
敦德乌尼格图
晞熟哈达布拉格
希日哈达
乌珠嘎顺
固日班呼都格
菜地
嘉桂图
老点
佩坡井
赛乌苏
晓林川吉
呼日金色
楚伦呼都格
1561·白虎嶺
1583
梧桐井
1310·风雷山
吉格德查干
查干德日斯
查苏内布德勒
扎恩查干
五口井
锡林陶来音布拉格
沙日陶来
咸味井
路井
五号山
查拉嘎日
楚伦昂格茨图
好水井
塔拉音呼都格
吉格德央
嘎顺呼都格
道崩音乌素
石板井
S312
迈罕哈日
乃勒吉格音乌素
浩雅日呼都格
延安站
三道明水
哈那善单
1034·
十九号道班
推格希勒
乌兰乌拉
乌兰乌拉
·1207
1778·
哈日乌拉
1310·莫京山
井岗山站
珠斯朗
白石头东
呼仁德勒
1425·
1368·红石山
1312·
多头山
东风镇
（布格）
都贵布拉格
沙坡泉
好来音嘎顺
梭棱井
马鬃山苏木
（苏海图布拉格）
马鬃山古生物化石自然保护区
浩来音乌素
呼鲁斯图
1640·月牙山
大团结站
1178·
1087·
魏加木
红柳泉
赖门布拉格
煤窑西山▲1863
梧桐沟
敦达阿玛
乌达木音布拉格
1911·
大红山
沈布拉音呼都格
句阳山
1356▲庭红山
T183烽火台
红旗站
航天镇
鼎新镇
S319
北·石
峡
噉泉
花海镇
臭水墩
东方红站
芦虎海井
赤峡
2243▲宽滩山
312
野乌井

252

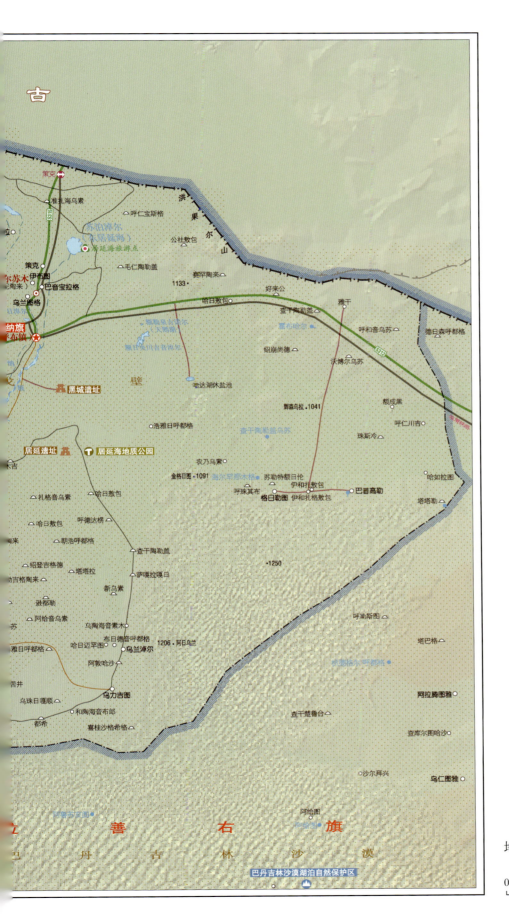

古

策克

洪果尔山

淮扎海乌素
呼仁宝斯格
苏泊淖尔(西居延海)
公社敖包
居延海旅游点
毛仁陶勒盖
策克
1133·
雍干陶来
伊布图
巴音宝拉格
哈日敖包
好来公
雅干
尔苏木
乌兰图格
查干陶勒盖
呼和音乌苏
德日森呼都格
纳旗
布镇
绍崩尚德
沃博尔乌苏
壁
黑城遗址
哈达湖休盐池
额成黑
浩雅日呼都格
辉森乌拉·1041
查干陶勒盖乌苏
呼仁川吉
珠斯冷
居延遗址
居延海地质公园
农乃乌寨
金格日图·1091
哈如拉图
扎格音乌寨
哈日敖包
呼德达楞
朝浩呼都格
苏勒特额日伦
伊和扎敖包
巴音高勒
塔塔勒
呼珠其布
格日勒图
伊和扎格敖包
绍登吉格德
塔瑙拉
查干陶勒盖
·1250
避都勒
萨嘎拉嘎日
新乌寨
阿给音乌寨
乌陶海音素木
呼额斯图
哈日迈罕图
布日德普呼都格
1206·阿日乌兰
乌兰淖尔
塔巴格
阿敦哈沙
乌珠日嘎顺
乌力吉图
阿拉腾图雅
和陶海音布郎
都希
喜桂沙格希格
查干楚鲁台
查库尔图哈沙
沙尔拜兴
乌仁图雅
阿给图
善
右
旗
巴丹吉林沙漠
巴丹吉林沙漠湖泊自然保护区

地图一二　额济纳旗明长城分布图

0　　15.0　　30.0　　45.0　　60.0　　75.0千米

253

彩图一　希勃希勒长城（西北—东南）

彩图二　希勃希勒长城（北—南）

彩图三　呼和敖包烽燧墩台
（西－东）

彩图四　宝日淖海图烽燧全景
（东北—西南）

彩图五　宝日淖海图烽燧全景
（东—西）

彩图六　宝日淖海图烽燧坞（西北—东南）

彩图七　乌努根敖包烽燧墩台（北—南）

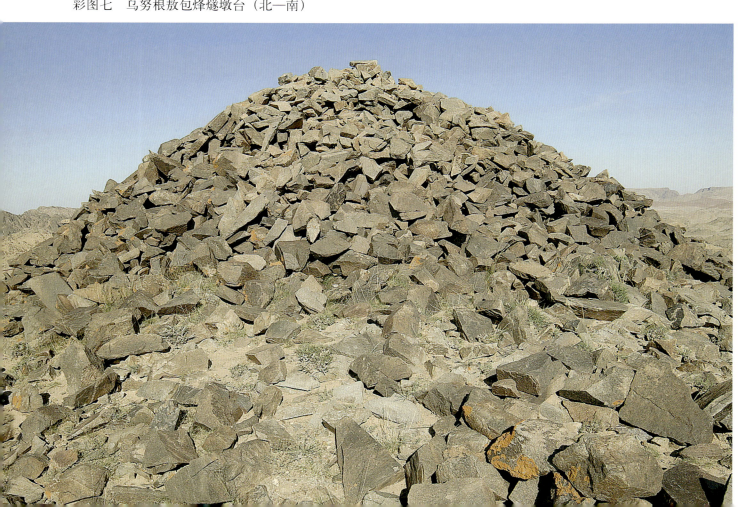

彩图八　哈日希勃烽燧远景（西—东）

彩图九　哈日希勃烽燧坞（南—北）

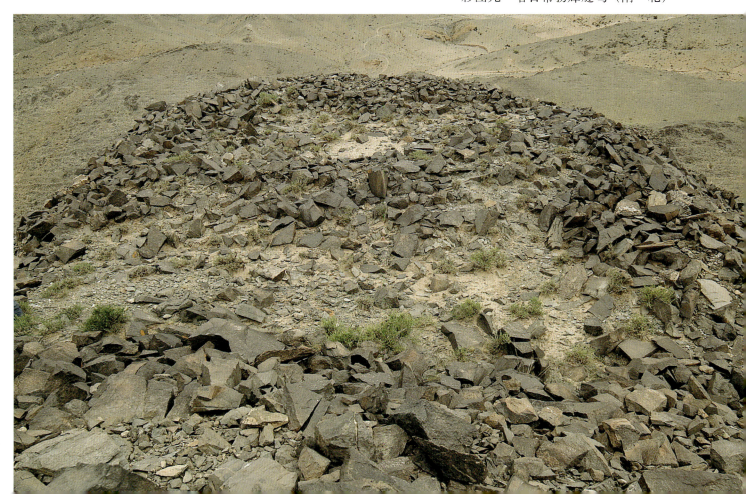

彩图一〇　希勃希勒烽燧墩台（南—北）

彩图一一　希勃希勒烽燧坞（南—北）

彩图一二　希勃烽燧墩台（南—北）

彩图一三　希勃烽燧坞（东南—西北）

彩图一四　巴嘎敖包烽燧墩台
（西—东）

彩图一五　巴嘎敖包烽燧坞（西—东）

彩图一六　阿日敖包烽燧墩台（东—西）

彩图一七　楚鲁3号烽燧墩台（东—西）

彩图一八　哈日敖包烽燧墩台（东—西）

彩图一九　夏日敖包1号烽燧墩台（西—东）

彩图二〇　夏日敖包3号烽燧墩台（西—东）

彩图二一　伊克查干楚鲁图烽燧全景（南—北）

彩图二二　查干楚鲁图烽燧墩台（西—东）

彩图二三　巴音敖包1号烽燧墩台（东—西）

彩图二四　巴音敖包2号烽燧墩台（北—南）

彩图二五　哈登希勃烽燧墩台（南—北）

彩图二六　萨格勒格日敖包烽燧墩台和坞（南—北）

彩图二七　萨格勒格日敖包烽燧坞（东—西）

彩图二八　夏布尔全吉烽燧墩台（北—南）

彩图二九　豪勒包烽燧墩台和坞（西—东）

彩图三〇　豪勒包烽燧坞（北—南）

彩图三一　呼和图音宗希勃烽燧
墩台和坞（北—南）

彩图三二　呼和图音宗希勃烽燧
附燧（东—西）

彩图三三　呼和图音巴润希勃烽
燧墩台和坞（南—北）

彩图三四　呼和图音巴润希勃烽
燧坞和附燧（东—西）

彩图三五　呼和陶勒盖音希勃烽
燧墩台（南—北）

彩图三六　呼和陶勒盖音希勃烽
燧坞

彩图三七　呼和陶勒盖音希勃烽燧附燧（东南—西北）

彩图三八　哈德呼1号烽燧墩台和坞（南—北）

彩图四〇　哈德呼1号烽燧坞（西北—东南）

彩图四一　哈德呼2号烽燧墩台和坞（东南—西北）

彩图三九　哈德呼1号烽燧部分石砌痕迹（东—西）

彩图四二　哈德呼2号烽燧墩台（北—南）

彩图四三　哈德呼2号烽燧坞（北—南）

彩图四四　阿门乌斯烽燧墩台和坞（南—北）

彩图四五　阿门乌斯烽燧坞
（西—东）

彩图四六　夏日希泊烽燧全景
（南—北）

彩图四七　夏日希泊烽燧坞
（南—北）

彩图四八　铁布克1号烽燧墩台（北—南）

彩图四九　铁布克1号烽燧坞（北—南）

彩图五〇　铁布克1号烽燧附燧（南—北）

彩图五一　铁布克2号烽燧墩台和坞（西—东）

彩图五二　铁布克2号烽燧墩台（东—西）

彩图五三　铁布克2号烽燧坞（西—东）

彩图五四　哈日西勃烽燧墩台和坞（西南—东北）

彩图五五　玛宁敖包烽燧墩台和坞（东—西）

彩图五六　恩格尔烽燧墩台和坞（西南—东北）

彩图五七　恩格尔烽燧坞（东南—西北）

彩图五八　阿拉格陶勒盖烽
燧墩台和坞（西—东）

彩图五九　阿拉格陶勒盖烽
燧坞（西南—东北）

彩图六〇　温都尔希勃烽燧
墩台（北—南）

彩图六一　哈日希泊烽燧坞
（东—西）

彩图六二　乌篮敖包烽燧远景及
周边环境

彩图六三　乌篮敖包烽燧墩台
（南—北）

彩图六四　高敖包烽燧墩台（北—南）

彩图六五　夏日希勃烽燧墩台（西—东）

彩图六六　夏日希勃烽燧墩台和坞（北—南）

彩图六七　夏日希勃烽燧坞（西—东）

彩图六八　宝日陶勒盖音全吉烽燧墩台和坞（南—北）

彩图六九　宝日陶勒盖音全吉烽燧
坞（西一东）

彩图七〇　额里森陶勒盖烽燧墩台
（西一东）

彩图七一　乌兰陶勒盖音希勃烽燧
墩台和坞（南一北）

彩图七二　乌兰陶勒盖音希勃烽燧坞（西北—东南）

彩图七三　夯亨敖包烽燧墩台（南—北）

彩图七四　夯亨敖包烽燧附燧（北—南）

彩图七五　塔塔拉音希勃烽燧墩台（西—东）

彩图七六　塔克勒格音敖包烽燧远景（西南—东北）

彩图七七　塔克勒格音敖包烽燧部分石砌痕迹（西北—东南）

彩图七八　塔木苏格敖包烽燧墩台（南—北）

彩图七九　查斯沟长城（北—南）

彩图八〇　查斯沟长城（东—西）

彩图八一　查斯沟1号烽燧墩台（西—东）

彩图八二　查斯沟2号烽燧及西侧附燧（西—东）

彩图八三　查斯沟口2号烽燧远景（南—北）

彩图八四　查斯沟口2号烽燧附燧（西南—东北）

彩图八五　将军敖包烽燧墩台（南—北）

彩图八六　将军敖包烽燧附燧（东—西）

彩图八七　查干杜贵烽燧全景（南—北）

彩图八八　布日音苏木烽燧墩台（东—西）

彩图八九　布日音苏木烽燧墩台（南—北）

彩图九〇　布日音苏木烽燧墩台（西—东）

彩图九一　哈日库布烽燧墩台和坞（南—北）

彩图九二　阿尔善敖包烽燧墩台（南—北）

彩图九三　布日格斯太1号烽燧墩台（南—北）

彩图九四　布日格斯太2号烽燧墩台（北—南）

彩图九五　布日格斯太2号烽燧墩台（南—北）

彩图九六　布日格斯太2号烽燧附燧（西北—东南）

彩图九七　宝日敖包烽燧墩台和坞（南—北）

彩图九八　宝日敖包烽燧墩台和部分附燧（东—西）

彩图九九　宝日敖包烽燧附燧（南—北）

彩图一〇〇　宝日敖包烽燧附燧（北—南）

彩图一〇一　乌兰拜兴烽燧墩台
（西—东）

彩图一〇二　乌兰敖包烽燧远景
（东南—西北）

彩图一〇三　乌兰敖包烽燧墩台
（东南—西北）

彩图一·〇四　别立哈布其格烽燧（东—西）

彩图一·〇五　乌兰布拉格1号烽燧墩台（北—南）

彩图一〇六　乌兰布拉格障城全景（南—北）

彩图一〇七　乌兰布拉格障城障墙顶部（北—南）

彩图一〇八　乌兰布拉格障城障内部（东南—西北）

彩图一〇九　乌兰布拉格障城障门（东北—西南）

彩图一一〇　乌兰布拉格障城障内登墙马道（南—北）

彩图一一一　乌兰布拉格障城关厢（北—南）

彩图一一二　乌兰布拉格2号烽燧墩台（西—东）

彩图一一三　乌兰布拉格2号烽燧墩台（南—北）

彩图一一四　乌兰布拉格2号烽燧坞（北—南）

彩图一一五　阿门乌素烽燧墩台（东南—西北）

彩图一一六　阿门乌素烽燧地表遗物

彩图一一七　大水沟烽燧墩台（东—西）

彩图一一八　大水沟烽燧暴露的土坯层（南—北）

彩图一一九　夏布日全吉烽燧墩台（北—南）

彩图一二〇　哈拉曾浩尼图烽燧墩台和坞（西—东）

彩图一二一　哈拉曾浩尼图烽燧墩台
（东北—西南）

彩图一二三　罕乌拉烽燧墩台（西—东）

彩图一二四　博日音呼德烽燧墩
台远景（南—北）

彩图一二二　哈拉曾浩尼图烽燧坞（东—西）

彩图一二五　博日音呼德烽燧墩台和坞（北—南）

彩图一二六　特布克烽燧墩台东部
（东—西）

彩图一二七　特布克烽燧墩台西北
角（西北—东南）

彩图一二八　乌素太高勒烽燧墩台
（北—南）

彩图一二九　乌素太高勒烽燧坞和附燧（北—南）

彩图一三〇　乌西勒格烽燧墩台（西南—东北）

彩图一三一　苏木太高勒1号烽燧墩台（北—南）

彩图一三二　乌西勒格障城全景（南—北）

彩图一三三　乌西勒格障城东墙（南—北）

彩图一三四　乌西勒格障城西墙（南—北）

彩图一三五　乌西勒格障城南墙（西—东）

彩图一三六　苏木太高勒3号烽燧墩台和坞（西—东）

彩图一三七　全吉浩来烽燧墩台（北—南）

彩图一三八　全吉烽燧墩台（南—北）

彩图一三九　敖包图烽燧远景（东北－西南）

彩图一四〇　敖包图烽燧墩台（东北－西南）

彩图一四一　希勃图烽燧墩台（东－西）

彩图一四二　希勃图烽燧坞（西－东）

彩图一四三　希勃图烽燧附燧（北－南）

彩图一四四　额日木格敖包烽燧墩台（西－东）

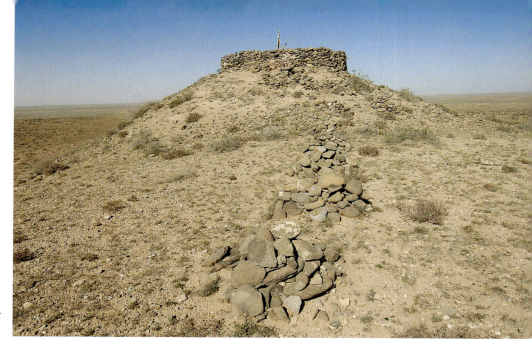

彩图一四五　库热图音敖包烽
燧墩台（南—北）

彩图一四六　哈拉乌烽燧远景
（西—东）

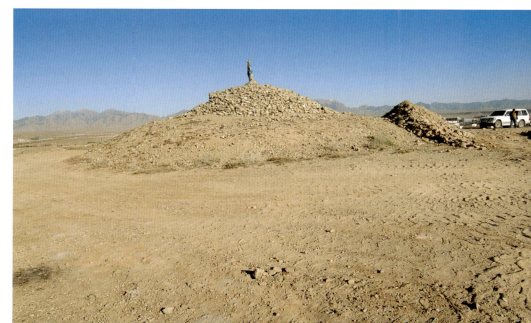

彩图一四七　营盘山烽燧墩台
（西北—东南）

彩图一四八　大敖包烽燧墩台（东北—西南）

彩图一四九　折腰山障城全景（南—北）

彩图一五〇　折腰山障城西侧（西—东）

彩图一五一 折腰山障城房屋基址南侧（南—北）

彩图一五二 折腰山障城房屋基址（北—南）

彩图一五三　巴润别立5号烽燧墩台（西—东）

彩图一五四　巴润别立7号烽燧墩台及部分附燧（东北—西南）

彩图一五五　长流水1号烽燧墩台（西—东）

彩图一五六　哈日全吉烽燧墩台（东—西）

彩图一五七　巴音朝格图音希勃烽燧墩台（东—西）

彩图一五八　巴音朝格图音希勃烽燧墩台（西—东）

彩图一五九　巴音朝格图音希勃烽燧墩台（东南—西北）

彩图一六〇　乌兰泉吉烽燧墩台（西—东）

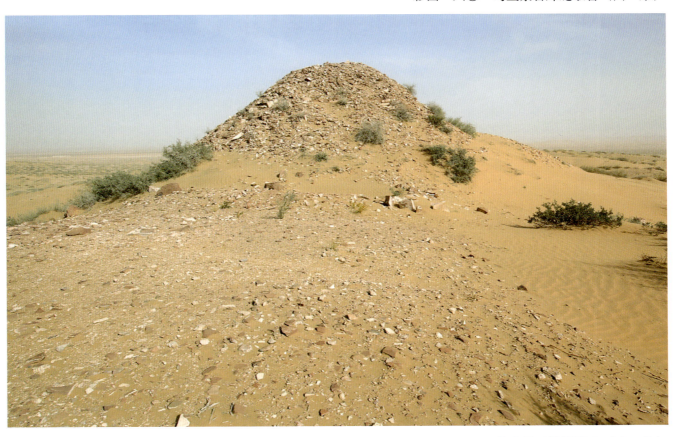

彩图一六一　葡萄墩子烽燧墩台（南—北）

彩图一六二　图拉嘎哈日烽燧墩台（北—南）

彩图一六三　傲伦敖包图烽燧墩台（东—西）

彩图一六四　阿门乌苏烽燧墩台（东南—西北）

彩图一六五　阿门乌苏烽燧墩台（西南—东北）

彩图一六六　阿门乌苏烽燧墩台局部损毁情况

彩图一六七　纳林哈勒乔吉烽燧墩台（北—南）

彩图一六八　苏敏乔吉烽燧墩台（西—东）

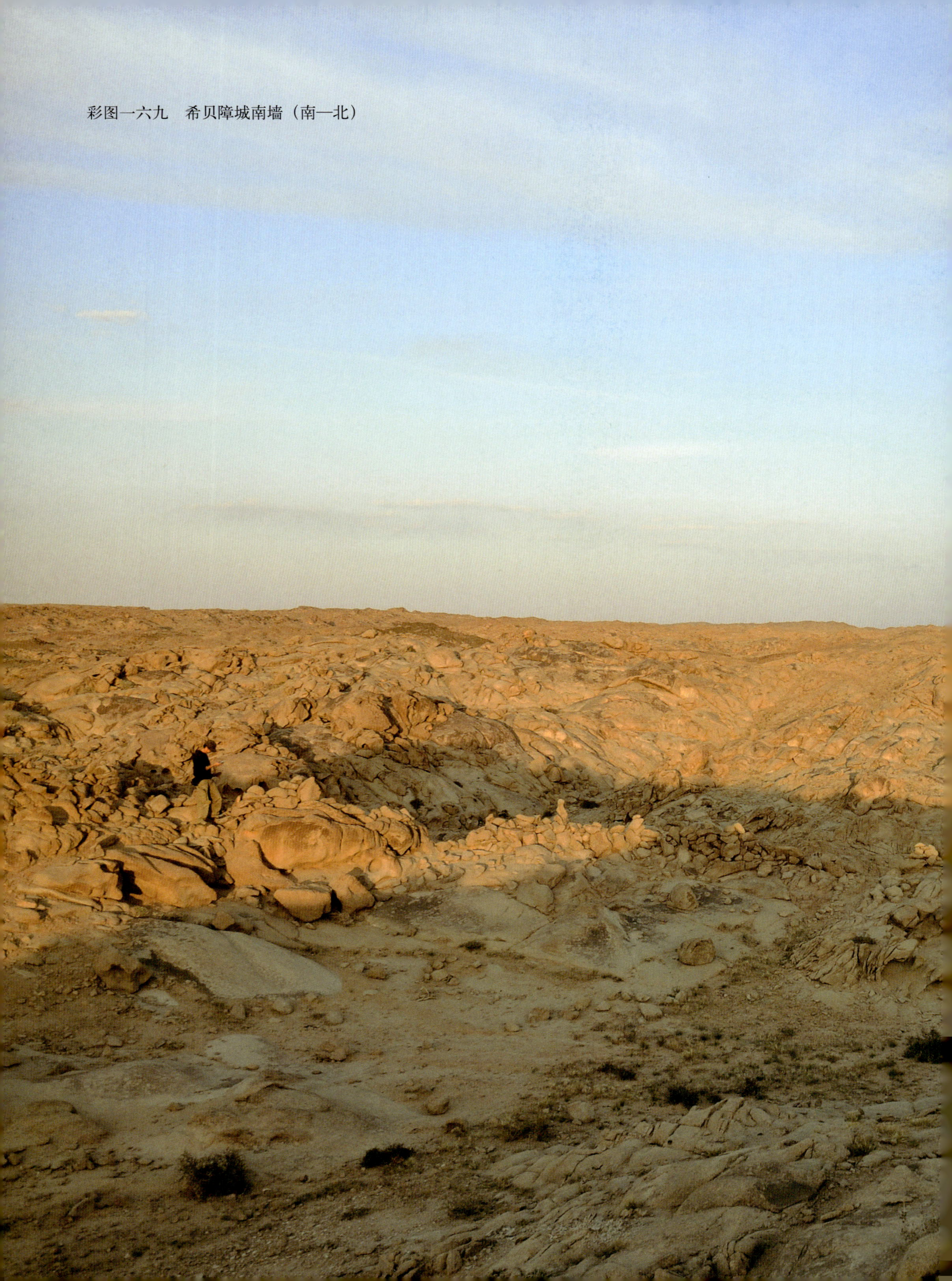

彩图一六九　希贝障城南墙（南—北）

彩图一七〇　希贝障城南墙局部（北—南）

彩图一七一　乔吉陶来烽燧墩台（东南—西北）

彩图一七二　希贝西北障城西南角（东北—西南）

彩图一七三　敖勒斯太乔吉烽燧墩台（西—东）

彩图一七四　乌海希贝烽燧墩台（西南—东北）

彩图一七五　图力克乔吉烽燧墩台（西—东）

彩图一七六　赛呼都格烽燧墩台和坞（东—西）

彩图一七七　赛呼都格烽燧墩台和坞墙（东北—西南）

彩图一七八　赛呼都格烽燧局部（南—北）

彩图一七九　赛呼都格烽燧坞（西—东）

彩图一八〇　锡林乌苏乔吉烽燧（南—北）

彩图一八一　锡林乌苏乔吉烽燧局部（南—北）

339

彩图一八二　布勒呼木德勒哈勒乔吉烽燧墩台（西北—东南）

彩图一八三　布勒呼木德勒哈勒乔吉烽燧坞（西北—东南）

彩图一八四　傲美烽燧墩台（西—东）

彩图一八五　库克乌苏格德哈勒乔吉烽燧墩台（西—东）

彩图一八六　库克乌苏格德乌兰乔吉烽燧墩台（北—南）

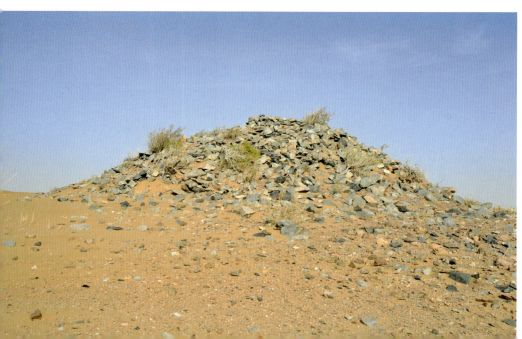

彩图一八七　哈雅乔吉烽燧墩台（西南—东北）

彩图一八八　扎克图阿木乔吉烽燧墩台（西南—东北）

彩图一八九　曼德拉山长城第2小段（东北—西南）

彩图一九〇　曼德拉山长城第3小段（北—南）

彩图一九一　沙沟天田局部（西—东）

彩图一九二　敖布特沟天田局部（西南—东北）

彩图一九三　三个井天田1段部分
地段（东—西）

彩图一九四　三个井天田1段局部砌石
（西—东）

彩图一九五　海沟天田

彩图一九六　扣布烽燧墩台和坞墙（西北—东南）

彩图一九七　乌祖勒希贝烽燧墩台和坞墙（北—南）

彩图一九八　嘎格次毛道烽燧墩台和坞

彩图一九九　乌兰乌珠尔古城墙体局部（西北—东南）

彩图二〇〇　乌兰乌珠尔古城门址（南—北）

彩图二〇一　拜兴高勒烽燧墩台

彩图二〇二　曼德拉山烽燧墩台（东—西）

彩图二〇三　奔肯特烽燧墩台（北—南）

彩图二〇四　乌兰套海烽燧墩台（西南—东北）

彩图二〇五　库特勒烽燧墩台（东南—西北）

彩图二〇六　哈勒努都烽燧墩台（东—西）

彩图二〇七　牛泉1号烽燧地表遗物

彩图二〇八　牛泉2号烽燧墩台（北—南）

彩图二〇九　夏勒德格乌拉1号烽燧墩台（南—北）

彩图二一〇　夏勒德格乌拉2号烽燧远景（东南—西北）

彩图二一一　嘎顺烽燧墩台（西北—东南）

彩图二一二　牛沟坡4号烽燧墩台（北—南）

彩图二一三　牛沟坡3号烽燧墩台和坞（东—西）

彩图二一四　巴音笋布尔烽燧墩台（南—北）

彩图二一五　通沟2号烽燧墩台（西—东）

彩图二一六　通沟2号烽燧附燧（西北—东南）

彩图二一七　通沟1号烽燧墩台（东北—西南）

彩图二一八　通沟障城远景

彩图二一九　通沟障城远景及其西侧的通沟河

彩图二二〇　通沟障城全景（东北—西南）

彩图二二一　通沟障城石砌障墙

彩图二二二　通沟障城障内部

彩图二二三　通沟障城南侧的关厢

彩图二二四　通沟障城南侧关厢东门

彩图二二五　通沟障城最外围石墙的石砌痕迹

彩图二二六　沙枣沟口子烽燧远景（西南—东北）

彩图二二七　沙枣沟口子烽燧墩台（东北—西南）

彩图二二八　沙枣沟口子烽燧石砌附燧（西北—东南）

彩图二二九　敖布特沟烽燧墩台（东南—西北）

彩图二三〇　大石头沟烽燧墩台（东—西）

彩图二三一　碱槽子烽燧墩台、坞和附燧

彩图二三二　碱槽子烽燧坞（北—南）

彩图二三三　野马井烽燧墩台（东—西）

彩图二三四　野马井烽燧附燧（东北—西南）

彩图二三五　牧胡日沟2号烽燧墩台（西北—东南）

彩图二三六　牧胡日沟2号烽燧附燧

彩图二三七　三个井1号烽燧墩台（东南—西北）

彩图二三八　三个井1号烽燧地表遗物（南—北）

彩图二三九　三个井2号烽燧地表遗物（西—东）

彩图二四〇　海沟口烽燧墩台（东—西）

彩图二四一　海沟口烽燧地表遗物（东—西）

彩图二四二　小苃苃沟烽燧墩台（西—东）

彩图二四三　小苃苃沟南侧附燧（北—南）

彩图二四四　小茇茇沟烽燧西侧附燧（东—西）

彩图二四五　大茇茇沟烽燧坞（西—东）

彩图二四六　大苳苳沟烽燧附燧（北—南）

彩图二四七　大苣苣沟口烽燧墩台和坞（西—东）

彩图二四八　大苣苣沟口烽燧地表遗物

彩图二四九　黑山圈烽燧墩台和坞（南—北）

彩图二五〇　黑山圈烽燧坞（西—东）

彩图二五一　必勒格图烽燧墩台（西—东）

彩图二五二　必勒格图烽燧附燧（东—西）

彩图二五三　红柳沟障城（北—南）

彩图二五四　红柳沟1号烽燧墩台（南—北）

彩图二五五　破金峡长城（西—东）

彩图二五六　坤岱图阿木长城（北—南）

彩图二五七　额门浩来壕堑部分地段（东北—西南）

彩图二五八　夏勒浩来壕堑部分地段（西北—东南）

彩图二五九　夏勒浩来壕堑部分地段（东—西）

彩图二六〇　青崖腰壕堑部分地段（西北—东南）

彩图二六一　旭古木图壕堑部分地段（西北—东南）

彩图二六二　旭古木图壕堑部分地段（西南—东北）

彩图二六三　夏勒毛道达瓦壕堑部分地段（南—北）

彩图二六四　诺木其达瓦壕堑部分地段（西南—东北）

彩图二六五　诺木其达瓦壕堑部分地段（西—东）

彩图二六六　诺木其达瓦壕堑部分地段（东南—西北）

彩图二六七　诺木其达瓦壕堑部分地段（西北—东南）

彩图二六八　诺木其达瓦壕堑部分地段（东南—西北）

彩图二六九　诺木其达瓦壕堑部分地段（西北—东南）

彩图二七〇　诺木其达瓦壕堑部分地段（西南—东北）

彩图二七一　诺木其达瓦壕堑部分地段（西北—东南）

彩图二七二　伊里及格达瓦壕堑部分地段（西北—东南）

彩图二七三　伊里及格达瓦壕堑部分地段（西—东）

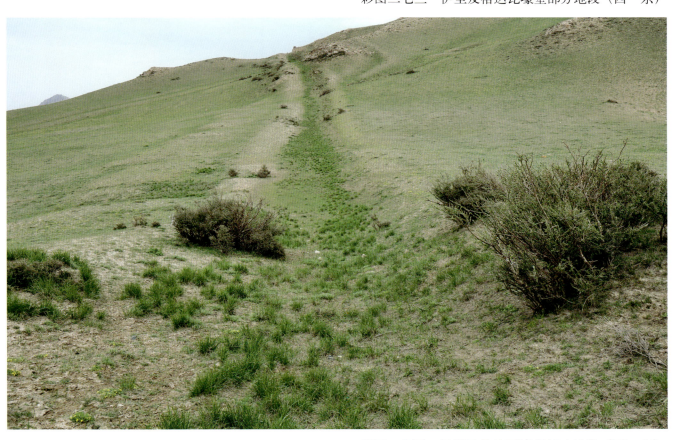

彩图二七四　伊里及格达瓦壕堑部分地段（西—东）

彩图二七五　必鲁图2号烽燧远景

彩图二七六　必鲁图1号烽燧墩台（北—南）

彩图二七七　干涝池烽燧远景（东—西）

彩图二七八　青羊口烽燧远景（西南—东北）

彩图二七九　巴音呼都格烽燧墩台（东南—西北）

彩图二八〇　红墩子烽燧墩台（东北—西南）

彩图二八一　乔吉提乌拉烽燧墩台（西—东）

彩图二八二　查干乔吉阿木烽燧墩台（南—北）

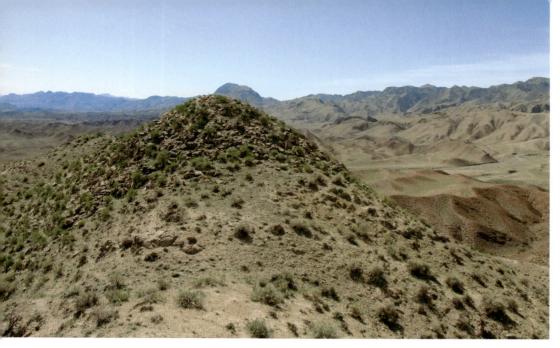

彩图二八三　牧胡日烽燧墩台
（西北—东南）

彩图二八四　阿木乌苏烽燧墩
台（东北—西南）

彩图二八五　敖勒斯太烽燧墩台

彩图二八六　敖勒斯太烽燧墩台外侧石砌痕迹

彩图二八七　赛汉额日根烽燧墩台（西—东）

彩图二八八　赛汉额日根烽燧墩台局部（东—西）

彩图二八九　娃子山烽燧远景（东南—西北）

彩图二九〇　娃子山烽燧墩台（北—南）

彩图二九一　墩根阿木烽燧远景

彩图二九二　墩根阿木烽燧墩台东壁（东—西）

彩图二九三　墩根阿木烽燧墩台北壁（北—南）

彩图二九四　乌鲁图阿木1号烽燧墩台（东—西）

彩图二九五　乌鲁图阿木2号烽燧墩台（北—南）

彩图二九六　墩墩山烽燧远景（南—北）

彩图二九七　墩墩山烽燧墩台（东南—西北）

彩图二九八　布宏图烽燧墩台

彩图二九九　布宏图烽燧墩台石砌痕迹（西北—东南）

彩图三〇〇　黑山嘴烽燧远景（北—南）

彩图三〇一　黑山嘴烽燧墩台（北—南）

彩图三〇二　格日乌苏烽燧墩台（南—北）

彩图三〇三　格日乌苏烽燧墩台局部（东北—西南）

彩图三〇四　德布斯格烽燧墩台（西—东）

彩图三〇五　狼心疙瘩西烽燧远景（东—西）

彩图三〇六　狼心疙瘩西烽燧墩台东壁
（东—西）

彩图三〇七　狼心疙瘩烽燧墩台
（东—西）

彩图三〇八　查干全吉烽燧墩台
（西北—东南）

彩图三〇九　查干全吉烽燧墩台顶
部土坯垒砌痕迹（东—西）

彩图三一〇　红山墩烽燧墩台（东南—西北）

彩图三一一　芦泉烽燧墩台和坞（西南—东北）

彩图三一二　芦泉烽燧墩台（西南—东北）

彩图三一三　金斯图淖尔天田部分地段（南—北）

彩图三一四　哈敦呼休烽燧远景（南—北）

彩图三一五　A11烽燧墩台（东南—西北）

彩图三一六　A1障南侧（南—北）

彩图三一七　T9烽燧发掘后
（北—南）

彩图三一八　A5烽燧（东—西）

彩图三一九　T10烽燧发掘后
（南—北）

彩图三二〇　T11烽燧墩台和坞（北—南）

彩图三二一　T12烽燧（东—西）

彩图三二二　T13烽燧发掘后（北—南）

彩图三二三　A7烽燧（南—北）

彩图三二四　A8障航片

彩图三二五　A8障障内部

彩图三二六　T14烽燧发掘后（东—西）

彩图三二七　T15烽燧墩台和坞（东—西）

彩图三二八　T16烽燧（东—西）

彩图三二九　P1烽燧墩台和坞（西南—东北）

彩图三三〇　T17烽燧（北—南）

彩图三三一　卅井塞天田8段局部（东北—西南）

彩图三三二　P9障远景（东—西）

彩图三三三　T117烽燧墩台和坞（南—北）

彩图三三四　T118烽燧墩台（东—西）

彩图三三五　P8烽燧墩台和坞（南—北）

彩图三三六　T113烽燧墩台（南—北）

彩图三三七　T116烽燧墩台和坞（东南—西北）

彩图三三八　T121烽燧墩台和坞（南—北）

彩图三三九　T124烽燧墩台和坞（南—北）

彩图三四〇　T126烽燧（北—南）

彩图三四一　T130烽燧墩台（南—北）

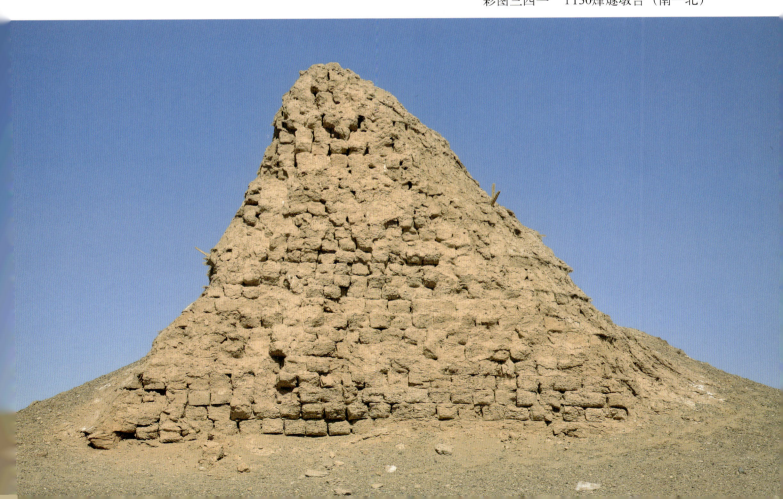

彩图三四二　T130烽燧墩台和坞（西—东）

彩图三四三　T134烽燧墩台和坞、坞院（西—东）

彩图三四四　T134烽燧墩台局部（南—北）

彩图三四五　T135烽燧墩台（北—南）

彩图三四六　A20烽燧墩台暴露的土坯（南—北）

彩图三四七　K688城城墙东南角（西—东）

彩图三四八　K688城东墙内侧

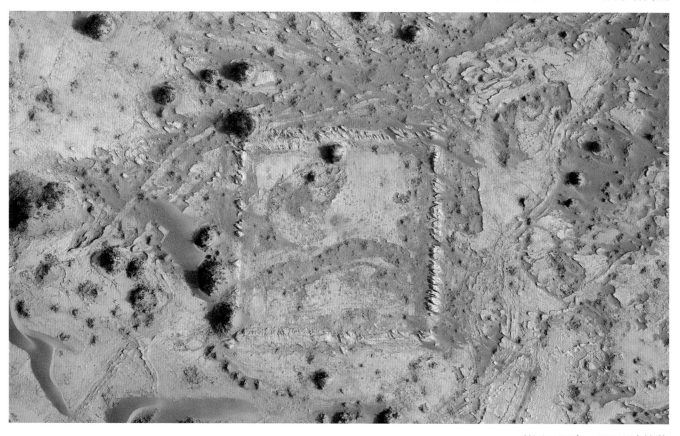

彩图三四九　K710城航片

彩图三五〇　K710城南墙外侧

彩图三五一　K710城东墙（内—外）

彩图三五二　　K710城北墙局部

彩图三五三　K710城城门

彩图三五四　K710城内散布的石磨残片

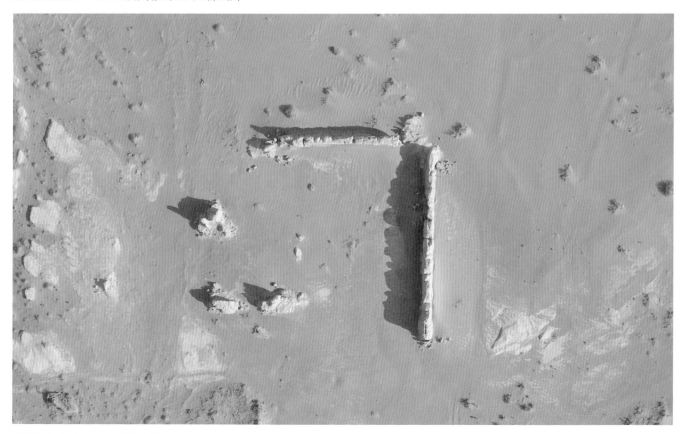

彩图三五五　K749城航片

彩图三五六　K749城全景（东—西）

彩图三五七　K749城外城西北角（西—东）

彩图三五八　K749城内城南墙和外城东墙（西—东）

彩图三五九　F84障航片

彩图三六〇　F84障全景

彩图三六一　F84障东北角

彩图三六二　T88烽燧墩台（东—西）

彩图三六三　T109烽燧墩台（东—西）

彩图三六四　T109烽燧墩台（东南—西北）

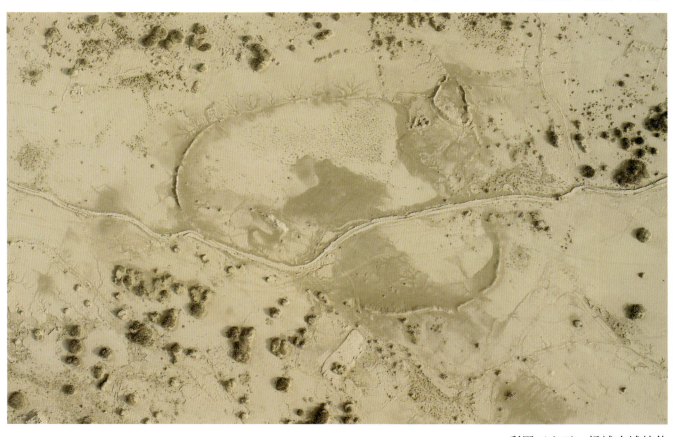

彩图三六五　绿城古城航片

彩图三六六　绿城古城周边的夯土高台墓

彩图三六七　绿城古城残存的半圆形墙体（东南—西北）

彩图三六八　绿城外夯土高台墓葬区局部

彩图三六九　A17烽燧墩台（南—北）

彩图三七〇　A18烽燧墩台和坞（南—北）

彩图三七一　拉力乌素烽燧墩台（南—北）

彩图三七二　K789城航片

彩图三七三　K789城远景

彩图三七四　K789城内、外城南墙

彩图三七五　K789城内城南墙

彩图三七六　T106烽燧墩台和坞
（南—北）

彩图三七七　乔宁塔塔拉烽燧全景
（北—南）

彩图三七八　乔宁塔塔拉烽燧墩台
和坞墙

彩图三七九　A35城远景及周边环境

彩图三八〇　A35城东南侧全景

彩图三八一　A35城西南角角台

彩图三八二　A35城瓮城全景

彩图三八三　A35城墙体夯层

彩图三八四　A35城北城墙顶部女墙

彩图三八五　A35城城门北侧登城阶梯

彩图三八六　A35城城内斜坡马道

彩图三八七　A35城城内房址

彩图三八八　A35城城外羊马墙

彩图三八九　A35城东南侧烽火台

彩图三九〇　T143烽燧墩台（西—东）

彩图三九一　K823烽燧墩台（西—东）

彩图三九二　A24障近景(东北—西南)

彩图三九三　A24障障内部（南—北）

彩图三九四　巴彦宝格德1号烽燧远景（西—东）

彩图三九五　T147烽燧墩台（南—北）

彩图三九六　T148烽燧远景（西—东）

彩图三九七　T149烽燧墩台（西—东）

彩图三九八　巴彦宝格德2号烽燧远景（东—西）

彩图三九九　T158烽燧墩台（东—西）

彩图四〇〇　金关塞墙部分地段（北—南）

彩图四〇一　肩水天田河东支线4段部分地段（北—南）

彩图四〇二　肩水塞墙3段部分地段（东北—西南）

彩图四〇三　A32障全景（南—北）

彩图四〇四　A33障近景（西南—东北）

彩图四〇五　A33障南侧的房址

彩图四〇六　T173烽燧墩台（西—东）

彩图四〇七　K824城远景及周边环境

彩图四〇八　K824城西墙内侧

彩图四〇九　K824城墙体局部

彩图四一〇 K824城东墙顶部

彩图四一一 K824城内东南部

彩图四一二　K824城内部及东墙内侧

彩图四一三　F179障（南—北）

彩图四一四　T178烽燧墩台（东—西）

彩图四一五　T184烽燧墩台（东—西）

彩图四一六　布格敖包烽燧墩台（南—北）

彩图四一七　乌兰海日亭烽燧墩台（北—南）

彩图四一八　乌兰海日亨烽燧墩台（东—西）

彩图四一九　阿日格勒音夏日古城全景（东—西）

彩图四二〇　阿日格勒音夏日古城北墙（西—东）

彩图四二一　阿日格勒音夏日古城西门（西—东）

彩图四二二　图勒根高勒障城全景（南—北）

彩图四二三　图勒根高勒障城南墙（南—北）

彩图四二四　图勒根高勒障城北墙（西北—东南）

彩图四二五　图勒根高勒障城西墙（西—东）

彩图四二六　图勒根高勒障城墙体局部（北—南）

彩图四二七　图勒根高勒障城瓮城门（北—南）

彩图四二八 图勒根高勒障城西南角台（西南—东北）

彩图四二九 图勒根高勒障城内部（东北—西南）

彩图四三〇　全几烽燧墩台和坞（东—西）

彩图四三一　娜仁希勃古城全景（北—南）

彩图四三二　娜仁希勃古城墙体局部（东北—西南）

彩图四三三　阿布都荣太烽燧
墩台（东—西）

彩图四三四　阿布都荣太烽燧
墩台和坞（西—东）

彩图四三五　阿布都荣太烽燧坞

彩图四三六　全吉乌拉烽燧墩台（南—北）

彩图四三七　庆德门烽燧墩台（东—西）

彩图四三八　希勃库仁烽燧墩台（西—东）

彩图四三九　温都尔毛道希勃古城全景（西—东）

彩图四四〇　温都尔毛道希勃古城南墙（西—东）

彩图四四一　温都尔毛道希勃古城东南角女墙（南—北）

彩图四四二　温都尔毛道希勃古城的一处缺口（北—南）

彩图四四三　阿德格艾然全吉烽燧远景（东—西）

彩图四四四　阿德格艾然全吉烽燧墩台和坞（南—北）

彩图四四五　阿德格艾然全吉烽燧墩台（北—南）

彩图四四六　阿德格艾然全吉烽燧坞（北—南）

彩图四四七　苏宏图烽燧（东南—西北）

彩图四四八　艾然全吉烽燧墩台（东—西）

彩图四四九　艾然全吉烽燧墩台（西—东）

彩图四五〇　艾然全吉烽燧墩台局部（北—南）

彩图四五一　宗海尔汗障城远景（南—北）

彩图四五二　宗海尔汗障城瓮城门（西—东）

彩图四五三　宗海尔汗障城外侧局部（西—东）

彩图四五四　宗海尔汗障城墙体顶部（西南—东北）

彩图四五五　宗海尔汗障城内部（南—北）

彩图四五六　额肯希勃古城全景（东南—西北）

彩图四五七　额肯希勃古城东墙（东—西）

彩图四五八　额肯希勃古城北墙部分地段（北—南）

彩图四五九　额肯希勃古城瓮城城门（南—北）

彩图四六〇　呼热图障城远景（西—东）

彩图四六一　呼热图障城西墙（西北—东南）

彩图四六二 呼热图障城瓮城城门（西—东）

彩图四六三 哈仁贵音全吉烽燧墩台（南—北）

彩图四六四　都尔奔毛道古城全景（东南—西北）

彩图四六五　都尔奔毛道古城墙体局部（北—南）

彩图四六六　都尔奔毛道古城东南角楼（北—南）

彩图四六七　全吉音扎德盖烽燧墩台（东—西）

彩图四六八　全吉音扎德盖烽燧坞（东—西）

彩图四六九　嘎顺特布克希勃障城远景（东南—西北）

彩图四七〇　嘎顺特布克希勃障城内部（东南—西北）

彩图四七一　嘎顺特布克烽燧墩台（北—南）

彩图四七二　嘎顺特布克烽燧坞（南—北）

彩图四七三　西勃图障城全景及周
边环境（南—北）

彩图四七四　西勃图障城城墙

彩图四七五　西勃图障城大城城门

彩图四七六　巴润海尔汗障城外侧全景（南—北）

彩图四七七　巴润海尔汗障城内部（南—北）

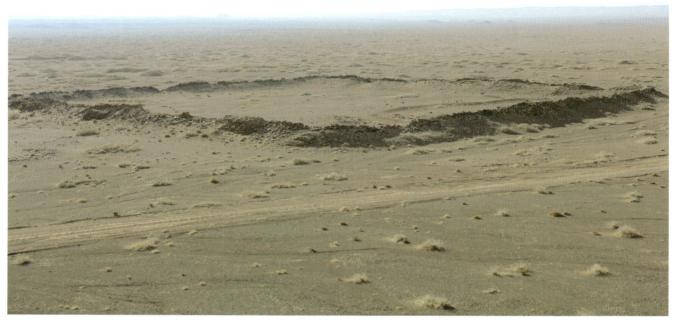

彩图四七八　恩格尔乌苏古城全景

彩图四七九　恩格尔乌苏古城保存较好的石砌墙体

彩图四八〇　恩格尔乌苏古城门址

彩图四八一　乌海希贝古城远景（东南—西北）

彩图四八二　塔林拜兴障城近景

彩图四八三　塔林拜兴障城东侧围墙的门

彩图四八四　塔林拜兴障城西墙上的马道

彩图四八五　塔林拜兴障城马道砌石上的刻划符号

491

彩图四八六　乌兰拜兴障城全景（西北—东南）

彩图四八七　黑城古城航片

彩图四八八　黑城古城远景及周边环境（西—东）

彩图四八九　黑城古城西北角佛塔

彩图四九〇　乌兰圈圖古城东南角小城

彩图四九一　巴音朝格图长城2段（北—南）

彩图四九二　巴兴图长城9段（北—南）

彩图四九三　口子门长城二边1段（西—东）

彩图四九四　T183烽火台（东—西）